초등학교 교과서에 나오는

2013년 11월 18일 초판 10쇄 발행 | 2023년 10월 31일 개정판 2쇄 발행

엮음 에이세대창조집단 | **그림** 픽처뱅크 | **펴낸이** 장진혁 | **펴낸곳** 형설출판사(형설아이)
주소 경기도 파주시 회동길 37-23 | **전화** (031) 955-2371, (031) 955-2361
팩스 (031) 955-2341 | **등록** 504-25-89441 | **홈페이지** www.hipub.co.kr
공급 형설출판사

ISBN 978-89-472-8608-4 74900
ISBN 978-89-472-8607-7 (세트)

© 형설출판사(형설아이) All Rights Reserved.

※ 잘못된 책은 구입하신 곳에서 바꾸어 드립니다.
※ 이 책의 내용을 쓰고자 할 때는 저작권자와 출판사의 허락을 받아야 합니다.

초등학교 교과서에 나오는

한국대표
역사 인물사전

엮음 에이세대창조집단 | 그림 픽처뱅크

Children's books

우리 역사 속의 인물에 대한
궁금증을 풀어 보세요.

■ 머리말

어린이 여러분, 안녕하세요.

여러분은 책을 보다가 우리 역사를 만들고 가꾸어 온 인물들을 참 많이 만났을 거예요.

우리나라 땅을 크게 넓힌 고구려의 광개토 대왕, 한글을 만들고 우리 문화를 크게 발전시킨 조선의 세종 대왕, 나라를 망친 백제의 의자왕과 같은 임금을 만났을 거예요.

또 황희 정승처럼 임금을 도와 나라를 안정시킨 명재상, 고구려의 을지문덕, 고려의 강감찬, 조선의 이순신처럼 위기에 빠진 나라를 구한 명장, 고려의 서희처럼 뛰어난 말솜씨로 나라를 구한 인물, 평민이면서도 울릉도를 지킨 안용복, 외적의 침입으로 위기에 빠진 나라를 구하기 위해 목숨을 바친 수많은 의병들도 만났을 거예요.

그 가운데 여러분은 몇 명이나 알고 있나요? 대부분은 모르거나 안다고 해도 일부분밖에 모를 거예요. 부모님께 여쭤 보아도 여러분이 원하는 만큼 속 시원히 대답해 주시지 못할 거예요.

물론 위인 전기를 비롯한 책을 통해 자세히 알고 있는 어린이도 있을 거예요. 또 인터넷 검색을 통해서 알아낸 어린이도 있을 거예요. 그러나 대부분 어른들 위주로 되어 있어, 모르는 용어가 많이 나와 답답함을 느꼈을 거예요. 그래서 『한국 대표 역사 인물사전』이 만들어지게 되었어요. 저 또한 이 책을 쓰면서 인물에 대해 잘못 알고 있는 내용이나 새로운 내용을 많이 발견했거든요.

이 『한국 대표 역사 인물사전』은 인물들의 좋은 점만 다루지 않고, 그들의 잘못이나 실패한 부분도 보여 주려고 노력했어요. 자신의 잘못이나 실수를 반성하고 극복해 나가는 과정도 어린이 여러분에게 좋은 공부가 될 테니까요.

이 『한국 대표 역사 인물사전』이 어린이 여러분이 공부하는 데 많은 도움이 되고, 우리 역사 속의 인물에 대한 궁금증을 풀어 주었으면 좋겠어요.

엮은이

일러두기

● 인물의 주요 업적

● 사진과 그림
인물과 연관된 사진으로
역사적 사건은 그림으로 꾸밈

거란의 침략 의지를 꺾은
귀주 대첩의 명장이자
명재상

강감찬
(姜邯贊, 948~1031)

시호는 인헌, 초명은 은천.
본관은 금주(시흥).

강감찬은 948년(정종 3) 지금의 서울시 관악구 봉천동 *낙성대에서 태조 왕건을 도운 공으로 *삼한벽상 공신이 된 강궁진의 아들로 태어나, 983년(성종 2) 문과에 장원 급제한 뒤 예부 시랑이 되었다.
1010년(현종 1) 거란의 성종이 *강조의 정변을 트집잡아 40만 대군을 이끌고 993년(성종 12)에 이어 두 번째로 고려에 쳐들어왔다. 이때 30만 대군을 이끌고 나간 강조가 통주(평안북도 선천)에서 크게 패하고 서경(평양)이 함락될 위기에 놓이자 대부분의 조정 신하들은 항복할 것을 주장하였다. 그러나 강감찬은 항복에 반대하고 잠시 남쪽으로 피란할 것을 주장하여 현종을 나주로 피란시켜 사직을 보호하였다. 또 *하공진을 거란 진영에 보내 거란 성종을 설득하여 거란군을 철수시켰다. 그 뒤 강감찬은 국자좨주, 한림 학사, 승지, 좌산기상시, 중추원사, 이부 상서를 거쳐 내사 시랑 동내사문하 평장사 겸 서경(평양) 유수를 차례로 맡으며 현종의 신임을 받았다.
1018년(현종 9) 거란의 *소배압이 10만 대군을 이끌고 세 번째로 고려에 쳐들어왔다. 이에 강감찬은 서북면 행영 도통사로 상원수가 되어 부원수 강민첨 등과 함께 군사 20만 8천 명을 이끌고 나아가 흥화진(평안북도 의주)에서 매복과 물을 이용하여 거란군을 크게 무찔렀다. 이듬해에는 자기 나라로 돌아가는 거란군을 귀주(평안북도 구성)에서 크게 물리쳤는데, 이때 살아 돌아간 거란군이 수천 명에 불과했다고 한다. 이 싸움이 숱한 대첩, 한산도 대첩과 함께 우리 역사상 3대첩으로 불리는 귀주 대첩이다. 이때 현종은 개선하는 강감찬을 영파역까지 직접 나가 극진히 맞아들였다. 귀주 대첩 이후로 거란은 침략 야욕을 버리고 고려와 평화적으로 교류하였다.
전란 이후 검교태위 문하 시랑 동내사문하 평장사, 천국 공신에 오른 강감찬은 벼슬에서 물러났다가 1030년(현종 21) 문하 시중에 올랐다.
그 후 수도인 개경(개성)에 나성을 쌓을 것을 주장하여 국방에 큰 공을 세웠던 강감찬은 스스로 벼슬에서 물러나 자연과 글을 벗삼아 「낙도교거집」, 「구선집」을 지으며 지내다가 1031년 84세로 세상을 떠났다.
강감찬의 묘소는 충청북도 청원군 옥산면 국사리에 있다.

안국사에 있는 강감찬의 붓을 기리기 위해 세운 3층 석탑(위). 강감찬의 영정을 모신 서울시 관악구 봉천동 낙성대의 안국사(아래).

함께 보아요

* **강조**(?~1010) : 고려 초의 무신으로, 서북면도순검사로 있던 1009년(목종 12) 정변을 일으켜 목종을 죽이고 대량원군(현종)을 왕으로 세웠다. 1010년 거란의 성종이 강조의 정변을 트집잡아 40만 대군을 이끌고 쳐들어오자 행영 도통사가 되어 30만 대군을 이끌고 맞서 싸우다가 사로잡혔다. 강조의 용명과 지혜에 감동을 받은 거란 성종의 신하가 되어 달라는 청을 끝내 거부하다가 죽임을 당했다.

* **낙성대** : 강감찬이 태어난 곳으로 서울시 관악구 봉천동에 있다. 강감찬이 태어날 때 하늘에서 큰 별이 떨어졌다 하여 '낙성대'라는 이름이 붙여졌고, 지금은 사리합식 3층 석탑이 남아 있다.

* **삼한벽상 공신** : 고려 태조 왕건이 후삼국을 통일한 뒤 공을 세운 인물들에게 공신호를 내린 데 이어, 940년 신흥사에 공신당을 세워 동서 벽에 공신들의 모습을 그려 놓았는데, 이때 공신당에 초상화가 그려진 공신들을 삼한벽상 공신이라 한다.

* **소배압**(?~?, 이름은 한은) : 거란의 장군으로, 몽골족 정벌에 공을 세웠고, 986년에는 송나라 군사를 무찔렀다. 거란의 제2차 침입 때 1010년 현대 개경(개성)을 점령하기도 했으나, 1018년 10만 대군을 이끌고 다시 쳐들어왔다가 귀주에서 강감찬에게 크게 패해 돌아간 뒤 관직에서 쫓겨났다.

* **하공진**(?~1011) : 고려 초의 문신으로, 진주 하씨의 시조이다. 거란의 제2차 침입 때 고영기와 함께 거란군 진영에 들어가 거란 성종을 설득하여 거란군을 철수시켰다. 거란에 볼모로 잡혀가 거란 성종의 신임을 받았으나, 몇 차례 탈출을 시도하다 실패하고 붙잡혔다. 신하가 되어 달라는 거란 성종의 청을 끝내 거절하다가 죽임을 당했다.

● 인물에 대한 설명
인물의 일생 동안의 업적과 인물을 중심으로
벌어진 상황 등을 쉽고 자세하게 설명

● 함께 보아요
인물이 활동했던 시대의 상황이나
역사적인 사건 또는 연관된 인물들을
알기 쉽게 설명

● 이야기로 보는 역사 인물
중요 인물의 역사적인 이야기를
재미있는 이야기로 구성

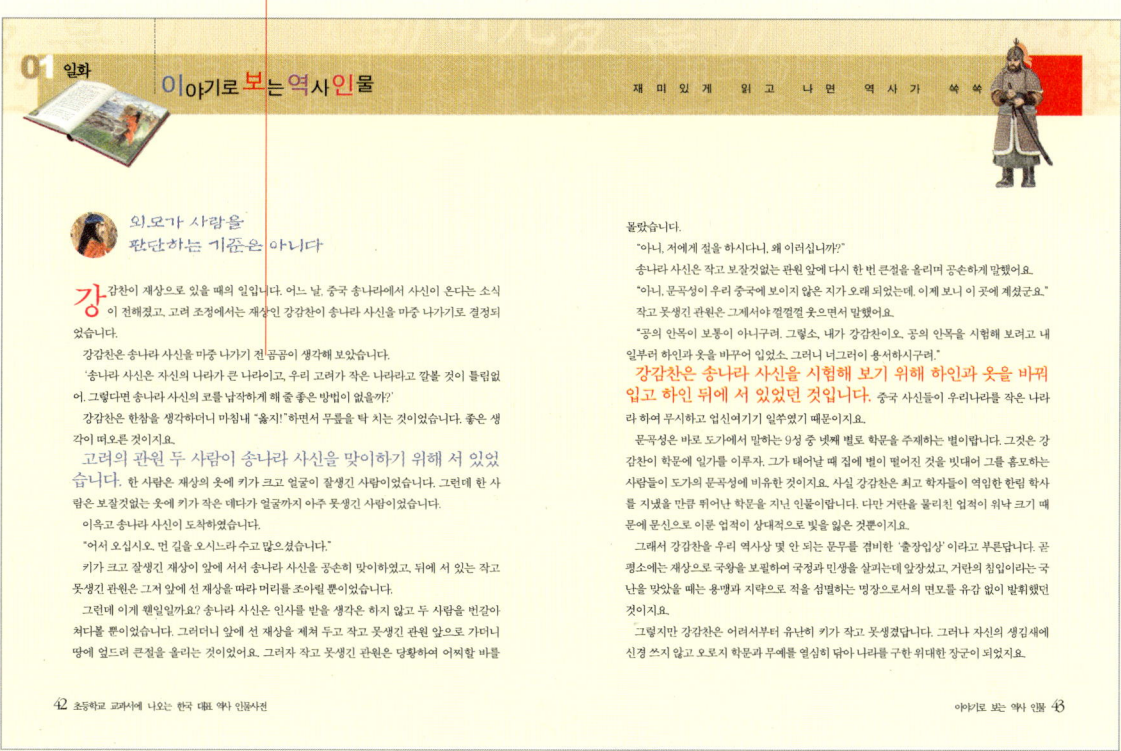

인물은 이렇게 선정하였습니다.

■ 초등학교 전 교과서에 나온 인물 중에서 우리나라 인물만을 선정하였습니다. 그 가운데 역사적으로 중요하다고 판단되는 인물을 주요 인물로 뽑고, 나머지는 참고 인물로 하였습니다.

책은 이렇게 구성하였습니다.

■ 전체적으로 본문과 부록으로 크게 나누고, 인물의 순서는 가나다순으로 배열하였습니다. 본문은 양면을 펼친 두 쪽으로 구성하여, 왼쪽 면에서는 주요 인물의 일생을 다루고, 오른쪽 면에서는 주요 인물을 이해하는 데 도움이 되는 역사적 사건이나 인물 등을 설명한 '함께 보아요'로 구성하였습니다. 또 주요 인물과 관계된 사진 자료를 덧붙이려 노력했고, 30쪽마다 주요 인물에 대한 일화를 소개함으로써 읽는 재미를 더해 주고자 노력하였습니다. 부록은 교과서에 나오는 인물이지만 본문에 빠져 있는 인물을 '참고 인물'로, 그리고 궁금한 사항을 찾아보는 데 도움을 주기 위해 '찾아보기'로 구성하였습니다.

 책은 이런 순서로 씌어졌습니다.

■ 인물은 한글 이름 → 한자 이름 → 태어나서 죽은 연도 → 재위 기간(왕의 경우) → 초명 → 아명 → 본명(이름) → 자 → 호 → 시호 → 법명, 법호(천도교는 도호, 천주교는 세례명) → 살아온 내력 → 중요한 업적 → 지은 책이나 작품 → 받은 훈장(근·현대 인물의 경우) 등의 순으로 구성하였습니다.

■ 인물 이름은 되도록 초등학교 교과서에 나온 이름으로 사용하였습니다(예 : 한호 → 한석봉 등).

교과서에 두 가지 이상의 명칭으로 나온 인물은 널리 알려진 명칭을 사용하였습니다(예 : 김춘추 → 태종 무열왕, 이방원 → 태종 등).

■ 지명은 우리나라의 경우 되도록 당시의 지명을 표기한 다음 ( ) 안에 현재 지명을 넣었습니다(예 : 서경(평양), 개경(개성), 사비(부여) 등).

외국의 경우는 현재 외국어 표기법에 따라 표기하였습니다(예 : 상해 → 상하이, 북경 → 베이징, 요동 → 랴오둥 등). 그러나 고대 지명이나 불분명한 경우는 옛 표기대로 사용하였습니다.

인물 소개에 사용된 용어는 이런 뜻을 가지고 있습니다.

■ 초명 : 그 사람이 태어나서 맨 처음 불렸던 이름입니다(예 : 강감찬 → 은천, 김홍집 → 굉집 등).

■ 아명 : 어렸을 때 집에서 부르던 이름입니다(예 : 송시열 → 성뢰, 안중근 → 응칠 등).

■ 자 : 결혼한 남자의 이름을 함부로 부를 수 없을 때 이름을 대신하여 부르던 이름입니다(예 : 신윤복 → 입부, 이순신 → 여해 등).

■ 호 : 자신의 본 이름이나 자 외에 허물없이 부를 수 있도록 지은 이름입니다(예 : 이이 → 율곡, 이황 → 퇴계 등).

■ 시호 : 왕, 왕비를 비롯하여 나라를 위해 공을 세웠거나 어진 신하, 학문과 덕이 높은 선비들이 죽은 뒤에 임금이나 나라에서 내려준 이름입니다(예 : 이순신 → 충무, 강감찬 → 인헌 등).

■ 법명과 법호 : 불교에서 승려에게 붙여 준 이름으로, 승명이라고도 합니다(예 : 한용운 → 만해, 서산 대사 → 휴정, 사명 대사 → 유정 등).

■ 도호 : 천도교에서 교인이 된 지 10년 이상 된 남자 교인에게 주는 직책입니다(예 : 최시형 → 해월 등).

■ 필명 : 작가가 글을 발표할 때 사용하는 본명 이외의 이름입니다.

 부호는 이렇게 사용하였습니다.

■ 책 이름은 『 』, 작품명은 「 」, 신문·잡지·노래는 〈 〉, 중요한 문구나 강조·주장·대화를 나타낼 때는 " " 또는 ' '을 사용하였습니다.

차례

강감찬 __ 12
견훤 __ 14
계백 __ 16
고종 __ 18
공민왕 __ 20
곽재우 __ 22
광개토 대왕 __ 24
광해군 __ 26
궁예 __ 28
권율 __ 30
근초고왕 __ 32
김구 __ 34
김규식 __ 36
김대건 __ 38
김부식 __ 40

01 일화
이야기로 보는 역사 인물 __ 42
김수로왕 __ 44
김시민 __ 46
김옥균 __ 48
김유신 __ 50
김정호 __ 52

김정희 __ 54
김좌진 __ 56
김천일 __ 58
김홍도 __ 60
김홍집 __ 62
나철 __ 64
남궁억 __ 66
단군왕검 __ 68
대조영 __ 70
동명성왕 __ 72

02 일화
이야기로 보는 역사 인물 __ 74
명성황후 __ 76
무령왕 __ 78
문무왕 __ 80
문익점 __ 82
민영환 __ 84
박문수 __ 86
박연 __ 88
박영효 __ 90
박은식 __ 92
박정희 __ 94

박제가 __ 96
박제상 __ 98
박중빈 __ 100
박지원 __ 102
박팽년 __ 104

03 일화
이야기로 보는 역사 인물 __ 106
박혁거세 __ 108
방정환 __ 110
법흥왕 __ 112
사명 대사 __ 114
서경덕 __ 116
서산 대사 __ 118
서재필 __ 120
서희 __ 122
석주명 __ 124
선덕여왕 __ 126
선조 __ 128
성삼문 __ 130
성종(고려) __ 132
성종(조선) __ 134
세조 __ 136

04 일화
이야기로 보는 역사 인물 __ 138
세종 대왕 __ 140
소수림왕 __ 142
송시열 __ 144
숙종(조선) __ 146
신돌석 __ 148
신사임당 __ 150
신숙주 __ 152
신윤복 __ 154
신익희 __ 156
신채호 __ 158
안용복 __ 160
안익태 __ 162
안정복 __ 164
안중근 __ 166
안창호 __ 168

05 일화
이야기로 보는 역사 인물 __ 170
연개소문 __ 172
온조왕 __ 174
왕인 __ 176
원효 __ 178

한 국 대 표 역 사 인 물 사 전

유관순 __ 180
유성룡 __ 182
유인석 __ 184
유형원 __ 186
윤관 __ 188
윤극영 __ 190
윤동주 __ 192
윤봉길 __ 194
윤석중 __ 196
윤선도 __ 198
윤회 __ 200

06 일화
이야기로 보는 역사 인물 __ 202

을지문덕 __ 204
의천 __ 206
이광수 __ 208
이덕형 __ 210
이범석 __ 212
이봉창 __ 214
이색 __ 216
이순신 __ 218
이승만 __ 220

이승훈 __ 222
이완 __ 224
이원익 __ 226
이이 __ 228
이준 __ 230
이중섭 __ 232

07 일화
이야기로 보는 역사 인물 __ 234

이차돈 __ 236
이항복 __ 238
이황 __ 240
인조 __ 242
장기려 __ 244
장보고 __ 246
장수왕 __ 248
장영실 __ 250
장지연 __ 252
전봉준 __ 254
정몽주 __ 256
정약용 __ 258
정인보 __ 260
정인지 __ 262

정조 __ 264

08 일화
이야기로 보는 역사 인물 __ 266

정철 __ 268
조만식 __ 270
조식 __ 272
조헌 __ 274
주시경 __ 276
중종 __ 278
지석영 __ 280
진흥왕 __ 282
최무선 __ 284
최승로 __ 286
최영 __ 288
최익현 __ 290
최제우 __ 292
최현배 __ 294
태조 왕건 __ 296

09 일화
이야기로 보는 역사 인물 __ 298

태조 이성계 __ 300
태종 __ 302
태종 무열왕 __ 304

한석봉 __ 306
한성근 __ 308
허균 __ 310
허준 __ 312
현종(고려) __ 314
홍난파 __ 316
홍대용 __ 318
홍범도 __ 320
홍영식 __ 322
황현 __ 324
효종 __ 326
흥선 대원군 __ 328

10 일화
이야기로 보는 역사 인물 __ 330

부록

참고 인물 __ 336
찾아보기 __ 360

강감찬
(姜邯贊, 948~1031)

거란의 침략 의지를 꺾은 귀주 대첩의 명장이자 명재상

시호는 인헌. 초명은 은천. 본관은 금주(시흥)

강감찬은 948년(정종 3) 지금의 서울시 관악구 봉천동 *낙성대에서 태조 왕건을 도운 공으로 *삼한벽상 공신이 된 강궁진의 아들로 태어나, 983년(성종 2) 문과에 장원 급제한 뒤 예부 시랑이 되었다.

1010년(현종 1) 거란의 성종이 *강조의 정변을 트집잡아 40만 대군을 이끌고 993년(성종 12)에 이어 두 번째로 고려에 쳐들어왔다. 이때 30만 대군을 이끌고 나간 강조가 통주(평안북도 선천)에서 크게 패하고 서경(평양)이 함락될 위기에 놓이자 대부분의 조정 신하들은 항복할 것을 주장하였다. 그러나 강감찬은 항복에 반대하고 잠시 남쪽으로 피란할 것을 주장하여 현종을 나주로 피란시켜 사직을 보호하였다. 또 *하공진을 거란 진영에 보내 거란 성종을 설득하여 거란군을 철수시켰다. 그 뒤 강감찬은 국자좨주, 한림 학사, 승지, 좌산기상시, 중추원사, 이부 상서를 거쳐 내사 시랑 동내사문하 평장사 겸 서경(평양) 유수를 차례로 맡으며 현종의 신임을 받았다.

1018년(현종 9) 거란의 *소배압이 10만 대군을 이끌고 세 번째로 고려에 쳐들어왔다. 이에 강감찬은 서북면 행영 도통사로 상원수가 되어 부원수 강민첨 등과 함께 군사 20만 8천 명을 이끌고 나아가 흥화진(평안북도 의주)에서 매복과 물을 이용하여 거란군을 크게 무찔렀다. 이듬해에는 자기 나라로 돌아가는 거란군을 귀주(평안북도 구성)에서 크게 물리쳤는데, 이때 살아 돌아간 거란군이 수천 명에 불과했다고 한다. 이 싸움이 살수 대첩, 한산도 대첩과 함께 우리 역사상 3대첩으로 불리는 귀주 대첩이다. 이때 현종은 개선하는 강감찬을 영파역까지 직접 나가 극진히 맞아들였다. 귀주 대첩 이후로 거란은 침략 야욕을 버리고 고려와 평화적으로 교류하였다.

전란 이후 검교태위 문하 시랑 동내사문하 평장사, 안국 공신에 오른 강감찬은 벼슬에서 물러났다가 1030년(현종 21) 문하 시중에 올랐다.

그 후 수도인 개경(개성)에 나성을 쌓을 것을 주장하여 국방에 큰 공을 세웠던 강감찬은 스스로 벼슬에서 물러나 자연과 글을 벗삼아 『낙도교거집』, 『구선집』을 지으며 지내다가 1031년 84세로 세상을 떠났다.

강감찬의 묘소는 충청북도 청원군 옥산면 국사리에 있다.

안국사에 있는 강감찬의 뜻을 기리기 위해 세운 3층 석탑(위). 강감찬의 영정을 모신 서울시 관악구 봉천동 낙성대의 안국사(아래)

함께 보아요

* **강조**(?~1010) : 고려 초의 무신으로, 서북면 도순검사로 있던 1009년(목종 12) 정변을 일으켜 목종을 죽이고 대량원군(현종)을 왕으로 세웠다. 1010년 거란의 성종이 강조의 정변을 트집잡아 40만 대군을 이끌고 쳐들어오자 행영 도통사가 되어 30만 대군을 이끌고 맞서 싸우다가 사로잡혔다. 강조의 용맹과 지략에 감동을 받은 거란 성종의 신하가 되어 달라는 청을 끝내 거부하다가 죽임을 당했다.

* **낙성대** : 강감찬이 태어난 곳으로 서울시 관악구 봉천동에 있다. 강감찬이 태어날 때 하늘에서 큰 별이 떨어졌다 하여 '낙성대' 라는 이름이 붙여졌으며, 지금은 사리탑식 3층 석탑이 남아 있다.

* **삼한벽상 공신** : 고려 태조 왕건이 후삼국을 통일한 뒤 공을 세운 인물들에게 공신호를 내린 데 이어, 940년 신흥사에 공신당을 세워 동서 벽에 공신들의 모습을 그려 넣었는데, 이때 공신당에 초상화가 그려진 공신들을 삼한벽상 공신이라 한다.

* **소배압**(?~?. 이름은 한은) : 거란의 장군으로, 몽골족 정벌에 공을 세웠고, 986년에는 송나라 군사를 무찔렀다. 거란의 제2차 침입 때인 1010년 한때 개경(개성)을 점령하기도 했으나, 1018년 10만 대군을 이끌고 다시 쳐들어왔다가 귀주에서 강감찬에게 크게 패해 돌아간 뒤 관직에서 쫓겨났다.

* **하공진**(?~1011) : 고려 초의 문신으로, 진주 하씨의 시조이다. 거란의 제2차 침입 때 고영기와 함께 거란군 진영에 들어가 거란 성종을 설득하여 거란군을 철수시켰다. 거란에 볼모로 잡혀가 거란 성종의 신임을 받았으나, 몇 차례 탈출을 시도하다 실패하고 붙잡혔다. 신하가 되어 달라는 거란 성종의 청을 끝내 거절하다가 죽임을 당했다.

견훤

(甄萱, 867~936)

후백제를 세워 서남부 지역을 호령한 임금

재위 기간 : 892~935

견훤은 867년(경문왕 7) 지금의 경상북도 상주 가은현에서, 처음에는 농민이었으나 세력을 키워 장군이 된 이아자개의 아들로 태어났다. 열다섯 살 때인 881년(헌강왕 7) 자신의 성을 견씨로 바꾸고, 뜻을 세워 군대에 들어가 경주로 갔다가 서남해안의 변방비장이 되었다.

견훤은 신라가 혼란한 틈을 타서 경주의 서남쪽 주현을 공격하여 세력을 키워 나갔다. 이때 신라는 계속된 왕권다툼으로 왕실의 권위가 땅에 떨어져 있었고, 귀족들은 욕심을 채우느라 바빴다. 이에 중앙 정부의 힘이 미치지 못한 틈을 타서 지방은 호족들이 차지하여 반독립적인 세력을 형성하고 있었다. 특히 *진성여왕이 즉위하면서 왕실과 귀족들의 횡포가 더욱 심해지고, 계속된 흉년으로 백성들은 떠돌이 생활을 하거나 초적이 되어 민란을 일으키는 등 큰 혼란에 빠지게 되었다.

견훤은 마침내 892년(진성여왕 6) 신라 조정에 반기를 들고 무진주(광주)를 점령하여 스스로 왕위에 올랐다. 900년(효공왕 4)에는 완산주(전주)에 도읍을 정하여 나라 이름을 '후백제' 라 하고, 나라의 제도와 관직을 정비하였으며, 중국에 사신을 보내 외교 관계를 맺었다. 또 견훤은 신라를 공격하고, 궁예가 세운 후고구려와 자주 싸움을 벌이며 세력을 넓혀 나갔다.

918년 왕건이 태봉왕 궁예를 몰아 내고 고려를 세우자, 견훤은 사신을 보내 축하해 주고 인질을 교환하는 등 처음에는 평화롭게 지냈다. 그러나 고려에 인질로 보낸 조카사위가 병으로 죽자, 그 후부터는 고려를 자주 공격하였다.

927년 신라를 공격한 견훤은 *포석정에서 연회를 즐기고 있던 *경애왕을 죽인 후, *경순왕을 신라의 새 임금으로 세웠으며, 이때 신라를 구원하기 위해 달려온 왕건을 공산(대구) 싸움에서 크게 물리침으로써 주도권을 잡았다. 그러나 930년 고창(안동) 싸움에서 고려군에게 크게 패함으로써 주도권을 빼앗겼다. 이때 견훤의 뛰어난 부하들이 고려에 항복했고, 웅진(공주) 이북에 있는 후백제의 성 30개가 고려에 넘어갔다.

견훤은 넷째 아들 금강에게 왕위를 물려주려고 했으나, 이에 불만을 품은 맏아들 신검에 의해 935년 *금산사에 갇혔다가 탈출하여 왕건에게 항복하였다. 이듬해 왕건에게 후백제를 칠 것을 요청해 936년 후백제를 멸망시킨 뒤, 황산(연산)에 있는 절에서 머물다 병으로 세상을 떠났다.

견훤산성(왼쪽 위). 견훤의 위패를 모신 견훤사당(오른쪽 위). 견훤왕릉 (오른쪽 아래)

함께 보아요

* **금산사** : 전라북도 김제에 있는 절로, 600년에 창건되어 766년 신라의 진표가 다시 지었다. 후삼국 시대에 후백제왕 견훤이 맏아들 신검에 의해 이 절에 갇히기도 했다.
* **경순왕**(?~978. 재위 기간 : 927~935) : 신라의 마지막 왕으로, 이름은 김부이다. 927년 경주에 쳐들어온 후백제 왕 견훤에 의해 왕위에 올랐으나, 고려를 받들다가 결국 935년 고려 왕건에게 나라를 넘겨주었다. 경주를 *식읍으로 받고, 그 곳의 사심관(서울에 있으면서 고향의 일을 관리하는 벼슬아치로, 부역을 고르게 하고 풍속을 바로잡는 일 등을 하였다)이 되었다.
* **경애왕**(?~927. 재위 기간 : 924~927) : 신라 제55대 왕으로, 이름은 박위응이다. 917년 상대등이 된 뒤 924년 왕위에 올랐으나, 왕건, 견훤 등의 강력한 세력에 눌려 국왕의 면모를 갖추지 못했다. 927년 포석정에서 연회를 즐기다가 후백제 왕 견훤의 침입을 받아 목숨을 잃었다.
* **식읍** : 나라에서 공이 많은 신하에게 내린 고을로, 그 고을에서 나오는 세금을 개인이 받아쓰도록 했다.
* **진성여왕**(?~897. 재위 기간 : 887~897) : 신라 제51대 왕으로, 이름은 만이다. 진성여왕 때는 신라가 붕괴하던 시기로 일부 왕족들이 권력을 장악하여 신하와 백성들의 원성을 샀고, 과도한 세금에 시달린 백성들은 떠돌이 생활을 하거나 초적이 되어 민란을 일으켰다.
* **포석정** : 경주 남산 서쪽에 위치한 통일신라 때의 연회 장소이다. 전복 모양의 돌 위에 홈을 파 물이 흐르도록 한 뒤, 왕과 귀족들이 술잔을 띄우고 시를 읊으며 연회를 즐겼다고 한다. 927년 경애왕이 비빈을 비롯한 여러 신하들과 연회를 즐기다가 후백제 왕 견훤의 습격을 받아 죽임을 당한 곳으로 잘 알려져 있다.

계백

(階伯, ?~660)

황산벌에서 신라군과 맞서 싸우다 장렬하게 전사한 백제의 장군

계백은 백제 말기의 장군으로, 나당 연합군이 쳐들어온 660년(의자왕 20)에 *달솔이었다.

계백이 활동할 당시 우리나라는 삼국(고구려, 백제, 신라)의 치열한 영토다툼으로 몹시 어지러웠다. 삼국은 중국과의 중요한 교통로이자 곡창 지대인 한강 유역을 차지하고 영토를 넓히기 위해 서로 빼앗고 빼앗기는 치열한 싸움을 벌였다. 또 신라의 진흥왕에게 한강 유역을 빼앗긴 백제는 북으로는 고구려, 남으로는 일본과 손을 잡고 신라를 공격하였다. 그러자 신라는 중국 당나라와 손잡고 백제에 맞섰다.

그 무렵 백제의 의자왕은 의욕적으로 신라를 쳐서 영토를 넓히던 즉위 초기와는 달리 연회에만 정신이 팔려 충신들을 옥에 가두거나 귀양을 보내는 등 나랏일을 돌보지 않았다. 이 틈을 이용해 신라가 중국 당나라와 연합군을 구성하여 백제를 공격해 왔다. 신라의 김유신은 5만의 군사를 이끌고 탄현(대전 동쪽 마도령)을 넘어 쳐들어오고, 당나라의 *소정방은 13만 대군을 이끌고 백강으로 쳐들어온 것이다. 이에 계백은 결사대 5천 명을 이끌고 황산벌(충청남도 연산)로 달려갔다.

싸움터로 나아가기 전 계백은 가족들이 적의 노비가 되어 치욕스러운 삶을 사는 것보다 차라리 자신의 손에 죽는 것이 낫다며 가족들의 목을 모두 베었다. 자신 또한 목숨을 바쳐 싸울 것을 굳게 다짐한 계백은 옛날 중국의 월나라 왕 구천이 5천의 군사로 오나라 왕 부차의 70만 대군을 무찌른 예를 들면서, 전쟁의 승리는 군사의 숫자가 많고 적음에 있는 것이 아니라 정신력에 있다며 군사들의 용기를 북돋워 주었다. 그러자 5천의 결사대는 5만의 신라군에 맞서 네 차례 싸워 모두 승리를 거두었다.

계백은 홀로 백제군 진영을 휘젓는 신라의 화랑 *반굴을 죽였고, 이어 공격해 온 화랑 *관창을 사로잡았지만 어린 관창의 용기에 감탄하여 살려 보냈다. 그러나 관창이 또다시 공격해 오자 목을 베어 말안장에 매달아 신라군의 진영으로 돌려보냈다. 두 화랑의 용기 있는 죽음을 보고 사기가 오른 신라군의 총공격에 백제군은 대패하고 말았다. 5만의 신라군과 대적하기에는 백제 군사의 숫자가 너무 적었던 것이다. 결국 계백과 5천의 결사대는 장렬한 최후를 맞았고, 백제는 멸망하고 말았다.

계백 장군의 묘(위). 계백 장군이 마지막 싸움을 벌인 황산벌 전투 그림(왼쪽 아래). 계백 장군의 동상(오른쪽 아래)

함께 보아요

* **관창**(645~660) : 신라의 화랑으로, 품일 장군의 아들이다. 660년 신라가 당나라와 연합하여 백제를 공격할 때 열여섯 살의 나이로 좌장군인 아버지 밑에 부장으로 출전하였다. 신라군은 황산벌에서 계백이 이끄는 백제의 결사대와 네 차례 싸워 모두 패했고, 군사들의 사기가 떨어졌다. 그러자 관창은 반굴에 이어, 임금에게 충성하고 공과 명예를 세우라는 아버지의 명령에 따라 홀로 적진에 뛰어들어 싸우다가 사로잡혔다. 어린 관창의 용기에 탄복한 계백이 관창을 살려 보내 주자, 다시 나아가 싸우다 사로잡혀 죽었다. 반굴과 관창의 용감한 죽음에 사기가 오른 신라군은 계백과 5천의 결사대를 무찌르고 승리를 거두었다. 무열왕은 관창의 전공을 높이 기려 급찬이라는 벼슬을 내리고, 예를 갖추어 장사를 지내 주었다.

* **달솔** : 백제의 제16관등 중 두 번째 관등으로, 관은 은화로 장식하고 자색의 옷을 입었다.

* **반굴**(?~660. 성은 김씨) : 신라의 무장으로, 각간 김흠순의 아들이다. 660년 황산벌 싸움에서 아버지 김흠순의 뜻에 따라 홀로 백제군 진영에 들어가 용감하게 싸우다가 죽었다. 관창과 함께 죽음으로써 신라군의 사기를 높여 황산벌 싸움을 승리로 이끌었다.

* **소정방**(592~667. 이름은 열. 자는 정방) : 중국 당나라 때의 장군으로, 660년 대총관이 되어 신라군과 함께 백제의 사비성을 빼앗고, 의자왕과 태자 융을 당나라로 데려갔다. 그 후 661년 신라군과 함께 고구려 평양성을 에워싸고 공격했으나, 싸움에서 패해 당나라로 돌아갔다.

조선의 마지막 임금이자 대한제국의 초대 황제	# 고종 (高宗, 1852~1919)	재위 기간 : 1863~1907 초명은 재황. 아명은 명복 이름은 형. 자는 성림 호는 성헌, 주연

고종은 1852년(철종 3) 흥선 대원군 이하응의 둘째 아들로 태어나, 조선의 제26대 왕이 되었다. 그러나 12세라는 어린 나이 때문에 즉위 후 10년간 아버지 흥선 대원군이 대신하여 나랏일을 맡아 보았고, 1873년 최익현이 흥선 대원군을 비판하는 상소를 올려 대원군이 물러나자 비로소 직접 정사를 돌보게 되었다. 그러나 강력한 왕권을 갖지 못한 고종은 명성황후 민씨를 비롯한 그 일족과 함께 국정을 이끌었다.

고종은 1876년에 일본과 *강화도 조약을 맺어 문호를 개방했고, 1880년에는 통리기무아문이라는 관청을 세웠다. 이듬해에는 새로운 문물과 제도를 배우기 위해 일본과 청나라에 각각 신사유람단과 영선사를 보냈고, 일본의 군사 교관을 초청하여 신식 군대인 별기군을 창설하였다.

고종은 1882년 신식 군대와의 차별대우에 항의하여 기존의 군대가 임오군란을 일으키자, 흥선 대원군에게 국정을 맡겨 반란을 수습하도록 하였다. 그러나 민씨 일족의 요청으로 우리나라에 들어온 청나라에 의해 흥선 대원군이 끌려감으로써 고종이 다시 국정을 돌보게 되었다. 1884년에는 김옥균을 중심으로 개화파가 *갑신정변을 일으켰고, 1894년 전봉준을 중심으로 동학 교도와 농민들이 척양척왜를 부르짖으며 *동학 혁명을 일으켰으나, 청나라와 일본의 개입으로 곧 진압되었다.

동학 혁명으로 개혁의 필요성을 느낀 고종은 *갑오개혁을 추진하였다. 그러나 청일 전쟁에서 승리한 일본이 조선에 대한 내정 간섭을 강화하자, 일본을 견제하기 위해 친러 내각을 구성하였다. 일본이 명성황후를 시해하는 을미사변을 일으켜 친러 내각을 해산시키자, 고종은 러시아 공사관으로 피했다가 이듬해 독립 협회의 요청으로 돌아왔다.

고종은 1897년 나라 이름을 *대한제국으로 고치고 황제라 칭한 뒤 근대화 정책을 추진하였으나, 일본의 강압에 못 이겨 1905년에 을사조약을 맺음으로써 외교권을 일본에 빼앗겼다. 1907년 네덜란드 헤이그에서 열린 *만국 평화 회의에 이상설, 이준, 이위종을 밀사로 파견하여, 일본의 우리나라 침략에 대한 부당성을 세계에 알리고자 하였으나, 일본의 방해로 실패하였다. 이 사건으로 고종은 일본의 강압에 못 이겨 아들 순종에게 황위를 물려주었고, 1919년에 세상을 떠났다.

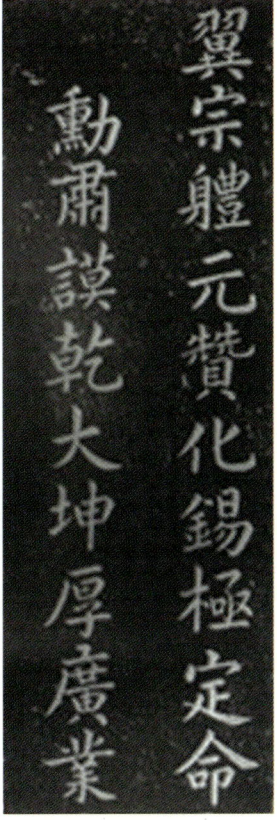

고종의 곤룡포(왼쪽). 고종의 글씨(오른쪽)

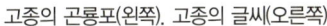

* **갑신정변** : 1884년(고종 21) 개화파 김옥균, 박영효 등이 명성황후 일파와 청나라를 배격하고 자주 근대화 정책을 펴기 위해 일으킨 정변이다. 그러나 협조를 약속했던 일본의 배반과 청나라의 반격으로 사흘 만에 실패로 돌아갔고, 주동자들은 붙잡히거나 일본으로 망명했다.

* **갑오개혁** : 1894년(고종 31)부터 1895년(고종 32)까지 고종이 추진한 근대화 개혁으로, '갑오경장'이라고도 한다. 이때 과거 제도 폐지, 도량형 통일, 과부 재가 허용 등 정치·경제·사회 분야의 제도를 바꾸었다.

* **강화도 조약** : 1876년(고종 13)에 강화도에서 일어난 운요호 사건을 빌미로 하여 일본과 맺은 우리나라 최초의 근대 조약이자 불평등 조약이다. 이 조약을 계기로 흥선 대원군이 추진했던 쇄국 정책을 끝내고 세계 여러 나라에 문호를 개방하였다.

* **대한제국** : 1897년(고종 34)부터 1910년 일본에 나라를 빼앗길 때까지 사용한 나라 이름이다. 이때 고종은 국호를 대한, 연호를 광무로 정하고 여러 가지 개혁을 추진해 나갔다.

* **동학 혁명** : 1894년(고종 31)에 동학 교도가 중심이 되어 관리들의 부정부패와 외세에 맞서 일으킨 혁명이다. 전라도 고부 군수 조병갑의 가혹한 수탈에 대항하여 전봉준의 지도 아래 고부에서 일어난 동학 농민군은 차례로 관군을 물리치고 전주성을 점령하였다. 그러나 청나라와 일본이 개입하려하자 정부가 내세운 12개항의 휴전 조건을 수락하고 해산하였으나, 정부가 휴전 조건을 이행하지 않고 일본군이 들어오자 전국적인 규모로 다시 일어났다. 그러나 일본의 근대식 군대에 의해 진압되었다.

* **만국 평화 회의** : 1899년과 1907년 러시아 황제 니콜라이 2세의 건의로 네덜란드의 헤이그에서 두 차례 열렸던 국제 회의로, 세계 각국의 평화를 유지하기 위한 문제를 의논하였다. 고종이 1907년 제2차 회의에 이상설, 이준, 이위종을 밀사로 보내어 우리나라에 대한 일본의 부당한 간섭을 세계에 알리려 하였으나, 일본의 방해로 실패하였다.

| 고려의 주권을 되찾기 위해 힘쓴 임금 | # 공민왕
(恭愍王, 1330~1374) | 재위 기간 : 1351~1374
이름은 전. 아명은 기
호는 이재, 익당 |

공민왕은 1330년 충숙왕의 둘째 아들로 태어나, 12세 때인 1341년(충혜왕 복위 2) 원나라에 볼모로 끌려갔다. 1344년(충목왕 원년) 강릉 대군에 봉해진 공민왕은 원나라의 *노국대장 공주와 결혼하였다.

당시 고려는 몽골에 굴복한 이후 해마다 원나라에 공녀를 바쳤을 뿐만 아니라 왕자들은 볼모로 가야 했으며, 임금이 되려면 원나라 공주와 결혼을 해야 했다. 원나라에서 볼모로 생활하면서 약소국의 슬픔을 뼈저리게 느낀 공민왕은 고려를 자주국으로 만들 결심을 하였다. 그래서 부지런히 글을 배우고 새로운 문물을 익혔다.

공민왕은 1351년 원나라의 뜻에 따라 왕위에서 물러난 충정왕의 뒤를 이어 고려의 제31대 임금이 되었다. 공민왕은 원나라의 세력이 약해진 기회를 이용해 *변발, 호복 등 몽골의 풍습을 금지하는 원나라 배척 운동을 벌였다. 몽골의 연호와 관직 제도를 없애고 문종 때 실시했던 관제를 복원하였으며, 원나라가 내정 간섭을 위해 고려에 설치한 정동행중서성 이문소를 없앴다. 이어 공민왕은 원나라 왕실과 인척을 맺고 횡포를 부리던 *기철 일파를 몰아냈다. 또한 100년간 유지해 온 *쌍성총관부를 없애고 원나라에 빼앗겼던 우리 땅을 되찾았다. 1368년에는 이인임을 보내 중국에 새로 건국된 명나라와 함께 요동에 남아 있는 원나라 세력을 무너뜨렸다. 이어 이성계로 하여금 동녕부를 치게 하고, 오로산성을 빼앗음으로써 고려의 국력을 과시하였다.

안으로는 무신들의 사병 집단인 정방을 없애고, *신돈을 등용하여 귀족들이 겸병한 토지를 원주인들에게 돌려주고, 불법으로 노비가 된 사람들을 해방시키는 등 개혁 정치를 펼쳤다. 그러나 홍건적과 왜구의 잦은 침략으로 나라는 혼란에 빠졌고, 1365년 왕비인 노국대장 공주가 죽자 실의에 빠져 국사를 신돈에게 맡긴 채 불사에만 힘썼다.

이때 *자제위 소속인 홍륜이 공민왕의 후궁인 익비를 범하여 임신시키는 사건이 벌어졌다. 공민왕은 이 사건을 숨기기 위해 *최만생과 홍륜을 없애고자 하였으나, 도리어 1374년 이들에게 죽임을 당하고 말았다. 공민왕은 그림과 글씨에도 뛰어나 「천산대렵도」 등 많은 작품을 남겼다.

공민왕이 그린 「천산대렵도」(위). 공민왕과 왕비 노국대장 공주의 능(아래)

함께 보아요

* **기철**(?~1356) : 고려 말의 권세가로, 원나라 순제의 황후가 된 누이동생의 권세를 믿고 세도를 부렸다. 공민왕이 원나라를 배척하는 정책을 쓰자 반란을 꾀하다가 권겸과 함께 죽임을 당했다.
* **노국대장 공주**(?~1365) : 원나라 황족 위왕의 딸로, '보탑실리 공주'라고도 불린다. 1349년 공민왕과 결혼한 후, 1351년 제31대 왕으로 즉위한 공민왕과 함께 고려로 왔다. 1365년(공민왕 14)에 난산으로 죽었다.
* **변발** : 만주족의 풍습으로, 남자의 머리 주위를 깎고 가운데 머리만을 길게 따서 늘어뜨린 머리 형태이다.
* **신돈**(?~1371. 자는 요공. 호는 청한거사. 법명은 편조) : 고려 말의 승려이며, 옥천사 노비의 아들로 태어났다. 김원명의 추천으로 공민왕을 만나 신임을 얻은 신돈은 1366년 전민변정도감 판사가 되어 귀족들이 겸병한 토지를 원주인에게 돌려주는 토지 개혁을 통해 귀족들의 세력을 약화시키고 농민의 권리를 옹호하였으며, 국가의 재정 확보에 힘썼다. 그러나 급진적 개혁 정책이 귀족들의 반발을 샀고, 지나치게 권력을 휘두르다 공민왕의 신임을 잃자, 반란을 꾀하다가 처형되었다.
* **쌍성총관부** : 원나라가 1258년(고종 45)부터 1356년(공민왕 5)까지 화주 이북(함경남도 영흥) 땅을 통치하기 위하여 둔 관아로, 1356년(공민왕 5)에야 비로소 동북면 병마사 유인우와 이자춘(이성계의 아버지)의 협력으로 탈환하여 쌍성총관부를 폐지하고 화주목을 설치하였다.
* **자제위** : 1372년 공민왕 때 국왕의 신변에 대한 호위 겸 지도자를 양성한다는 뜻에서 설치한 관청이다.
* **최만생**(?~1374) : 공민왕 때의 내시로, 익비가 홍륜과 정을 통해 임신한 사실을 공민왕에게 알렸다. 이에 공민왕이 홍륜과 함께 죽이려 하자, 홍륜 등과 모의하여 공민왕을 시해하였다. 후에 옷에 묻은 피로 인해 시해 사실이 밝혀져 일당과 함께 처형되었다.

| 임진왜란 때 왜적에 맞서 싸운 의병장 홍의 장군 | # 곽재우
(郭再祐, 1552~1617) | 자는 계수. 호는 망우당
시호는 충익 |

곽재우는 1552년(명종 7) 경상남도 의령에서 곽월의 아들로 태어났다. 1585년(선조 18) 문과에 급제하였으나, 답안이 임금의 뜻에 거슬린다는 이유로 합격이 무효가 되었다. 이에 곽재우는 관직을 포기하고 고향으로 돌아가 산림에 묻혀 학문에 힘썼다.

1592년(선조 25) 일본이 우리나라에 쳐들어와 임진왜란이 일어났다. 선조가 의주로 피란하는 등 나라가 위급해지자, 곽재우는 자신의 재산을 털어 의령에서 사람들을 모아 *의병을 일으켰다. 곽재우는 의령, 합천, 현풍, 창녕 등에서 왜군을 크게 물리쳤고, 자신이 거느리고 있던 의병을 진주성에 보내 제1차 진주성 싸움을 승리로 이끌기도 했다. 곽재우는 왜군과 싸울 때마다 항상 붉은 갑옷을 입었기 때문에 '홍의 장군'이라고 불렸다.

왜군을 무찌른 공으로 곽재우는 유곡 찰방을 시작으로 형조 정랑을 거쳐 절충 장군으로 승진했지만 왜군이 쳐들어오자 달아났던 감찰사 김수와의 사이가 좋지 않아 누명을 쓰고 한때 구금되었다. 초유사 *김성일의 도움으로 풀려난 곽재우는 성주 목사를 거쳐 진주 목사에 임명되었으나 관직을 버리고 현풍으로 돌아갔다.

1597년(선조 30) 명나라와 일본 간에 벌이던 강화 회담이 깨지면서 일본이 다시 쳐들어와 정유재란이 일어나자, 조정의 부름을 받은 곽재우는 경상좌도 방어사가 되어 왜군을 물리쳤다.

곽재우는 1599년 경상좌도 병마절도사로 다시 관직에 나왔지만 이듬해 병을 이유로 벼슬에서 물러났고, 사헌부의 탄핵을 받아 영암에서 2년간 귀양살이를 하였다. 그 뒤 현풍 비슬산 기슭에 '망우정'이란 정자를 짓고 남은 삶을 보낼 결심을 하였다.

조정의 부름을 받고 다시 관직에 나간 곽재우는 1613년(광해군 5) 이이첨 등이 *강변칠우 사건을 이용해 *영창 대군을 모함하여 죽이려 하자, 영창 대군은 죄가 없다는 상소를 올린 뒤 관직에서 물러났다. 그 뒤 여러 차례 관직에 임명되었으나 관직에 나가지 않았고, 한때 한성부 좌윤과 함경도 관찰사를 잠시 맡기도 했지만, 곽재우는 혼탁한 조정과 어지러운 세상을 한탄하며 관직에서 물러났다.

지은 책으로는 『망우집』이 있다.

곽재우 장군의 유품관(위). 곽재우 장군의 마구(아래)

함께 보아요

★ **강변칠우 사건** : 광해군 때 박응서, 심우영, 이경준, 박치인, 서양갑, 박치의, 허홍인 등 7명의 서자들이 벼슬길이 막힌 것을 불평하며 소양강가에 모여 중국의 죽림칠현을 본떠서 스스로를 강변칠우라 하였다. 시와 술을 벗삼아 지내던 강변칠우는 1612년 조령에서 은 상인을 죽이고 은을 약탈하였는데, 이듬해 모두 붙잡혔다. 이때 화를 면해 주겠다는 이이첨 등의 꾐에 넘어가 김제남의 사주로 영창 대군을 옹립하기 위한 거사자금을 마련하기 위해 은을 약탈했다고 거짓 자백을 했다. 이 일로 영창 대군은 강화로 유배되었다가 살해되었다.

★ **김성일**(1538~1593. 자는 사순. 호는 학봉. 시호는 문충) : 조선 시대 문신으로, 여러 벼슬을 거쳐 정언이 된 뒤 1577년 사은사 서장관으로 명나라를 다녀왔다. 1590년 통신사 황윤길과 함께 일본에 다녀온 뒤, 김성일은 일본이 쳐들어올 것이라는 황윤길과는 달리 집권 세력인 동인의 뜻에 따라 쳐들어오지 않을 것이라고 보고했다. 임진왜란이 일어나자 거짓 보고로 처벌받을 뻔했으나, 동인인 유성룡의 변호로 화를 면한 뒤, 경상우도 병마절도사 등에 올라 왜군과 싸우다가 병으로 죽었다.

★ **영창 대군**(1606~1614. 이름은 의) : 선조와 인목왕후 김씨 사이에 태어난 유일한 왕자로, 선조의 깊은 사랑을 받았다. 1612년에 일어난 강변칠우 사건을 이용한 이이첨 등의 모함으로 역모 혐의로 몰려 이듬해 강화도에 위리안치(외부와 접촉을 못하도록 가시나무로 울타리를 만든 집에 사람을 가두어 놓는 일)되었다가 이듬해 강화부사 정항에 의하여 불에 타 죽었다.

★ **의병** : 나라를 구하기 위하여 스스로 일어나 싸우는 일반 백성으로 구성된 군사를 말한다. 의병은 임진왜란과 조선 말 을사조약 이후에 특히 많이 일어났다.

광개토 대왕
(廣開土大王, 375~413)

동북 아시아를 호령한 우리나라 최고의 정복 군주

재위 기간 : 391~413
이름은 담덕
재위시 칭호는 영락 대왕

광개토 대왕은 375년(소수림왕 5) *고국양왕의 아들로 태어나, 11세에 태자가 되었고, 18세 때인 391년 고국양왕의 뒤를 이어 고구려 제19대 왕이 되었다. 어려서부터 체격이 크고 뜻이 높았던 광개토 대왕은 즉위하면서 '영락' 이라는 *연호를 사용했는데, 이것은 고구려가 중국과 대등하다는 것을 세상에 알리는 것이었다. 또 연호의 사용은 이때가 우리나라 최초였고, 광개토 대왕은 재위하는 동안 '영락 대왕' 이라 불렸다.

광개토 대왕은 선왕들이 이룩해 놓은 강력한 국력을 바탕으로 영토를 크게 확장해 고구려의 기상을 드높였다. 광개토 대왕은 먼저 패수(예성강)를 경계로 대립해 있던 백제를 공격하였다. 392년에 4만의 군사를 이끌고 백제를 공격하여 관미성과 석현성 등 10개의 성을 빼앗았다. 또 빼앗긴 땅을 되찾기 위해 쳐들어온 백제군을 394년에는 수곡성에서, 395년에는 패수에서 물리치고, 국경에 7개의 성을 쌓아 백제의 침략에 대비하였다. 또 396년에는 백제를 공격해 아신왕의 항복을 받고 지리적으로 중요한 한강 유역을 차지하였다.

백제와 긴밀한 관계를 맺고 있는 왜의 침략을 받은 신라가 구원을 요청하자, 광개토 대왕은 군사 5만을 보내 왜군을 물리치고 가야까지 진출했다. 이때 신라를 복속국으로 삼고 그 대가로 실성(*실성왕)을 인질로 데려왔다. 또 407년에 다시 백제를 공격하여 많은 전리품을 얻고 6개의 성을 빼앗음으로써 백제의 침략 의지를 꺾어 놓았다.

백제를 완전히 제압한 광개토 대왕은 이번에는 서쪽으로 눈을 돌렸다. 후연(*연나라)과 평화 관계를 유지했던 광개토 대왕은 400년 후연이 남소성과 신성을 먼저 공격해 오자, 본격적으로 후연 공격에 나섰다. 402년 숙군성을 쳐서 빼앗고, 이어 현도성과 요동성도 함락시켰다. 그리하여 요하 동쪽 지역을 완전히 장악함으로써 만주 지방의 주인이 되었다. 광개토 대왕은 재위하는 동안 64개의 성과 1천 4백 개의 촌락을 쳐서 빼앗는 등 우리나라 최고의 정복 군주였다.

광개토 대왕은 국내 정치에도 힘을 기울여 각종 제도를 정비하고, 평양에 9개의 절을 지어 불교를 장려함으로써 나라를 안정시켰다. 그러나 광개토 대왕은 413년 39세의 젊은 나이로 세상을 떠났다.

광개토 대왕의 전투 그림(왼쪽 위). 광개토 대왕의 진영(오른쪽). *광개토 대왕비(왼쪽 아래)

함께 보아요

* **고국양왕**(?~391. 재위 기간 : 384~391. 이름은 이련, 어지지) : 광개토 대왕의 아버지로, 고구려 제18대 왕이다. 385년 군사 4만으로 요동을 공격하였고, 이듬해에는 백제를 쳐서 영토를 넓혔다. 불교를 장려하고, 국사 곧 사직을 세우고 종묘를 수리하였다.
* **광개토 대왕비** : 414년 장수왕이 아버지 광개토 대왕의 업적을 기리기 위해 능 앞에 세운 비석으로, 높이가 6.39m이다. 비석에는 '국강상 광개토 경평안 호태왕'이라고 씌어 있어, '호태왕비'라고도 부르며, 고구려의 건국 신화, 광개토 대왕과 이전의 왕들에 대한 업적, 비석을 세우게 된 경위, 광개토 대왕의 정복 활동, 왕릉의 관리 규정 등이 기록되어 있다.
* **실성왕**(?~417. 재위 기간 : 402~417. 성은 김씨) : 신라 제18대 왕이며, 김알지의 후손으로 이찬 대서지의 아들이다. 고구려에 볼모로 갔다가 401년에 돌아와 이듬해 내물왕이 죽자 왕위에 올랐으며, 내물왕의 두 아들 미사흔과 복호를 각각 왜와 고구려에 볼모로 보냈다. 417년 덕망이 있어서 왕권을 위협하는 내물왕의 큰아들인 눌지(눌지왕)를 없애려다 오히려 살해되었다.
* **연나라** : 중국의 나라 이름으로, 크게 춘추전국 시대의 제후국인 연나라와 오호십육국 시대의 연나라로 구분된다. 제후국인 연나라는 주나라 무왕의 동생 소공석이 지금의 허베이를 영토로 하여 베이징에 도읍하고, 점차 동북쪽으로 발전하여 34대 8백여 년이 지난 뒤 기원전 222년 진시황에게 멸망당했다. 오호십육국 시대의 연나라는 선비족인 모용씨가 세운 나라이다. 이때의 연나라는 세워진 시기나 지역에 따라 전연(337~370), 후연(384~409), 서연(385~394), 남연(398~410), 북연(409~436)으로 나눈다. 고운이 409년 후연의 왕 모용희를 죽이고 북연을 세웠으며, 북연은 고구려와 평화롭게 지냈다.
* **연호** : 군주 국가에서 임금이 자신이 다스리는 기간 동안에 붙이는 칭호로, '다년호' 또는 '원호'라고도 부른다.

광해군 (光海君, 1575~1641)

자주적 외교와 폭정으로 쫓겨난 비운의 군주

재위 기간 : 1608~1623
이름은 혼

광해군은 1575년(선조 8) 선조와 공빈 김씨 사이에서 둘째 아들로 태어나, 임진왜란 때인 1592년(선조 25) 피란지 평양에서 세자에 책봉되었다. 세자가 된 광해군은 만약의 사태에 대비해 조정을 나눌 분조를 위한 권한을 부여받고 함경도, 전라도 등지에서 의병을 모으는 한편, 군량미를 조달하는 등 왜군을 물리치기 위해 온 힘을 기울였다.

임진왜란이 끝난 후인 1606년 인목왕후가 영창 대군을 낳자, 선조의 후계자 문제로 당파 간에 대립이 생겼다. 대북파는 세자인 광해군을, 소북파는 적자라는 이유를 내세워 영창 대군을 지지하였다. 그 뒤 선조가 병석에 누워 내린, 광해군에게 왕위를 물려준다는 *교서를 소북파인 *유영경이 감추어 버렸다. 대북파인 정인홍의 상소로 유영경의 음모가 밝혀졌고, 광해군은 1608년 세상을 떠난 선조의 뒤를 이어 왕이 되었다.

광해군은 당파를 벗어난 고른 인재 등용으로 당파 싸움을 없애고자 노력했으나, 대북파의 음모로 뜻을 이루지 못하였다. 광해군은 대북파의 음모에 빠져 형인 *임해군, *인목대비의 친정 아버지인 *김제남, 영창 대군과 *능창 대군을 역모로 몰아 죽였다. 이어 이원익을 조정에서 쫓아내고, 1617년에는 계모인 인목대비를 평민으로 깎아 내려 서궁에 가두었다. 이에 생명에 위협을 느낀 *김류, *이귀 등 서인들이 일으킨 반정으로 1623년 왕위에서 쫓겨나 강화도로 유배되었고, 다시 제주도로 옮겨져 1641년(인조 19) 그 곳에서 죽었다.

광해군은 임진왜란으로 황폐해진 나라를 안정시키기 위해 선혜청을 두어 경기도에 대동법을 실시하고, 땅을 개간하여 재정을 마련하였다. 또 임진왜란 때 불타 없어진 궁궐을 짓는데 힘써 창덕궁, 경덕궁(경희궁), 인경궁을 다시 지었고, 서적을 펴내는데 힘써 『신증동국여지승람』, 『용비어천가』 등을 다시 펴냈고, 『국조보감』과 『선조실록』을 펴냈다. 또 임진왜란을 치르는 동안 세력을 기른 여진족이 세운 후금(청나라)의 침략에 대비해 무기를 만드는 등 국방 강화에 힘썼다.

광해군은 명분보다는 실리적이고 자주적인 외교를 추진하였다. 1619년 후금의 공격을 받은 명나라가 구원을 요청하자, 광해군은 *강홍립 등에게 군사 1만여 명을 주면서 "상황에 따라 유리한 쪽을 택하라."는 비밀 명령을 내렸다. 임진왜란 때 도움을 준 명나라를 돕지 않을 수도 없고, 새로운 강대국인 후금과 적대할 수도 없었기 때문에 양면 외교 정책을 폈던 것이다.

광해군이 지은 경덕궁(경희궁)으로 일제의 총독부에 의해 훼손되었다가 일부가 복원되었다(위). 광해군의 묘(아래)

함께 보아요

* **강홍립**(1560~1627. 자는 군신. 호는 내촌) : 1618년 후금(청나라)의 침략을 받은 명나라가 구원을 요청해 오자 군사를 이끌고 갔다가, 조선과 명나라 연합군이 후금에 패하자 후금에 항복한 뒤 조선이 출병한 이유를 해명하였다. 후금에 붙잡혀 있다가 정묘호란 때인 1627년 후금군의 길 안내로 돌아와, 강화도에서 두 나라의 협상을 주선하였다. 그 뒤 국내에 머물렀으나 역신으로 몰려 관직을 빼앗겼고, 죽은 뒤에 다시 받았다.

* **교서** : 국왕이 내리는 명령서 등과 같은 문서이다.

* **김류**(1571~1648. 자는 관옥. 호는 북저) : 조선 중기의 문신으로, 1623년 이귀, 최명길 등과 함께 반정을 일으켜 영창 대군을 죽이고 인목대비를 폐비하여 가두는 등 잘못을 저지르는 광해군을 몰아 냈다. 인조를 왕으로 세운 뒤 이조 판서, 영의정 등을 지냈다.

* **김제남**(1562~1613. 자는 공언) : 인목대비의 아버지이다. 이조 좌랑 등을 거쳐 1602년 딸이 선조의 계비(인목왕후)가 되자 연흥 부원군에 봉해졌다. 1613년 영창 대군을 옹립하려는 음모를 꾸몄다는 죄목으로 목숨을 잃었다.

* **능창 대군**(1599~1615. 이름은 전. 시호는 효민) : 인조의 동생이며, 1615년 역모를 꾀한다는 대북파의 모함으로 교동에 갇혔다가 사형당했다.

* **유영경**(1550~1608. 자는 선여. 호는 춘호) : 임진왜란 때 군사를 모집한 공으로 호조 참의에 올랐다. 소북파의 우두머리로, 선조의 뒤를 이어 영창 대군을 왕으로 세우기 위해 선조의 교서를 숨겼다. 1608년 광해군이 즉위한 뒤, 대북파의 탄핵을 받아 경흥으로 유배되었다가 사약을 받았다.

* **이귀**(1557~1633. 자는 옥여. 호는 묵재. 시호는 충정) : 이이와 성혼의 문하생으로, 1623년 김류 등과 반정을 일으켜 인조를 옹립하였다. 정묘호란 때 최명길과 함께 화의를 주장하다가 탄핵을 받았다.

* **인목대비**(1584~1632. 성은 김) : 연흥 부원군 김제남의 딸로 태어나 1602년 선조의 둘째 왕비가 되었고, 1608년 영창 대군을 낳았다. 광해군 때 대북파의 음모로 서궁에 유폐되었다가 인조반정으로 풀려났다.

* **임해군**(1574~1609. 이름은 진) : 선조와 공빈 김씨의 큰아들로 태어났으나, 난폭한 성격 때문에 세자가 되지 못했다. 임진왜란 때 함경도에서 왜군에게 붙잡혔다가 풀려났고, 선조가 세상을 떠나자 명나라와 일부 신하들이 왕으로 옹립하려 했다. 그러나 광해군에 의해 진도로 유배된 후 교동으로 옮겨졌다가 사약을 받고 죽었다.

| 견훤과 함께 후삼국 시대를 연 후고구려의 왕 | # 궁예
(弓裔, ?~918) | 재위 기간 : 901~918
성은 김씨. 승명은 선종 |

궁예는 신라 *헌안왕 또는 *경문왕과 궁녀 사이에서 태어났다고 한다. 궁예는 치열한 왕위다툼 속에서 자신을 죽이려는 사람들을 피해 달아나 유모의 손에서 자라다 세달사의 승려가 되었다.

왕권다툼과 흉년으로 나라가 몹시 쇠약해지자, 각 지방에 세력을 가진 *호족들이 득세하였다. 또 과도한 세금으로 백성들은 떠돌아다니다 도적이 되어 곳곳에서 반란을 일으켰다. 이에 야망을 품은 채 891년 세달사를 나온 궁예는 *기훤의 부하가 되었다가, 이듬해 북원(강원도 원주)에서 세력을 떨치고 있던 *양길의 부하가 되었다.

궁예는 양길의 부하를 이끌고 강원, 경기, 황해 일대의 싸움터에서 용맹을 떨치며 세력을 키워 나갔다. 세력이 커지자 자신감을 얻은 궁예는 894년 명주(강릉)와 철원을 빼앗은 후 양길로부터 독립하였다. 궁예는 스스로 장군이라 칭했고, 이듬해 강원도 일대를 장악하는 등 점차 세력을 넓혀 나갔다. 그러자 왕건 부자를 비롯한 많은 호족들이 투항해 왔다.

궁예는 평안도 일대를 비롯해 한산주의 30여 개의 성을 빼앗고, 국원(충주)과 청주(온양)를 손에 넣는 등 한반도 중북부 지방을 장악하였다. 궁예는 901년(신라 효공왕 5) 송악을 수도로 정하고 나라를 세웠는데, 나라 이름은 고구려의 부흥을 다시 일으킨다는 뜻으로 '후고구려' 라 칭하였다. 궁예는 왕건을 보내 금성(나주)을 차지함으로써 후백제의 견훤을 견제하는 한편 서남해의 해상권을 장악하였다. 이에 궁예는 904년 나라 이름을 '마진', 연호를 '무태' 라 고치고, 905년 수도를 철원으로 옮겼다. 이어 911년에는 다시 나라 이름을 '태봉' 으로 바꾸고, 연호를 '수덕만세' 라 하였다.

궁예는 세력이 크게 커지자 오만하고 포악한 성격을 드러내기 시작했다. 처음 나라를 세웠을 때와는 달리 백성들을 잘살게 해 주기는커녕 많은 세금을 거둬들이고 궁궐을 크게 짓는 등 수탈을 일삼았다. 또 스스로를 미륵 부처라 일컫고, '관심법' 을 내세워 죄 없는 사람들을 무수히 죽이고, 부인과 두 아들마저 죽였다.

궁예의 폭정을 보다 못한 신숭겸, 홍유, 복지겸, 배현경 등이 왕건을 왕으로 추대하여 혁명을 일으켜 궁예를 몰아 냈다. 궁예는 도망치다 부양(강원도 평강)에서 백성들에게 맞아 죽었다.

궁예의 미륵 사상이 시작된 경기도 안성의 쌍미륵사(왼쪽 위). 쌍미륵사에 있는 궁예의 미륵불(오른쪽). 포천 명성산에 있는 궁예봉(왼쪽 아래)

함께 보아요

* **경문왕**(?~875. 재위 기간 : 861~875. 성은 김씨. 이름은 응렴) : 신라 제48대 왕이다. 신라의 쇠퇴기를 당하여 빈번히 일어나는 중앙 귀족의 모반과 지방의 반란을 평정하기에 힘썼다. 한편 사신을 당나라에 파견하여 긴밀한 유대를 맺었고, 황룡사탑을 수축하는 등의 업적도 남겼으나, 천재지변이 많아 백성들의 생활이 어려웠다.

* **기훤**(?~?) : 891년 죽주(경기도 안성)에서 군사를 모아 반란을 일으켰다. 궁예와 같은 뛰어난 부하를 두었으나, 성질이 포악하여 부하들이 떠남으로써 크게 위세를 떨치지 못했다.

* **양길**(?~?) : 신라 말 나라가 혼란한 틈을 타서 북원(강원도 원주)에서 반란을 일으켰다. 892년 궁예를 부하로 삼은 후 지방 여러 성을 빼앗아 세력을 넓혔다. 궁예의 세력이 커지자 궁예를 없애려다 도리어 역습을 받아 크게 패했고, 899년(효공왕 3) 다시 궁예를 공격했으나 크게 패하고 도망쳤다.

* **헌안왕**(?~861. 재위 기간 : 857~861. 성은 김씨. 이름은 의정, 우정) : 신라 제47대 왕이다. 즉위 초에 극심한 가뭄으로 흉년이 들자 백성들을 구제했으며, 제방을 쌓고 농사를 장려하였다. 아들이 없어 사위에게 왕위를 물려주었다.

* **호족** : 지방에서 재산이 많고 세력이 강한 집안을 말한다. 특히 신라 말기의 혼란을 틈타 호족들은 군사를 가지고 자신이 사는 지방을 다스리며 세금을 거둬들이기도 했다.

| 임진왜란 3대첩의 하나인 행주 대첩을 이끈 조선의 명장 | # 권율 (權慄, 1537~1599) | 자는 언신. 호는 만취당, 모악. 시호는 충장 |

1537년 영의정 *권철의 아들로 태어난 권율은 1582년 과거에 급제한 후 예조 좌랑 등 여러 벼슬을 거쳐 1591년 의주 목사가 되었다. 이듬해인 1592년 해직되었다가 임진왜란이 일어나자 광주 목사에 임명되었다.

권율은 왜군에게 함락된 서울을 되찾기 위해 전라도 순찰사 *이광과 방어사 곽영의 지휘 아래 서울로 향하다가 용인에서 왜군과 싸웠으나 패하였다. 남은 군사를 이끌고 광주로 돌아온 권율은 남원에서 군사 1천여 명을 모아 다시 서울로 향하다가 금산군 이치에서 전주로 들어오려는 왜군을 크게 물리쳤다.

그 공으로 전라 감사가 된 권율은 다시 서울을 되찾기 위해 군사 1만여 명을 이끌고 향하다가 수원 독성산성에서 왜군을 맞아 싸워 크게 이겼다.

권율은 1593년 서울을 되찾기 위해 한양과 가까운 *행주산성에 진을 쳤다. 권율은 먼저 목책을 치고 성을 수리하는 등 왜군의 침입에 대비한 뒤, 독성산성에 남아 있던 군사를 옮겼다. 이때 승병장 처영 등이 1천 명의 승군을 이끌고 와 군사가 1만여 명에 이르렀다. 그러자 평양에서 철수한 왜군은 한양에서 부대를 정비한 뒤 3만 명의 병력으로 행주산성을 공격해 왔다.

왜군은 7개의 부대로 나누어 맹렬하게 공격해 왔고, 한때 성이 함락될 위기까지 처했다. 그러나 권율의 일사불란한 지휘 아래 관군, 의병, 승병, 부녀자들까지 온 힘을 다해 싸워 마침내 왜군을 물리쳤다. 왜군 2만 4천 명의 사상자를 낸 이 싸움이 바로 임진왜란 3대첩 중의 하나인 *행주 대첩이다. 특히 부녀자들이 앞치마에 돌을 날라 싸움을 도움으로써 *'행주치마' 라는 이름도 생겨났다.

권율은 행주 대첩으로 *도원수가 되었지만, 도망친 군사들을 즉결처분한 죄로 해직되었다가 곧 한성부 판윤 겸 *비변사 당상에 올랐다. 이어 충청도 *순찰사를 거쳐 다시 도원수가 되었다.

1597년 왜군이 다시 쳐들어오자 권율은 명나라 장수 마귀와 함께 왜군의 북상을 막기 위해 준비를 했으나, 명나라의 갑작스런 후퇴 명령으로 철수하였다. 또한 순천에 주둔해 있던 왜군을 공격하려던 계획 역시 명나라 군이 협조해 주지 않아 실패했다.

임진왜란이 끝난 뒤인 1599년(선조 32) 병이 깊어져 벼슬에서 물러나 고향으로 돌아간 권율은 그 해 7월 세상을 떠났다.

권율 장군이 왜군과 싸워 대승을 거둔 행주산성(왼쪽). 행주산성의 입구에 세워진 권율 장군의 동상(오른쪽)

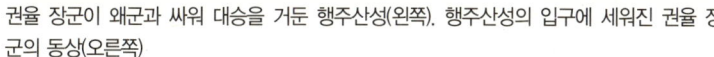

* **권철**(1503~1578. 자는 경유. 호는 쌍취헌. 시호는 강정) : 조선 시대 문신으로, 도승지, 병조 판서, 이조 판서를 거쳐 우의정에 올랐다. 등극사로 명나라에 다녀온 후, 좌의정을 거쳐 1571년 영의정에 올랐다. 행주 대첩의 명장 권율의 아버지이다.
* **도원수** : 고려와 조선 시대의 벼슬 이름이다. 나라에 전쟁이 일어났을 때 군사에 관한 사무를 맡아 보던 장수를 말한다.
* **비변사** : 조선 시대에 국방에 관한 일을 맡아보던 관청이다.
* **순찰사** : 고려와 조선 시대의 벼슬 이름이다. 나라에 전쟁이 일어났을 때 지방의 군사에 관한 사무를 순찰하던 임시 벼슬이다.
* **이광**(1541~1607. 자는 사무. 호는 우계산인) : 조선 선조 때의 문신으로, 1590년 반란을 일으킨 정여립 일당을 잡아들이라는 명령을 소홀히 하여 벼슬에서 쫓겨났다. 임진왜란 당시 전라도 순찰사로 있었으나 용인 싸움에서 왜군에게 크게 패했다. 그 책임으로 벼슬에서 물러나 백의종군한 뒤, 벽동에 유배되었다가 1594년 풀려나 고향으로 돌아왔다.
* **행주 대첩** : 임진왜란 때 전라도 관찰사 권율이 행주산성에서 왜군을 크게 물리친 싸움을 말한다. 행주 대첩은 진주 대첩, 한산도 대첩과 함께 임진왜란 때의 3대첩 가운데 하나이다. 1593년 1월 권율은 평양에서 퇴각하는 왜군을 물리치고 한양을 수복하기 위해 1만여 명의 군사를 이끌고 행주산성에 집결하였다. 권율은 성을 정비하고 나무 울타리를 쌓아 왜군의 침입에 대비하였다. 2월 12일 왜군 3만여 명이 7개 부대로 나누어 성을 둘러싸고 공격해 오자, 권율은 일사불란한 통솔력으로 군사들의 사기를 북돋우고 성 주변에 쌓아 놓은 나무 울타리에 불을 질러 왜군이 성 안으로 진입하지 못하게 하였다. 이 싸움에서는 화차, 수차석포 등 당시 개발된 여러 가지 무기들이 사용되었다. 특히 부녀자들은 긴치마를 잘라 짧게 만들어 입고 돌을 날라서 투석전에서 적군에게 큰 피해를 입혔는데, 여기에서 '행주치마'라는 명칭이 유래되었다고 한다.
* **행주산성** : 경기도 고양시에 있는 산성으로, 삼국 시대에 흙으로 쌓았다. 산꼭대기를 둘러싼 안쪽 성과 북쪽으로 뻗은 작은 골짜기를 에워싼 바깥 성의 두 겹으로 이루어져 있으며, 둘레가 약 1,000m에 달한다.
* **행주치마** : 부엌일을 할 때 덧입는 앞치마이다. 임진왜란 때 행주 싸움에서 부녀자들이 앞치마에 돌을 날라 왜군을 크게 물리쳤다고 해서 '행주치마'라고 부르게 되었다.

| 백제를 동북 아시아의 해상왕국으로 건설한 위대한 군주 | # 근초고왕
(近肖古王, ?~375) | 재위 기간 : 346~375 |

근초고왕은 백제가 고이왕 이후 여러 왕을 거치면서 차츰 고대 국가의 기틀을 갖추어 나갈 때 *비류왕의 둘째 아들로 태어났다. 어려서부터 총명하여 학문을 가까이 하고, 체격도 아주 크고 용감하여 둘째 아들이었지만 346년 계왕의 뒤를 이어 백제 제13대 임금에 올랐으며, '초고왕' 이라고도 부른다.

근초고왕은 진씨 가문에서 왕비를 맞아들여 왕실의 지지 세력으로 삼았고, 지방을 효과적으로 다스리기 위해 지방관을 파견함으로써 왕권을 강화하고 중앙 집권화에 성공하였다. 근초고왕은 또 수도를 군사 지리적 요충지인 한강 유역의 한산(서울)으로 옮겨 '한성' 이라 부르는 등 나라의 기틀을 다졌다.

근초고왕은 강력한 왕권을 바탕으로 정복 활동에 나섰다. 먼저 영산강 유역을 중심으로 백제의 세력권에서 벗어나 있던 마한의 여러 *부족 국가들을 정복하여 전라도 지역을 확보하였다. 이어 낙동강 유역에 있던 가야를 굴복시킴으로써 남쪽 지방을 평정하였다.

369년 고구려 *고국원왕이 군사 2만 명을 이끌고 치양성(황해도 배천)에 쳐들어오자, 태자(근구수왕)에게 군사를 주어 고구려군을 크게 무찌르고 5천여 명을 사로잡았다. 371년에는 태자 근구수와 함께 고구려 군사들을 대동강에서 물리치고 옛 *대방 땅의 대부분을 점령하였으며, 평양성을 공격하여 고구려의 고국원왕을 전사시켰다. 이로써 백제는 지금의 경기도, 충청도, 전라도, 강원도 그리고 황해도의 일부까지 차지하게 되었다. 또 근초고왕은 중국과 일본의 일부 땅을 정복하여 중국과 일본을 아우르는 해상왕국을 건설하였다.

근초고왕은 외교에도 뛰어나, 중국 *동진에 사신을 보내 국교를 맺고 양자강 이남의 남조 문화를 받아들여 아름다운 백제 문화를 탄생시켰다. 한편, 미개한 나라에 선진 문물을 전파하는 일도 게을리 하지 않아 *아직기와 왕인을 일본에 보내어 학문을 가르치고 앞선 문물을 전해 주었다. 또『천자문』과『논어』를 함께 보내 유교 사상을 전하고 왜왕에게 *'칠지도' 를 하사했다.

또 근초고왕은 박사 *고흥으로 하여금 백제의 역사서인『서기』를 쓰게 하였다. 근초고왕은 영토 확장을 기반으로 강력한 왕권을 행사하여 부족 연맹의 세력을 누르고 왕위를 형제에게 물려주는 형제 상속에서 아들에게 왕위를 물려주는 부자 세습제를 확립했다.

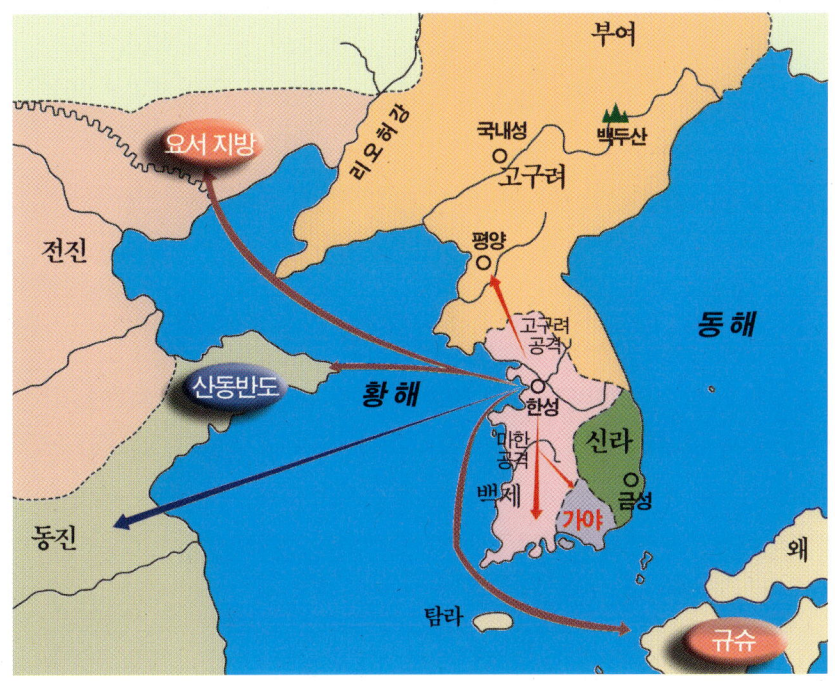

근초고왕 때의 백제 지도(왼쪽), 칠지도(오른쪽)

함께 보아요

* **고국원왕**(?~371. 재위 기간 : 331~371. 이름은 사유, 교) : 고구려 제16대 왕이자 미천왕의 아들로, 314년 태자가 되었다. 지나친 정복욕으로 연나라와 끊임없이 전쟁을 벌였고, 한때 연나라에게 아버지 미천왕의 시체와 어머니를 빼앗기는 수모를 겪었다. 또 백제에 쳐들어갔으나 패하고, 평양성 싸움에서 백제군에게 전사했다.

* **고흥**(?~?) : 백제의 학자로, 백제 최초의 역사책『서기』를 썼으나 지금은 전하지 않는다. 그 밖에도 의약, 시귀(점칠 때에 쓰는 가새풀과 거북)에 의한 관상술, 음양오행술에도 뛰어났다고 한다.

* **대방** : 황해도 지방에 있던 옛 지명이며, 지금의 경기도 북부에서 황해도 황주 자비령 이남 지역을 이른다. 313년 낙랑군이 고구려에 병합될 때 고구려의 영토가 되었다.

* **동진** : 중국 진나라 멸망 후 사마예가 317년에 건강(남경)에 도읍하여 세운 나라로, 공제 때인 419년에 유유에게 멸망하였다.

* **부족 국가** : 씨족이 모여 부족을 이루어 살면서 형성된 국가로, 고대 통일 국가가 성립되기 전까지의 국가 형태이다.

* **비류왕**(?~344. 재위 기간 : 304~344) : 백제 제11대 왕으로, 구수왕의 둘째 아들이다. 분서왕이 죽자, 그 아들들이 어린 탓으로 왕으로 추대되었다. 한나라 군현과의 싸움으로 책계왕과 분서왕이 살해되어 혼란한 나라를 안정시키고 백성들에게 선정을 베풀었다.

* **아직기**(?~?) : 백제 근초고왕 때 왕명을 받고 일본으로 건너가 일본 왕에게 말 두 필을 선사한 후, 말 기르는 일을 맡아 보았다. 그 후 태자의 스승으로 있다가 백제의 박사 왕인을 추천하여 일본에 한학을 전하게 하였다. 뒤에 아직사라는 일본의 귀화 씨족이 나타났는데, 아직기가 바로 이 씨족의 선조이다.

* **칠지도** : 백제 근초고왕이 왜왕에게 하사한, 날이 일곱 개 달린 철로 만든 칼이다. 현재 일본 나라현 덴리시 이소노카미신궁에 보관되어 있으며, 총 길이 74.9cm로, 칼 표면에 61자가 새겨져 있는데, 칼을 만든 과정과 백제 왕이 제후 나라인 왜왕에게 칼을 내린다는 내용 등이 담겨 있다.

| 평생을 나라를 위해 살다 간 우리 겨레의 큰 별 | # 김구
(金九, 1876~1949) | 아명은 창암. 본명은 창수
자는 연상. 호는 백범
법명은 원종 |

김구는 1876년 황해도 해주 백운방 텃골에서 김순영과 곽낙원 사이에서 태어나 아버지의 서당에서 글을 배웠다. 15세 때부터 정문재에게 한학 수업을 받아, 17세 때 조선 왕조의 마지막 과거에 응시했으나 뜻을 이루지 못하였다.

김구는 관직을 돈으로 사고 파는 매관매직을 보고 울분을 참지 못해 18세 때 동학에 들어가, 해주에서 동학 혁명군을 이끌었다. 동학 혁명의 실패로 숨어 지내다가, 1895년 만주로 건너가 김이언이 이끄는 의병단에 들어가 일본에 맞서 싸웠다. 이듬해 귀국 길에 황해도 안악에서 명성황후를 죽인 일본에 복수하기 위해 일본 장교를 살해하고 사형 선고를 받았으나, 고종의 특별 사면으로 사형 집행이 중지되었다. 그 뒤 감옥을 탈출하여 공주 마곡사에 들어가 중이 되었다가 이듬해 환속했다.

1903년 기독교에 입교하면서 본격적으로 애국 계몽 운동을 벌였으며, 1909년 안악에 있는 양산 학교에서 학생들을 가르쳤고, 이듬해 *신민회에 참여하였다. 1911년 *105인 사건으로 붙잡혀 17년형을 선고받고 옥살이를 하다가 3년 만에 풀려났다. 1919년에 3·1 운동이 일어나자, 일본 경찰의 감시를 피해 중국 상하이로 망명하였다. 상하이 대한민국 임시정부에서 초대 경무국장을 거쳐 내무 총장, 국무령 등을 지냈다. 1928년에는 이시영, 이동녕과 함께 한국 독립당을 만들어 당수가 되었다. 이때부터 김구는 무력으로 독립 운동을 벌일 것을 결심하고 한인 애국단을 만들어 일본 요인을 암살하도록 지휘하여 윤봉길, 이봉창 등의 항일 의거를 주도했다. 1939년 대한민국 임시정부 주석이 된 김구는 이듬해 *광복군을 창설하고, *지청천을 사령관에 임명하여 항일전에 나섰다. 1941년에는 대한민국의 이름으로 일본에 선전 포고를 하였다. 또 광복군 낙하산 부대를 만들어 국내 침투 훈련을 실시하던 중 광복을 맞이했다.

광복을 맞아 우리나라에 돌아온 김구는 *신탁 통치 반대 운동을 벌였고, 이승만이 주장하는 남한만의 단독 정부 수립을 반대하였다. 남북한 통일 정부를 세우기 위한 남북 협상을 주장한 김구는 김규식과 함께 북한에 가서 김일성과 협상했으나 실패하여, 결국 남한 단독 정부가 수립되었다. 이후 통일 운동을 전개하던 중 1949년 6월 26일 육군 장교 안두희에게 암살당했다. 지은 책으로는 *『백범일지』가 있으며, 1962년 건국훈장 대한민국장이 주어졌다.

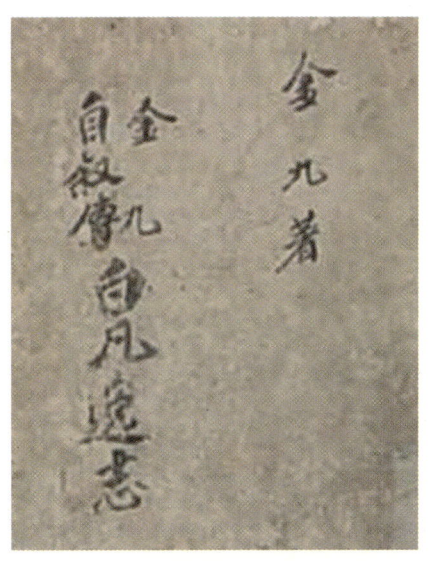

김구 선생이 서명한 태극기(왼쪽). 김구 선생이 지은 『백범일지』 표지(오른쪽)

함께 보아요

* **광복군** : 일본에 빼앗긴 나라를 되찾기 위해 1940년 9월 중국 충칭에서 항일 단체들을 모아 만든 대한민국 임시정부의 군대이다. 광복군은 주석 김구의 지휘 아래 총사령관에 지청천, 참모장에 이범석 등을 임명하여 총사령부를 구성하고 대원을 모집하여 군사 훈련을 하였다. 1945년에는 미군과 합동 작전으로 학병 출신 광복군 중에서 대원을 선발해 특수 교육을 하고 국내에 침투하려 했으나, 일본이 항복함으로써 그 계획은 실행하지 못했다.

* **105인 사건** : 1911년 일본 경찰이 우리의 민족 운동을 탄압하기 위하여 조작한 사건이다. 1910년 안명근이 신천 등에서 군자금을 모으다 붙잡혔는데, 일본 경찰이 압록강 철교 준공식에 참석하는 데라우치 총독을 암살하려 했다고 꾸몄다. 일본 경찰은 그것을 구실로 삼아 평안도 지역 민족 운동가 6백 명을 체포하여 고문으로 거짓 자백을 받아낸 뒤, 윤치호, 양기탁, 이승훈 등 신민회 회원 105명을 감옥에 가두었다. 이 사건으로 신민회는 해체되었다.

* **『백범일지』** : 1947년에 출판된 백범 김구의 자서전으로, 상권은 김구가 상하이에서 대한민국 임시정부의 요직을 지내면서 약 20년에 걸쳐 쓴 글이고, 하권은 충칭에서 독립 운동을 하면서 겪었던 고난을 적은 글이다. 그리고 마지막「나의 소원」에서는 완전 독립의 통일 국가 건설을 그리고 있다.

* **신민회** : 1907년(대한제국 융희 원년) 안창호, 이동녕, 양기탁 등이 나라의 권리를 되찾을 목적으로 만든 비밀 단체이다. 1910년 한일 합병 뒤에는 독립 전쟁에 대비하여 군인들을 양성하기 위해 비밀리에 청년들을 만주로 이주시켰다. 또한 이를 지원할 자금을 모으는 책임을 지역별로 분담하여 비밀리에 활동하였다. 1911년 우리 민족 운동을 탄압하기 위해 일본 경찰이 꾸며낸 105인 사건으로 많은 회원들이 붙잡혀 감옥에 갇힘으로써 해체되었다.

* **신탁 통치 반대 운동** : 1945년 12월 모스크바에서 열린 미국, 영국, 소련이 참여한 외무 장관 회의에서 미국, 영국, 소련, 중국 4개국에 의한 대한민국 신탁 통치안을 결정했다. 그것은 나라를 다스릴 만한 능력이 없는 대한민국이 능력을 갖출 때까지 네 나라가 최고 5년간 신탁 통치를 해야 한다는 것이다. 그러자 전국적으로 신탁 통치 반대 운동이 일어났다. 북한도 처음에 반대 운동에 참여하였으나, 소련의 부추김을 받아 신탁 통치를 찬성하는 쪽으로 돌아섰다.

* **지청천**(1888~1957. 본명은 대형. 호는 백산) : 독립 운동가이자 정치가로, 1913년 일본 육군 사관 학교를 졸업한 뒤, 보병 중위로 있다가 1919년 만주로 망명하였다. 신흥 무관 학교에서 독립군을 양성하였으며, 1940년 대한민국 임시정부의 광복군 총사령관에 올랐다. 1945년 광복 후 귀국하여 대동 청년단을 창설하였고, 제헌 국회 의원과 제2대 국회 의원에 뽑혔으며, 민주 국민당 최고 위원을 지냈다. 1962년 건국훈장 대통령장이 주어졌다.

| 통일 국가 건설을 위해 노력한 독립 운동가이자 정치가 | # 김규식
(金奎植, 1881~1950) | 아호는 우사. 교명은 요한 |

김규식은 1881년 부산 동래에서 김지성의 둘째 아들로 태어났다. 김규식은 동래 부사의 참모로 있던 아버지가 청나라 위안스카이의 내정 간섭을 보다 못해 일본과의 관계 설정에 대한 상소를 올렸다가 귀양을 가고, 어머니마저 일찍 세상을 떠나 6세 때 고아가 되었다.

김규식은 마침 우리나라에 와 있던 미국인 선교사 *언더우드를 알게 되었고, 그의 집에서 서양식 교육과 기독교 교육을 받으며 자랐다.

1897년 미국으로 건너간 김규식은 1903년까지 버지니아주의 로노크 대학교에서 공부하였고, 이듬해 프린스턴 대학원에서 석사 학위를 받고 귀국했다.

1904년부터 1913년 중국으로 망명하기까지 김규식은 언더우드 목사의 비서, 경신 학교 교감, 연희 전문 학교(지금의 연세 대학교) 강사 등의 교육 활동과 새문안 교회 장로, 경기·충청 장로회 서기 등의 교회 활동을 했다. 김규식은 일본이 기독교를 탄압하기 시작하자 중국으로 망명하여 1918년까지 화북과 몽골 지방에서 상업에 종사하였다.

김규식은 1918년 모스크바에서 열린 약소 민족 대회와 1919년 *파리 강화 회의에 한국 대표로 참석한 것을 계기로 정치 활동과 독립 운동을 시작하였다. 김규식은 대한민국 임시정부 대표 명의로 된 탄원서를 파리 강화 회의에 냈다. 이어 대한민국 임시정부 구미위원부 위원장, 학무총장 등을 지냈다. 1923년 미국 로노크 대학에서 명예 법학 박사 학위를 받은 김규식은 베이징, 난징, 쓰촨 등지의 대학에서 강의를 하는 등 교육자로 활동하였다. 1935년 중국 난징에서 *민족 혁명당을 만들어 주석이 된 김규식은 1942년 대한민국 임시정부 국무 위원을 지냈다.

1945년 광복이 되자 귀국한 김규식은 *모스크바 3상 회의에서 결정한 우리나라에 대한 신탁 통치에 대하여 국민들에게 알리고 신탁 통치 반대 운동에 앞장섰다. 1946년부터 민주 의원 부의장, *입법 의원 의장 등을 지냈다. 김규식은 1948년 유엔 한국 위원단이 서울에 온 것을 계기로 통일된 정부를 세우기 위한 남북 협상에 온 힘을 쏟았고, 그 해 2월 이승만의 남한 단독 정부 수립에 반대하여 김구와 함께 북한에 가서 남북 협상을 시도했으나 실패했다.

김규식은 1948년 5월 30일 남한만의 단독 총선거가 실시되자 모든 정치 활동을 그만두었고, 6·25 전쟁 때 북으로 끌려갔다. 1989년에 건국훈장 대한민국장이 주어졌다.

김규식 선생과 민족 대표 33인 밀랍 인형. 군중을 향해 연설하는 김규식 선생(원내)

함께 보아요

* **모스크바 3상 회의** : 1945년 12월 제2차 세계 대전의 사후 문제를 논의하기 위하여 미국, 영국, 소련 세 나라 외무 장관들이 모스크바에서 개최한 회의이다. 이 회의에서 한국에 미·소 공동 위원회를 설치하고 일정 기간 신탁 통치에 대하여 협의한다는 등 7개항의 협정을 맺었다.

* **민족 혁명당** : 1935년 7월 중국 난징에서 한국 독립당, 신한 독립당, 조선 혁명당, 대한 독립당, 의열단 등 5당 대표 14명이 모여 만든 독립 운동 단체이다. 강령은 개인과 개인, 민족과 민족, 국가와 국가 간의 완전한 균등 실현을 내세운 삼균주의를 표방하고, 민주 공화국 수립, 대규모 생산 기관의 국유화, 민주적 권리의 보장 등을 내세웠다. 군사 공작, 당원 훈련, 정보 수집, 자금 조달 등의 활동을 하였고, 기관지로 〈민족 혁명〉을 펴냈다.

* **언더우드**(1859~1916) : 미국인 선교사로, 1885년 아펜젤러와 함께 우리나라에 들어와 최초의 고아원과 고아 학교(경신 고등학교)를 세웠고, 이듬해 새문안 교회를 세웠다. 1915년 연희 전문 학교를 세우고 교장에 취임하는 등 종교·문화·교육·사회에 많은 공적을 남겼다.

* **입법 의원** : 1945년 8·15 광복 후 만들어진 미군정의 자문기관적 성격을 띤 과도기적 입법 기관으로, 1948년 대한민국 정부 수립 때까지 활동했다. 모스크바 3상 회의 결정에 따라 통일 임시정부가 수립될 때까지 정치적·경제적·사회적 개혁에 필요한 법을 만들기 위한 목적으로 만들었다. 입법 의원의 구성은 민간에서 선출된 45명과 미군정에서 추천한 45명, 총 90명으로 이루어졌으며, 의장에 김규식이 뽑혔다.

* **파리 강화 회의** : 제1차 세계 대전의 결말을 짓기 위해 1919년 파리에서 열린 강화 회의이다. 처음에는 미국, 영국, 프랑스, 이탈리아, 일본 등 5개국에 의해 진행되었으나, 일본의 무성의한 태도와 이탈리아의 철수로 미국, 영국, 프랑스 등에 의해 진행되었다. 각국의 이해관계에 따라 의견일치를 보지 못하고 동맹 패전국에 대한 가혹한 제재만을 가했다. 이 회의에 따라 독일, 오스트리아, 불가리아, 헝가리, 오스만투르크에 대한 강화 조약이 체결되었다.

| 천주교를 위해 순교한 우리나라 최초의 신부 | # 김대건 (金大建, 1822~1846) | 아명은 재복 세례명은 안드레아 |

김대건은 1822년 충청남도 당진군 내포 솔뫼(당진)에서 독실한 천주교 신자인 김제준의 아들로 태어났다. 증조 할아버지인 김진후는 50세 때 아들의 권유로 입교하였다가 붙잡혀, 10여 년간 옥살이 끝에 1814년 순교했다. 이에 김대건은 천주교도 박해를 피해 할아버지 김택현과 함께 경기도 용인으로 이사하여 그 곳에서 성장하였다. 아버지 또한 1839년 *기해박해 때 한양 서소문 밖에서 순교하였다.

이처럼 독실한 천주교 집안에서 자란 김대건은 1836년(헌종 2) 프랑스 신부 *모방으로부터 세례를 받고 신학생으로 뽑혔다. 김대건은 *최양업, *최방제 등과 함께 마카오에 있는 *파리 외방 선교회에서 프랑스어, 라틴어, 중국어와 신학, 철학 등 새로운 학문을 두루 배웠고, 마카오에 일어난 민란으로 인해 두 번이나 마닐라로 피신하기도 했다.

김대건은 천주교 전파를 위해 두 번이나 귀국하려 했으나 실패하였다. 기해박해 이후 천주교에 대한 탄압이 계속되고 있었기 때문이다. 1845년 1월 비로소 국경을 넘어 한양에 몰래 들어왔으나, 천주교 탄압이 심해 제대로 활동을 하지 못하고 다시 상하이로 갔다. 김대건은 그 해 8월 그 곳에서 사제 서품을 받았고, 우리나라 최초의 신부가 되었다.

1845년 김대건은 프랑스의 *페레올, *다블뤼 주교와 함께 상하이를 떠나 충청남도 강경으로 몰래 숨어 들어와 우리나라 여러 곳을 돌면서 비밀리에 전도 활동을 펼쳤다. 이듬해 김대건은 동료 선교사들을 위한 비밀 입국 통로를 개척하기 위해 백령도 부근을 돌아보다가 붙잡혔으며, 한양에서 문초를 통하여 국가가 금지하는 것을 어기고 해외에 유학한 사실과 천주교회의 중요한 신부임이 밝혀졌다. 한편 옥중에서 몇몇 대신들의 부탁으로 세계지리에 관한 책을 만들었고, 영국에서 만든 세계지도를 번역하기도 했다. 이후 여섯 차례에 걸쳐 심한 고문을 받다가 선교부와 신부들, 교우들에게 보내는 유서를 남긴 뒤, 서울 새남터에서 효수형을 당해 순교했다.

김대건은 1984년에 한국 가톨릭 200주년을 맞아 우리나라에 온 교황 요한 바오로 2세에 의해 다른 우리나라 순교자 102명과 함께 성인으로 추대되었다.

김대건 신부의 생가 터(왼쪽 위). 김대건 신부의 동상(오른쪽). 김대건 신부를 기념하기 위해 지은 정자(왼쪽 아래)

함께 보아요

* **기해박해** : 1839년(헌종 5), 기해년에 우리나라에 들어와 있던 프랑스 신부를 비롯하여 천주교도를 박해한 제2차 천주교 박해 사건으로 '기해사옥', '기해교난'이라고도 부른다. 이때 정하상, 유진길, 조신철 등 천주교의 중요 인물이 붙잡혔으며, 앵베르 주교를 비롯해 모방, 샤스탕 신부가 효수 당하는 등 118명이 사형되고, 1명이 옥사하였다.

* **다블뤼**(1818~1866. 한국명은 안돈이) : 제5대 조선 천주교 교구장을 지낸 프랑스 신부로, 1841년 상하이와 마카오를 거쳐 1845년 우리나라에 들어와 언어, 풍속, 역사를 연구하였다. 『한중불어사전』을 펴내는 일에 참여하였으며, 선교 활동을 벌이던 중 1866년 충청남도 당진군 내포에서 붙잡혀 참수형을 당하였다.

* **모방**(1803~1839) : 파리 외방 선교회의 프랑스 신부로서, 우리나라에 최초로 들어온 서양인 선교사이다. 1835년 우리나라에 들어와 천주교의 세력을 넓히기 위해 힘쓰다가 기해박해 때 충청도 홍주에서 붙잡혀 새남터에서 순교하였다.

* **최방제**(?~?. 세례명은 프란치스코) : 1936년 김대건, 최양업과 함께 신학생으로 뽑혀 마카오에서 신학을 공부하던 중 병으로 죽었다.

* **최양업**(1821~1861. 세례명은 토마스) : 충청남도 청양에서 태어나 김대건, 최방제와 함께 신학생으로 뽑혀 마카오로 건너가 신학을 공부하였다. 1849년 상하이에서 사제 서품을 받아 우리나라 두 번째 신부가 되었으며, 1849년 귀국하여 전국을 돌며 12년간 천주교를 전파하다가 충청북도 진천에서 병으로 죽었다. 당시 국내에서 활동하던 유일한 우리나라 신부로, 교리의 번역과 국내의 천주교 역사 자료 수집에 크게 이바지하였다.

* **페레올**(1808~1853) : 파리 외방 선교회의 선교사로, 조선 천주교 3대 주교가 되어 김대건 신부의 안내를 받아서 우리나라에 들어와 천주교를 전파하다가 서울에서 병으로 죽었다.

* **파리 외방 선교회** : 프랑스 파리에 있는 외국 전도를 위한 천주교의 선교 단체이다.

| 우리나라에서 가장 오래된 역사책 『삼국사기』를 쓴 유학자이자 정치가 | # 김부식
(金富軾, 1075~1151) | 자는 입지. 호는 뇌천
시호는 문열 |

김부식은 1075년(문종 29) 경주 김씨로 신라 왕실의 후예인 김근의 셋째 아들로 태어났다. 김부식의 집안은 그의 4형제가 과거에 급제하여 중앙 관료로 나아갈 때까지 경주에 생활기반을 두고 있었다.

1096년(숙종 1) 문과에 급제한 김부식은 안서대도호부의 사록과 참군사를 거쳐 직한림원에 올랐다. 그 후 20여 년 동안 한림원 등 문필에 관한 관직을 지내며 자신의 학문을 발전시키고, *박승중, *정극영 등과 함께 『예종실록』을 펴냈으며, 높은 학식을 인정받아 예종과 인종에게 『경서』와 *『사기』를 강의하였다.

1134년(인종 12)에 묘청이 풍수지리설을 내세워 인종을 설득하여 명당인 서경(평양)으로 수도를 옮기자고 주장하자, 김부식은 이를 강력히 반대하여 수도를 옮기지 못하게 하였다. 그러자 이듬해인 1135년 묘청이 서경에서 반란을 일으켰다.

서경 반란 진압군의 원수가 된 김부식은 먼저 서경 출신인 정지상, 백수한, 김안 등을 반란군과 비밀리에 연락했다는 죄목으로 처형하였다. 그리고 좌군장 *김부의, 우군장 *이주연과 함께 서경을 쳐서 성을 함락시키고 난을 평정하였다. 그 공으로 김부식은 고려의 최고 벼슬인 *문하 시중에 올랐다.

김부식은 1145년 높은 학문을 바탕으로 신라, 백제, 고구려 세 나라의 역사를 기록한 *『삼국사기』 50권을 완성하였다. 『삼국사기』는 인종의 명을 받아 씌어졌는데, 중국의 사마천이 지은 『사기』를 본떠 썼다. 『삼국사기』는 일연이 지은 『삼국유사』와 더불어 오늘날 좋은 역사 자료가 되고 있다. 하지만 가야와 발해를 우리 역사에서 빼놓은 점과 백제와 고구려 등의 영토를 한반도에 한정시켜 놓은 점은 한계를 지니고 있다. 이것은 중국을 세계의 중심으로 생각하는 사대주의 사상에서 비롯된 것이다.

김부식은 1146년 의종이 왕위에 오르자 낙랑군 개국후에 봉해졌으며, 『인종실록』을 펴냈다. 또 김부식은 명문장가로도 이름을 날렸는데, 송나라 사신 서긍은 문장과 음악에 막힘이 없는 김부식에게 감탄해 『고려도경』에 김부식의 집안을 소개하였다. 그리고 이 책을 송나라 황제에게 바침으로써 김부식은 송나라에까지 그 이름이 널리 알려졌다.

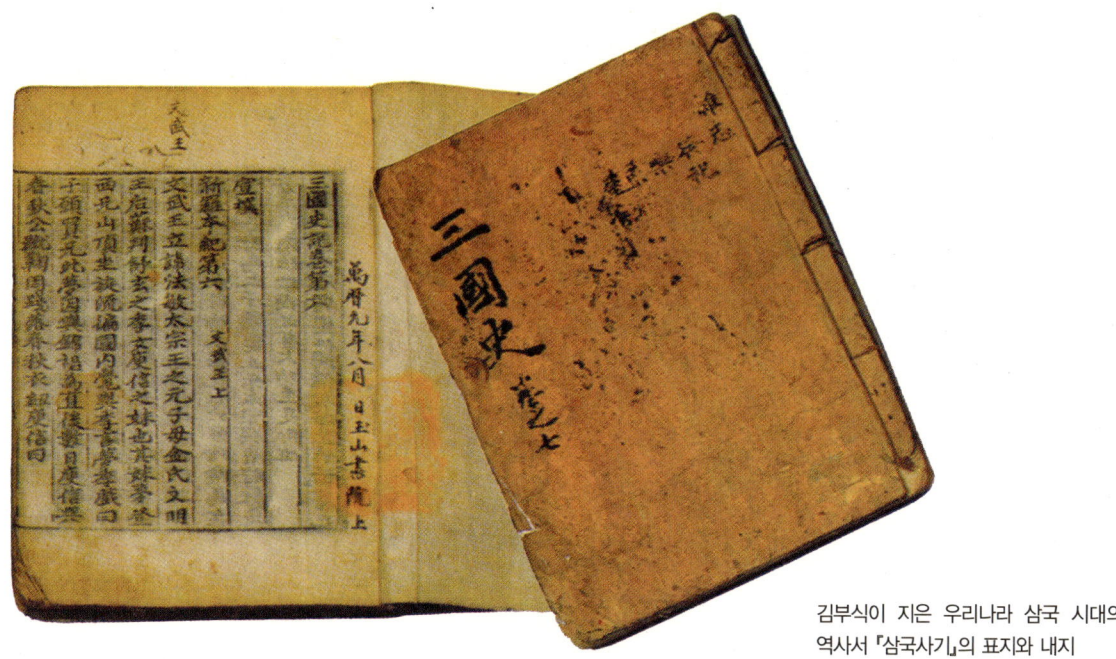

김부식이 지은 우리나라 삼국 시대의 역사서 『삼국사기』의 표지와 내지

함께 보아요

* **김부의**(1079~1136. 자는 자유. 초명은 부철. 시호는 문의): 김부식의 동생으로, 1097년 문과에 급제하여 직한림원을 시작으로 대사성과 이부, 호부, 예부 상서 등을 지냈다. 형 김부식과 함께 묘청의 서경 천도를 강력하게 반대하였고, 난을 진압하는 데 큰 공을 세웠다.

* **문하 시중**: 고려 때 나라의 모든 일을 도맡아 보던 최고 벼슬로, 종1품이었다.

* **박승중**(?~?. 자는 자천): 고려 때의 문신으로, 문과에 급제하여 이재 등과 상정관으로 예식을 정하였다. 예종을 도와 청연각, 보문각 등에서 학문을 연구하여 그 이름을 떨쳤으며, 『해동비록』을 펴냈다. 이자겸과 친하게 지냈다가 1126년 이자겸이 죽자 울진에 유배되었다가, 무안으로 옮겨진 뒤 그 곳에서 죽었다.

* **『사기』**: 중국 한나라 때의 사마천이 상고 시대의 황제에서부터 한나라 무제 때까지의 중국과 그 주변 민족의 역사에 대하여 쓴 역사책이다. 『동이전』에는 『삼국사기』 등 우리 역사책에 빠져 있는 많은 고대사가 기록되어 있어 우리 옛 역사 연구에 귀중한 자료가 된다.

* **『삼국사기』**: 1145년 고려 인종의 명을 받아 김부식 등이 모두 50권으로 완성한 책이다. 신라, 백제, 고구려 세 나라의 역사를 건국에서부터 멸망할 때까지 기록하고 있으며, 현재 전해 오는 우리나라 최초의 역사책으로, 고대사 연구에 중요한 자료가 되고 있다.

* **이주연**(?~?. 익산 이씨의 시조): 고려의 무신으로, 1135년 묘청이 서경에서 반란을 일으키자 우군장으로 원수 김부식을 따라 싸움터에 나가서 난을 평정하는 데 공을 세웠다.

* **정극영**(1067~1127. 자는 사고): 고려 예종 때의 학자로, 문과에 장원급제하여 상주사록 등을 거쳐 1118년(예종 13) 송나라에 사신으로 가서, 지은 책으로 칭찬을 듣고 이듬해 돌아와 국자좨주가 되었다. 1122년 한림 학사에 올랐으나 이자겸의 모함으로 귀양을 갔다가, 1126년 이자겸이 죽자 귀양에서 풀려나 한림 학사 등을 지냈다.

01 일화

이야기로 보는 역사 인물

외모가 사람을 판단하는 기준은 아니다

강감찬이 재상으로 있을 때의 일입니다. 어느 날, 중국 송나라에서 사신이 온다는 소식이 전해졌고, 고려 조정에서는 재상인 강감찬이 송나라 사신을 마중 나가기로 결정되었습니다.

강감찬은 송나라 사신을 마중 나가기 전 곰곰이 생각해 보았습니다.

'송나라 사신은 자신의 나라가 큰 나라이고, 우리 고려가 작은 나라라고 깔볼 것이 틀림없어. 그렇다면 송나라 사신의 코를 납작하게 해 줄 좋은 방법이 없을까?'

강감찬은 한참을 생각하더니 마침내 "옳지!" 하면서 무릎을 탁 치는 것이었습니다. 좋은 생각이 떠오른 것이지요.

고려의 관원 두 사람이 송나라 사신을 맞이하기 위해 서 있었습니다. 한 사람은 재상의 옷에 키가 크고 얼굴이 잘생긴 사람이었습니다. 그런데 한 사람은 보잘것없는 옷에 키가 작은 데다가 얼굴까지 아주 못생긴 사람이었습니다.

이윽고 송나라 사신이 도착하였습니다.

"어서 오십시오. 먼 길을 오시느라 수고 많으셨습니다."

키가 크고 잘생긴 재상이 앞에 서서 송나라 사신을 공손히 맞이하였고, 뒤에 서 있는 작고 못생긴 관원은 그저 앞에 선 재상을 따라 머리를 조아릴 뿐이었습니다.

그런데 이게 웬일일까요? 송나라 사신은 인사를 받을 생각은 하지 않고 두 사람을 번갈아 쳐다볼 뿐이었습니다. 그러더니 앞에 선 재상을 제쳐 두고 작고 못생긴 관원 앞으로 가더니 땅에 엎드려 큰절을 올리는 것이었어요. 그러자 작고 못생긴 관원은 당황하여 어찌할 바를

재미있게 읽고 나면 역사가 쏙쏙

몰랐습니다.

"아니, 저에게 절을 하시다니, 왜 이러십니까?"

송나라 사신은 작고 보잘것없는 관원 앞에 다시 한 번 큰절을 올리며 공손하게 말했어요.

"아니, 문곡성이 우리 중국에 보이지 않은 지가 오래 되었는데, 이제 보니 이 곳에 계셨군요."

작고 못생긴 관원은 그제서야 껄껄껄 웃으면서 말했어요.

"공의 안목이 보통이 아니구려. 그렇소, 내가 강감찬이오. 공의 안목을 시험해 보려고 내 일부러 하인과 옷을 바꾸어 입었소. 그러니 너그러이 용서하시구려."

강감찬은 송나라 사신을 시험해 보기 위해 하인과 옷을 바꿔 입고 하인 뒤에 서 있었던 것입니다. 중국 사신들이 우리나라를 작은 나라라 하여 무시하고 업신여기기 일쑤였기 때문이지요.

문곡성은 바로 도가에서 말하는 9성 중 넷째 별로 학문을 주재하는 별이랍니다. 그것은 강감찬이 학문에 일가를 이루자, 그가 태어날 때 집에 별이 떨어진 것을 빗대어 그를 흠모하는 사람들이 도가의 문곡성에 비유한 것이지요. 사실 강감찬은 최고 학자들이 역임한 한림 학사를 지냈을 만큼 뛰어난 학문을 지닌 인물이랍니다. 다만 거란을 물리친 업적이 워낙 크기 때문에 문신으로 이룬 업적이 상대적으로 빛을 잃은 것뿐이지요.

그래서 강감찬을 우리 역사상 몇 안 되는 문무를 겸비한 '출장입상' 이라고 부른답니다. 곧 평소에는 재상으로 국왕을 보필하여 국정과 민생을 살피는데 앞장섰고, 거란의 침입이라는 국난을 맞았을 때는 용맹과 지략으로 적을 섬멸하는 명장으로서의 면모를 유감 없이 발휘했던 것이지요.

그렇지만 강감찬은 어려서부터 유난히 키가 작고 못생겼답니다. 그러나 자신의 생김새에 신경 쓰지 않고 오로지 학문과 무예를 열심히 닦아 나라를 구한 위대한 장군이 되었지요.

김수로왕

(金首露王, ?~199)

알에서 태어나 가야를 세운 가야의 시조이자 김해 김씨의 시조

재위 기간 : 42~199
다른 이름은 수릉

김수로왕은 가락국(가야)의 시조이며, 김해 김씨의 시조이다. 『삼국유사』에 실린 「가락국기」에 김수로왕의 탄생과 치적이 실려 있다. 지금의 경상남도 김해 지역에 9명의 촌장이 각각 부족을 다스리고 있는데, 3월 어느 날 하늘에서 구지봉으로 가서 하늘이 내려주신 왕을 맞이하라는 소리가 들려왔다. 촌장과 사람들이 구지봉으로 올라가 하늘에 제사를 지내고 춤을 추고 노래를 하자, 하늘에서 붉은 보자기에 싸인 금빛 상자가 내려왔다. 그 금빛 상자 속에는 황금알 여섯 개가 들어 있었는데, 12일이 지난 뒤 알에서 남자 아이가 차례로 태어났다. 그 중 제일 먼저 나온 아이의 이름을 '수로'라고 하고 왕으로 추대하여 나라 이름을 '대가락국' 또는 '가락국'이라고 했다. 나머지 다섯 아이들도 각각 왕이 되어 나라를 세움으로써 *6가야가 되었다. 이때가 42년(신라 유리왕 19)이었다고 한다.

김수로왕은 왕위를 빼앗기 위해 바다를 통해 들어온 탈해(석탈해)를 계림(신라)으로 내쫓고 *금관가야의 왕이 되어 관직을 정비하고 도읍을 정하여 국가의 기틀을 마련하였다. 48년에는 상제의 계시를 받아 *파사 석탑을 가지고 바다를 건너온 인도 아유타국의 공주인 *허황옥을 왕비로 맞이하였다. 김수로왕은 왕위에 올라 157년간 나라를 다스리다가 죽었다. 김수로왕은 허왕후와의 사이에서 10명의 왕자들을 두었는데, 맏아들 *거등왕이 왕위를 이었고, 두 왕자는 어머니 허씨 성을 따라 대를 이었으며, 나머지 일곱 왕자는 지리산에 들어가 *칠불암을 창건했다고 한다. 김수로왕은 199년까지 157년 동안 왕으로 있으면서 많은 업적을 남겼다고 전해진다. 그러나 불행하게도 그 구체적인 사례 등은 알 수가 없다. 가야가 신라에 병합되면서 가야에 대한 수많은 자료들도 모두 사라졌기 때문이다. 그러나 김수로왕은 신라에 병합된 뒤에도 여전히 가야의 시조로서 봉사를 받았다.

현재 김해 지방의 가야 유적지 발굴 현장에서는 고도로 발전된 문화 유물이 발견된다. 이 유물로 보아 금관가야나 대가야도 그 나름의 독자적인 국가 체제를 갖추었던 것으로 보인다. 또 바다 건너 인도 아유타국의 공주를 왕비로 맞이한 것은 가야가 해상권도 장악했음을 알려 주는 예라고 할 수 있다.

경상남도 김해시에 있는 김수로왕릉

함께 보아요

* **거등왕**(?~253. 재위기간 : 199~253) : 금관가야의 제2대 왕으로, 김수로왕과 허왕후의 맏아들로 태어나, 199년 김수로왕의 뒤를 이어 왕위에 올랐다. 왕비는 허왕후와 함께 아유타국에서 온 천부경 신보의 딸 모정이고, 아들은 마품이다.
* **금관가야** : 지금의 경상남도 김해에 있었던 6가야 가운데 하나로, 『삼국유사』에 의하면 김수로왕이 42년에 나라를 세웠다고 한다. 한때 6가야 가운데서 가장 세력이 강해 연맹체를 이끌었으나, 532년(법흥왕 19)에 신라에 항복하면서 신라에 통합되었다.
* **6가야** : 삼국 시대에 낙동강 하류에 자리잡고 있던 여섯 가야 연맹체를 가리킨다. 금관가야(김해), 아라가야(함안), 고령가야(상주), 대가야(고령), 성산가야(성주), 소가야(고성)를 말한다. 처음에는 세력이 가장 강한 금관가야가 연맹체를 이끌었지만, 금관가야가 멸망한 후에는 대가야가 연맹체를 이끌었다.
* **칠불암** : 경상남도 하동군 화개면 법왕리 지리산 반야봉 남쪽에 있는 쌍계사의 말사로, '칠불선원', '칠불사'라고 부른다. 창건 시기는 정확하지 않으나 가락국 수로왕의 일곱 왕자가 창건했다는 이야기가 전해 온다. 신라 효공왕 때 담공선사가 만들었다는 아자방은 지금까지 한 번도 고치지 않았지만, 한번 불을 지피면 49일 동안 따뜻하였다고 한다.
* **파사 석탑** : 경상남도 김해에 있는 사면 오층으로 된 아름다운 탑이다. 인도 아유타국의 공주인 허황옥이 수로왕의 왕비로 올 때 배에 싣고 온 탑으로, 인도에서 가야로 오는 중에 풍랑이 심하게 일어 다시 아유타국으로 돌아가 이 탑을 배에 실으니 풍랑이 멎어 무사히 가야까지 올 수 있었다고 한다. 현재 허왕후의 능 앞에 있다.
* **허황옥**(33~189. 시호는 보주태후) : 김해 허씨의 시조로, 금관가야 김수로왕의 왕비이다. 인도 아유타국의 공주로, 48년 배를 타고 가야에 와서 왕비가 되었다. 이듬해 태자 거등을 비롯하여 10명의 아들을 낳았고, 그 가운데 두 아들에게 허씨 성을 주어 대를 잇게 했다. 또 7명의 왕자가 지리산에 있는 칠불암을 창건했다는 이야기가 전해 온다.

김시민

(金時敏, 1554~1592)

제1차 진주성 전투를 승리로 이끈 임진왜란의 영웅

자는 면오. 시호는 충무

김시민은 1554년(명종 9) 목천(충청남도 천안)에서 지평을 지낸 김충갑의 아들로 태어났다. 김시민은 1578년(선조 11) 무과에 급제하여 군기시에 들어갔으며, 1581년 부평 부사로 있으면서 기근으로 굶주리는 백성들을 구하는 일을 소홀히 한다는 이유로 벼슬에서 물러났다. 1583년 도순찰사 *정언신을 도와 여진족 추장 니탕개가 일으킨 난을 물리친 공으로 *훈련원 판관이 되었으나 군사에 관한 건의가 받아들여지지 않자 벼슬에서 물러났다.

김시민은 임진왜란이 일어나기 한 해 전인 1591년 진주 판관이 되었다. 이듬해 임진왜란이 일어나자, 목사 이경과 함께 지리산으로 피신하였다가 목사 이경이 병으로 죽자, 김성일의 명에 따라 목사직을 대신하였다. 김시민은 먼저 백성들을 안심시킨 뒤, 성을 고치고 병장기를 만들어 왜군의 침입에 대비하였다. 김시민은 의병장 곽재우, *이달 등과 함께 사천, 고성, 진해 등지에서 왜군을 크게 무찌른 데 이어, 금산에서 다시 왜군을 무찔렀다.

1592년 10월 왜군 3만여 명이 진주성을 포위했다. 당시 왜군은 이순신 장군이 이끄는 조선 수군에게 제해권을 빼앗기고 육지에서는 의병들에게 곳곳에서 패함으로써 전세가 몹시 불리했다. 이에 왜군은 전세를 회복시키고 남해안 지방에 거점을 확보하며 보급로를 열기 위하여 모든 힘을 기울여 진주성을 공격한 것이다.

김시민은 성 안의 노약자와 부녀자들까지 남장을 시켜 군사처럼 보이게 하고 싸움에 임했으나, 성 안에 남아 있는 인원은 3천 8백여 명에 불과하였다. 하지만 김시민은 7일 동안 왜군과 격전을 벌여 마침내 왜군을 물리쳤다. 이 싸움이 바로 임진왜란 3대첩의 하나인 *'진주 대첩' 이다.

그러나 김시민은 치열한 싸움이 끝난 뒤 성을 둘러보다가 시체 속에 숨어 있던 왜병이 쏜 총탄을 맞았다. 김시민은 병상에 누워 있으면서도 나랏일을 근심하고 때때로 선조가 있는 북쪽을 향해 절하고 눈물을 짓다가 끝내 세상을 떠났다. 죽은 뒤 왜군에게 알려지지 않도록 비밀로 하다가 성이 안정이 된 후에야 장례를 치렀는데, 상여가 함양에 이르렀을 때 경상우도 *병마절도사의 임명장을 받았다.

1604년 선무공신 2등에 올랐고, 뒤에 영의정, 상락 부원군이라는 벼슬이 주어졌다.

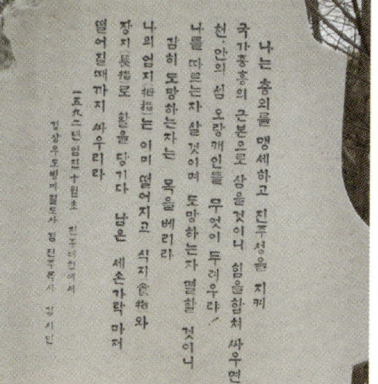

임진왜란 3대첩 중의 하나인 진주 대첩의 진주성(위). 김시민 장군의 어록 비문(왼쪽 아래). 김시민 장군의 동상(오른쪽 아래)

함께 보아요

* **병마절도사** : 조선 시대 때, 각 지방에 두어 군사와 군대에 필요한 말을 지휘하던 종2품의 무신 관직으로, 각 도에 한 사람씩 두었다.

* **이달**(1561~1618. 자는 명숙. 호는 운포) : 임진왜란 때의 의병장으로, 무예를 닦는 한편 이황에게 학문을 배웠다. 임진왜란이 일어나자 고성에서 의병을 일으켜 곽재우 등과 함께 김시민이 분전하고 있던 진주성 싸움에 합세함으로써 제1차 진주성 싸움을 승리로 이끌었다.

* **정언신**(1527~1591. 자는 입부. 호는 나암) : 조선 중기의 문신으로, 1566년 문과에 급제하여, 1571년(선조 4) 호조 좌랑으로 『명종실록』 편찬에 참여하였다. 1583년 함경도 도순찰사로 이순신, 신립 등을 이끌고 니탕개의 난을 평정하였다. 1589년 우의정이 되어 정여립 역모 사건을 잘 처리했으나, 서인들로부터 정여립 일파로 모함을 받아 갑산에 귀양갔다가 그 곳에서 죽었다.

* **진주 대첩** : 임진왜란 때 3대첩의 하나로, 1592년(선조 25) 10월 5일부터 7일간에 걸쳐 진주성에서 있었던 전투이다. 진주는 경상도에서 전라도로 통하는 중요한 길목이어서 임진왜란 당시 왜군의 주공격 대상이었다. 1592년 10월에 3만여 명의 왜군이 나무사다리를 만들어 진주성에 쳐들어오자, 진주 목사 김시민의 지휘 아래 3천 8백여 명의 군관민이 합심 일체가 되어 왜군과 맞섰다. 또 곽재우 등이 이끄는 의병이 성 밖에 진을 치고 왜군을 위협하였다. 7일간에 걸친 대접전 끝에 왜군은 물러갔으나, 이 싸움에서 목사 김시민이 왜병의 총을 맞고 전사했다.

* **훈련원** : 조선 시대에 군사들의 재주를 시험하거나 무예의 연습, 병서의 강습을 맡은 관청을 가리킨다.

김옥균
(金玉均, 1851~1894)

갑신정변을 일으켜 개혁을 시도한 정치가이자 개화 운동가

자는 백온. 호는 고균, 고우. 시호는 충달

김옥균은 1851년 충청남도 공주에서 김병태의 맏아들로 태어나, 7세 때 당숙인 김병기의 양자로 들어가 서울에서 자랐다. 1861년 강릉 부사로 부임한 양아버지를 따라 강릉으로 가서 율곡 사당이 있는 서당에서 16세까지 학문을 익혔다. 또 김옥균은 1870년경 뜻을 같이 하는 젊은이들과 함께 *박규수의 사랑방을 드나들면서 *오경석, *유홍기 등과 교류하며 개화 사상과 신학문을 배웠다.

1872년(고종 9)에 문과에 장원급제하여 홍문관 교리가 된 김옥균은 개화당의 형성에 힘을 기울인 끝에 많은 동지들을 모아 당수가 되었다. 김옥균은 1876년 강화도 조약으로 정부가 개화 정책을 펼치자 이에 적극 참여하였고, 1881년에는 일본의 근대화 진행 과정을 직접 살펴보고 돌아왔다.

김옥균은 우리나라의 근대화를 위해서는 신분 제도를 폐지하여 신분에 상관 없이 인재를 등용하며, 학교를 설립하여 신교육을 실시해야 한다고 주장하였다. 또한 상공업의 활성화, 위생의 개혁, 종교의 자유 등을 주장하였다. 그러나 개화 정책을 반대하는 민씨 일파와 청나라의 간섭으로 뜻을 이루지 못했다.

김옥균은 1884년 9월 프랑스와의 전쟁으로 조선에 주둔한 청나라군 일부가 철수한 기회를 틈타 개화 세력들의 힘을 모아 우정국 준공 축하연에서 마침내 정변을 일으켜 민씨 일파를 내쫓고 개화 정부를 수립하였다. 이를 '갑신정변'이라고 하며, 이때 김옥균은 호조 참판을 맡아 재정을 장악하였다. 그러나 청나라 군사의 개입과 일본의 배반으로 갑신정변은 사흘 만에 실패로 돌아갔다.

김옥균은 갑신정변에 실패하자, 박영효, 서광범, 서재필 등 9명의 동지들과 함께 일본으로 망명하였다. 그러나 김옥균은 조선 정부와의 관계를 염려한 일본 정부에 의해 1886년 오가사와라 섬으로 유배되었고, 1888년에는 북해도(홋카이도)로 추방되었다. 그 뒤 도쿄로 돌아온 김옥균은 상하이로 망명하였으나, 민씨 일파가 보낸 자객 *홍종우에게 1894년 암살당했다.

김옥균은 *갑오개혁으로 개화파가 정권을 잡은 1895년 서광범과 김홍집의 상소로 죄가 사면되었고, 1910년 규장각 대제학이라는 벼슬이 주어졌다. 지은 책으로 『기화근사』, 『치도약론』, 『갑신일록』 등이 있다.

김옥균과 개화당파의 일원들로, 앞줄 왼쪽에서 두 번째가
김옥균이다(위). 김옥균의 친필(아래)

함께 보아요

* **갑오개혁** : 1894년(고종 31)부터 1895년(고종 32)까지 고종이 추진한 근대화 개혁으로, '갑오경장' 이라고도 한다. 이때 과거 제도 폐지, 도량형 통일, 과부 재가 허용 등 정치·경제·사회 분야의 제도를 바꾸었다.

* **박규수**(1807~1877. 호는 환재, 환재거사) : 조선 후기의 문신·개화 사상가이다. 박지원의 손자로, 연암집을 통하여 실학적 학풍에 눈을 떴다. 1866년 평안도 관찰사로 있을 때 대동강에 불법 침입한 미국 상선 제너럴 셔먼호의 격침을 직접 지휘했다. 1875년 운요호 사건 때 대신들의 반대를 무릅쓰고 일본과 강화도 조약을 맺었으며, 서양 문물에 밝아 문호를 개방할 것을 주장하였다. 김옥균, 박영효 등 개화파에 영향을 주었고, 저서로는 『환재집』, 『환재수계』 등이 있다.

* **오경석**(1831~1879. 자는 원거. 호는 역매, 진재) : 조선 말기의 역관으로, 청나라를 오가며 새로운 학문에 일찍 눈을 떴다. 친구인 유대치(유홍기)를 통해 김옥균, 박영효, 홍영식 등에 개화 사상을 일깨워 주었으며, 1877년 숭록 대부가 되었다. 금석학에도 조예가 깊고, 글씨는 전서를 잘 썼다.

* **유홍기**(1831~?. 자는 성규. 호는 대치, 여여) : 중인 계급 출신의 한의사로, 친구 오경석이 청나라에서 가져온 『해국도지』, 『영환지략』, 『박물신편』 등 선진문물을 소개한 책을 읽고 일찍부터 개화에 눈을 떴다. 청년 개화 사상가들이 모두 그의 영향력 아래에 있었기 때문에, 사람들은 그를 '백의정승' 이라 불렀다. 격변하는 국제 정세에 발맞춘 문호 개방과 정치 혁신을 주장했으나, 개화당의 갑신정변이 실패한 뒤 행방불명되었다.

* **홍종우**(1854~?) : 조선 말기 민씨 세력의 앞잡이로, 상하이에서 김옥균을 살해한 뒤 교리가 되었다. 독립 협회가 만민 공동회를 개최하여 개혁을 주장하자, 황국 협회를 만들어 보부상들을 이용해 독립 협회의 활동을 방해하였다.

신라의 삼국 통일에 중심적 역할을 한 명장이자 대신 | 김유신
(金庾信, 595~673)

김유신은 595년(진평왕 17) 금관가야 김수로왕의 후손인 김서현과 지증왕의 증손인 만명 부인 사이에서 태어났다. 증조 할아버지는 금관가야의 마지막 왕인 구해왕으로 532년(법흥왕 19) 신라에 투항해 신라의 귀족 진골이 되었고, 할아버지 김무력은 554년(진흥왕 15) *관산성 전투에서 백제 성왕을 전사시켰다. 또 태종 무열왕의 왕비 문명왕후는 누이동생이다.

열다섯 살에 화랑이 되어 용화향도(화랑도)를 이끌면서 심신을 수련하였고, 629년(진평왕 51) 아버지를 따라 *낭비성 전투에 처음으로 참가하였다. 이때 김유신은 홀로 적진에 뛰어들어 신라군의 사기를 높임으로써 고구려군을 물리치고 낭비성을 빼앗았다.

김유신은 642년(선덕여왕 11) 압량주(경상북도 경산) 군주로 백제를 치기 위해 고구려에 군사를 요청하러 가는 김춘추와 서로 목숨을 건 맹세를 하는데, 이때부터 김유신은 나라의 중요한 직책을 맡아 크게 활약하였다. 김유신은 644년 백제 원정군의 최고 지휘관이 되어 전략상 요충지인 가혜성 등 7개의 성을 빼앗았으며, 그 뒤 여러 차례에 걸쳐 백제군을 물리쳤다.

김유신은 647년 *비담과 *염종의 난을 진압함으로써 김춘추와 함께 권력의 중심에 섰다. 그리하여 654년 진덕여왕이 세상을 떠나자 *상대등 *알천과 의논하여 김춘추를 왕으로 추대하였고, 자신은 귀족 회의 의장인 상대등에 올랐다.

김유신은 660년(무열왕 7) 당나라 소정방과 연합하여 사비성을 함락시켜 백제를 멸망시켰고, 또 663년(문무왕 3)에는 백제의 부흥을 꿈꾸는 백제군을 완전히 토벌하였다. 김유신은 667년(문무왕 7) 삼국 통일을 위해 다시 당나라와 손잡고 고구려를 공격하였으나 실패하였다. 이듬해 연합군 총사령관이 되어 고구려 정벌에 나섰으나, 병으로 싸움터에는 나아가지 못하고 출전한 문무왕을 대신하여 국내의 통치를 맡아 보았다.

고구려를 평정한 직후 *태대각간에 오른 김유신은 당나라를 한반도에서 몰아 내기 위해 애썼다. 그래서 김유신은 백제, 고구려의 유민과 힘을 합쳐 당나라 군사를 몰아 내고 한강 이북의 고구려 땅을 되찾았다. 김유신은 673년 병으로 세상을 떠났고, 835년(흥덕왕 10)에는 '흥무 대왕'이라는 칭호를 받았다.

김유신의 탄생지(왼쪽 위). 김유신의 영정(오른쪽). 김유신의 묘(왼쪽 아래)

함께 보아요

* **관산성 전투** : 554년 백제가 관산성을 공격하다가 신라군에 패해 성왕이 전사한 싸움이다. 551년 백제는 신라와 함께 고구려를 공격하여 한강 유역을 빼앗았다. 그런데 553년 신라 진흥왕이 기습 공격하여 백제가 차지한 한강 하류 지역을 빼앗아 버렸다. 이에 화가 난 백제 성왕이 관산성을 공격하였다. 그러나 김무력에게 크게 패해 성왕을 비롯하여 좌평 4명, 군사 2만 9천여 명이 전사했다.

* **낭비성 전투** : 629년(진평왕 51) 낭비성을 놓고 신라와 고구려가 벌인 싸움이다. 이때 아버지 김서현을 따라 싸움에 참가한 김유신은 승리에 결정적인 공을 세웠고, 신라는 고구려군 5천 명을 죽이고 낭비성을 빼앗았다.

* **비담**(?~647) : 신라의 귀족으로, 645년(선덕여왕 14) 상대등에 올랐다. 647년(선덕여왕 16) '여왕은 나라를 다스릴 능력이 없다'며 염종 등과 함께 반란을 일으켰으나, 김유신이 이끄는 군사들에게 패해 죽었다.

* **상대등** : 신라 최고 관직인 귀족회의 의장으로 531년(법흥왕 18)에 처음 만들어졌으며, 나라의 모든 일을 맡아 보았다.

* **알천**(?~?) : 신라의 장군이자 귀족으로, 636년 독산성(경기도 오산)에 침입한 백제군을 물리치고, 635년에는 칠중성(경기도 연천)에 침입한 고구려군을 물리쳤다. 647년(진덕여왕 1) 상대등에 올라 진덕여왕이 죽은 뒤 왕으로 추천받았으나, 이를 사양하고 김유신과 함께 김춘추를 왕으로 추대하였다.

* **염종**(?~?) : 647년 상대등 비담과 함께 '여왕은 나라를 잘 다스리지 못한다.'며 명활성을 근거지로 반란을 일으켰다가 김유신이 이끄는 관군에게 패해 살해되었다.

* **태대각간** : 신라의 대각간 위의 자리이며, 나라에 큰 공이 있는 사람을 예우하기 위하여 문무왕 때 만들었다.

김유신 51

김정호

«대동여지도»를 만든 조선 후기의 실학자이자 지리학자

(金正浩, ?~1864)

자는 백원, 백온, 백지
호는 고산자

김정호는 새로운 학문과 사상이 밀려 들어오던 혼란한 시기에 황해도에서 태어나, 서울 만리재 또는 공덕리에서 살았다고 한다. 김정호는 불우한 생활 속에서도 오직 정확한 지도 제작과 지지 편찬에 온 힘을 쏟았다.

김정호는 당시 실학자인 *최한기와 깊은 친교를 맺었다. 그 중에서도 특히 김정호의 관심을 끈 것은 지리학이었다. 어려서부터 지리학에 관심을 가지고 있던 김정호는 그때까지 나와 있던 지도들을 비교 연구하면서 어느 것 하나 정확하고 세밀한 것이 없다는 사실을 깨달았다. 그래서 정밀한 지도를 만들고야 말겠다는 큰 뜻을 품었다.

김정호는 여러 사람의 지도를 비교 연구한 끝에 1834년(순조 34) *「청구선표도(청구도)」 2책을 만들었고, 「지구도」를 판각하였다. 그러나 김정호는 이에 만족하지 않고 보다 세밀하고 정확한 지도를 만들 결심을 하였다.

김정호는 30여 년간 백두산을 열일곱 번이나 오르는 등 전국 방방곡곡을 두루 돌아다니며 땅의 모양과 강의 흐름 등에 대하여 꼼꼼하게 조사하였다. 그리하여 김정호는 잘못된 점을 찾아 고치는 등 연구를 거듭한 끝에 1861년(철종 12) 드디어 *「대동여지도」 22첩을 만들었다. 이때 김정호는 「대동여지도」를 최한기, *신헌 등의 도움을 받아 직접 그림을 그린 다음, 일일이 목판에 새겨서 완성했다.

김정호가 만든 「대동여지도」는 그때까지 나와 있던 지도에서는 볼 수 없는 지형 표시법의 개발, 하천의 상세한 기입 등은 물론 행정구역을 대신하여 좌표에 의하여 일정한 규격으로 지표를 표시하는 등 지도 제작에 획기적인 발전을 가져왔다. 그러나 김정호가 「대동여지도」를 흥선 대원군에게 바치자, 정확하고 섬세함에 놀란 흥선 대원군은 나라의 기밀을 누설한다는 죄로 그를 감옥에 가두고는 판각을 불태워 버렸다.

김정호는 *「동국여지승람」의 잘못된 점을 고치고 보완하여 전 32권 15책의 *「대동지지」를 썼다. 「대동지지」 역시 몇 년간 현장을 답사하고 고증을 통해 당시 인문 지리학을 집대성한 것이었다.

「대동여지도」의 지도첩 – 「대동여지도」는 여러 장의 지도를 묶은 지도첩으로 되어 있다(왼쪽). 김정호가 제작한 「대동여지도」(오른쪽)

함께 보아요

* **「대동여지도」**: 1861년(철종 12) 김정호가 전국을 돌아다니며 만든 지도이다. 1834년 자신이 만든 「청구선표도(청구도)」를 수정하고 보완한 것으로, 22첩의 목판으로 되어 있다. 이 지도는 남북을 22개의 단으로 나누고, 동서를 19개의 조각으로 구분해 인쇄하였다.
* **「대동지지」**: 조선 말기에 김정호가 지은 지리책으로, 「대동여지도」를 완성한 후 시작하여 1864년(고종 원년)에 완성한 전 32권 15책의 목판본이다. 이 책은 「동국여지승람」의 잘못된 점을 고치고 보완하여 전국 각 지방의 역사·산수·인물·지리를 기록한 것으로서, 한국의 지형과 각 지방 사정을 실었다.
* **「동국여지승람」**: 조선 성종 때 노사신 등이 왕명을 받아 중국의 「대명일통지」를 본떠서 조선 각 도의 지리·풍속과 그 밖의 특기할 만한 사실들을 기록한 지리책이다.
* **신헌**(1810~1884. 자는 국빈. 호는 위당. 시호는 장숙): 조선 말기의 무신이자 외교가로, 금위영 대장, 형조 판서, 병조 판서에 올랐다. 1875년 운요호 사건이 일어나자 이듬해 강화에서 병자 수호 조약을 체결한 데 이어 미국의 슈펠트와 한미 수호 조약을 맺었다.
* **「청구선표도」**: 1834년(순조 34) 김정호가 만든 조선의 지도로, 가로와 세로 줄을 넣어서 만든 신식 지도이며, '청구도'라고도 부른다.
* **최한기**(1803~1877. 자는 운로. 호는 해강, 패동, 명남루): 조선 말기의 실학자로, 1825년 과거에 급제하였으나 벼슬을 단념하고 학문 연구에만 몰두하였다. 천문·지리·농학·의학·과학 등 여러 방면에 뛰어난 자취를 남겼다. 서양의 과학기술을 받아들일 것을 주장한 개화 사상가들의 선구자이다. 지은 책으로 「농정회요」, 「육해법」, 「심기도설」 등과 「명남루 전서」가 있다.

| 실학자이자 추사체를 완성한 최고의 서화가 | # 김정희
(金正喜, 1786~1856) | 자는 원춘. 호는 추사, 완당, 예당, 시암, 노과, 농장인, 천축고선생 |

김정희는 실학 사상이 새로운 학문으로 자리잡던 1786년 충청남도 예산에서 병조 판서 김노경의 맏아들로 태어나, 큰아버지 김노영의 양자가 되었다. 김정희의 어머니 유씨가 임신한 지 24개월 만에 낳았다는 이야기가 전해 온다.

김정희는 15세 때 당시 유명한 실학자인 박제가의 제자가 되어 청나라에서 들여온 새로운 학문인 실학을 배웠다. 김정희는 24세 때 동지 부사로 가는 친아버지를 따라 청나라 연경에 갔다. 이때 김정희는 새로운 문물을 익히는 한편 당시 이름난 학자인 완원, *옹방강, 조강 등과 사귀며 유교 경전을 비롯해 *금석학 등을 두루 공부하였다. 그 뒤 김정희는 금석학 연구에 몰두하여 1816년(순조 6) 그때까지 무학 대사의 비로 알려진 북한산 비봉에 있는 비석이 *진흥왕 순수비임을 밝히고, 아울러 비문의 내용을 정확하게 해석했다.

김정희는 1819년(순조 19) 문과에 급제하여 암행어사, 예조 참의 등을 거쳐 병조 참판, 성균관 대사성에 올랐다. 하지만 김정희는 1840년 호조 판서 *박종훈을 탄핵한 *윤상도 사건에 연루되어 제주도에 귀양갔다가 9년 만인 1848년에 풀려났다. 또 김정희는 1851년(철종 2) 친구인 영의정 권돈인의 일에 연루되어 다시 북청에 유배되었다가 이듬해 풀려났다.

그러나 김정희는 안동 김씨가 권세를 쥐고 있어 정계에 복귀하지 못하고 죽을 때까지 아버지의 묘소가 있는 과천에 머물며 학문과 예술에 몰두하였다. 이 무렵 김정희는 *소식, *구양순 등 이름난 서예가들의 글씨를 연구하여, 그 장점만을 모아서 자신만의 독특한 글씨체인 *추사체를 만들어 냈다.

김정희는 그림에도 뛰어나 대나무, 난초, 산수를 잘 그렸는데, 사실보다 품격을 위주로 하는 남종화 정신을 이었다. 또 김정희는 학문에서 실학자인 박제가의 영향을 받아 사실에 바탕을 둔 실학 정신에 충실하자고 주장하면서 중국의 학자들과 많은 교류를 하였다.

김정희가 지은 책으로는 『완당집』, 『금석과안록』, 『실사구시설』 등이 있고, 그림으로는 「세한도」, 「묵죽도」 등이 있다.

김정희의 옛 집(왼쪽 위). 김정희의 제주 유배지(오른쪽 위). 김정희의 그림 「고사소요」(왼쪽 아래). 김정희의 난 그림(오른쪽 아래)

함께 보아요

* **구양순**(557~641. 자는 신본) : 중국의 서예가로, 후난성에서 태어났으며, 불우한 환경 속에서도 경서와 사서를 익혀 태상 박사가 되었다. 왕희지에게 글씨를 배운 뒤 자신만의 독자적인 글씨체를 개발하였다.
* **금석학** : 옛날의 비석이나 종, 쇠붙이 그릇 등에 새겨진 글자나 문장을 연구하는 학문이다.
* **박종훈**(1773~1841. 자는 순가. 호는 두계. 시호는 문정) : 조선 후기의 문신으로, 1802년 문과에 급제하여 정언, 이조 판서, 우의정 등을 거쳐 1837년(헌종 3) 좌의정에 올랐다. 경서·예악·율령·산수 등의 학문에 밝았으며, 서예·시문에도 뛰어났다.
* **소식**(1036~1101. 자는 자첨. 호는 동파) : 중국 송나라의 문인이자 정치가로, 아버지 소순, 동생 소철과 함께 3소로 불린다. 당송 8대가의 한 사람으로, 시·사·고문 등에 뛰어났으며 「적벽부」가 유명하다. 글씨와 그림에도 뛰어났으며, 지은 책으로 『동파전집』이 있다.
* **옹방강**(1733~1818. 자는 정삼. 호는 담계) : 청나라 학자로, 관직은 내각 학사에까지 이르렀다. 특히 금석학에 정통하여 많은 역사 자료를 고증하였다. 지은 책으로 『양한금석기』 등이 있다.
* **윤상도**(1768~1840. 자는 자정) : 조선 후기의 문신으로, 1807년(순조 7) 문과에 급제한 뒤 벼슬이 부사과에 올랐다. 1830년 호조 판서 박종훈 등을 탐관오리라고 탄핵하다가 임금과 신하를 이간질시킨 죄로 추자도에 위리안치되었고, 1840년 의금부로 압송되어 국문을 받다가 아들과 함께 처형당했다.
* **진흥왕 순수비** : 신라 진흥왕이 크게 확장한 영토를 직접 돌아보며 이를 기념하기 위하여 세운 비이다. 지금까지 창녕비(국보 제33호), 북한산비(국보 제3호), 마운령비, 황초령비 등 모두 4개가 발견되었다.
* **추사체** : 추사 김정희가 역대 명필들의 글씨체를 연구하여, 그 장점만을 모아 창안한 독특한 글씨체이다.

| 청산리에서 일본군을 크게 무찌른 청산리 대첩의 영웅 | # 김좌진
(金佐鎭, 1889~1930) | 자는 명여. 호는 백야 |

1889년(고종 26) 충청남도 홍성의 부유한 집안에서 김형규의 아들로 태어난 김좌진은 어려서부터 학문보다는 전쟁놀이와 말타기를 좋아했다. 열다섯 살이 되던 해, 대대로 내려오던 노복의 노비 문서를 불사른 뒤 농사지을 땅을 골고루 나누어 주고, 이듬해 서울에 올라가 육군 무관 학교에 입학하였다.

김좌진은 1907년 고향으로 돌아와 호명 학교를 세우고 재산을 정리하여 학교 운영 자금으로 썼으며, 90여 칸의 집을 학교 건물로 사용하도록 내놓았다. 또 안창호, 이갑 등과 서북 학회를 조직하고 오성 학교를 설립하여 민족 교육에 앞장섰다. 김좌진은 1911년 북간도에 독립군 사관 학교를 설립하기 위해 자금을 모으던 중 일본 경찰에 체포되어 2년 6개월간 옥살이를 하였다.

1916년 노백린 등이 조직한 광복단에 가담하여 항일 투쟁을 벌이던 김좌진은 1918년 일본의 감시를 피해 만주로 건너가 *무오 독립 선언서에 39명의 민족 지도자의 한 사람으로 서명하였다. 그리고 *서일을 중심으로 한 대한 정의단에 가담하여 군사 책임을 맡았고, 군정부로 개편한 다음 사령관이 되었다. 이어 김좌진은 1919년 대한민국 임시정부의 권고를 받아들여 *북로 군정서로 이름을 바꾸고 총사령관이 되어 독립군 조직에 힘을 쏟았다.

1920년 일본군이 대부대를 편성하여 대대적인 독립군 토벌에 나서자, 김좌진은 근거지를 장백산 쪽으로 옮겼다. 이때 청산리에서 뒤쫓아온 일본군을 만난 김좌진은 이범석, *나중소 등과 함께 3일간 10여 차례 싸워 일본군 3천여 명을 죽이는 대승을 거두었다. 이것이 무장 독립 운동 사상 최대의 전과를 올린 *'청산리 대첩'이다.

김좌진은 근거지를 흑룡강 부근으로 옮겨 대한 독립군단을 조직하였으나, 일본군의 끈질긴 추격을 받자 소련 땅으로 들어갔다가 다시 북만주로 돌아와, *신민부를 조직하고 성동 사관 학교를 세워 정예군을 양성하였다. 김좌진은 대한민국 임시정부로부터 군무 총장과 국무 위원 등에 임명되었으나, 취임하지 않고 오직 독립군을 양성하는 데 힘을 쏟았다. 그 뒤 김좌진은 한족 연합회를 만들어 항일 투쟁과 겨레의 독립을 위해 일하다가, 1930년 과거 부하였던 고려 공산 청년회의 박상실에게 암살당했다. 1962년에 건국훈장 대한민국장을 받았다.

김좌진 장군의 북로 군정서 전투 그림(위). 청산리 유적지(왼쪽 아래). 김좌진 장군 동상(오른쪽 아래)

함께 보아요

* **나중소**(1866~1928. 자는 영훈. 호는 포석) : 한말의 독립 운동가로, 경기도 고양에서 태어났다. 1882년 무과에 급제하여 대한제국의 진위대 장교로 있다가 한일 합방이 되자, 만주로 가서 독립 운동을 하였다. 1919년 김좌진, 서일 등과 북로 군정서를 만들었고, 청산리에서 일본군을 크게 무찔렀다. 신민부 참모장으로 독립군 양성에 힘쓰다가 병으로 죽었다. 1963년 건국훈장 대한민국장이 주어졌다.

* **무오 독립 선언서** : 시베리아와 만주 일대를 중심으로 활동하던 독립 운동가들이 1918년 음력 12월 국민 국가 성립을 위해 발표한 최초의 독립 선언서이다. 이 선언서에는 완전한 독립을 얻어내기 위해서는 전쟁도 불사하겠다는 강렬하고도 분명한 의지가 담겨 있다.

* **북로 군정서** : 1919년 만주 길림성에서 만들어진 무장 독립 운동 단체로, 왕청현에 본부를 두었다. 총재에 서일, 총사령관에 김좌진, 참모장에 이장령, 연성대장에 이범석이 임명되어, 1920년 10월 청산리에서 일본군을 크게 물리쳤다.

* **서일**(1881~1921. 호는 백포. 본명은 기학) : 한말의 독립 운동가로, 1881년 함경북도 경원에서 태어나, 스물두 살 때 한일 사범 학교를 졸업하고 교육 사업에 종사하였다. 1911년에 중국 지린성 왕청현으로 건너가 명동 중학을 설립하여 육영 사업에 힘썼다. 1919년 김좌진 등과 북로군정서를 만들어 총재에 취임하고, 이듬해 청산리에서 일본군에게 대승을 거두었다.

* **신민부** : 1925년 김좌진 등이 중국 헤이룽장성 닝안현에 세운 독립군 통합 단체로, 그 밑에 독립군 장교들을 양성하기 위해 성동 사관 학교를 두었다.

* **청산리 대첩** : 1920년 김좌진이 이끄는 북로 군정서 독립군 2천 5백 명이 5만의 일본군과 싸워 크게 이긴 싸움이다. 김좌진, 이범석 등이 이끄는 북로 군정서군은 백운평에서 일본군 1만 명과 싸워 2천 2백여 명을 죽였고, 천수평에서 일본군 1개 중대를 무찔렀다. 이어 마록구에서 2만여 명의 일본군을 맞아 연대장 가노를 비롯해 1천여 명을 사살했다.

| 임진왜란 때 나라를 위해 목숨을 바친 의병장 | # 김천일
(金千鎰, 1537~1593) | 자는 사중. 호는 건재, 극념당. 시호는 문열 |

김천일은 1537년(중종 32) 전라남도 나주에서 김언침의 아들로 태어나, 이항에게 학문을 배웠고, 1573년(선조 6) 학문과 덕행이 뛰어난 학행으로 뽑혀 군기시 주부, 용안 현감 등을 거쳤다.

김천일은 사헌부 지평으로 있을 때 잘못된 정치를 지적하는 상소를 올렸다가 선조의 눈 밖에 나 임실 현감으로 좌천되었고, 담양 부사, 한성부 서윤, 수원 부사 등을 지낸 다음 벼슬에서 물러났다.

김천일은 임진왜란이 일어나 서울이 함락되고 선조가 피란길에 올랐다는 소식을 듣고 *고경명, *박광옥, *최경회 등에게 글을 보내 의병을 일으킬 것을 제의하였다. 그 뒤 나주에서 300명을 모아 의병을 일으킨 김천일은 선조가 피란을 떠난 평안도를 향해 북쪽으로 향하였다. 김천일은 북상하면서 의병을 모았고, 수원의 독산산성을 근거지로 하여 본격적인 군사 활동을 전개하여 금련 싸움에서 15명의 왜군의 목을 베는 등 유격전을 벌였다. 그 해 8월 강화도로 진영을 옮긴 김천일은 조정으로부터 장례원 판결사의 벼슬과 창의사라는 군호를 받았다.

그 뒤 김천일은 서울을 수복하기 위해 한양 주변에서 유격전을 벌여 왜군에게 큰 타격을 주었다. 이듬해인 1593년 1월 평양을 수복하고 개성을 향해 진격하는 명나라군의 작전을 도왔고, 2월에는 권율 장군의 행주산성 싸움에 참가해 승리를 거두었다. 김천일은 서울인 한양을 수복한 뒤 굶주리는 백성들을 위해 쌀 1천 석을 공급하였고, 왕명에 따라 남쪽으로 퇴각하는 왜군을 추격하며 싸웠다.

김천일이 최경회, *황진, *고종후, *장윤 등과 함께 지리적 요충지인 진주성에 주둔하고 있던 1593년 10만여 명의 왜군이 진주성을 공격해 왔다. 이것이 제2차 진주성 싸움으로 김천일을 비롯한 모든 장수들이 진주성을 지키기 위해 죽을 힘을 다해 싸웠으나, 왜군의 상대가 되지 못했다. 군사뿐만 아니라 병력과 무기에서도 상대가 되지 못했다. 화살이 떨어지고 창이 부러져 대나무 창으로 왜군과 맞서 싸워야 했기 때문이다.

김천일은 진주성이 함락되자, 아들 김상건과 함께 남강에 몸을 던져 스스로 목숨을 끊었다. 이 소식을 전해 들은 부인 김씨도 이들을 따라 목숨을 버렸다. 김천일은 *임진 삼장사 중 하나로 불리며, 뒤에 영의정의 벼슬을 받았다. 지은 책으로는 『송천집』, 『건재유집』 등이 있다.

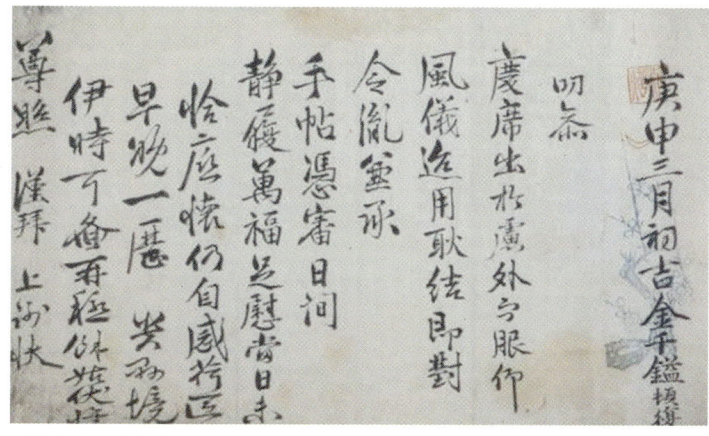

김천일의 글씨(왼쪽), 김천일의 영정(오른쪽)

함께 보아요

✻ **고경명**(1533~1592. 자는 이순. 호는 제봉, 태헌. 시호는 충렬) : 임진왜란 때의 의병장으로, 1533년(중종 28) 광주에서 고맹영의 아들로 태어났다. 1558년 문과에 장원급제하여 호조 좌랑, 정언, 승문원 판교 등을 지냈다. 임진왜란이 일어나자 광주에서 의병을 일으켰고, 6천여 명을 이끌고 금산에서 왜군과 싸우다 전사하였다. 의정부 좌찬성에 추증되었고, 지은 책으로는 『제봉집』, 『서석록』 등이 있다.

✻ **고종후**(1554~1593. 자는 도충. 호는 준봉. 시호는 효열) : 임진왜란 때의 의병장으로, 고경명의 아들이다. 임진왜란이 일어나자 아버지와 함께 의병을 일으켰으나, 금산 싸움에서 아버지와 동생 고인후를 잃고 고향으로 돌아왔다. 1593년 다시 의병을 일으켜 진주성을 지키다, 성이 함락되자 최경회, 김천일 등과 함께 남강에 몸을 던져 스스로 목숨을 끊었다. 후에 이조 판서에 추증되었다.

✻ **박광옥**(1526~1593. 자는 경원. 호는 회재) : 조선 중기의 문신으로, 1574년 문과에 급제하여 지평, 예조 정랑 등을 지냈다. 임진왜란이 일어나자 고경명, 김천일 등과 고향에서 의병을 일으켜 도원수 권율을 도왔다. 1593년 나주 목사로 병든 몸을 이끌고 민심을 수습하고 군사를 모으다가 세상을 떠났다.

✻ **임진 삼장사** : 임진왜란 때인 1593년 제2차 진주성 싸움에 참가하여 끝까지 왜군을 맞아 싸우다가 성이 함락되자, 남강에 몸을 던져 스스로 목숨을 끊은 최경회, 김천일, 고종후를 말한다.

✻ **장윤**(1552~1593. 자는 명보. 시호는 충의) : 조선 중기의 무신으로, 1582년(선조 15) 무과에 급제하여 사천 현감이 되었다. 임진왜란이 일어나자 성산, 개령 등에서 왜군을 물리쳤고, 제2차 진주성 싸움에 참가하여 충청도 병마절도사 황진이 죽자, 그를 대신하여 군을 지휘하다 적의 총탄을 맞고 숨졌다.

✻ **최경회**(1532~1593. 자는 선우. 호는 삼계, 일휴당. 시호는 충의) : 전라남도 능주에서 태어나 영해 군수 등을 지냈다. 임진왜란이 일어나자 의병을 일으켜 금산, 무주, 창원 등지에서 왜군을 물리쳤다. 그 공으로 1593년 경상우도 병마절도사가 되었다. 제2차 진주성 싸움에서 김천일 등과 함께 왜군에 맞서 싸우다가 성이 함락되자, 스스로 목숨을 끊었다.

✻ **황진**(?~1593. 자는 명보. 호는 아술당. 시호는 무민) : 조선 중기의 문신으로, 1591년 통신사 황윤길과 함께 일본이 침략할 것이라고 주장했다. 임진왜란이 일어나자 진안, 인덕원, 이치 등에서 왜군을 물리쳤고, 충청도 병마절도사로 최경회, 김천일 등과 진주성을 지키다가 적의 총탄을 맞고 숨졌다.

우리의 생활상을 빼어나게 그려 낸 조선 제일의 화가	# 김홍도 (金弘道, 1745~?)	자는 사능. 호는 단원, 단구, 서호, 취화사, 첩취홍

조선 후기의 대표적인 화가인 김홍도는 1745년(영조 21)에 김석무의 아들로 태어났다. 어려서부터 그림에 아주 뛰어난 소질을 보였던 김홍도는 당시 문인 화가인 *강세황의 추천으로 *도화서 화원이 되었다. 그 뒤 강세황에게 그림을 익혔다.

김홍도는 29세 때인 1773년(영조 49) 영조와 왕세손(정조)의 초상화를 그렸고, 이듬해 감목관으로 사포서에 근무하였다. 김홍도는 1781년(정조 5)에 정조의 초상화를 그렸고, 찰방에 임명되었다. 김홍도는 이 무렵부터 명나라 문인 화가 이유방의 호를 따라 자신의 호를 '단원'이라 하였다.

김홍도는 "그림에 관한 일은 모두 홍도에게 주장하게 했다."고 할 만큼 정조의 총애를 받았다. 그리하여 1788년에는 *김응환과 함께 왕명을 받아 영동 일대를 돌아보며 그 곳의 명승지를 그려 정조에게 바쳤다. 또 1791년 정조의 초상화를 그린 뒤 충청도 연풍 현감에 임명되어 1795년까지 근무했다. 1797년에는 나라에서 펴내는「오륜행실도」의 그림을 그리기도 했다.

그러나 김홍도는 나이가 들어서는 병마와 가난에 시달리다가 여생을 마쳤다. 홍백화가 김응환이 김홍도에게 그려 준「금강전도」의 시화첩에 의하면, 김홍도는 "외모가 수려하고 풍채가 좋았으며, 도량이 넓고 성격이 활달해서 마치 신선과 같았다."고 한다.

김홍도는 강세황과 김응환에게서 그림을 배웠으나, 곧 강한 개성을 발휘하여 자기만의 독특한 경지를 개척하였다. 또 김홍도는 외국 그림의 좋은 점을 받아들이는 한편, 당시에 유행하던 중국 *북종화의 영향에서 벗어나려 애쓴 끝에 새로운 그림의 경향인 *남종화를 발전시켰다.

김홍도는 인물화, 산수화, 풍속화, 불화, 초상화, 동물화 등 거의 모든 분야에서 그림을 잘 그렸는데, 특히 산수화, 풍속화, 인물화는 따를 사람이 없을 정도였다. 오늘날 김홍도의 산수화는 우리나라의 아름다운 강산을 예술로 승화시켰다는 찬사를 듣는다. 또 서민들의 건강한 생활 모습을 익살스러운 필치로 그린 풍속화는 우리 민족을 대표하는 그림으로 평가받고 있다.

김홍도는 아들 양기를 비롯하여 신윤복, 김득신, *이인문 등 조선 후기의 화가들에게 많은 영향을 끼쳤으며, 안견, 정선, 장승업과 함께 조선 시대의 4대 화가로 꼽힌다. 김홍도의 대표적인 그림으로는「소림명월도」,「서당」,「군선도」,「투견도」,「쌍치도」,「씨름도」등이 있다.

김홍도의 그림 – 「서당」(왼쪽), 「규장각도」(오른쪽)

함께 보아요

* **강세황**(1712~1791. 자는 광지. 호는 첨재, 산향재, 박암, 의산자, 표암. 시호는 헌정) : 조선 후기의 대표적인 문인 서화가로, 서울에서 강현의 막내아들로 태어났다. 예순한 살 때 처음으로 벼슬에 올라 한성부 판윤과 호조, 병조 참판을 지냈다. 1784년 천추 부사로 중국에 갔을 때 그의 서화를 구하려는 사람들이 몰려들 정도로 그림과 글씨에 뛰어났다. 특히 글씨는 왕희지, 황헌지, 조맹부 등을 본받았고, 그림은 산수화, 사군자 등을 다양하게 그렸다. 지은 책으로는 『표암집』이 있고, 그림으로는 「난죽도」, 「묵죽도」, 「산수도」, 「송죽모란도」 등이 전해져 온다.

* **김응환**(1742~1789. 자는 영수. 호는 복헌, 담졸당) : 조선 정조 때의 화가이며, 도화서 화원으로 벼슬이 상의원 별제에 이르렀다. 1787년 정조의 초상화를 그리는 데 참여했고, 이듬해 김홍도와 함께 영동의 명승지를 그려 바쳤다. 그림으로는 「강안청적도」 등이 있다.

* **남종화** : 중국 명나라 때 동기창 등이 주장한 화풍으로 북종화에 대비되며 '남화'라고도 부른다. 북종화가 전문적인 화가들이 그린 그림이라면, 남종화는 문인들이 여가를 내어 수묵과 담채를 이용하여 그린 간결하고 온화한 것이 특징이다.

* **도화서** : 조선 시대 그림 그리는 일을 관장한 관청이다. 복식과 각종 그릇, 수레, 도량형기 등을 그리는 '도'와 인물이나 산수, 새와 꽃 등을 그리는 '화'로 이루어졌다. 국가와 왕실, 사대부에게 필요한 그림을 그리는 곳으로서, 국가에서 화원을 양성하였다. 장관격인 제조는 예조 판서가 겸임하였고, 그 밑에 종6품인 별제 2명과 선화 등의 관원, 30명의 화원이 있었다.

* **북종화** : 중국 회화의 2대 유파 가운데 하나로, 남종화에 대비되며 '북화'라고도 부른다. 북종화는 화법이 굳세고 가벼우며 세밀한 것이 특징이다.

* **이인문**(1745~1821. 호는 유춘, 자연홍) : 조선 말기의 화가이며, 도화서 화원으로 벼슬이 첨절제사에 이르렀다. 김홍도, 강세황 등과 친하게 지냈으며, 특히 산수, 포도 등 전통적인 소재를 많이 다루었고, 소나무 숲을 즐겨 그렸다. 대표적인 그림으로는 「강산무진도」, 「산수도」, 「강촌우색도」, 「추림도」 등이 있다.

| 조선 말기의 관료이자 대한제국의 온건 개화 정치가 | # 김홍집
(金弘集, 1842~1896) | 초명은 굉집. 자는 경능
호는 도원, 이정학재
시호는 충헌 |

김홍집은 1842년(헌종 8) 개성부 유수 김영작의 아들로 태어나, 1868년(고종 4) 문과에 급제하여 이듬해 승정원 사변가주서로 처음 벼슬길에 나섰다. 하지만 몇 달 뒤 아버지가 돌아가시고, 1870년 어머니 상을 당하자 벼슬에서 물러나 5년간 상복을 입었다.

1873년 복직한 김홍집은 흥양 현감 등을 거쳐 호조, 공조, 병조, 예조 참의를 역임하였다. 1880년 일본의 인천 개항, *해관세칙 등의 요구에 따라 제2차 *수신사로 일본에 갔다. 이때 김홍집은 일찍 문호를 개방하여 발전한 일본을 돌아보고, *황쭌셴이 지은 *『조선책략』을 가지고 와 우리나라에 소개하였다. 또 김홍집은 일본, 청나라, 미국 등에 문호를 개방함으로써 국가 중흥을 이룩할 수 있다는 개화 정책을 주장하였다. 그 공으로 예조 참판에 올랐으나, 유학자들의 배척 운동으로 벼슬에서 물러났다.

1882년 미국, 영국, 독일과 차례로 수호 통상 조약을 맺을 때 실무를 담당하였고, *임오군란의 수습 방법으로 정부에서 일본, 청나라와 제물포 조약 등을 맺을 때도 실무를 맡아 보았다. 그리하여 김홍집은 부제학, 호조 참판, 공조 참판, 경기도 감사에 올랐다. 김홍집은 1884년에 일어난 김옥균 등 개화당이 중심이 된 갑신정변이 실패로 돌아간 뒤 온건 개화파였던 김홍집은 좌의정 겸 외교 책임자로 수습에 나서 1885년 일본과 한성 조약을 맺었다.

1894년 동학 혁명을 빌미로 청나라와 일본군이 우리나라에 들어오자, 김홍집은 고종에게 민심을 수습하고 내정을 개혁할 것을 건의하였다. 이때 총리대신으로 제1차 김홍집 내각을 구성한 김홍집은 과거 제도 폐지 등 210건의 개혁을 단행한 갑오개혁을 추진하였다. 이어 김홍집은 박영효와 연립 내각을 구성한 제2차 김홍집 내각을 만들어 *'홍범 14조'를 발표하고 제2차 갑오개혁을 추진하였다. 그러나 재정난과 박영효, 서광범 등과의 대립으로 총리대신에서 물러났다.

김홍집은 박영효가 일본으로 망명하자, 제3차 김홍집 내각을 구성하고 친미, 친러파와 손잡고 *단발령을 내리는 등 제3차 갑오개혁을 추진하였다. 이에 궁지에 몰린 일본이 1895년 명성황후를 시해한 을미사변을 일으킴으로써 김홍집은 반일, 반외세를 외치던 백성들의 지지를 잃었다.

1896년 고종이 러시아 공사관으로 거처를 옮긴 아관파천으로 친러 내각이 들어서자, 김홍집은 관직에서 물러났다. 이때 김홍집은 '왜대신'으로 몰려 광화문에서 성난 군중들에게 맞아 죽었다.

경기도 고양시 덕양구에 있는 김홍집의 묘(왼쪽). 김홍집의 글씨(오른쪽)

함께 보아요

* **단발령** : 1895년(고종 32) 11월에 김홍집 내각이 우리 고유의 풍습인 상투를 자르게 한 명령이다. 고종이 솔선수범하여 머리를 깎았고, 관리들이 강제로 백성들의 머리를 깎았다. 단발령은 명성황후 시해 사건으로 일본을 배척하던 국민 감정을 자극하여 전국적으로 의병이 일어나는 계기가 되었다.

* **수신사** : 조선 말기에 조선이 일본에 파견한 외교사절이다. 김기수, 김홍집 등이 그 역할을 맡았고 일본에 대한 인식을 좋게 하여 조선이 개화 정책을 추진하는 데 도움이 되었다.

* **임오군란** : 1882년(고종 19) 구식 군대가 일본의 군제도를 받아들여 만든 신식 군대인 별기군과의 차별대우와 밀린 월급에 대한 불만, 민씨 정권에 대한 반항으로 일으킨 난을 말한다. 임오군란은 밖으로는 청나라와 일본의 조선에 대한 권한을 확대시켜 주었고, 안으로는 갑신정변의 바탕을 마련해 주었다.

* **『조선책략』** : 청나라 외교관 황쭌셴이 1800년경에 쓴 책으로, 원명은 『사의조선책략』이다. 러시아의 남하 정책에 대비해 조선, 중국, 일본 3국이 협력하여 미국과 연합 세력을 구축할 것을 주장했고, 조선의 근대화를 위해 서양의 기술과 제도를 적극적으로 받아들일 것을 주장했다.

* **해관세칙** : 항구에 설치한 세관에서 징수하는 조세의 부과 및 징수에 관한 규칙을 말한다.

* **홍범 14조** : 1895년(고종 32) 1월 김홍집 내각이 추진한 제2차 갑오개혁 때 발표한 법으로, 나라의 정치를 새롭게 하는 14가지의 조항이 적혀 있다. 우리나라의 자주 독립을 확립하고, 왕위를 세습하며, 조세를 법에 따라 걷고, 지방 관리의 권한을 제한하며, 선진 외국의 학예와 문화를 수입하고, 입법과 국민의 생명과 재산을 보호하며, 징병 제도를 정하여 군대를 양성하고, 문벌을 가리지 않고 널리 인재를 등용한다는 내용을 담고 있다.

* **황쭌셴**(1848~1905, 자는 공도) : 중국 청나라 말기의 외교관으로, 광둥에서 태어났다. 당시 러시아의 남하 정책에 대한 대책으로는 조선, 중국, 일본 3국이 협력하여 미국과 연합 세력을 구축하는 것이 최선책이라고 주장한 『사의조선책략』을 썼다.

| 독립 운동가이자 우리 민족의 시조 단군왕검을 숭배하는 대종교의 창시자 | # 나철 (羅喆, 1863~1916) | 본명은 인영. 호는 홍암 |

나철은 1863년(철종 14) 전라남도 보성에서 태어나 29세 때 문과에 장원급제하여 승정원 가주서와 승문원 권지부정자를 역임했다. 나철은 일본의 침략이 심해지자, 관직에서 물러나 호남 출신의 지사들을 모아 1904년 '유신회'라는 비밀 단체를 만들어 활동하였다.

나철은 1905년 *오기호, *이기 등과 함께 일본에 건너가 일왕과 정치인들에게 "동양 평화를 위해 한·일·청 삼국은 친선동맹을 맺고 한국에 대해서는 선린의 교의로써 부조하라."는 의견서를 제시하고, 일본 왕궁 앞에서 3일간 단식 투쟁을 벌였다. 이때 이토 히로부미가 조선과 새로운 조약을 체결한다는 소식을 듣고 매국노들을 죽이기 위해 단도 두 자루를 사서 품에 넣고 돌아왔다.

나철은 1906년 다시 일본에 건너가 오카모토 등을 만나 일본의 반성을 촉구했으나, 실패하고 돌아오는 길에 폭탄을 구입하여 이토 히로부미를 도운 '을사오적' 이완용, 박제순, 이지용, 권중현, 이근택을 죽이려다 실패하였다. 그 후 1907년 3월 25일에 다시 이들을 암살하기로 결정하였으나 계획이 탄로나 동지들이 붙잡히자, 고문을 덜어 주기 위해 오기호 등과 함께 자수하였다. 무안군 지도(지금의 신안군)에 유배되었으나, 5개월 뒤 고종의 특별사면으로 풀려났다.

나철은 나라의 독립을 위해서는 민족 정신을 하나로 묶는 우리 고유 종교의 필요성을 느끼고, 1905년 한 노인으로부터 받은 『삼일신고』, 『신사기』를 바탕으로 1909년 1월 15일 오기호, *유근, 이기 등과 함께 *환인, *환웅, 환검의 삼위일체인 한얼님을 받드는 '단군교'를 처음 열었다. 이어 음력 3월 15일을 단군 승천 기념일로 삼아 큰 제사를 올렸다. 나철은 친일파가 단군교를 가장하여 행동하자 1910년 이름을 *'대종교'로 바꾸고, 전국을 돌며 강연을 통해 대종교를 알렸다. 그러나 대종교가 급속하게 퍼지자, 이를 두려워한 일본은 1915년 대종교를 불법 단체로 규정하고 감시와 탄압을 계속했다.

이에 나철은 1916년 단군왕검의 유적이 있는 황해도 구월산 삼성사로 들어가 수행하다가, 동포들에게 일본의 폭정을 규탄하는 유서를 남기고 스스로 목숨을 끊었다.

지은 책으로 『신단실기』, 『삼일 신고』 등이 있고, 1962년 건국훈장 독립장이 주어졌다.

전라남도 보성군 벌교읍에 있는 나철 유적비. 나철 흉상(원내)

함께 보아요

* **대종교** : 우리 민족의 시조 단군왕검을 숭앙하는 민족 고유의 종교이다. 1909년(단기 4242) 음력 정월 보름에 나철이 서울 종로구 재동에서 '단군대황조신위'를 모시고 〈단군교 포명서〉를 공포함으로써 '단군교'를 처음 열었다. 단군교는 뒤에 '대종교'로 이름을 바꾸었으며 환인, 환웅, 환검(단군왕검)의 삼위일체인 한얼님을 받들었다. 한편 대종교는 항일 독립 운동에 많은 공헌을 했고, 경전으로 「천부경」, 「삼일신고」, 「참전경」, 「신리대전」, 「신사기」, 「회삼경」, 「삼법회통」 등이 있다.

* **오기호**(1863~1916. 일명 혁. 호는 손암) : 전라남도 강진에서 태어나 1905년 나철 등과 일본에 건너가 한국의 독립을 보장할 것을 요구했으나, 실패하고 돌아왔다. 1907년 나철 등과 을사오적을 죽이려던 계획이 탄로나 전라남도의 외딴섬 지도로 유배되었다가 풀려났다. 1909년 나철 등과 민족 종교인 대종교를 세운 뒤, 나라의 독립을 위해 온몸을 바쳤다. 1962년 건국훈장 독립장이 주어졌다.

* **유근**(1861~1921. 호는 석농) : 경기도 용인에서 태어나, 1898년 장지연, 남궁억, 박은식 등과 함께 〈황성신문〉을 만들어 독립 정신 고취와 반일 운동을 펼쳤다. 1910년 일본에게 나라를 빼앗기자, 독립 의식을 높이기 위해 최남선 등과 『동국통감』 등을 수집하여 펴냈고, 1920년에는 이상재 등과 함께 '조선 교육회'를 만들어 민립 대학 설립 운동을 벌였다. 1962년 건국훈장 독립장이 주어졌다.

* **이기**(1848~1909. 자는 백증. 호는 해학) : 전라북도 만경에서 태어나 유형원, 정약용의 실학 사상을 계승하였다. 1894년 동학 농민군을 이끌고 서울로 진격하려다 김개남의 반대로 포기하였다. 1905년 나철과 일본에 가서 일왕과 정계 요인에게 한국 침략을 규탄하는 서면 항의를 하였다. 1907년에는 나철 등과 '자신회'를 조직하여 을사오적의 암살 계획을 세웠으나 실패하고, 진도로 귀양을 갔다.

* **환웅** : 단군신화에 나오는 인물로, 천제인 환인의 아들이고 단군의 아버지이다. 환인으로부터 천부인 3개를 받아 3천의 무리를 이끌고 세상에 내려와 태백산(백두산) 신단수 밑에 신시를 열었다. 풍백(바람), 우사(비), 운사(구름)를 거느리고 곡식, 목숨, 병, 형벌, 선, 악 등 360여 가지 일을 다스렸다. 곰이 여자로 변한 웅녀와의 사이에서 단군을 낳았다고 한다.

* **환인** : 단군신화에 나오는 인물로, 천제로서 환웅의 아버지이고, 단군의 할아버지이다. 인간 세상을 다스리고 싶어하는 아들 환웅에게 천부인 3개를 주어 인간들을 다스리게 했다.

| 독립 운동가이자 무궁화 보급에 앞장선 교육자 | # 남궁억
(南宮檍, 1863~1939) | 자는 치만. 호는 한서 |

남궁억은 1863년(철종 14) 서울에서 남궁영의 아들로 태어났다. 어린 시절 서당에서 한문을 배웠으나, 21세 때인 1884년(고종 21) 영어 학교인 '동문학'을 수료하였다. 남궁억은 해관의 견습생을 거쳐 1886년 *궁내부 주사가 되었다.

남궁억은 1887년 전권 대신 *조민희를 수행하여 영국, 독일, 러시아 순방길에 올랐으나 청나라의 방해로 가지 못하고 홍콩에 머물다가 돌아왔다. 남궁억은 칠곡 군수를 거쳐 1894년 갑오개혁 때 김홍집 내각에 궁내부 토목국장으로 뽑혀 종로와 정동 일대 및 육조 앞에서 남대문까지 도로를 넓히고 *탑골 공원을 세웠다. 1896년 고종이 러시아 공사관으로 옮긴 아관파천이 일어나자, 관직에서 물러난 남궁억은 서재필, 이상재 등과 함께 독립 협회를 창립하여 고위 지도자로 활동하면서 〈대조선 독립 협회 회보〉의 발행에 참여하였다. 남궁억은 *나수연, 유근 등과 함께 1898년 〈황성신문〉을 창간하고 사장에 취임하여 국민을 계몽하고 독립 협회를 적극 지원하였다. 또 남궁억은 〈황성신문〉에 러시아와 일본의 한반도 침략 야욕과 *러일 협상에 반대하는 글을 실었다가 구속되었다.

남궁억은 1905년 고종의 간곡한 부탁으로 성주 목사가 되었으나, 일본의 강압에 의해 을사조약이 체결되자 관직을 사임하였다. 이듬해 양양 군수에 임명된 남궁억은 1907년 동헌 뒷산에 현산 학교를 세워 민족 교육에 힘썼다. 남궁억은 1907년 고종이 강제로 퇴위되자 관직을 사임하고 오세창, 장지연 등과 함께 대한 협회를 만들었으며, 이듬해에는 관동 학회를 만들어 애국 계몽 운동을 펼쳤다. 남궁억은 일본에게 국권을 빼앗긴 1910년 교육의 필요성을 느끼고 9년간 배화 학당에서 학생들을 가르쳤다.

1918년 병이 깊어져 강원도 홍천군 서면 보리울(모곡)로 내려간 남궁억은 교회와 모곡 학교를 세우고, 그 곳에 무궁화 묘목을 심어 전국에 나라꽃인 무궁화를 보급하는데 힘썼다. 무궁화가 민족 정신을 불러일으킨다는 사실을 알아차린 일본 경찰은 1933년 모곡 학교를 강제로 폐교시키고, 무궁화 묘목 7만여 그루도 불태워 버렸다. 남궁억은 기독교 계열 비밀 독립 운동 단체인 '십자당'을 만들어 활동하다가 붙잡혀 8개월간 옥살이를 하다가 풀려났으나, 고문의 후유증으로 세상을 떠났다. 지은 책으로 『동사략』, 『조선이야기』 등이 있고, 〈기러기〉, 〈조선의 노래〉 등의 노래가 있다.

한서 남궁억 선생 기도상(왼쪽 위). 남궁억 선생이 민족의 혼을 불어넣어 주기 위해 여학생들에게 수를 놓게 하여 애국지사들에게 보내 준 무궁화지도(오른쪽 위). 남궁억 선생 동상(왼쪽 아래). 남궁억 선생 무궁화시비(오른쪽 아래)

함께 보아요

* **궁내부** : 조선 말기와 대한제국 때 왕실에 관한 일을 맡아 보던 관청이다.
* **나수연**(1861~1926. 호는 소봉) : 서화가이자 언론인으로, 한성 영어 학교를 졸업하고 1898년 남궁억 등과 〈황성신문〉을 만들었으며, 독립 협회 회원으로 민족 정신 고취와 민중 계몽에 앞장섰다. 글씨와 그림에 뛰어나 일본에 나라를 빼앗긴 뒤에는 서화가로 활약하였는데, 특히 난초 그림을 잘 그렸다.
* **러일 협상** : 청일 전쟁 후 러시아·독일·프랑스 삼국의 간섭을 받던 일본이 1895년부터 1898년까지 세 차례에 걸쳐 한국 문제를 가지고 러시아와 벌인 협상이다. 러시아와 일본 양국은 한국의 내정에 간섭하지 않을 것, 러시아는 한일 양국 간에 이루어지는 상공업 관계의 발전을 방해하지 않을 것 등을 합의하였으나, 러일 전쟁으로 협정은 깨졌다.
* **조민희**(1859~?) : 조선 말기의 문신으로, 장단 부사, 평안남북도 관찰사 등을 거쳐 1900년 법부, 군부의 협판에 올랐다. 프랑스와 일본 주재 전권 공사를 거쳐 1907년 평리원 재판장에 임명되어 헤이그 특사 사건의 처리를 맡았고, 한일 합방 뒤에는 일본 정부로부터 자작의 작위를 받았다.
* **탑골 공원** : 종로 2가에 있는 우리나라 최초의 공원으로, 1897년(광무 원년) 영국인 브라운의 설계로 만들었다. 3·1 운동 때 민족 대표 33인의 이름으로 독립 선언서를 낭독한 곳이며, 국보 제2호인 원각사지 10층 석탑과 보물 제3호인 원각사비 등의 유적이 남아 있으며, '파고다 공원'이라고도 부른다.

단군왕검

우리 민족의 시조로 받드는 고조선의 첫 임금

(檀君王儉, ?~?)

단군왕검은 천제인 환인의 손자이며, 환웅의 아들로, 기원전 2333년 아사달(평양)에 도읍을 정하고 단군 조선을 세운 우리 민족의 시조로 받드는 *고조선의 첫 임금이다. 고조선과 단군에 대한 기록은 중국의 『위서』를 인용한 『삼국유사』에만 있을 뿐, 정사인 『삼국사기』에는 없다. 또 『세종실록지리지』와 이승휴가 지은 『제왕운기』, 권람이 지은 『응제시주』는 『삼국유사』를 인용하고 있다.

『삼국유사』에 의하면 "옛날 환인의 아들 환웅이 세상에 내려와 인간 세상을 구하고자 하였다. 환인이 환웅의 뜻을 알고는 *천부인 3개를 주어 세상에 내려가 인간을 다스리게 하였다. 환웅이 3천 명을 거느리고 태백산 *신단수에 내려와 신시라고 하니, 그가 곧 환웅천왕이다. 환웅은 풍백, 우사, 운사를 거느리고 곡식, 수명, 질병, 형벌, 선악 등 인간 세상의 360여 가지 일을 맡아서 인간 세상을 다스리고 가르쳤다.

이때 곰 한 마리와 범 한 마리가 같은 굴 속에 살면서 환웅에게 사람이 되게 해 달라고 빌었다. 환웅은 이들에게 신령스러운 쑥 한 줌과 마늘 20쪽을 주면서 이것을 먹고 100일 동안 햇빛을 보지 않으면 사람이 된다고 알려 주었다. 곰과 범은 쑥과 마늘을 먹고 동굴 속에 있었는데, 곰은 잘 참아 여자(웅녀)가 되고, 범은 참지 못하여 사람이 되지 못하였다. 그러나 웅녀는 자신과 혼인해 주는 사람이 없자, 신단수 아래에서 아이를 갖게 해 달라고 빌었다. 웅녀의 정성에 감동한 환웅천왕이 잠시 사람으로 변하여 혼인하여 아이를 낳으니, 그 아이가 바로 '단군왕검' 이다.

단군왕검은 기원전 2333년 아사달에 도읍을 정하고 나라를 세워 '조선'이라 하였다. 이어 단군왕검은 백악산 아사달로 옮긴 뒤, 그 곳을 '궁홀산' 또는 '금미달'이라 하였다. 단군왕검은 약 1천 5백 년간 나라를 다스리다가 주나라의 *무왕이 *기자를 조선의 왕으로 봉하자 장당경(황해도 신천)으로 옮겼다가 다시 아사달로 돌아와 산신이 되었는데, 그때 나이가 1908세였다."고 한다.

단군신화는 한민족이 수난을 당하고 위기에 처할 때마다 민족이 단합하는 중심 역할을 해 왔다. 또 오늘날 북한에서는 단군릉이 평양에 있음을 강조하고, 발굴을 통하여 단군의 뼈와 유물을 발견하여 단군의 실체를 확인하였다고 발표했다.

단군릉 전경(왼쪽 위). 단군 영정(오른쪽). 단군릉에서 천제를 재현하는 모습(왼쪽 아래)

함께 보아요

* **고조선** : 기원전 108년까지 요동과 한반도 서북부에 있었던 우리나라 최초의 나라이다. 『삼국유사』에서는 조선을 단군조선, 기자조선, *위만조선으로 구별하였고, 오늘날에는 이성계가 세운 조선과 구별하여 고조선이라 부른다.

* **기자**(?~?. 이름은 서여, 수유) : 전설상에 나타난 기자조선의 시조이다. 은나라 사람으로, 주나라 무왕이 나라를 빼앗자 기원전 1122년 조선에 들어와 기자조선을 세우고 팔조법금을 가르쳤다 한다. 또한 기자조선의 마지막 왕인 준왕의 성이 한씨임을 예로 들어 한씨 조선으로서 우리나라 사람이 세운 부족 국가라는 이야기도 있다.

* **무왕**(?~?. 이름은 발) : 기원전 1950년경 중국 주나라를 세운 왕으로, 문왕의 아들이다. 동생인 주공, 소공, 군사, 태공망 여상 등의 도움을 받아 은나라를 멸망시킨 뒤 중국을 통일하고 수도를 낙양으로 옮겼다.

* **신단수** : 단군신화에 나오는 하늘과 땅을 연결시켜 주는 신령스러운 나무로, 환웅천왕이 신단수를 통해 인간 세상으로 내려왔다고 한다.

* **위만**(?~?. 재위 기간 : 기원전 194~?) : 위만조선의 시조이며, 중국 연나라 사람으로, 부하 1천여 명을 이끌고 고조선으로 망명하였다. 준왕이 국경 수비를 맡겼으나, 세력을 모아 준왕을 내쫓고 왕검성에 도읍하여 스스로 왕이 되었다. 위만조선은 기원전 108년 한나라의 침략을 받아 멸망하였다.

* **천부인** : 천제의 아들이라는 표시로, 환웅천왕이 인간 세상으로 내려올 때 천제인 환인천왕으로부터 받았다고 한다.

| 고구려의 유민으로 고구려의 옛 땅에 나라를 세운 발해의 시조 | # 대조영
(大祚榮, ?~719) | 재위 기간 : 699~719
왕명은 고왕 |

대조영은 668년 고구려가 신라와 당나라 연합군에 멸망한 뒤, 당나라의 고구려 유민 분산 정책에 따라 자신의 가족과 함께 요하 서쪽 영주 지방으로 이주하였다. 그것은 당나라가 고구려 유민들이 나라를 되찾기 위해 난을 일으키는 것을 막기 위한 조치였다.

696년 영주 지방은 이진충, 손만영 등이 이끄는 거란족이 일으킨 반란으로 큰 혼란에 빠졌다. 이때 대조영은 *말갈의 추장 *걸사비우와 함께 영주 지방에 억류되어 있던 고구려 유민과 말갈족을 이끌고 당나라의 지배에서 벗어나 동쪽으로 옮겨갔다. 이에 당나라는 대조영을 진국공, 걸사비우를 허국공에 봉하고 당나라의 세력 아래 두려 했으나, 대조영은 이것을 거절하였다.

그러자 당나라 *측천무후는 거란족의 반란을 진압한 뒤, 거란족 출신 이해고를 시켜 대조영을 뒤쫓았다. 이때 걸사비우가 이끄는 말갈족이 당나라군과 싸웠으나 대패하였다. 그러자 대조영은 고구려 유민을 이끌고 동쪽으로 달아나면서 흩어진 말갈족을 끌어모았다. 당나라 군사가 계속 추격해 오자, 대조영은 혼하와 휘발하 사이의 장령자 부근에 있는 천문령에서 당나라군을 맞아 싸워 크게 물리쳤다.

그 뒤 대조영은 고구려 유민과 말갈족을 모아 국가 건설의 기반을 다지고, 만주 동부 지역으로 이동하였다. 그리하여 699년 지금의 지린성 돈화현 지역인 동모산에 성을 쌓고 도읍을 정하였다. 대조영은 스스로 왕이 되어 나라 이름을 '진'이라 하고, 연호를 '천통'이라 하였는데, 그가 바로 *발해의 시조 고왕이다. 대조영은 뛰어난 무예와 지략이 뛰어나 고구려 유민과 말갈족을 바탕으로 만주 동부 지역으로 세력을 확대하였다.

또 대조영은 당시 당나라와 대립하고 있던 몽골 고원의 *돌궐과 손을 잡고, 신라와도 외교를 맺음으로써 당나라를 견제하는 세력으로 확고한 자리를 굳혔다. 이처럼 대조영이 세운 진나라의 힘이 점차 강해지자, 주변에 흩어져 있던 여러 부족들이 항복해 왔다. 이에 크게 위협을 느낀 당나라에서는 705년 사신을 보내 화해를 청해 오자, 대조영은 아들 대무예(*무왕)를 보내 당나라와 외교 관계를 맺었다. 이어 713년 당나라가 좌효위대장군 발해군왕 홀한주도독에 책봉하자, 대조영은 나라 이름을 '발해'로 고쳤다. 대조영은 뛰어난 무예와 지략으로 고구려의 옛 땅의 대부분을 되찾았고, 발해가 '해동성국'이라 불릴 정도로 강성한 나라가 되는 기반을 닦았다.

대조영 천문령 전투도

함께 보아요

* **걸사비우**(?~?) : 말갈족의 추장으로, 당나라 영주에서 억류 생활을 하다가 676년 거란족의 반란을 틈타 대조영과 함께 유민들을 이끌고 당나라 지배에서 벗어나 고구려의 옛 땅으로 이동하였다. 그 뒤 이해고가 이끄는 당나라군과 싸우다 패해 전사하였다.
* **돌궐** : 6~7세기에 알타이 산맥 부근에서 일어나 몽골, 중앙 아시아에 걸쳐 나라를 세운 터키계 유목 민족이다.
* **말갈** : 중국 수나라·당나라 때에 동북 지방에서부터 한반도 북부에 걸쳐 거주하던 퉁구스계의 여러 민족을 통틀어 이르는 말이다. 만주족의 선조로, 뒤에 7부로 나뉘었으며, 대조영이 속말말갈을 중심으로 발해를 세웠고, 흑수말갈은 나중에 금나라를 세웠다.
* **무왕**(?~737. 재위 기간 : 719~737. 이름은 대무예) : 발해의 시조인 고왕 대조영의 아들로, 719년 왕위에 올라 연호를 '인안'이라 하였다. 나라의 힘을 길러 726년 동생 대문예를 시켜 흑수말갈을 공격하고, 732년 장군 장문휴를 시켜 당나라 등주를 공격하여 영토를 크게 넓히는 등 발해의 기초를 닦았다.
* **발해** : 698년 고구려의 유민 대조영이 고구려의 옛 땅인 만주 지린성에 세운 나라로, 한때 '해동성국'이라고 불릴 만큼 큰 세력을 떨쳤다. 당나라로부터 선진 문화를 받아들여 발전시키고 일본에 전했으며, 교역도 활발히 전개하였다. 14대 227년 만에 거란이 세운 요나라에게 926년 멸망했다.
* **측천무후**(624~705. 성명은 무조) : 중국 산시성에서 무확의 딸로 태어나, 열네 살 때 태종의 후궁이 되었다. 태종이 죽은 뒤 고종의 총애를 받았고, 655년 황후가 되었다. 고종의 건강을 핑계삼아 스스로 정무를 맡아 보며 독재 권력을 휘둘렀으며, 690년에는 국호를 '주'로 바꾸고 스스로 황제에 올라 중국 역사상 유일한 여황제로서 약 15년간 전국을 지배하였다.

| 부여에서 독립해 나라를 세운 고구려의 시조 | **동명성왕** (東明聖王, 기원전 58~기원전 19) | 재위 기간 : 기원전 37~기원전 19 성은 고씨. 이름은 주몽, 추모, 상해, 도모 |

동명성왕은 고구려를 세운 시조이다.『삼국사기』에 따르면, 동명성왕의 아버지는 천제의 아들인 *해모수이고, 어머니는 *하백의 딸 *유화 부인이다. 유화 부인은 부모의 허락을 받지 않고 해모수와 사귀다가 집에서 쫓겨나 태백산 남쪽 우발수에서 지내던 중 동부여의 *금와왕을 만났다.

금와왕이 유화 부인의 이야기를 듣고 이상하게 여겨 방에 가두었더니 햇빛이 따라 다니며 비추었고, 곧 태기가 있더니 큰 알 하나를 낳았다. 금와왕이 알을 개와 돼지에게 주었으나 먹지 않았고, 길에 버려도 소나 말이 피해 갔으며, 들판에 버리자 새들이 날아와 날개로 덮어 주었으며, 깨뜨리려 하였으나 깨지지 않자, 유화 부인에게 돌려주었다. 유화 부인이 알을 덮어 따뜻한 곳에 두었더니 알에서 사내아이가 태어났는데, 이 사내아이가 바로 동명성왕으로, 태어나면서부터 골격과 생김새가 영특하고 기이하였다. 동명성왕은 일곱 살 때부터 스스로 활과 화살을 만들어 쏘았는데, 백발백중이었다. 그래서 사람들은 동명성왕을 활 잘 쏘는 사람이라는 뜻의 '주몽'이라고 불렀다.

동명성왕의 뛰어남에 위협을 느낀 금와왕의 일곱 왕자들이 그를 죽이려 하였다. 이에 동명성왕은 *오이, 마리, 협보 세 사람과 함께 동부여를 떠나 *졸본에 이르렀다. 동명성왕은 기원전 37년 *비류국 근처에 나라를 세워 '고구려'라 하고, 성을 '고' 씨로 하였다. 그때 동명성왕의 나이가 스물두 살이었다.

이듬해 동명성왕은 비류국의 송양왕이 항복하자, 그 곳을 '다물도'라 부르고 송양왕으로 하여금 다스리도록 하였다. 동명성왕은 기원전 34년 성곽과 궁궐을 지었고, 이듬해에는 오이와 *부분노를 시켜 태백산(백두산) 남동쪽에 있던 행인국을 쳐서 성읍으로 삼았다. 또 기원전 28년에는 부위염을 시켜 *북옥저를 쳐서 성읍으로 삼았으며, 여러 성읍 국가를 정복함으로써 고구려의 기틀을 마련하였다.

동명성왕은 기원전 19년 동부여에서 부인 예씨와 함께 도망쳐 온 아들 유리(유리왕)를 태자로 삼고, 그 해 9월 세상을 떠났다. 그때 동명성왕의 나이가 40세였다. 한편『삼국사기』백제 본기에는 북부여에서 졸본으로 온 주몽이 졸본부여 왕의 사위가 되어 왕위를 이었다고 기록되어 있다.

평양의 동명성왕 제실의 벽화(왼쪽 위). 동명성왕릉(왼쪽 아래). 김일성의 글씨를 새겨 놓은 동명성왕릉 기념비(오른쪽)

함께 보아요

* **금와왕**(?~?) : 부여의 해부루왕이 곤연이란 곳에서 금빛 개구리 모양의 사내아이를 얻어, 이름을 '금와'라 하고 태자를 삼았다. 해부루왕의 뒤를 이은 금와왕은 태백산(백두산) 남쪽 우발수에서 만난 유화 부인을 방에 가두어 두었는데, 유화 부인이 그 곳에서 동명성왕을 낳았다고 한다.

* **부분노**(?~?) : 고구려의 장군으로, 기원전 33년 오이와 함께 태백산 동남쪽에 있는 행인국을 쳐서 고구려의 성읍으로 삼았다. 또 기원전 9년에는 국경을 괴롭히는 선비족을 공격하여 항복을 받았다.

* **북옥저** : 지금의 함경도 지방에 있던 부족 국가로, 기원전 28년(동명왕 10) 부위염이 이끄는 고구려군에게 멸망하였다. 여름에는 읍루의 침입을 피해 산 속이나 동굴 속에서 생활하였다고 한다.

* **비류국** : 기원전 1세기경 동가강 유역에 있던 작은 나라로, '다물국' 또는 '비류나'라고 불렀다. 「삼국사기」에 따르면, 동명성왕이 비류국 송양왕과 활쏘기 등 솜씨를 겨루어 굴복시켰다고 한다. 송양왕의 딸은 유리왕의 왕비가 되었다.

* **오이**(?~?) : 고구려 초기의 장군으로, 동명성왕이 고구려를 세우는 일을 도왔고, 기원전 32년에는 부분노와 함께 행인국을 쳐서 고구려의 성읍으로 삼았다. 또 14년(유리왕 33)에는 마리와 함께 군사 2만을 이끌고 양맥국을 정벌하고, 한나라의 고구려현을 공격하였다.

* **유화 부인**(?~기원전 24) : 하백의 딸로, 고구려의 시조 동명성왕의 어머니이다. 동생들과 함께 청하(압록강)가에서 놀다가 해모수를 만나 몰래 사귀다가 집에서 쫓겨났다. 태백산 남쪽 우발수에서 만난 금와왕에게 갇혀 지내며 동명성왕이 태어난 큰 알을 낳았다고 한다.

* **졸본** : 동명성왕이 처음 나라를 세운 고구려의 첫 도읍지이자, 3년 유리왕이 국내성으로 옮길 때까지의 도읍지로, 만주 동가강 기슭의 환인 지방으로 짐작된다.

* **하백**(?~?) : 고구려의 시조 동명성왕의 외할아버지로, 유화 부인의 아버지이다. 유화, 훤화, 위화 세 딸을 두었는데, 유화가 해모수와 몰래 사귀자 태백산 남쪽 우발수로 내쫓았다.

* **해모수**(?~?) : 북부여의 시조로, 유화 부인과의 사이에 동명성왕을 낳았다고 한다. 흘승골성에 서울을 정하고 나라를 세운 뒤, 스스로 천제의 아들이라 하였다.

02 일화

이야기로 보는 역사 인물

 뛰어난 도술로 탈해를 쫓아내고
가야를 지킨 김수로왕

김수로왕이 가야를 세운 지 3년이 지난 어느 날이었어요. 그 동안 김수로왕은 서울을 새로 정해 성을 쌓고 궁궐을 지었습니다. 또 백성들이 잘살 수 있도록 땅도 개간하였지요. 그리하여 김수로왕이 세운 가야가 나라의 기틀을 잡아가고 있을 때였습니다.

'탈해'라는 사람이 바다를 통해 가야에 들어왔습니다. 키가 3척이고 머리 둘레가 1척인 탈해는 바로 완하국 함달왕의 아들이였어요.

탈해는 고구려의 동명성왕, 신라의 박혁거세, 가야의 김수로왕처럼 알에서 태어났답니다. 함달왕의 왕비가 잉태한 지 열 달 만에 알을 낳았던 거예요. 그 알을 깨고 나온 아이가 바로 탈해였던 것이지요.

김수로왕을 찾아온 탈해는 참으로 놀라운 말을 했어요.

"나는 왕의 자리를 빼앗으러 왔소."

하지만 김수로왕은 조금도 당황하지 않고 웃으면서 대답하였습니다.

"하늘이 나를 이 나라의 왕으로 삼은 것은 장차 나라를 안정시키고 백성들을 편안하게 살 수 있도록 하기 위함이었다. 그러니 나는 하늘의 명을 어기고 다른 사람에게 왕위를 넘겨 줄 수 없다. 또한 우리 백성을 너에게 맡길 수도 없다."

그러자 탈해가 뜻밖의 제안을 했어요.

"그렇다면 우리 두 사람이 도술을 겨뤄 이기는 사람이 이 나라를 차지하는 게 어떻겠소?"

"네가 원한다면 그렇게 하도록 하자."

김수로왕은 탈해의 제안을 흔쾌히 승낙했습니다.

재 미 있 게   읽 고 나 면   역 사 가   쏙 쏙

　　탈해가 자신 있는 얼굴로 도술을 부려 매가 되었습니다. 이번에는 김수로왕의 차례가 되었지요. 김수로왕은 날카로운 부리와 발톱을 가진 독수리로 변했어요.
　　그러자 탈해는 조금 초조한 표정으로 얼른 참새로 변했습니다. 김수로왕은 눈 깜짝할 사이에 새매로 변했습니다.
　　탈해가 예전의 모습으로 돌아오자, 김수로왕도 사람의 모습으로 돌아왔습니다.
　　탈해가 김수로왕 앞에 엎드리며 항복하였습니다.
　　"제가 대왕과 도술을 겨루는 동안에 매는 독수리에게, 참새는 새매에게 잡혀 죽을 수도 있었습니다. 그러나 대왕께는 함부로 생명을 빼앗지 않는 어진 마음이 있었기에 저는 목숨을 건질 수 있었습니다. 이제 와서 제가 대왕과 왕위를 다툰다는 것이 참으로 부질없는 짓이라는 사실을 알았습니다."
　　탈해는 자신의 패배를 인정하고, 김수로왕에게 작별 인사를 한 후 떠났어요. 탈해는 이웃 나루터에서 중국에서 온 배를 타고 떠났습니다.
　　하지만 김수로왕은 탈해의 말을 믿을 수가 없었어요. 언제 다시 반란을 일으킬지 몰랐던 것이지요.
　　'탈해는 언제 반란을 일으킬지 알 수 없는 사람이야. 이번 기회에 탈해를 이 땅에서 완전히 쫓아내야 해.'
　　김수로왕은 급히 군사들에게 5백 척의 배를 주어 탈해를 뒤쫓게 하였습니다. 이에 놀란 탈해는 계림(신라)으로 달아났답니다. 그래서 김수로왕은 왕위를 빼앗으러 온 탈해를 쫓아내고 가야를 지킬 수 있었습니다.
　　한편 신라로 달아난 탈해는 남해왕의 사위가 되었고, 뒷날 신라의 왕이 되었는데 그가 바로 제4대 석탈해왕이랍니다.

명성황후 (明成皇后, 1851~1895)

구한말의 혼란에 맞서다 목숨을 잃은 비운의 황후 | **성은 민씨**

명성황후는 1851년(철종 2) 경기도 여주에서 여성 부원군 민치록의 딸로 태어나 8세 때 부모를 여의었다. 명성황후는 고아가 되어 본가에서 자라다가 16세 때인 1866년(고종 3) 흥선 대원군의 부인인 부대 부인 민씨의 추천으로 고종의 왕비가 되었다. 명성황후는 처음에는 흥선 대원군과 사이가 좋았으나, 흥선 대원군이 궁인 이씨가 낳은 완화군을 세자로 삼으려 하면서 사이가 나빠졌다.

명성황후는 흥선 대원군의 반대파를 모으는 한편 민씨들을 정부 요직에 앉혀 세력을 키워 나갔다. 일본에서 정한론이 나오고, 경복궁 중건으로 백성들이 고통을 받는 등 흥선 대원군의 실정이 계속되자 명성황후는 1873년 최익현을 동부 승지에 임명했고, 최익현은 성인이 된 고종이 직접 정사를 보아야 한다고 상소를 올렸다. 그리하여 10년 동안 고종을 대신하여 나랏일을 보았던 흥선 대원군이 물러나고 고종이 직접 나랏일을 보았다. 명성황후는 자신의 세력을 확고하게 다지는 한편 쇄국 정책을 폐하고 외국에 문호를 개방하는 개방 정책을 펼치면서 일본과 외교 관계를 맺었다.

1882년 임오군란으로 목숨이 위태로워진 명성황후는 궁궐을 탈출하여 장호원에 있는 *민응식의 집으로 피신하여 목숨을 건졌다. 이때 흥선 대원군이 왕비의 국상을 선포하자, 명성황후는 *윤태준을 고종에게 몰래 보내 자신이 살아 있음을 알리는 한편 청나라에 도움을 청했다. 그 후 청나라군이 임오군란을 진압하고 흥선 대원군을 청나라로 압송해 가자, 다시 정권을 잡았다.

1884년 김옥균, 박영효 등이 갑신정변을 일으켜 정권을 잡자, 명성황후는 심상훈 등을 보내 청나라에 도움을 청하여 개화당 정권 3일 만에 무너뜨렸다. 그 뒤 김홍집 등 친일 내각이 들어서고, 1894년에는 일본을 등에 업은 흥선 대원군이 정권을 잡고 갑오개혁을 실시하자, 명성황후는 러시아와 손을 잡고 일본 세력을 몰아 내려 하였다.

이에 명성황후를 눈엣가시로 여긴 일본 정부가 *'을미사변'을 일으켰고, 곧 주한 일본 공사 *미우라 고로가 일본 낭인을 시켜 명성황후를 시해한 뒤, 시신을 궁궐 밖으로 옮겨 불태운 것이다.

이때 명성황후는 정권을 잡은 친일파에 의해 폐위되어 평민이 되었다가, 그 해 10월 복위되어 11월 국장으로 청량리에 있는 홍릉에 묻혔다. 또 1897년(광무 1) '명성황후'에 책봉되었다.

경기도 여주에 있는 명성황후의 생가(위). 명성황후가 살해된 장소인 경복궁 내에 있는 옥호루(아래)

함께 보아요

* **미우라 고로**(1846~1926) : 일본의 군인이자 정치가로, 조슈한에서 태어나 막부 타도 운동에 참여하였다. 1895년 주한 공사로 부임하였으며, 일본군과 경찰 및 낭인을 동원하여 명성황후를 시해하고 그 시체를 불태웠다. 이 사실이 강대국에게 알려짐으로써 일본 정부에 의해 투옥되었으나, 곧 석방되었다.

* **민응식**(1844~?. 자는 성문. 호는 우당. 시호는 충문) : 조선 말기의 척신으로, 1882년 임오군란 때 장호원 집을 명성황후의 피신처로 제공하여 관직에 나갔다. 이조, 병조 판서 등을 지내며 개화파를 탄압했으며, 민영익과 함께 러시아 세력을 끌어들여 위안스카이 세력을 없애려 하였다. 1894년 갑오개혁 때 물의를 일으켜 전라도 고금도로 유배되었다.

* **윤태준**(1839~1884. 자는 치명. 호는 석정. 시호는 충정) : 조선 말기의 문신으로, 1881년 영선사 김윤식을 따라 청나라에 다녀왔다. 임오군란 때 명성황후를 보호하여 장호원까지 갔고, 뒤에 돌아와 친군영 감독이 되었다. 갑신정변 때 후영사로 사대당을 보호하다가 독립당 윤경순에게 살해당했다.

* **을미사변** : 1895년(고종 32) 일본 정부의 지시를 받은 미우라 고로 공사가 주동이 되어 명성황후를 시해하고 일본 세력 강화를 꾀한 정치적 사건이다. 청일 전쟁에서 승리한 일본이 친일 내각을 만들어 세력을 확장하자, 조선 정부는 러시아 공사 베베르와 손잡고 이범진, 이완용 등을 중심으로 친러·친미 내각을 구성하였다. 이에 상황이 불리해진 미우라 고로 공사는 명성황후 시해 계획을 세우고, 1895년 10월 8일 새벽에 흥선 대원군을 앞세워 일본 낭인들을 보냈다. 일본 낭인들은 명성황후를 옥호루에서 시해하고, 시체를 불태운 뒤 뒷산에 묻었다. 이 사건은 국내뿐 아니라 세계 여러 나라에 알려져, 강대국의 강력한 항의를 받게 되었고, 일본은 미우라 고로 공사를 해임하였다. 이 사건은 항일 의병 활동과 아관파천의 계기가 되었다.

| 화려하고 섬세한 백제 문화를 꽃피운 성군 | # 무령왕
(武寧王, 462~523) | 재위 기간 : 501~523
이름은 사마, 융
시호는 여륭 |

무령왕은 백제의 제25대 왕으로, 462년(개로왕 8) *동성왕의 둘째 아들로 태어났다. 키가 크고 외모가 아름다웠으며, 성격이 인자하고 관대하였다.

무령왕은 501년 *위사 좌평 *백가에게 살해된 아버지 동성왕의 뒤를 이어 왕위에 올랐다. 이듬해 가림성을 근거지로 저항하고 있던 백가의 반란군을 진압하고, 사로잡은 백가를 죽여 백강에 던짐으로써 아버지의 원수를 갚았다.

무령왕은 501년(무령왕 2) 달솔 우영을 보내 고구려 수곡성을 습격하였고, 이듬해에는 마수책을 불태우고 고목성에 쳐들어온 말갈을 물리쳤다. 506년 말갈이 다시 고목성에 쳐들어오자, 이듬해 고목성 남쪽에 두 개의 성책을 세우고, 장령성을 쌓아 말갈의 침략에 대비하였다. 507년 한성을 치기 위해 횡악 방면으로 쳐들어오는 고구려와 말갈 연합군을 물리쳤고, 512년에는 고구려가 가불성과 원산성을 점령하여 약탈을 일삼자, 무령왕은 몸소 군사 3천 명을 이끌고 나가 고구려 군사들을 크게 물리쳤다. 또 523년에는 좌평 인우와 달솔 사오 등을 시켜 한북주의 열다섯 살 이상의 장정을 동원하여 쌍현성을 쌓았는데, 이때 무령왕은 몸소 현장에 나아가 성을 쌓는 백성들을 격려하기도 하였다.

무령왕은 고구려와 말갈의 침략에 효과적으로 대비하면서 나라의 힘을 기르는 데 힘쓰는 한편, 외교 및 문화 발전에도 힘썼다. 무령왕은 중국 양나라에 사신을 보내 앞선 문화를 받아들여 발전시킨 다음, *오경 박사 *단양이와 *고안무 등을 일본에 보내 일본의 문화 발전에 도움을 주었다.

무령왕은 백성들의 생활 안정에도 많은 노력을 기울였다. 506년 가뭄으로 백성들이 굶주리자 창고를 열어 곡식을 나누어 주었고, 510년에는 농사를 짓기 위한 물을 저장하기 위해 제방을 쌓는 한편 떠돌이 생활을 하는 백성들을 고향에 돌아가 농사를 짓게 하였다. 이처럼 국방을 튼튼히 하고 백성들의 생활을 안정시킨 무령왕은 백성들의 추앙을 받았다.

1971년 7월 공주의 송산리에서 발견된 *무령왕릉에서는 많은 유물과 *지석이 발견되었다. 무령왕릉에서 발견된 수많은 유물들은 화려하고 섬세한 백제 문화를 보여 줄 뿐 아니라 백제의 문화를 연구하는 데 귀중한 자료가 되고 있다.

무령왕릉 지석과 무령왕릉 내부(원내)

함께 보아요

✽ **고안무**(?~?) : 한나라 사람으로, 백제에 귀화하여 오경 박사가 되었다. 516년(무령왕 16)에 먼저 일본에 가 있던 단양이와 교대하여 일본에 한학을 가르쳤다.

✽ **단양이**(?~?) : 백제의 학자이자 오경 박사로, 513년(무령왕 13) 일본의 초청을 받고 저미문귀와 함께 건너가 유학을 가르치고, 516년 고안무와 교대하여 돌아왔다.

✽ **동성왕**(?~501. 재위 기간 : 479~501. 이름은 모대, 여대, 마제) : 백제 제24대 왕으로, 문주왕의 조카이며 곤지의 아들이다. 479년 삼근왕에 이어 왕위에 올라, 고구려의 침입에 대비하여 중국 남제와 외교를 맺었고, 신라의 이찬 비지의 딸을 왕비로 맞음으로써 나제 동맹을 굳건히 하였다. 가뭄으로 백성들이 굶주리는데도 임류각을 짓는 등 방탕한 생활을 하다가 501년 위사 좌평 백가에게 시해되었다.

✽ **무령왕릉** : 백제 무령왕과 그 왕비의 무덤으로, 충청남도 공주시 금성동에 있다. 1971년 7월에 발굴되었는데, 금관을 비롯하여 우리나라에서 가장 오래된 지석과 모두 108종류, 2,906점의 유물이 나왔다.

✽ **백가**(?~502) : 백제의 귀족으로, 486년(동성왕 8) 위사 좌평에 임명되었다. 501년 가림성 성주에 임명되자, 불만을 품고 사람을 시켜 동성왕을 시해하고 반란을 일으켰으나, 무령왕에게 토벌되었다.

✽ **오경 박사** : 백제 때에 오경(시경·서경·주역·예기·춘추)에 능통한 학자에게 주던 칭호이다. 오경 박사로는 고안무, 단양이, 왕유귀 등이 유명하다. 이 칭호를 받은 학자들이 일본으로 건너가 고대 일본 문명의 발전에 크게 기여하였다.

✽ **위사 좌평** : 백제의 제1품 관직으로, 궁궐을 지키며 군사에 관한 일을 맡아 보았다.

✽ **지석** : 죽은 사람의 이름, 생일, 죽은 날, 대대로 내려오는 아름다운 덕행, 업적, 자손 등을 새겨서 무덤 앞에 묻는 돌이다.

문무왕

(文武王, 626~681)

아버지의 뜻을 받들어 삼국 통일을 이룩한 신라의 임금

재위 기간 : 661~681
성은 김씨. 이름은 법민

문무왕은 신라 제30대 왕으로 626년(진평왕 48) 태종 무열왕 김춘추와 김유신의 누이동생인 문명왕후의 맏아들로 태어났다. 문무왕은 외모가 뛰어나고 머리가 총명하며 뛰어난 지략을 가지고 있었다.

문무왕은 고구려와 백제의 압력에 대항하기 위해 650년(진덕여왕 4) 왕명으로 아버지 김춘추와 함께 당나라에 가서 군사 지원을 요청하는 외교 활동을 벌였고, 당나라 고종으로부터 대부경이라는 벼슬을 받았다. 문무왕은 태종 무열왕이 즉위한 654년 파진찬으로 군사를 관장하는 병부령에 올랐고, 이듬해 태자에 책봉되었다.

문무왕은 660년(태종 무열왕 7) 당나라와 함께 백제를 공격할 때 김유신과 함께 군사 5만을 이끌고 나가 백제를 멸망시켰다. 이듬해 태종 무열왕이 삼국 통일을 미처 이루지 못하고 죽자, 왕위에 오른 문무왕은 아버지의 뜻을 받들어 삼국 통일을 위해 노력을 기울였다. 문무왕은 즉위하자마자 당나라와 함께 고구려를 공격했으나, 연개소문을 중심으로 뭉친 고구려군의 강력한 저항으로 실패하였다.

이때 *복신, *도침 등이 일본에 있던 백제의 왕자 *부여풍을 왕으로 받들고, 백제 부흥 운동을 일으켰다. 이에 문무왕은 옹산성, 우술성, 거열성, 주류성, 임존성의 백제 부흥군을 차례로 진압하였다. 그 뒤 당나라와 연합하여 몇 차례 고구려를 공격했으나 실패하였다.

문무왕은 668년 다시 당나라군과 함께 고구려를 공격하였다. 이때 동생 *김인문과 당나라 장수 *이적이 평양성을 함락시킴으로써 고구려를 멸망시켰다. 그러나 당나라가 고구려의 옛 땅은 물론 백제의 옛 땅까지도 자신들의 영토로 만들려 하자, 문무왕은 김유신을 시켜 당나라군을 우리 땅에서 몰아 내게 하였다. 문무왕은 677년 당나라군을 몰아 내고 마침내 대동강에서 원산만 이남의 땅을 차지하는 삼국 통일을 이룩하였다.

한편 문무왕은 664년 당나라를 본떠 부인들의 의복을 정하였고, 674년에는 당나라의 역술을 본떠 신력을 만들어 사용하였으며, 675년 구리로 인장을 만들어 중앙 및 지방 관리들이 사용하도록 하였다. 또 676년에는 의상 대사로 하여금 부석사를 세우도록 하였다.

문무왕은 681년 화장하여 동해에 묻어 달라는 유언을 남긴 채 세상을 떠났다.

문무왕 수중릉(왼쪽). 문무왕이 왜병을 진압하기 위해 세운 감은사지(오른쪽 위). 문무왕릉비(오른쪽 아래)

함께 보아요

* **김인문**(629~694. 자는 인수) : 태종 무열왕의 둘째 아들로, 문무왕의 동생이다. 651년(진덕여왕 5) 왕명으로 당나라에 가서 좌령군위 장군이 되었고, 653년에 돌아와 압독주 총관이 되어 장산성을 쌓았다. 660년 당나라 소정방과 함께 백제를 멸망시킨 뒤, 당나라 우효위 대장군으로 있다가 668년 귀국하여 20만 대군을 이끌고 당나라와 연합하여 고구려를 멸망시켰다. 그 뒤 당나라 수도에 머물며 여러 벼슬을 지내고, 그 곳에서 죽었다. 태대각간에 추증되었으며, 유학과 음악, 글씨에도 뛰어났다.

* **도침**(?~661) : 백제의 승려이자 부흥 운동가이다. 660년 백제가 멸망하자, 주류성을 중심으로 백제의 왕족인 복신과 함께 일본에 가 있던 부여풍을 왕으로 추대하여 백제 부흥 운동을 펼쳤다. 한때 당나라와 신라군을 괴롭히는 등 세력을 떨쳤으나, 내분이 일어나 복신에게 살해되었다.

* **복신**(?~663) : 백제의 장군으로 무왕의 조카이다. 660년 백제가 멸망하자 승려 도침 등과 함께 부여풍을 왕으로 추대하여 주류성(한산)에서 부흥 운동을 일으켜 나당 연합군에게 큰 타격을 주었다. 그러나 내분으로 도침을 죽인 뒤, 부여풍마저 죽이려다가 부여풍에게 살해되었다.

* **부여풍**(?~?. 다른 이름은 풍장) : 의자왕의 아들로, 631년(무왕 32) 일본에 볼모로 갔다. 660년 백제가 멸망한 뒤, 도침과 복신 등에 의해 왕으로 추대되었다. 일본에서 구원군 5천 명을 이끌고 돌아와 주류성을 근거지로 하여 나당 연합군에 커다란 타격을 주었다. 내분으로 도침을 죽인 복신을 죽이고 고구려로 도망갔으나, 668년 당나라 군사에 붙잡혀 당나라 오령 남쪽으로 귀양을 갔다.

* **이적**(?~669. 본성은 서씨. 본명은 세적) : 당나라의 무장으로, 산둥성 차오저우에서 태어나 당나라 건국에 공을 세웠다. 태종 때 이정과 돌궐을 격파하였으며, 또 고비 사막을 넘어 설연타를 평정하여 당나라 대제국 건설에 공헌하였다. 668년 신라와 연합하여 고구려를 멸망시켰다.

| 중국에서 목화씨를 들여와 의복 혁명을 일으킨 학자 | # 문익점
(文益漸, 1329~1398) | 초명은 익첨. 자는 일신
호는 삼우당. 시호는 충선 |

　문익점은 1329년(충숙왕 16) 지금의 경상남도 산청에서 문숙선의 아들로 태어났다. 문익점은 1360년 문과에 급제하여 김해부 사록, *순유 박사 등을 지냈다.

　문익점은 1363년 사간원 좌정언에 올랐고, 그 해 *이공수의 서장관으로 원나라에 갔다. 이때 원나라 관직에 있던 *최유가 *덕흥군을 왕으로 추대하여 공민왕을 몰아 내려 하였고, 원나라 조정 또한 덕흥군을 고려 왕에 책봉하였다. 또 최유는 원나라군 1만 명을 이끌고 요동까지 진격했다가 1364년 최영 등에게 패했다. 이러한 정치적 소용돌이 속에서 원나라에 간 문익점은 덕흥군을 지지했다는 혐의로 귀국과 동시에 관직에서 쫓겨났다.

　하지만 문익점은 원나라에서 귀국할 때 붓대 속에 목화씨를 넣어 가지고 와서 장인인 *정천익과 함께 고향에서 목화를 시험 재배하였다. 처음에는 목화를 재배하는 방법을 몰라 겨우 한 그루만 살렸지만, 문익점은 3년간의 노력 끝에 마침내 목화 재배에 성공하였다. 그리하여 목화씨를 전국에 나누어 주어 심게 하였다.

　그러나 목화씨를 어떻게 빼내고 실을 어떻게 뽑는지 그 방법을 몰랐다. 그때 문익점은 정천익의 집에 머물던 원나라 승려로부터 씨를 빼내는 씨아와 실을 뽑는 물레를 만드는 법을 배웠다. 문익점은 씨아와 물레를 만들어 전국에 보급함으로써 옷감을 짜서 옷을 만들어 입도록 하였다. 이와 같이 문익점은 정천익과 함께 목화씨를 들여오고, 시험 재배에 성공하여 전국에 목화씨를 보급하였으며, 목화를 이용하여 옷감을 짜서 옷을 만들어 입을 수 있도록 함으로써 우리나라에 의복 혁명을 일으켰다. 조선 중기의 학자 조식은 문익점의 공로를 기려 "백성에게 옷을 입힌 것이 농사를 시작한 옛 중국의 후직씨와 같다."는 찬양시를 지었다.

　문익점은 1375년(우왕 1) 전의 주부에 올랐고, 1389년에는 좌사의 대부로 창왕에게 학문을 가르쳤다. 그러나 문익점은 공양왕 때 이성계 일파가 추진한 전제 개혁을 반대하다가 *조준의 탄핵을 받아 관직에서 물러났다. 1440년(세종 22) 영의정이 추증되고 강성군으로 추봉되었으며, 세조 때에 사당이 세워졌다.

문익점 영정(왼쪽). 문익점 목화시배기념비(오른쪽).

함께 보아요

* **덕흥군**(?~?. 이름은 혜. 원나라 이름은 타스티무르) : 충선왕의 셋째 아들로, 승려가 되었다가 1351년 공민왕이 즉위하자 원나라로 도망갔다. 1364년 원나라가 반원 정책을 펼치는 공민왕을 폐위하고 덕흥군을 고려 왕에 봉하자, 최유와 함께 고려에 쳐들어왔다가 최영, 이성계 등에게 패해 원나라로 쫓겨가 장형을 받았다.

* **순유 박사** : 고려 후기에 유학 교육을 담당한 성균관의 종7품 관직으로, 정원은 2명이다.

* **이공수**(1308~1366. 시호는 문충) : 고려 말의 문신으로, 1340년 문과에 장원급제하여 전의 주부에 올랐다. 공민왕 때에 찬성사에 오르고 익산 부원군에 봉해졌다. 1363년 원나라가 공민왕을 폐위하자, 원나라에 가서 공민왕의 복위를 위해 애썼으나 실패하였다. 이때 최유 일당이 고려를 침략한다는 정보를 조정에 알렸고, 이듬해 공민왕이 복위되자 귀국했다. 그러나 신돈의 시기를 받아 벼슬에서 쫓겨났다.

* **정천익**(?~?. 호는 퇴헌) : 1363년(공민왕 12) 사위 문익점이 원나라에서 가져온 목화씨를 심어 3년 만에 재배에 성공하여 전국에 목화씨를 퍼뜨렸다. 또 문익점과 함께 실을 뽑고 옷감을 짜는 방법을 연구하여 우리나라에 무명옷이 널리 퍼지게 하였다.

* **조준**(1346~1405. 호는 우재, 송당) : 고려 말, 조선 초의 문신으로, 1374년 문과에 급제한 뒤 통례문 부사, 강릉도 안렴사, 도감찰사, 대사헌 등을 지냈다. 1388년 윤소종, 조인옥, 허금 등과 함께 우왕의 폐위와 왕씨의 부흥을 꾀하였다. 이 무렵에 이성계와 인연을 맺게 되어 조선 왕조 창건에 큰 공을 세웠고, 뒤에 오도 도통사, 영의정 부사 등을 지냈다. 토지 제도에 밝은 학자로, 하륜 등과 함께 『경제육전』을 편찬하였다.

* **최유**(?~1364. 원나라 이름은 티무르부카) : 고려의 반역자로, 관직에 불만을 품고 원나라로 도망갔다. 그 뒤 기철 일당을 숙청한 공민왕에게 복수를 노리던 기황후를 설득하여, 공민왕을 폐위하고 덕흥군을 왕으로 받들기 위해 1만의 군사로 고려에 쳐들어왔으나, 최영 등에게 패해 달아났다. 다시 고려를 치려고 계획했으나, 원나라 관리의 탄핵을 받고 고려에 붙잡혀 와 처형되었다.

| 일본과 맺은 을사조약에 대한 울분으로 자결한 애국지사 | **민영환** (閔泳煥, 1861~1905) | 자는 문약. 호는 계정 시호는 충정 |

민영환은 명성황후의 조카이며, 1861년(철종 12) 서울에서 *민겸호의 아들로 태어났다. 민영환은 17세 때인 1878년 문과에 급제하여 홍문관 정자, 수찬, 동부승지 등을 거쳐 1882년 성균관 대사성에 올랐다. 민영환은 그 해 구식 군대가 신식 군대와의 차별대우에 불만을 품고 일으킨 임오군란으로 아버지 민겸호가 살해당하자, 관직에서 물러나 3년상을 치렀다.

민영환은 1884년 이조 참의로 관직에 복귀하여 도승지, 홍문관 부제학, 이조 참판 등을 거쳐 예조, 병조, 형조 판서, 한성부 판윤을 지낸 뒤, 1895년 주미 전권 공사에 임명되었으나, 명성황후가 일본인에게 시해당한 을미사변이 일어나 부임하지 못하고 사직하였다.

이듬해 특명 전권 공사로 러시아 황제 니콜라이 2세의 대관식에 참석한 뒤 일본, 미국, 영국 등을 돌아보면서 서구 문명을 처음으로 접하였다. 이어 민영환은 1897년(광무 1) 다시 특명 전권 공사로 영국, 독일, 프랑스, 러시아, 이탈리아, 오스트리아 등 6개국을 돌아보았다. 이때 영국 빅토리아 여왕의 즉위 60주년 축하식에도 참석하였다.

민영환은 근대화된 외국의 모습을 직접 보면서 새로운 문물에 일찍 눈을 떴다. 민영환은 개화 사상을 실천하고자 정치·경제·군사 등 사회 전반에 걸쳐 개혁할 것을 정부에 건의하였다. 또 독립 협회의 활동을 적극적으로 지원하고 개혁을 추진하다가 민씨 일파의 미움을 사 관직에서 쫓겨났다. 다시 관직에 복귀한 민영환은 친일파 대신들에 맞서고 일본의 내정 간섭을 비판하다가 한직으로 밀려났다.

민영환은 1905년 일본의 강압으로 을사조약을 맺자, *조병세, *심상훈 등과 함께 대궐에 나가 조약을 무효화하고 조약에 찬성한 오적을 처형할 것을 주장하였다. 민영환은 일본 헌병들이 강제로 해산시키자 다시 육의전에 모여 반대 상소를 의논하다가, 이미 국운이 기울어졌음을 깨닫고 죽음으로 항거하여 국민을 각성하게 할 결심을 하고 집에 돌아와 자결하였다.

민영환의 자결 소식을 전해들은 조병세, *홍만식, 이상철 등 많은 사람들의 자결이 뒤를 이었고, 전국에서 의병이 일어났다. 1962년 건국훈장 대한민국장이 주어졌다.

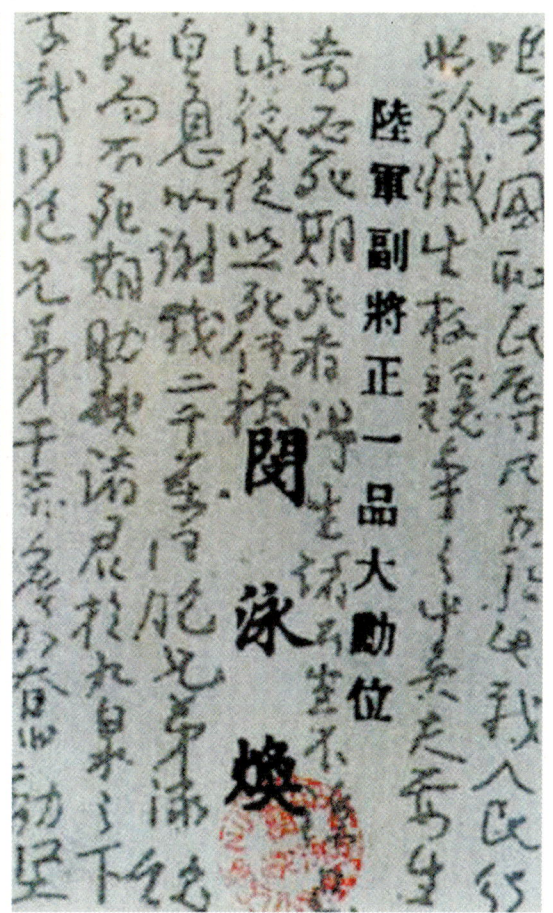

민영환의 묘(왼쪽). 민영환이 자살하기 전에 쓴 유서(오른쪽)

함께 보아요

* **민겸호**(1838~1882. 자는 윤익. 시호는 충숙) : 조선 말기의 척신으로, 이조 참판 등을 거쳐 형조, 병조, 이조, 예조 판서를 지냈다. 신식 군대인 별기군을 만들었으며, 선혜청 당상에 올랐다. 그러나 신식 군대와의 차별대우에 불만을 품고 구식 군대가 난을 일으킨 임오군란 때 살해되었다.

* **심상훈**(1854~?. 자는 순가. 시호는 충숙) : 1882년 임오군란 때 나라 사정을 장호원에 있던 명성황후에게 알렸고, 1884년 갑신정변 때는 개화당을 가장해 경우궁에 들어가 고종에게 정변 기밀을 알렸다. 또한 청나라 위안스카이 등을 움직여 개화당의 혁신 정부를 무너뜨리는 데 앞장섰다.

* **조병세**(1827~1905. 자는 치현. 호는 산재. 시호는 충정) : 조선 말기의 문신이자 순국 열사이다. 1859년 문과에 급제하여 사관을 거쳐 1864년(고종 1) 실록청 도청낭청으로 있으면서 『철종실록』을 편찬하였다. 대사성을 시작으로 대사헌, 공조, 예조, 이조 판서를 거쳐 좌의정에 올랐다. 1896년에 '시무 19조'를 올렸으며, 1905년 을사조약이 체결되자 민영환 등과 함께 조약의 무효와 을사오적의 처형을 주장하였으나 일본의 방해로 실패하였다. 이에 각국 공사와 동포들에게 유서를 남기고 독약을 먹고 죽었다. 1962년 건국훈장 대한민국장이 주어졌다.

* **홍만식**(1842~1905. 자는 백헌. 호는 호운. 시호는 충정) : 1866년(고종 3) 문과에 급제하여 검열 등을 거쳐 동부승지를 지낸 뒤, 1884년 이조 참판에 올랐다. 그 해 김옥균 등과 갑신정변을 일으킨 동생 홍영식 때문에 옥에 갇혔다가 이듬해 풀려났다. 1905년(광무 9) 을사조약이 체결되자 국운을 비관하여 자결하였다. 참정대신에 추증되었으며, 1962년 건국훈장 독립장이 주어졌다.

| 슬기와 재치로 백성들의 억울함을 풀어 준 암행어사 | # 박문수
(朴文秀, 1691~1756) | 자는 성보. 호는 기은
시호는 충헌 |

박문수는 1691년(숙종 17) 영은군 박항한의 아들로 태어났다. 1723년(경종 3) 문과에 급제하여 예문관 검열로 뽑혔고, 이듬해 세자시강원 설서를 거쳐 병조 정랑에 올랐으나, 영조가 즉위하면서 정권을 잡은 노론에 의해 벼슬에서 쫓겨났다.

박문수는 1727년 영조가 극심한 당파 싸움을 조정하기 위해 조정의 인사를 개편한 *정미환국 때 사서로 관직에 복귀하여 영남의 *암행어사로 나갔다. 이때 박문수는 부패한 관리들을 적발하는 등 암행어사의 임무를 훌륭하고 슬기롭게 수행하였다. 이듬해 박문수는 *오명항과 함께 *이인좌의 난을 진압하고, 그 공으로 경상도 관찰사에 오르고 영성군에 봉해졌다.

1730년에는 대사성, 대사간, 도승지를 거쳐 다시 충청도 암행어사로 나가 굶주림에 시달리는 백성들을 구하기 위해 노력하였다. 박문수는 1734년 예조 참판으로 청나라에 사신으로 다녀온 뒤, 호조 참판을 거쳐 1737년 도승지에 이어 병조 판서를 지냈다. 이때 박문수는 병조에 관인이 없어 군사에 관한 업무를 신속하게 볼 수 없고, 또 중간 관리가 부정을 저지를 수 있다는 사실을 깨닫고 영조에게 건의하여 병조 판서의 관인을 만들었다. 이듬해 청나라에 사신으로 다녀왔는데, 앞서 안동서원을 없앤 일로 탄핵을 받아 풍덕 군수로 좌천되었다.

박문수는 1741년 어영대장을 거쳐 함경도 *진휼사로 나갔다. 이때 박문수는 굶주리는 백성들을 위해 경상도에서 곡식 1만 섬을 실어 와, 굶주리는 백성들에게 나누어 주었다. 이에 감동한 함경도 백성들이 함흥 만세교 옆에 송덕비를 세웠다. 박문수는 1749년 호조 판서로 있으면서 3년마다 수리해 오던 궁궐을 수리하는 책임을 맡았는데, 역대 그 어느 누구보다 일을 잘 처리하였다고 한다.

박문수는 1752년 왕세손이 죽자, *내의원 제조로서 제주도로 귀양갔다가 이듬해 풀려나와 우참찬이 되었다. 박문수는 군사와 조세에 대한 행정에 밝아 당시 정책을 개혁하는 데 중요한 역할을 하였다. 박문수는 국가 재정의 용도를 정한 『탁지정례』를 비롯해 『도지정례』, 『국혼정례』를 편찬하였다.

박문수의 친필과 문인화(원내)

함께 보아요

* **내의원 제조** : 조선 시대 때 대궐 안의 의약을 맡아 보던 관청인 내의원을 맡아 보던 관리로, 정2품 이상의 관리가 겸직으로 맡았다.
* **암행어사** : 조선 시대에 지방 관리의 치적 및 부정을 살피고 백성들의 생활을 실제로 조사하기 위하여 왕명으로 비밀리에 파견한 임시 관리이다. 암행어사는 목적지와 임무가 적힌 봉투와 마패를 받아 신분을 숨긴 채 비밀리에 고을을 돌아다니면서 직접 민심을 조사하고 지방 관리들을 조사하여 잘못이 발견되면 즉시 처벌하였다. 암행어사는 임무를 마치고 돌아온 뒤 자신이 조사한 내용을 상세히 글로 적어 왕에게 보고하였다.
* **오명항**(1673~1728. 자는 사상. 호는 모암. 시호는 충효) : 1705년(숙종 31) 문과에 급제하여 경상도, 강원도, 평안도 등의 관찰사를 지내다가, 1724년 영조의 즉위로 소론이 권력에서 밀려나자 관직에서 물러났다. 1727년 다시 관직에 나가 이조, 병조 판서에 오르고, 이듬해 이인좌의 난을 진압하고 해은 부원군에 봉해졌다. 그 뒤 우찬성를 거쳐 우의정에 올랐고, 고향에 효자 정문이 세워졌다.
* **이인좌의 난** : 1724년 영조의 즉위로 권력에서 밀려난 소론의 이인좌, 정희량 등이 일으킨 반란이다. 경종이 죽고 영조가 즉위하면서 노론이 정권을 잡았고, 상대적으로 경종을 지지했던 소론은 권력에서 밀려났다. 이에 불만을 품은 소론의 박필현, 이인좌, 정희량 등이 영조와 노론을 제거하고, 밀풍군 탄을 왕으로 받들기로 모의하였다. 1728년(영조 4) 이인좌는 청주성을 함락시키고 서울로 향하다가 죽산에서 오명항이 이끄는 관군에게 패했고, 영남의 정희량은 한때 안음, 거창, 합천 등을 점령하였으나 관군에 진압되었고, 호남의 박필현 등은 사전에 체포되어 처형됨으로써 반란은 진압되었다.
* **정미환국** : 1727년 영조가 격렬한 당파 싸움을 조정하기 위해 인사를 개편한 일이다. 당파 싸움으로 자칫 목숨을 잃을 뻔했던 영조는 즉위와 함께 탕평책을 강력하게 추진하였다. 그래서 당파심이 강한 노론의 이의연과 소론의 김일경, 목호룡, 이광좌 등을 처형하거나 유배시켰다. 그러나 이광좌, 조태억 등 소론이 등용되긴 했지만, 노론이 조정의 중요한 관직을 차지한 결과를 낳았다.
* **진휼사** : 나라에서 흉년이 들었을 때 굶주리는 백성들을 구제하기 위하여 파견한 임시 관리이다.

| 우리나라 3대 악성으로 꼽히는 음악가이자 문신 | # 박연 (朴堧, 1378~1458) | 자는 탄부. 호는 난계 시호는 문헌 |

박연은 1378년(우왕 4)에 충청북도 영동에서 이조 판서를 지낸 박천석의 아들로 태어났다. 박연은 밀양 박씨로, 시조는 신라 제54대 경명왕의 맏아들 밀성 대군이다.

박연은 1405년(태종 5) 생원시, 1411년 진시에 합격하여 집현전 교리를 거쳐 사간원 정언, 사헌부 지평 등 여러 관직을 역임하였다. 어려서부터 음악을 좋아했던, 박연은 세종이 왕위에 오른 뒤 *악학 별좌에 올라 음악에 관한 일을 맡아 보며 우리 음악을 정비하는 데 큰 공헌을 하였다.

박연은 먼저 세종의 허락을 받아 불완전한 악기의 음을 일정한 기준음에 맞추어 조율하고, 여기저기 흩어져 있던 기존의 악보를 모아 편찬하였다. 박연은 1427년(세종 9) *편경 12개를 만들었는데, 스스로 제작한 12율관에 의해 음률을 정확하게 조절하였다. 이때 박연은 편경의 음정을 맞출 정확한 *율관을 만들기 위해 수차례에 걸쳐 시험 제작하였고, 또 흐트러진 악제를 바로잡기 위해 수십 차례 상소를 올렸다. 박연은 *아악을 정비하고 악기를 제작하여 그때까지 조회, 회례, 제례, 연례 때 사용했던 *향악을 폐지하고 아악을 사용하였다. 또 기생들이 궁중음악에 맞춰 춤을 추던 것을 무동(나라 잔치에 춤을 추고 노래 부르던 사내아이)으로 바꿔 *문무 이무를 추게 하는 등 궁중음악을 전반적으로 개혁하였다.

그 뒤 박연은 공조 참의 등을 거쳐 1445년 명나라에 사신으로 다녀와서는 중추원 부사, 예문관 대제학에 올랐다. 그러나 박연은 1456년(세조 2) 사육신을 중심으로 한 *단종 복위 사건에 연루되어 죽은 막내아들 계우로 인해 자칫 목숨을 잃을 뻔하였으나, 세 임금을 섬긴 원로 신하라는 공이 인정되어 죽음을 면했다. 박연은 관직에서 물러나 고향 영동으로 돌아갔으며, 피리를 벗삼아 여생을 보내다가 81세의 나이로 세상을 떠났다.

특히 대금을 아주 잘 불었던 박연은 고구려의 왕산악, 신라의 우륵과 함께 우리나라 3대 악성으로 추앙을 받고 있다. 현재 충청북도 영동에서는 해마다 박연의 호를 딴 '난계 음악제'가 열려 우리나라 음악 발전에 기여한 박연의 업적을 기리고 있다. 시문집으로 『난계유고』, 『가훈』이 있다.

박연 동상

함께 보아요

* **단종 복위 사건** : 1456년 성삼문 등 사육신이 중심이 되어 일으킨 사건이다. 집현전 학사 출신인 성삼문, 박팽년 등과 유응부, 성승 등은 1455년 세조가 단종을 내쫓고 왕위에 오르자, 단종을 복위시킬 계획을 세웠다. 창덕궁에서 명나라 사신을 위한 연회가 열릴 때 세조와 한명회 등을 죽이고 단종을 복위시키려 했으나, 김질의 배반으로 계획이 탄로나 모두 붙잡혀 모진 고문을 받고 처형되었다.
* **문무이무** : 궁중에서 아악을 연주할 때 춤을 추는 사내아이들이 문관과 무관을 상징하는 옷을 입고 서서 추는 춤이다.
* **아악** : 고려 예종 때부터 1910년 일본에 나라를 빼앗길 때까지 궁중 의식에서 연주된 전통음악이다. 아악은 궁중 안에서 의식을 행할 때 쓰던 모든 음악을 통틀어 일컫는데, 중국 주나라 때부터 궁중의 제사음악에 쓰기 시작하여 송나라 때인 1105년 완성되었다. 고려 예종 때인 1116년에 들여와 사용하다가, 조선 세종 때 박연이 정비함으로써 우리나라 궁중음악의 기틀을 갖추었다.
* **악학** : 조선 시대에 악공들을 뽑아 교육을 시키던 관청으로, 관습도감에서는 향악과 당악을, 악학에서는 중국 계통의 아악과 문무, 무무 등을 교육시켰다.
* **악학 별좌** : 세종 때에 악학을 관리하는 종5품의 관직이다.
* **율관** : 동양 여러 나라에서 음의 높이를 정하기 위하여 만든 원통형의 관이다. 12음률의 각 음에 해당하는 12개의 가는 관을 한 벌로 만들어 사용하였다.
* **편경** : 고대 중국의 대표적인 악기로, 1116년(예종 11) 아악과 함께 우리나라에 들어왔다. 16개의 'ㄱ'자 모양의 경석을 여덟 개씩 두 줄로 걸어 만들었다. 1425년(세종 7) 경기도 남양에서 질이 좋은 경석이 발견되자, 박연 등이 이를 갈고 닦아 중국보다 뛰어난 편경을 만들었다. 편경은 날씨 변화에도 음색과 음정이 변하지 않아 모든 국악기 조율의 표준이 되고 있다.
* **향악** : 삼국 시대부터 전해 내려오는 우리나라 고유의 궁중음악이다. 향악은 아악과 당악을 제외한 제례악과 연례악, 또는 정악과 민속음악을 통틀어 일컬으며, 향악곡은 5음계로 되어 있다.

| 최초로 태극기를 만들어 쓴 갑신정변의 주역이자 정치가 | # 박영효 (朴泳孝, 1861~1939) | 초명은 무량. 자는 자순 호는 춘고, 현현거사 |

박영효는 1861년(철종 12) 수원에서 박원양의 아들로 태어나, 13세 때인 1872년(고종 9) 철종의 딸 영혜 옹주와 결혼하여 금릉위가 되었으나, 3개월 만에 사별하였다.

박영효는 큰형을 따라 박규수의 사랑방에 드나들면서 오경석, *이동인, 유대치 등 실학, 특히 북학파의 사상을 이은 *개화 사상가들의 영향을 받았고, 1879년경 김옥균, *서광범, 홍영식 등과 개화당을 만들었다.

박영효는 1882년에 일어난 임오군란의 수습을 일본 정부와 협의하기 위하여 제3차 *수신사로 일본에 건너갔다. 이때 박영효는 항해하는 배 위에서 태극 사괘의 국기를 만들어 일본에 도착하면서부터 사용하였다. 또 3개월간 일본에 머물며 일본 정치가를 비롯하여 세계 여러 나라의 외교관을 만나 국제 정세를 살피는 한편, 일본의 발전상을 살펴보았다. 이듬해 귀국한 박영효는 한성부 판윤으로 있으면서 박문국, 순경부, 치도국을 설치하여 신문을 발간하고 도로를 정비하였으며, 신식 경찰 제도를 도입하는 등 개화 정책을 펼치려 했으나, 수구파의 반대에 부딪쳐 뜻을 이루지 못하였다.

박영효는 1884년 김옥균, 홍영식 등과 함께 갑신정변을 일으켜 민태호 등의 수구파를 제거하고 정권을 장악하였다. 그러나 일본의 배신과 청나라의 개입으로 3일 만에 실패하여 일본으로 망명하였다. 이듬해 미국을 다녀온 박영효는 일본에 '친린의숙'을 세워 유학생 교육에 힘썼다. 1894년 동학 혁명을 계기로 귀국한 박영효는 제2차 김홍집 내각의 내무 대신을 맡았다. 이듬해 박영효는 삼국 간섭으로 일본 세력이 약해진 틈을 타서 김홍집을 물러나게 하고 제2차 갑오개혁을 추진하다가 역모를 꾸몄다는 혐의를 받고 다시 일본으로 망명하였다.

박영효는 1907년 귀국하여 고종의 특별사면을 받고 헤이그 특사 사건을 계기로 궁내부 대신에 임명되었다. 이때 이토 히로부미와 이완용 내각의 고종 양위 압력을 막으려 했으나 실패하였고, 고종의 양위에 찬성한 대신들을 암살하려 했다는 혐의를 받고 1년간 제주도로 귀양을 갔다.

박영효는 1910년 우리의 주권을 빼앗은 일본이 회유하기 위해 준 후작의 작위를 받은 것을 시작으로, 이듬해 조선 귀족회 회장을 역임하는 등 친일 단체에 참여하였다. 1920년 〈동아일보〉 초대 사장이 된 박영효는 중추원 의장, 일본 귀족원 의원과 중추원 부의장을 지내기도 했다.

박영효 고택과 박영효의 묘(원내)

함께 보아요

＊개화 사상 : 조선 후기에 개화파가 발전시킨 개혁 사상으로, 낡은 사상과 풍속을 없애고 새로운 문화를 일으키려고 한 사상이다. 실학자 박지원의 손자 박규수, 역관인 오경석, 의원인 유대치, 개화승인 이동인 등은 조선의 부국강병을 위해서는 문호를 개방하여 서양의 앞선 문물과 문화를 받아들여야 한다고 생각하였다. 그들의 사상은 김옥균, 박영효, 서광범 등 개화당으로 이어졌다. 그러나 개화 사상은 계급적 한계를 극복하지 못하고 당시 서구 열강의 침략성에 대한 인식이 철저하지 못하여 결국 조선 사회의 자주적 근대화를 이끌어내는 사상으로는 발전하지 못했다.

＊서광범(1859~1897. 자는 서구. 호는 위산. 시호는 익헌) : 일찍이 박규수, 오경석 등의 영향을 받아 김옥균, 박영효 등과 함께 개화당을 만들었고, 1880년 증광문과에 급제하여 규장각 대교, 홍문관 부수찬 등을 거쳐 승정원 동부승지 등을 지냈다. 1882년 수신사 박영효를 따라 일본에 건너가 새로운 문물 제도를 살피고 돌아온 뒤 정치 개혁을 계획하였다. 1884년 개화당과 함께 갑신정변을 일으켰으나, 실패하자 일본으로 망명하였다. 1895년 주미 특명 전권 공사로 미국에 갔으나 이듬해 아관파천으로 해임되었다.

＊수신사 : 조선 말기에 조선이 일본에 파견한 외교사절이다. 김기수, 김홍집, 박영효 등이 그 역할을 맡았고 일본에 대한 인식을 좋게 하여 조선이 개화 정책을 추진하는 데 도움이 되었다.

＊이동인(1849~1881) : 한말의 승려로, 일찍 개화 사상에 눈을 떠 일본 공사 하나부사에게 일본어를 배웠다. 1879년(고종 16) 유대치 등과 밀항하여 교토와 도쿄 등에 머물면서 일본 정치가들과 교류하다가, 1880년 수신사 김홍집과 함께 귀국하였다. 민영익의 도움으로 고종을 만나 세계 정세를 들려주었고, 1881년 일본에 건너가 군함을 구입하려 했으나, 실패하자 행방을 감추었다.

우리 역사 편찬을 통해 독립 의식을 일깨운 학자이자 독립 운동가	**박은식** (朴殷植, 1859~1925)	자는 성칠 호는 백암, 겸곡

박은식은 1859년(철종 10) 황해도 황주에서 서당 훈장을 하던 박용호의 아들로 태어났다. 10세에서 17세까지 아버지의 서당에서 성리학과 과거 시험 공부를 하다가 과거 공부에 회의를 느끼고 집을 나와 여러 학자들과 교류하며 실사구시의 학풍을 갖게 되었다.

박은식은 1898년에 독립 협회의 사상과 운동에 영향을 받아 개화 사상을 받아들이고 독립 협회에 가입하였으며, 만민 공동회에서 활동하였다. 그 해 9월 박은식은 남궁억, 유근 등이 창간한 *〈황성신문〉의 주필(논설 기자)로 활동했고, 독립 협회가 강제로 해산당하자 1900년부터는 *한성 사범 학교 교수를 역임하였다. 박은식은 1904년 양기탁과 *베셀이 창간한 *〈대한매일신보〉와 복간된 〈황성신문〉에 나라의 주권을 되찾기 위해서 신학문에 힘쓸 것과 일본의 침략상을 고발하는 논설을 실었고, 신민회에 가입하였다.

1910년 일본에게 나라를 빼앗기자, 박은식은 우리 민족의 역사 연구를 통해 독립 의식을 일깨우고자 이듬해 중국으로 망명하였다. 박은식은 만주에서 고대사 연구에 몰두해 『동명성왕실기』, 『발해태조건국기』를 썼고, 상하이에서 『안중근전』을 비롯해 그 동안 꾸준히 집필해 오던 『한국통사』를 완성하였다. 우리나라의 근대 역사와 일본의 침략, 독립 운동사를 서술한 『한국통사』는 대외적으로 일본 침략의 만행을 알리고, 비밀리에 우리나라에도 보급되어 민족혼을 불러 일으킴으로써 독립 투쟁 정신을 갖게 하였다.

1919년 3·1 운동을 블라디보스토크에서 맞이한 박은식은 61세의 나이에도 불구하고 *대한 국민 노인 동맹단을 만들어 독립 운동을 전개하였고, 독립에 대한 확신을 가지고 『한국독립운동지혈사』를 쓰기 시작해 이듬해 완성하였다. 『한국독립운동지혈사』는 1884년부터 1920년까지 우리나라의 독립 운동을 3·1 운동을 중심으로 서술함으로써 우리의 근현대사와 의병 활동 등에 대한 귀중한 자료 역할을 하고 있다.

그 해 8월 상하이로 간 박은식은 대한민국 임시 정부 수립을 지원하였다. 박은식은 임시 정부가 분열과 혼란에 빠진 1925년 제2대 임시 정부 대통령이 되어 대통령제를 국무 위원제로 바꾸는 등 임시 정부 헌법을 바꾸어 분열과 혼란을 수습하였다. 그 해 8월 박은식은 바뀐 헌법에 따라 국무 위원을 뽑은 뒤 대통령에서 물러났고, 11월 상하이에서 병으로 세상을 떠났다.

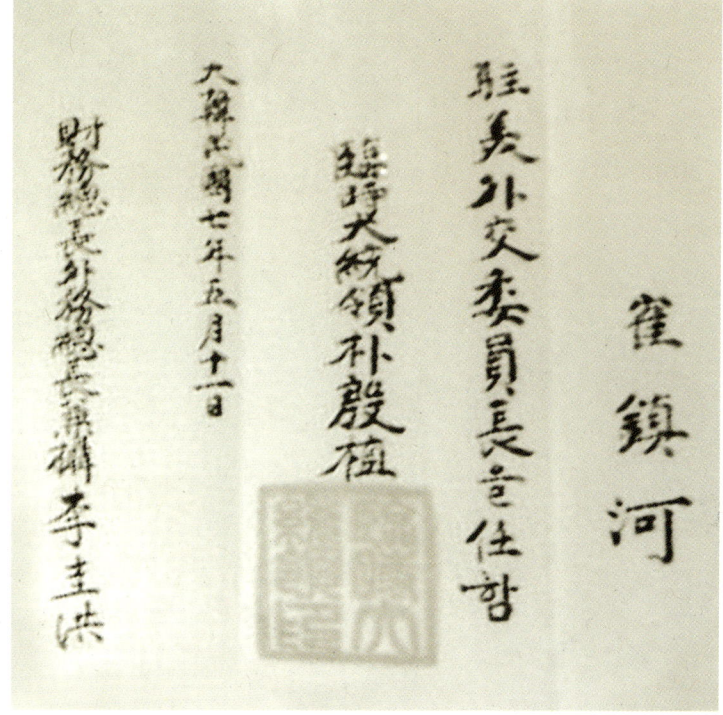

박은식의 묘(왼쪽). 임시정부 시절 박은식이 미주 대한인 국민회 중앙 회장인 최진하에게 준 주미 외교 위원장 임명장(오른쪽)

함께 보아요

* **대한국민 노인 동맹단** : 1919년 블라디보스토크에 본부를 두고 박은식을 중심으로 50여 명의 노인들이 만든 항일 애국 노인 단체이다. 1919년 5월 일왕에게 일본의 한국 침략을 규탄하는 편지를 보냈고, 8월에는 강우규 의사를 보내 사이토 총독을 암살하려 하였다.
* **〈대한매일신보〉** : 1904년 양기탁이 영국인 베셀과 함께 창간한 일간 신문으로, 1910년 일본에게 국권을 빼앗길 때까지 발행되었다. 1910년부터 일본 총독부의 기관지가 되었다.
* **베셀**(1872~1909. 한국명은 배설) : 영국 출신의 언론인으로, 일본에서 생활하다가 1904년 러일 전쟁 때 우리나라에 왔다. 그 해 7월 양기탁과 함께 〈대한매일신보〉를 창간하였다. 이듬해 〈대한매일신보〉에 을사조약의 무효를 주장하는 등 나라 안팎에 일본의 침략 행위를 폭로하는 항일 언론 활동을 벌이다가 심장병으로 세상을 떠났다. 1968년 대한민국 건국훈장 대통령장이 주어졌다.
* **한성 사범 학교** : 1895년 초등 교육 기관인 소학교를 널리 보급할 목적으로, 교육을 시킬 인재를 양성하기 위해 설치한 우리나라 최초의 관립 학교이며, 서울 교동에 설치되었다. 1911년 '조선 교육령'에 의해 관립 경성 고등 보통 학교의 사범과와 교원 속성과로 바뀌었다.
* **〈황성신문〉** : 1898년에 남궁억, 장지연 등이 일주일에 2회 발행되던 〈대한황성신문〉을 인수하여 이름을 바꾸어 9월 5일 창간한 일간 신문으로, 우리글과 한문을 섞어 썼다. 1905년 을사조약을 맞아 장지연이 쓴 「시일야방성대곡」으로 정간을 당하였다가 수개월 만에 복간되었고, 1910년 폐간되었다. 이후 〈한성신문〉으로 발행되다가 1910년 9월 14일에 종간되었다.

| 군사 정변으로 정권을 잡아 경제 발전을 이룩한 대통령 | # 박정희 (朴正熙, 1917~1979) | 호는 중수 |

박정희는 1917년 경상북도 선산군 구미면 상모리에서 박성빈의 아들로 태어났다. 박정희는 1937년 대구 사범 학교를 졸업하고, 3년 동안 문경 소학교에서 학생들을 가르친 뒤, 1940년 중국으로 갔다. 박정희는 만주에 있는 신경 군관 학교를 거쳐 1944년 일본 육군 사관 학교를 졸업하고 관동군 소위로 임관하였다. 박정희는 1945년 광복 때까지 일본군 장교로 만주 일대에서 전쟁에 참여하였다.

박정희는 1946년 귀국하여 육군 사관 학교를 졸업하고 대위가 되었다. 1949년 박정희는 공산주의자라는 혐의로 무기징역을 받았으나, 동료들의 구명 운동으로 풀려났다. 박정희는 1950년에 일어난 한국 전쟁 때 군에 복귀하여 육군 본부 정보국에서 일했고, 1953년 장군이 되었다.

박정희는 육군 본부 참모 부장 등을 거쳐 육군 소장으로 있던 1961년 *5·16 군사 정변을 일으켰다. 박정희는 4·19 혁명으로 성립된 민주당 정부를 무능·부패한 정부로 규정하고 계엄령을 선포하여 정권을 장악하였다. 박정희는 국가 재건 최고 회의 의장에 올라 공산주의자와 폭력배를 검거하고, 부정 축재자를 조사하는 등 정치·사회·문화 등 모든 방면에 걸쳐 개혁을 추진하였다.

박정희는 1963년 제5대 대통령에 당선된 된 이후, 1967년 제6대 대통령에, 1971년 제7대 대통령에 당선되었다. 또 1972년 10월에는 대통령의 권한을 강화하고, 장기 집권할 수 있는 기틀을 마련한 *'유신 헌법'을 제정함으로써 민주주의는 크게 후퇴하였다. 유신 헌법에 따라 제8대 대통령에 당선된 박정희는 1인 독재 체제를 갖추고, 민주화를 탄압하고, 언론을 장악하여 국민의 눈과 귀를 막았다. 박정희는 국민의 반대에도 한일 국교 정상화를 추진하고, 베트남 전쟁에 국군을 파견하였다.

박정희는 가난에 시달리는 우리 경제를 발전시키기 위해 1962년부터 *경제 개발 5개년 계획을 수립하고 추진하여 우리 경제 성장을 꾀했다. 또 근면·자조·협동을 바탕으로 한 새마을 운동을 벌여 농촌의 근대화를 이룩하였고, 경부 고속도로를 만들어 전국을 일일 생활권으로 만들었다.

박정희는 1974년 8·15 경축식장에서 부인 *육영수를 잃는 불운을 겪었고, 1979년 10월 26일 궁정동에서 중앙 정보 부장 김재규의 총을 맞고 죽었다.

포항제철을 시찰하는 박정희(왼쪽 위). 미국의 닉슨과 박정희(오른쪽 위). 전방의 군부대에서 M1 소총 사격을 하는 박정희(왼쪽 아래). 건설 현장에서의 박정희(오른쪽 아래)

함께 보아요

* **경제 개발 5개년 계획**: 정부에서 우리나라 경제 성장을 목표로 5년 단위로 추진한 경제 개발 계획이다.
* **5·16 군사 정변**: 1961년 5월 16일 박정희 소장을 중심으로 청년 장교들이 4·19 혁명으로 수립된 민주당 정부의 무능으로 인해 발생한 사회적·정치적 혼란을 바로잡는다는 명분을 내세워 일으킨 군사 정변(쿠데타)이다. 정변에 성공한 박정희 등은 군정을 거쳐 제3공화국을 탄생시켰다.
* **유신 헌법**: 1972년 10월 17일 비상 국무 회의에서 헌법 개정안을 공고하고, 11월 21일 국민 투표로 확정된 헌법이다. 남북 평화 통일을 위해 국민의 기본권을 제한하고 대통령의 권한을 강화하며, 대통령의 임기를 6년으로 연장하는 등의 내용을 담고 있다.
* **육영수**(1925~1974): 제5~9대 대통령을 지낸 박정희의 부인으로, 1950년에 결혼하였다. 1963년 박정희가 대통령에 당선되자, 사회 여러 분야의 육영 사업을 벌여, 어린이 대공원과 어린이 회관을 짓고 〈어깨동무〉를 발간하였으며, 불우 청소년을 위한 정수 직업 훈련원을 만들었다. 자선 봉사 단체인 '양지회'를 만들고, 여성 회관과 미망인회 자활 공장 등을 세웠다. 1974년 8·15 광복절 기념식장에서 문세광에게 암살당했다.

| 정치·사회의 개혁과 선진 과학기술의 도입을 주장한 실학자 | **박제가** (朴齊家, 1750~1805) | 자는 차수, 재선, 수기
호는 초정, 정유, 위항도인 |

박제가는 1750년(영조 26) 승지 박평의 서자로 태어났다. 소년 시절부터 시, 글씨, 그림에 뛰어나 이름을 날리던 박제가는 19세 때 연암 박지원 밑에서 실학을 공부하였다. 박제가는 이때부터 *이덕무, *이서구, *유득공 등 당시 서울에 살던 북학파와 가깝게 지냈고, 1776년(정조 원년)에는 이들과 함께 『건연집』이라는 4인 시집을 펴내 청나라에까지 이름을 떨쳤다.

박제가는 1778년(정조 2) 사은사 채제공을 따라 청나라에 갔다. 이때 박제가는 청나라의 앞선 문물을 돌아보고 이조원, 반정균 등 청나라 학자들에게 새로운 학문을 배우고 돌아왔다. 박제가는 청나라에서 보고 들은 것을 정리하여 『북학의』 내외편을 썼는데, 내편에서는 생활 도구의 개선을, 외편에서는 정치·사회 제도의 모순과 개혁 방법을 제시하였다.

박제가는 이처럼 뛰어난 능력을 지녔음에도 서자라는 신분 때문에 관직에 나갈 수 없었다. 이에 정조는 서자들의 불만을 무마하고 유능한 인재를 널리 뽑아 쓰고자 제도를 고쳤다. 정조는 1779년 규장각에 *검서관이라는 관직을 만들어 서자 중에서 뛰어난 인재들을 뽑아 학문을 연구하게 하였다. 이때 박제가도 이서구, 유득공 등과 함께 규장각 검서관에 임명되었다. 박제가는 13년간 규장각에 근무하면서 책을 교정하고 펴내는 한편, 규장각에 있는 책들을 마음껏 읽고 정조를 비롯한 국내의 유명한 학자들과 사귀면서 학문을 연구하였다.

박제가는 1786년 왕명을 받아 관리들의 잘못을 시정할 수 있는 〈구폐책〉을 올렸다. 박제가는 〈구폐책〉에서 신분 차별을 없애고, 상공업을 장려하여 국가를 부강하게 하고 국민의 생활을 안정시켜야 하며, 그 방법으로 청나라의 선진 문물을 받아들이는 것이 최선책이라고 주장하였다.

1790년 박제가는 황인점을 따라 청나라에 다녀오다가 압록강에서 다시 왕명을 받아 청나라에 다녀왔다. 이때 박제가는 정3품 군기시정이라는 임시 관직을 받았고, 1794년 과거에 장원급제하였다.

박제가는 1801년(순조 1) 이덕무와 함께 윤행임을 따라 청나라에 다녀오자마자, *동남성문 흉서 사건에 연루된 혐의를 받고 종성으로 귀양을 갔다가 4년 만인 1805년 귀양에서 풀려났으나, 곧 세상을 떠났다. 지은 책으로는 『북학의』, 『정유시고』, 『명농초고』, 『유정집』 등이 있다.

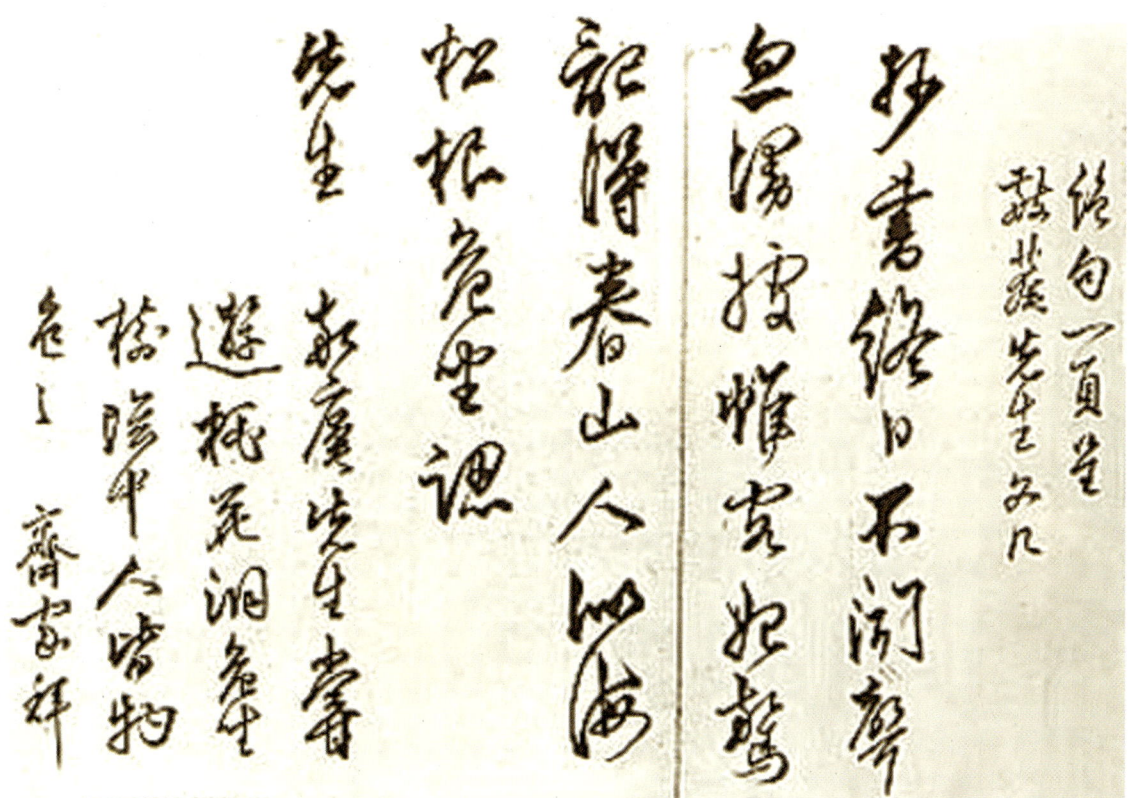

박제가의 글씨

함께 보아요

* **검서관** : 조선 시대 때 규장각에 두었던 종7품의 관직으로, 주로 책을 검토하고 교정하여 펴내는 일을 하였다.
* **동남성문 흉서 사건** : 1801년(순조 원년) 동대문과 남대문에 전달된 흉서를 빌미로 벽파가 시파를 탄압한 사건이다. 동대문과 남대문을 지키던 군관들에게 '흉서언찰'이 전달된 데 이어, 임시발이 성문과 벽파인 김관주 집에 투서한 사건이 발생했다. 이 사건은 윤가기가 벽파의 득세로 윤행임이 권력을 잃은 데 불만을 품고 임시발을 시켜 투서한 것으로 밝혀졌으며, 시파인 홍낙임과 윤행임 등은 배후로 지목되어 처형되었다.
* **유득공**(1749~?. 자는 혜풍, 혜보. 호는 영재, 영암, 고운당) : 조선 후기의 실학자로, 1779년 박제가, 이덕무, 서이수 등과 함께 규장각 검서관으로 뽑혔다. 그 뒤 포천 현감, 가평 군수, 풍천 부사 등을 지냈다. 박제가, 이덕무, 이서구와 함께 한시 4대가로 불렸고, 그가 쓴 『발해고』에서 고려가 발해의 역사를 포함한 '남북국사'를 쓰지 않은 것을 비판하였다.
* **이덕무**(1741~1793. 자는 무관. 호는 형암, 아정, 청장관) : 조선 후기의 실학자로, 박지원, 홍대용 등의 영향을 받았다. 박제가, 유득공, 이서구와 함께 『건연집』이라는 시집을 내 청나라에까지 이름을 떨쳤다. 1779년 규장각 검서관에 뽑혔고, 적성 현감 등을 역임하였으며, 고증학 연구의 기틀을 마련하였다. 지은 책으로 『기년아람』, 『청비록』, 『아정유고』 등이 있다.
* **이서구**(1754~1825. 자는 낙관. 호는 척재, 강산. 시호는 둔간) : 조선 후기의 문신이자 학자로, 1774년 문과에 급제하여 사관, 지평을 거쳐 승지, 전라도 관찰사, 이조 참판, 호조 판서, 이조 판서, 우의정 등에 올랐다. 명문장가로서 특히 시를 잘 써서 박제가, 이덕무, 유득공과 함께 한시 4대가로 불리며, 지은 책으로는 『척재집』, 『강산초집』이 있다.

| 결코 왜국의 신하가 될 수 없었던 신라의 충신 | **박제상** (朴堤上, ?~?) | 『삼국유사』에는 김제상으로 되어 있음 |

박제상은 신라의 5대 왕인 파사왕의 5세손으로, 파진찬 물품의 아들로 태어났다. 그 당시 신라는 고구려, 백제와는 달리 고대 국가 체제를 정비하기 전으로 힘이 매우 미약하였다. 그리하여 신라는 백제 등 주변 국가들의 위협에 시달렸다.

그래서 신라는 백제를 견제할 목적으로 402년(실성왕 1) *내물왕의 셋째 왕자인 *미사흔을 왜에 보낸 데 이어, 412년(실성왕 11)에는 내물왕의 둘째 왕자 *복호를 강력한 힘을 가진 고구려에 보내 군사 원조를 요청하였다. 그러나 왜와 고구려는 두 왕자를 인질로 잡고 정치적으로 이용하였다.

417년 *실성왕에 이어 왕위에 오른 내물왕의 큰아들 *눌지왕이 볼모로 가 있는 두 동생을 왜와 고구려로부터 구출하고자 신하들과 의논하였는데, 수주촌간 벌보말과 일리촌간 구리내, 이이촌간 파로가 그 적임자로 삽량주(경상남도 양산)간 박제상을 추천하였다.

박제상은 먼저 이듬해인 418년 왕명을 받고 고구려에 들어가 뛰어난 말솜씨로 장수왕을 설득하여 복호를 구해 무사히 돌아왔다. 박제상은 고구려에서 돌아오자마자, 왜에 인질로 가 있는 미사흔을 구하기 위해 부인의 간곡한 만류를 뿌리치고 떠났다.

왜에 도착한 박제상은 먼저 자신이 신라에 반대하여 도망온 것처럼 속였다. 그때 마침 왜에 와 있던 백제 사신이 고구려와 신라가 왜를 침입하려 한다는 말에 왜왕은 박제상의 말을 믿었다. 왜왕은 신라를 공격하기 위해 군사를 보내면서 미사흔과 박제상을 길 안내자로 삼았다. 왜군과 함께 신라로 향하던 박제상은 강구려와 짜고 미사흔을 무사히 탈출시킨 뒤, 자신은 붙잡혀 왜왕 앞에 끌려갔다.

왜왕은 박제상의 충절에 감동하여 자신의 신하로 삼기 위해 온갖 방법을 다 동원하여 유혹하고 협박하였다. 그러나 박제상은 "신라의 개나 돼지가 될지언정 왜국의 신하는 될 수 없다."며 끝까지 왜왕의 요구를 거절하였다. 박제상은 목도로 귀양갔다가, 불에 태워지는 참형을 받고 세상을 떠났다.

박제상의 죽음이 알려지자, 눌지왕은 몹시 슬퍼하며 박제상에게 대아찬이라는 벼슬을 내리고, 부인을 국대 부인에 봉했으며, 박제상의 둘째 딸과 미사흔을 결혼시켰다.

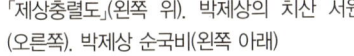

「제상충렬도」(왼쪽 위), 박제상의 치산 서원 (오른쪽), 박제상 순국비(왼쪽 아래)

함께 보아요

* **내물왕**(?~402. 재위 기간 : 356~402. 성은 김씨) : 신라 제17대 왕으로, 364년 침범한 왜구들을 부현에서 물리쳤다. 381년 위두를 전진에 보내 앞선 중국 문화를 받아들이기 위해 애썼으며, 이 무렵부터 한자를 사용하기 시작하였다. 392년 고구려의 힘에 몰려 실성(실성왕)을 고구려에 볼모로 보냈고, 399년에는 광개토 대왕이 보낸 5만의 지원군으로 백제와 왜의 연합군을 물리쳤다.

* **눌지왕**(?~458. 재위 기간 : 417~458. 성은 김씨) : 신라 제19대 왕으로, 내물왕의 맏아들이다. 417년 왕위에 올라 박제상을 시켜 고구려와 왜에 볼모로 가던 두 동생을 구해냈다. 고구려 장수왕이 평양으로 천도한 뒤 남진 정책을 펼치자 433년 백제와 동맹을 맺었고, 455년 군사를 보내 고구려의 침략을 맞은 백제를 구원해 주었다.

* **미사흔**(?~433. 성은 김씨) : 신라 내물왕의 셋째 아들로, 눌지왕의 동생이다. 402년(실성왕 1) 왜에 갔다가 인질이 되었다. 418년(눌지왕 2) 박제상의 도움으로 탈출에 성공했고, 박제상의 은혜에 보답하기 위해 그의 둘째 딸과 결혼했다.

* **복호**(?~?. 혹은 보해) : 내물왕의 둘째 아들로, 눌지왕의 동생이다. 412년(실성왕 11) 화친을 위해 고구려에 갔다가 억류되었고, 418년 박제상의 도움을 받아 신라로 돌아왔다.

* **실성왕**(?~417. 재위 기간 : 402~417. 성은 김씨) : 신라 제18대 왕이며, 김알지의 후손으로 이찬 대서지의 아들이다. 고구려에 볼모로 갔다가 401년에 돌아와 이듬해 내물왕이 죽자 왕위에 올랐으며, 내물왕의 두 아들 미사흔과 복호를 각각 왜와 고구려에 볼모로 보냈다. 417년 덕망이 있어서 왕권을 위협하는 내물왕의 큰아들인 눌지(눌지왕)를 없애려다 오히려 살해되었다.

| 우리나라의 민족 종교인 원불교를 만든 교조 | 박중빈 (朴重彬, 1891~1943) | 자는 처화. 호는 소태산 |

박중빈은 1891년 전라남도 영광군 백수면에서 박성삼의 셋째 아들로 태어났다. 박중빈은 어려서부터 영민하고 범상하지 않았으며 신의가 있었다. 박중빈은 7세 때 맑은 하늘을 보고 우주와 자연 현상에 대한 의문을 품었으며, 인간의 생사와 존재 문제로 확장시켜 나갔다.

박중빈은 11세 때 산신이 자신의 의문을 풀어 줄 것으로 믿고, 산신을 만나기 위해 마당바위에서 4년 동안 산상 기도를 올렸다. 이어 16세 때부터 20세 때까지는 도사를 만나기 위해 정성을 다했다. 그러나 박중빈의 구도 생활을 도와 주었던 아버지가 죽고, 도를 얻기 위한 노력 또한 성과를 거두지 못하자, 마음 깊이 자리잡은 의문들이 '장차 이 일을 어이할꼬?' 라는 생각으로 모아졌다.

박중빈은 25세 때 모든 생각을 잊고 수도에 들어가, 이듬해인 1916년 4월 28일 큰 깨달음을 얻었다. 이 날을 *원불교에서는 개교일로 정하였다. 이때부터 박중빈은 당시의 사회 현상과 인류의 장래를 바라본 뒤, "물질이 개벽되니 정신을 개벽하자." 는 표어를 내걸고, 물질문명에 끌려다니는 인류의 정신을 구원하기 위한 종교 운동을 시작하였다.

박중빈은 교단을 창립하고 사회를 개혁하기 위한 첫 사업으로, *송규 등 9명의 제자와 함께 1917년 저축 조합을 세워 허례를 없애고 미신을 타파하며, 술과 담배를 끊고 근검절약하여 저축을 하자는 운동을 벌였다. 여기서 저축된 자금으로 박중빈은 이듬해 간척 사업을 벌였다. 간척 사업은 교단 창립의 정신력 결집과 함께 민중들에게 생활의 의욕을 불러일으키는 계기가 되었다.

박중빈은 1919년 이기심으로 가득찬 인간에게 정신적 자각을 통한 자아실현의 표본을 보여 주기 위해 '법인기도' 를 올렸다. 또 제자들과 전라북도 부안에 있는 봉래산에 들어가 세계와 인류를 구원할 교법을 제정하였고, 1924년에는 전라북도 익산에서 '불법 연구회' 를 조직하고 교화 활동을 시작하였다.

박중빈은 1937년 대각한 진리를 *'일원상(一圓相)' 으로 상징하여 신앙과 수행의 표본으로 삼도록 하는 '일원종지' 를 선포하였다. 박중빈은 1943년 기본 경전인 *『불교정전』을 펴내고, 그 해 5월 '생사의 진리' 라는 설법을 한 뒤, 6월 1일 53세의 나이로 세상을 떠났다.

함께 보아요

* **『불교정전』**: 1943년에 편찬된 원불교의 기본 교리를 밝힌 경전으로, 총서·교의·수행의 3편으로 구성되어 있다. 총서편에는 개교의 동기와 교법의 총설이 있고, 교의편에는 '일원상(一圓相)'과 사대강령 등 근본 교리를 밝혀 놓았으며, 수행편에는 훈련과 수행에 관련된 법문이 실려 있다.

* **송규**(1900~1961. 본명은 도군. 호는 정산. 법명은 규): 원불교 제1대 종법사로, 경상북도 성주에서 태어났으며, 박중빈을 만나 원불교에 들어갔다. 교조 박중빈과 함께 원불교 창립에 참여하였고, 기본 경전인 『불교정전』 편찬에 참여하였다. 1943년 박중빈이 죽자 제1대 종법사가 되어, 1947년 교의 명칭인 '불법 연구회'를 '원불교'로 바꾸었다.

* **원불교**: 1916년 전라남도 영광에서 박중빈이 만든 민족 종교이다. 우주의 근본 원리인 일원상, 곧 O의 모양의 진리를 신앙과 수행의 표본으로 삼는 종교로, 진리적 신앙과 사실적 도덕의 훈련을 통하여 낙원 세계를 실현시키려는 이상을 내세우고 있다. 교조 박중빈이 오랜 수도 끝에 1916년 4월 28일 마침내 깨달음을 얻어, '불생불멸'과 '인과응보'의 진리를 내세웠다. 박중빈은 자신이 깨달은 진리를 펴기 위해 "물질이 개벽되니 정신을 개벽하자."는 표어를 내걸고 새 교단 창립과 새 세상 구제의 방법을 발표하였다. 1917년 저축 조합을 시작으로 1918년에는 간척 사업을 벌여 2만 6천 평의 논을 만들어 새 교단 창립의 경제적 기틀을 마련하였다. 전라북도 익산에서 '불법 연구회'를 창설하고, 1943년에는 『불교정전』을 간행하였다.

* **일원상(一圓相)**: 원불교의 근본이 되는 가르침으로, 우주 만유의 본원 또는 막힘이 없는 법을 상징한다. 일원상은 인간과 밀접한 관계가 있는 4은(四恩), 즉 천지, 부모, 동포, 법률에 보답하는 것을 중요시한다.

| 조선 후기의 실학자이자 『열하일기』를 지은 뛰어난 문장가 | **박지원** (朴趾源, 1737~1805) | 자는 미중, 중미 호는 연암, 연상 시호는 문도 |

박지원은 1737년(영조 13) 서울 서쪽인 반송방 야동에서 박사유의 아들로 태어났다. 박지원은 어려서부터 몸이 건강하고 머리가 영민했고, 아버지가 벼슬이 없는 선비였기 때문에 할아버지 밑에서 자랐다.

1752년 결혼한 박지원은 처삼촌인 이양천에게서 『사기』 등 역사 서적을 중심으로 수년 간 학문과 문장 쓰는 법을 터득했다.

박지원은 1765년 과거에 실패한 뒤, 오직 학문 연구와 책을 쓰는 일에만 힘을 쏟았다. 1768년 백탑 근처로 이사한 박지원은 박제가, 이서구, 유득공 등과 어울리며 학문적으로 깊은 교류를 가졌다. 박지원은 이 무렵 이덕무, 홍대용 등과 *실학에 대하여 자주 토론을 벌이고, 이덕무, 유득공 등과는 서부 지방을 여행하였다.

박지원은 1777년(정조 1) 세도 정치가 *홍국영에 의해 벽파로 몰려 목숨까지 위태로워지자, 황해도 금천의 연암협에 은거하였다. 박지원은 그 곳에서 농사와 목축에 대한 장려책을 정리하였고, 그 곳의 지명을 따서 호를 '연암'이라 하였다.

박지원은 1780년 청나라에 사신으로 가는 친척 *박명원을 따라 북경과 열하를 여행하고 돌아왔다. 이때 청나라에서 보고 느낀 것을 정리하여 『열하일기』를 썼다. 박지원은 『열하일기』에서 정치·경제·군사·천문·지리·문학 등 청나라의 새로운 문물을 소개하였는데, 평소 자신이 생각하고 있던 이용후생에 대한 생각이 구체적으로 나타나 있다. 박지원은 『열하일기』로 명성을 떨치긴 했지만, 당시 유학자들로부터 많은 비난을 받았다.

그 뒤 박지원은 1786년 선공감 감역을 시작으로 뒤늦게 관직에 나가 한성부 판관, 안의 현감, 면천 군수, 양양 군수 등을 지냈다. 박지원은 면천 군수 시절의 경험을 바탕으로 현실 개혁을 위한 포부를 이론적으로 펼쳐 보인 『과농소초』, 『한민명전의』 등을 썼다. 또 박지원은 *「양반전」, 「허생전」, 「예덕선생전」, 「열녀함양박씨전」, 「호질」 등 10여 편의 한문 소설을 남겼다. 박지원은 이 소설들을 통해 주로 당시의 무능한 양반과 부패한 관리들을 특유의 해학으로 예리하게 풍자하였다.

박지원이 지은 책으로는 『연암집』, 『과농소초』, 『연암속집』 등이 있다.

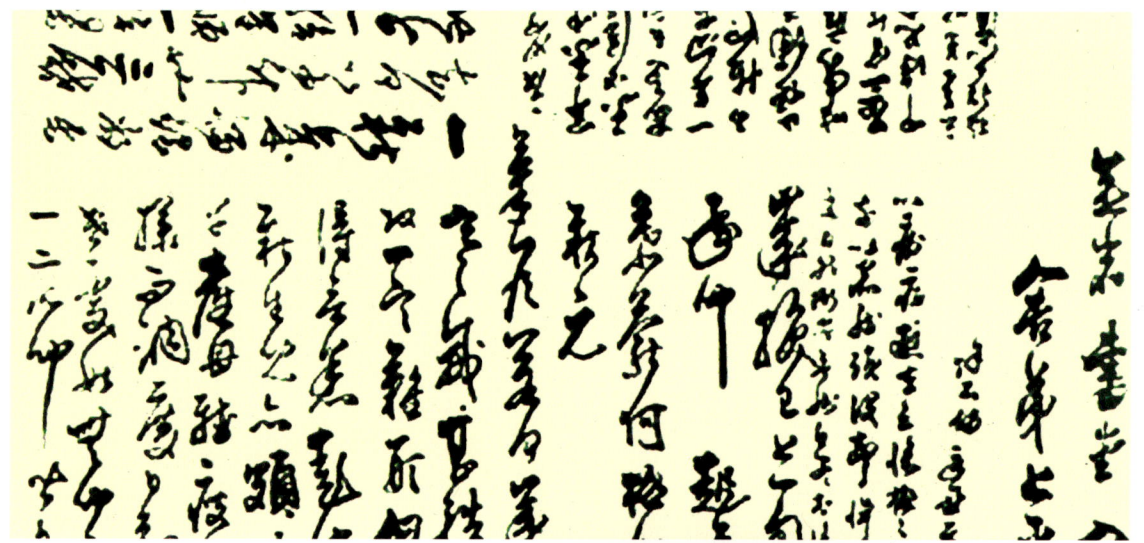

박지원의 친필(위). 경남 함안군 안의면에 있는 박지원의 사적비(왼쪽 아래). 열하일기의 무대인 중국의 하북성 거리(오른쪽 아래)

함께 보아요

* **박명원**(1725~1790. 자는 회보. 호는 만보정. 시호는 충희) : 참판 박사정의 아들로 태어나, 1738년(영조 14) 영조의 딸 화평 옹주와 결혼하여 금성위에 봉해지고, 품계가 수록 대부에 이르렀다. 1776년 사은사로 청나라에 다녀온 이래 세 차례나 사은사의 임무를 수행하였다.

* **실학** : 조선 시대 실생활에 도움이 되는 것을 목표로 한 새로운 학문이다. 17세기부터 18세기까지 융성하였으며, 실사구시(사실을 토대로 진리를 탐구함)와 이용후생(먹을 것과 입을 것을 넉넉하게 하여, 백성들의 생활을 나아지게 함), 기술의 존중과 국민 경제 생활의 향상에 대하여 연구하였다.

* **「양반전」** : 조선 후기의 실학자이자 소설가인 박지원이 지은 한문 소설로, 박지원의 여러 단편들 중에 가장 정교하고 뛰어난 작품으로 손꼽힌다. 몰락하는 양반들의 위선과 무능력을 주제로 하여 양반과 선비들이 자신들의 본분을 잊어버린 채 권력에 기대어 상민들을 속이고 온갖 횡포를 부리는 것을 꾸짖고, 상민들의 양반에 대한 선망과 풀어진 선비의 도를 바로잡을 것을 강조하고 있다.

* **홍국영**(1748~1781. 자는 덕로) : 조선 정조 때의 세도 정치가로, 사도 세자를 죽인 벽파가 세손(정조)마저 죽이려 하자, 이를 막아 세손의 신임을 얻었다. 홍인한, 정후겸 등 벽파를 몰아 내고, 정조가 왕위에 오르는 데 큰 공을 세워 동부승지, 도승지에 올랐다. 이때부터 권력을 잡았으며, 누이동생이 정조의 빈이 되자 더욱 권세를 휘둘렀다. 1780년 왕비(순정왕후 김씨) 살해 음모가 발각되어 재산을 몰수당한 뒤, 강릉에 유배되었다가 죽었다.

| 사육신의 한 사람으로 단종의 복위 운동을 벌인 충신 | # 박팽년
(朴彭年, 1417~1456) | 자는 인수. 호는 취금헌
시호는 충정 |

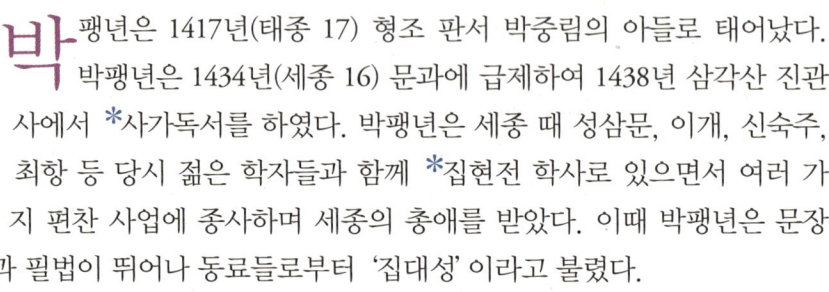

박팽년은 1417년(태종 17) 형조 판서 박중림의 아들로 태어났다. 박팽년은 1434년(세종 16) 문과에 급제하여 1438년 삼각산 진관사에서 *사가독서를 하였다. 박팽년은 세종 때 성삼문, 이개, 신숙주, 최항 등 당시 젊은 학자들과 함께 *집현전 학사로 있으면서 여러 가지 편찬 사업에 종사하며 세종의 총애를 받았다. 이때 박팽년은 문장과 필법이 뛰어나 동료들로부터 '집대성'이라고 불렸다.

박팽년은 1447년 문과에 급제하여, 1453년(단종 1) 우승지를 거쳐 1454년 형조 참판에 올랐다. 1455년 수양 대군이 어린 조카인 단종의 왕위를 빼앗자 울분을 참지 못하고 경회루에 빠져 자살하려 했으나, 성삼문의 만류로 포기하였다. 이때부터 박팽년은 죽음을 각오하고 단종의 복위 운동을 펴기 시작하였다. 또 박팽년은 충청도 관찰사로 있으면서 조정에 보내는 공문에 단 한 번도 '신'이라는 글자를 쓰지 않았다.

이듬해 다시 형조 참판에 올라 중앙 관직으로 올라온 박팽년은 성삼문, 하위지, 이개, 유성원, 유응부, 김질 등과 함께 비밀리에 단종 복위 운동을 벌였다. 박팽년은 성삼문 등과 함께 그해 6월 세조가 상왕인 단종을 모시고 명나라 사신을 위해 창덕궁에서 연회를 열기로 하자, 이 날을 거사일로 잡았다. 곧 왕의 호위를 맡은 운검으로 *성승, 유응부를 세워 세조와 한명회 등을 죽이고 단종을 복위하기로 계획하였다. 그러나 세조가 연회 장소가 좁다는 이유로 갑자기 운검을 폐지함에 따라 거사일을 *관가 때로 연기하였다. 그러나 김질이 세조에게 밀고함으로써 박팽년은 성삼문 등과 함께 붙잡혀 혹독한 고문을 받았다.

박팽년은 모의 사실을 떳떳하게 시인했고, 그의 재주를 아낀 세조가 자신에게 귀부하여 모의 사실을 숨기면 살려 준다고 했지만, 끝내 거절하였다. 또 박팽년은 고문을 받으면서 세조를 '상감'이라고 부르지 않고 '나리'라고 불렀다.

박팽년은 심한 고문으로 옥중에서 죽었으며, 이때 아버지 박중림과 동생 박대년, 아들 박헌, 박순, 박분도 목숨을 잃었다. 박팽년은 숙종 때 복권되고 영조 때 이조 판서가 주어졌으며, 서울 노량진 *사육신 묘역에 묻혔다. 문장과 글씨에 뛰어났으며, 글씨에 「취금헌천자문」이 있다.

박팽년의 사택지(위). 박팽년 유허비각(아래)

함께 보아요

관가 : 곡식의 씨를 뿌릴 때 왕이 직접 나와 관람하면서 위로하는 권농 의식이다.

사가독서 : 조선 시대 때 젊고 유능한 관리를 뽑아 휴가를 주어 독서당에서 공부하게 하던 일을 말한다. 1426년(세종 8)에 시작하여 세조 때 없앴다가 1493년(성종 24)에 다시 실시하였다.

사육신 : 1456년 세조에게 왕위를 빼앗긴 단종을 다시 왕위에 세울 계획을 세웠다가, 김질의 밀고로 붙잡혀 죽은 성삼문, 박팽년, 하위지, 이개, 유응부, 유성원의 여섯 신하를 가리킨다.

성승(?~1456. 호는 적곡. 시호는 충숙) : 조선 초기의 무신으로, 성삼문의 아버지이다. 무과에 급제한 뒤 경상도 병마절제사, 중추원 부사를 거쳐 도총관이 되었다. 세조가 왕위를 빼앗자 통곡하고, 아들 성삼문과 함께 단종 복위 계획을 세웠다. 1456년 명나라 사신을 위하여 베푼 연회에서 유응부와 함께 세조를 죽이려다가 실패하였다. 김질의 밀고로 단종 복위 계획이 탄로나 온 가족이 죽음을 당했다.

집현전 : 고려 때부터 조선 초기에 걸쳐 궁중에 설치한 학문 연구 기관이다. 조선 세종 때 가장 활발히 활동하였고, '훈민정음'을 창제하였다. 그 밖에도 『고려사』, 『농사직설』, 『오례의』, 『팔도지리지』, 『삼강행실』, 『치평요람』, 『동국정운』, 『용비어천가』, 『석보상절』, 『월인천강지곡』, 『의방류취』 등의 많은 서적을 펴내 우리나라 문화사상 황금기를 이룩했다. 그러나 1456년 사육신의 단종 복위 사건이 일어나자, 세조가 폐지하였다.

03 일화 | 이야기로 보는 역사 인물

 오로지 백성들을 위해
목화씨를 몰래 들여온 문익점

문익점은 원나라에 사신으로 갔다가 중국의 남쪽 지방인 운남이란 곳으로 귀양을 갔습니다. 그것은 원나라에 반대하는 공민왕을 왕위에서 내쫓고, 덕흥군을 고려의 새 왕으로 세우라는 원나라의 뜻을 따르지 않았기 때문이랍니다.

문익점은 운남에서 3년 동안 생활을 하면서 고려에서는 보기도 어려운 무명옷을 일반 백성들까지 입고 있는 것을 보았습니다. 그리고 따뜻하고 질기고 깨끗한 무명옷이 목화라는 식물에서 나오며, 솜을 짜고 천을 만든다는 사실을 알게 된 것이지요.

'우리 고려도 저런 목화를 재배하기만 하면 백성들이 따뜻하고 질긴 무명옷을 입을 수 있겠구나. 저 목화씨를 우리나라로 가지고 가야겠다.'

어느 날, 문익점은 자신이 데리고 온 김룡이라는 하인에게 은밀하게 말했습니다.

"애야, 저 목화 몇 송이만 몰래 꺾어 오너라."

김룡은 목화를 따려다 그만 목화밭을 지키고 있던 할머니에게 들키고 말았습니다. 김룡은 할머니에게 한참을 사정한 끝에 겨우 목화 몇 송이를 따올 수 있었어요. 그것은 당시 원나라가 목화씨가 다른 나라로 나가는 것을 법으로 금지하고 있었기 때문이에요.

'이를 어쩐다. 목화씨를 가져가다 국경에서 들키면 큰일인데……'

맞아요. 목화씨를 얻긴 했지만, 도무지 고려로 가져갈 방법이 없었던 거예요. 그러던 어느 날, 문익점은 글씨를 쓰다가 무릎을 탁 쳤습니다. 목화씨를 고려로 가져갈 방법을 생각해 냈던 거예요.

'옳지, 이 붓대 속에 넣어 가지고 가면 되겠구나.'

재미있게 읽고 나면 역사가 쏙쏙

　문익점은 3년간의 귀양살이가 끝나 귀국하게 되었어요. 그때 목화씨를 붓대 속에 넣어 가지고 국경에 이르렀습니다.
　국경의 원나라 관리들은 혹시 자기 나라의 보물을 빼내가지 않을까 하여 봇짐을 샅샅이 수색하고 있었어요. 그러나 문익점은 어렵게 구한 목화씨를 숨겨 가지고 나오는 데 성공했답니다. 원나라 관리들은 붓대 속에 목화씨가 들어 있다는 사실을 꿈에도 생각하지 못했거든요.
　하지만 문익점은 고려로 돌아오자마자, 덕흥군을 지지했다는 억울한 누명을 쓰고 벼슬에서 쫓겨났어요. 그래서 고향인 경상남도 산청으로 내려간 문익점은 가져온 목화씨를 장인 정천익에게 나눠 주고 시험 재배에 들어갔습니다.
　그러나 목화를 재배하는 기술을 전혀 몰랐던 문익점은 첫 재배에 실패하고 말았어요. 다행히도 장인 정천익이 심은 씨앗 중 한 그루가 성공하여 씨앗을 얻을 수 있었습니다.
　하지만 문익점은 실망하지 않고 3년 동안 노력한 끝에 마침내 목화 재배에 성공했어요. 그리하여 매년 목화씨가 마을에서 마을로 퍼져 나가 십 년도 못 되어 온 나라 안에 목화가 퍼지게 되었답니다.
　그러나 목화씨를 전국에 퍼뜨린 것으로 백성들의 옷 문제가 해결된 것은 아니었어요. 목화씨를 어떻게 빼내고, 또 어떻게 실을 뽑아야 하는지 그 방법을 몰랐던 것이지요.
　그때 마침 장인 정천익이 자신의 집에 머물고 있던 원나라 스님에게 그 방법을 물었답니다. 그 스님은 목화의 씨앗을 빼내는 씨아와 실을 뽑는 물레를 만드는 방법을 친절하게 가르쳐 주었습니다.
　그렇게 하여 씨아와 물레를 만들어 보급함으로써 옷감을 짜서 의복을 만들어 입을 수 있게 되었지요. 그리하여 그때까지 헐벗고 추위에 떨던 백성들은 무명옷으로 따뜻하게 지낼 수 있게 되었답니다.

박혁거세

(朴赫居世, 기원전 69~기원후 4)

신라를 세운 시조이자 신라 박씨의 시조

재위 기간 : 기원전 57~기원후 4
왕호는 거서간

박혁거세는 기원전 69년에 경주에서 태어났는데, *『삼국사기』와 *『삼국유사』에 전해 오는 건국 신화는 다음과 같다.

일찍이 고조선의 유민이 지금의 경상도 지방의 산 계곡 사이에 흩어져 살면서 양산촌, 고허촌, 진지촌, 대수촌, 가리촌, 고야촌 등 여섯 마을을 형성하였다. 기원전 69년 3월 1일, 여섯 마을 촌장들이 알천 언덕 위에 모여, 나라를 세우고 도읍을 정할 것을 의논하고 있을 때 양산 밑 나정이라는 우물 근처에 하늘에서 신기한 빛이 땅에 닿도록 비추고, 흰 말 한 마리가 꿇어앉아 절하고 있는 모습을 하고 있었다. 촌장들이 가 보니 말은 하늘로 날아가고 큰 알이 하나 있었는데, 그 알에서 사내아이가 나왔다. 그 아이를 고허촌의 촌장인 *소벌공이 데리고 가서 길렀다.

촌장들은 그 아이가 박처럼 생긴 알에서 나왔다고 해서 성을 '박' 씨라 하고(또는 '밝다' 라는 뜻에서 박씨라고 했다고도 전한다), 이름은 빛이 세상을 비추었다는 뜻으로 '혁거세' 라고 지었다. 박혁거세는 기골이 장대하고 모습이 준수하며 매우 영특한 아이로 자랐다. 여섯 마을의 촌장들은 박혁거세가 열세 살이 되던 해인 기원전 57년 그를 왕으로 추대했다. 이때 왕의 칭호를 *'거서간' 또는 '거슬한' 이라 하였고, 나라 이름을 '서나벌, 서라벌, 서벌' 혹은 '바라, 사로' 라 하였다.

박혁거세는 기원전 53년 알영을 왕비로 맞아들였는데, 알영은 모량리에 있는 알영이라는 우물가에서 계룡이 낳았다고 한다. 알영은 처음 태어날 때 얼굴과 모습이 아름다웠으나, 입술이 마치 닭의 부리 같아서 월성 북쪽 냇가에서 목욕을 시켰더니 그 부리가 떨어졌다. 박혁거세는 알영이 성품이 어질고 모습이 아름답다는 말을 듣고 왕비로 맞아들였다.

박혁거세는 *알영 부인과 함께 6부를 돌며 농사와 양잠을 장려하였고, 기원전 37년 서울에 성을 쌓아 금성이라 하고, 기원전 32년에는 금성에 궁궐을 지었다. 기원전 19년에는 *마한 왕이 죽자 사신을 보내 조문하였고, 기원전 5년에는 *동옥저의 사신이 좋은 말 20필을 가지고 와서 바치기도 하였다.

죽은 뒤 사릉(경상북도 경주시 탑동에 있는 오릉)에 장사 지냈다.

박혁거세의 오릉(위). 박혁거세가 태어난 곳의 흔적(아래)

함께 보아요

* **거서간** : 신라 건국의 시조인 박혁거세를 부르는 호칭으로, '거슬한'이라고도 부른다.
* **동옥저** : 함경도 지방에 있었던 부족 국가인 옥저를 중국에서 일컫는 이름으로, 고구려의 동쪽에 있다는 뜻이다.
* **마한** : 한반도 중부 이남 지역에 분포한 삼한(진한·마한·변한) 중의 하나이다. 대체로 기원전 1세기~기원후 3세기에 경기도, 충청도, 전라도 지방에 분포한 54개의 소국을 가리킨다. 54개의 소국은 큰 나라가 1만여 호, 작은 나라가 수천 호로서 모두 합하면 10만여 호였다고 한다. 소국을 다스리는 우두머리를 신지, 읍차라고 불렀다.
* **『삼국사기』** : 1145년 고려 인종의 명을 받아 김부식 등이 모두 50권으로 완성한 책이다. 신라, 백제, 고구려 세 나라의 역사를 건국에서부터 멸망할 때까지 기록하고 있으며, 현재 전해 오는 우리나라 최초의 역사책으로, 고대사 연구에 중요한 자료가 되고 있다.
* **『삼국유사』** : 고려 충렬왕 때의 보각 국사 일연이 신라, 고구려, 백제 세 나라의 유사(遺事)를 모아서 지은 역사서로, 활자본이며, 5권 2책으로 구성되었다. 『삼국유사』는 김부식이 편찬한 『삼국사기』와 더불어 현존하는 한국 고대 사적의 중요한 자료로서, 『삼국사기』가 여러 사관에 의하여 이루어진 정사이기 때문에 그 체재나 문장이 정제된 데 비하여, 『삼국유사』는 일연 혼자의 손으로 씌어져 체재나 문사가 『삼국사기』에 못 미침은 사실이나, 거기서 볼 수 없는 많은 고대 사료들을 수록하고 있어 둘도 없이 소중한 가치를 지니고 있는 문헌이다. 『삼국유사』는 김부식의 『삼국사기』 편찬에 있어 유교의 합리주의적 사고 또는 사대주의 사상으로 말미암아 누락시켰거나, 혹은 누락되었다고도 보여지는 옛 기록들을 원형대로 온전히 수록한 데에 오히려 특색과 가치를 지니며, 실로 어느 의미에서는 정사인 『삼국사기』 이상의 가치를 지닌 민족사의 보전이라 일컬을 만하다.
* **소벌공**(?~?. 소벌도리라고도 부름) : 신라 돌산 고허촌의 촌장으로, 사량부 정씨의 시조이다. 어느 날 양산 나정 근처에서 큰 알을 하나 얻어 깨어 보니 사내아이가 나왔다. 이에 데려다가 길렀는데, 그가 바로 신라의 시조 '박혁거세'라고 한다.
* **알영 부인**(기원전 53~?) : 신라 시조 박혁거세의 왕비이다. 기원전 53년 정월에 계룡이 알영이라는 우물에 나타나 여자 아이를 낳았는데, 어느 할머니가 그것을 보고 이상하게 생각하여 데려다 길렀다. 알영 우물에서 나왔으므로 '알영'이라고 이름을 지었는데, 자라면서 덕이 있었다. 박혁거세가 그 이야기를 듣고 데려다 부인으로 삼아 왕비가 되었다.

방정환
(方定煥, 1899~1931)

어린이날을 만든 어린이 보호 운동의 선구자이자 아동 문학가

호는 소파

방정환은 1899년 서울의 야주개(당주동)에서 방경수의 아들로 태어났다. 방정환은 1909년 매동 보통 학교에 입학하여, 이듬해 미동 보통 학교로 전학하여 1913년에 졸업하였다. 방정환은 그 해 선린 상업 학교에 입학하였으나, 집안 사정이 어려워 이듬해 중퇴하였다. 방정환은 1917년 천도교의 제3대 교주인 *손병희의 셋째 딸 용화와 결혼하고, 그 해 청년 운동 단체인 청년 구락부를 조직하여 활동하였다.

1918년 보성 전문 학교에 입학한 방정환은 이듬해 3·1 운동이 일어나자, 독립 선언문을 배포하다가 일본 경찰에 붙잡혀 고문을 받고 일주일 만에 풀려났다. 방정환은 1920년 일본으로 건너가 도요 대학 철학과에서 아동 예술과 아동 심리학을 공부하였다. 여름 방학을 맞아 귀국한 방정환은 어린이에 대한 존대말 쓰기 운동을 벌였다. 그 당시 우리나라는 어린이라는 말이 없어 아이들을 '이놈, 어린것, 애새끼' 등이라고 불렀다. 방정환은 이때 처음으로 어린이라는 말을 사용함으로써 어린이들도 어른과 같이 하나의 인격체임을 선언하였다.

방정환은 1921년에 김기전, 이정호 등과 *천도교 소년회를 만들어 본격적으로 소년 운동을 전개하였다. 천도교 소년회를 중심으로 1922년 5월 1일에 처음으로 어린이날을 제정하고, 세계 명작 동화집 『사랑의 선물』을 펴냈다. 이어 방정환은 1923년 3월 우리나라 최초의 순수 아동 잡지인 *〈어린이〉를 창간하였으며, 윤석중, 이원수 등 아동 문학가를 발굴하고 육성하였다. 또 방정환은 그 해 5월 1일 도쿄에서 *손진태, 윤극영, 진장섭, 고한승, *조재호 등과 함께 아동 문화 운동 단체인 *색동회를 조직했다. 색동회에서는 어린이날 기념 행사를 비롯해 전국에서 어린이들을 위한 여러 가지 행사를 벌였다. 1925년에는 어린이날을 기념하는 동화 구연 대회를 개최하였고, 1928년에는 세계 20여 개국이 참가하는 세계 아동 예술 전람회를 개최하였다.

그 뒤 방정환은 조선 소년 총동맹이 만들어져 어린이 운동의 방향이 달라지자, 모든 단체 활동을 그만두고 오직 강연회와 동화 구연 대회, 그리고 라디오 방송 활동에만 전념했다. 방정환은 1931년 잡지 〈혜성〉을 발간하였으나, 그 해 신장염과 과로로 세상을 떠났다.

1955년 방정환의 뜻을 기리기 위해 *소파상이 만들어졌고, 1971년 서울 남산에 동상이 세워졌다. 방정환이 지은 책으로는 『소파 전집』, 『소파 동화집』, 『까치옷』 등이 있다.

방정환의 묘. 방정환의 동상(원내)

함께 보아요

* **색동회** : 어린이를 위한 문학과 어린이를 위한 운동을 전개하기 위하여 1922년 일본 도쿄에서 방정환, 마해송, 윤극영, 손진태, 조재호 등이 창립한 단체이다. 1923년에 기관지인 〈어린이〉를 간행하여 새로운 시대에 맞는 많은 동화와 동요를 발표하였다.

* **소파상** : 어린이 운동의 선구자인 소파 방정환을 기념하기 위한 상으로, '새싹회'에서 1957년에 제정하였다. 매년 어린이를 위한 일에 공로가 큰 사람에게 수여한다.

* **손병희**(1861~1922. 초명은 응구. 호는 소소거사. 도호는 의암) : 천도교의 지도자이자 독립 운동가로, 3·1 운동 민족 대표 33인 중 한 사람이다. 1882년 22세 때 동학에 들어가 2년 후 교주 최시형을 만나 그의 수제자가 되었으며, 1906년 동학을 천도교로 개칭하고 제3대 교주가 된 뒤, 교세 확장 운동을 벌였다. 1962년 건국훈장 대한민국장이 주어졌으며, 지은 책으로는 『수수명실록』, 『도결』, 『명리전』, 『천도태원설』 등이 있다.

* **손진태**(1900~?. 호는 남창) : 사학자로 서울에서 태어나, 1927년 일본 와세다 대학 사학과를 졸업하였다. 1932년 송석하, 정인섭 등과 조선 민속 학회를 만들고, 이듬해 우리나라 최초의 민속 학회지인 〈조선 민속〉을 창간하였다. 1933년 연희 전문 학교 강사를 시작으로 서울 대학교 교수 등을 거쳐 서울대 문리대 학장으로 있던 중 6·25 때 북한으로 납치되었다.

* **〈어린이〉** : 방정환이 중심이 되어 만든 우리나라 최초의 어린이 잡지로, 1923년 3월 20일 창간하였다. 처음엔 한 달에 두 차례씩 펴냈으며, 창간호에 안데르센의 「성냥팔이 소녀」가 실렸다. 그 뒤 월간으로 바꾸고 한국 아동 문학의 길잡이 역할을 하였으나, 1934년 일본의 압력으로 폐간되었다.

* **조재호**(1902~?) : 교육자로 경상남도 의령에서 태어나, 1926년 도쿄 고등 사범 학교를 졸업하고, 경성 사범 학교 교사 등을 거쳐 총독부 시학관이 되었다. 이후 경복 중학교 교장 등을 거쳐 1962년 서울 교육 대학장이 되었다. 1969년 삼악 회장으로 색동회 회장직을 겸했다.

* **천도교 소년회** : 1921년 천도교 청년들이 중심이 되어 만든 단체로, '씩씩하고 참된 소년이 됩시다. 그리고 늘 사랑하며 도와 갑시다.'라는 표어를 내걸고 소년 운동을 전개하였다. 어린이들에게 민족혼을 일깨우기 위하여 아름다운 우리말 교육에 힘쓰는 한편, 출판과 잡지를 통해 우리 문화를 일깨워 주려 하였다. 1935년 이후 일본의 탄압으로 활동이 중단되었다.

| 불교를 받아들여 고대 국가 체제를 확립한 신라의 왕 | **법흥왕** (法興王, ?~540) | 재위 기간 : 514~540 성은 김씨. 이름은 원종 |

법흥왕은 신라 제22대 *지증왕과 연제 부인 박씨 사이에서 태어났으며, 왕비는 보도 부인 박씨이다. 신장이 크고 도량이 넓었던 법흥왕은 514년 아버지 지증왕의 뒤를 이어 왕위에 올랐다. 법흥왕은 지증왕의 개혁 정치를 계승하여 중앙 집권적 고대 국가로서의 통치 체제를 확립하였다.

법흥왕은 517년 병부를 설치하여, 군사권을 가지고 있던 장군을 중앙 관직으로 귀속시켜 군사권을 장악함으로써 왕권을 강화하였다. 또 법흥왕은 국가의 체제를 세우는 데 많은 노력을 기울였고, 520년에 나라를 다스리는 기본법인 율령을 반포하여 모든 관리들의 서열에 따라 관복의 색깔을 달리하는 제도를 실시하였다.

법흥왕은 531년 귀족 회의 의장인 '상대등' 이란 관직을 만들어, 이찬 *철부를 임명하고 나라의 모든 일을 관리하도록 하였다. 이어 536년에 중국의 연호를 폐지하고, '건원' 이라는 독자적인 연호를 사용하기 시작하여 자주 정신을 드높였다.

법흥왕은 중국과의 교류와 영토 확장에도 힘을 기울였다. 법흥왕은 521년 중국 *양나라에 사신을 보내 국교를 맺고 선진 문물을 받아들였다. 이듬해에는 *대가야가 화친을 전제로 결혼을 요구해 오자, 이찬 *비조부의 여동생을 대가야에 시집 보냈다. 532년 금관가야가 항복해 왔는데, 이것은 신라가 낙동강과 남해안의 요지인 김해를 발판으로 가야의 여러 나라를 정복하여 영토를 확장할 수 있는 기틀이 되었다.

법흥왕은 524년 남쪽 지방을 돌아보고 황무지를 개간하여 백성들의 생활 안정을 꾀하였다. 법흥왕은 왕권을 강화하고 사상적 통일을 이룩하여 부강한 국가를 만들기 위해 불교를 받아들이려 하였으나, 귀족들의 강한 반대에 부딪혔다. 이때 이차돈이 순교를 함으로써 귀족들의 반대를 누르고, 527년 마침내 불교를 받아들였다.

법흥왕은 불교를 공인하고 고대 국가 체제를 갖추었으며, 가야를 정복하여 비옥한 땅을 확보함으로써 신라가 삼국을 통일할 수 있는 기틀을 마련하였다. 불심이 깊었던 법흥왕은 나이가 들어서는 스스로 승려가 되어 법호를 '법운', 혹은 '법공' 이라 불렀다.

법흥왕릉(원내)

함께 보아요

* **대가야** : 6가야의 하나로, 42년(신라 유리왕 19)부터 562년까지 경상북도 고령 지역에 있었던 국가이다. 대가야는 이진아시가 세웠으며, 고령, 합천 등 경상도 내륙 산간 지역에 위치해 농업이 번창하였고, 풍부한 철과 기술을 바탕으로 부강한 나라를 이룩하였다. 대가야는 562년 신라에게 병합될 때까지 금관가야가 신라에 항복한 뒤 가야 연맹체를 이끌었으며, 가야금을 제작하고 음악을 정리하는 등 높은 문화 수준을 갖고 있었다.

* **비조부**(?~?) : 신라 법흥왕 때의 대신으로, 관등은 이찬이었다. 522년(법흥왕 9) 대가야의 왕이 청혼해 오자, 왕명으로 누이를 이뇌왕에게 시집 보냄으로써 두 나라는 혼인 동맹을 통해 친선을 도모했다.

* **양나라** : 중국 육조(중국 왕조의 이름으로 후한이 멸망한 이후 수나라가 통일하기까지 남경을 서울로 한 오·동진·송·제·양·진의 여섯 나라를 말함) 가운데 한 나라로, 소연이 502년에 세워 4대 56년 만인 558년에 진나라에게 멸망한 나라이다.

* **지증왕**(437~514. 재위 기간 : 500~514. 성은 김씨. 이름은 지대로) : 갈문왕 습보의 아들로 태어나, 502년 순장법을 폐지하고 농사를 장려하였으며, 처음으로 소를 이용해 땅을 갈기 시작하였다. 503년 국호를 '신라'로 바꾸었으며, 마립간이라는 칭호를 폐지하고 '왕'이라고 칭하였다. 505년 주·군·현을 정하고, 실직주에 군주를 두었으며, 512년에 이사부를 시켜 지금의 울릉도인 우산국을 정벌하였다.

* **철부**(?~534) : 신라 법흥왕 때의 귀족이다. 531년(법흥왕 18) 이찬으로 처음 마련된 관직인 상대등에 올랐다. 죽을 때까지 약 3년 동안 모든 관리들을 관리하면서 나라의 모든 일을 맡아 보았다.

| 임진왜란 때 승병을 일으켜 왜군을 물리친 조선의 명승 | # 사명 대사
(泗溟大師, 1544~1610) | 성은 임씨. 이름은 응규 자는 이환. 호는 사명당, 송운, 종봉. 법명은 유정 시호는 자통홍제존자 |

사명 대사는 1544년(중종 39) 경상남도 밀양에서 임수성의 아들로 태어나, 할아버지에게 학문을 배우고, 13세 때인 1556년(명종 11)에는 *황여헌에게 『맹자』를 배웠다. 1558년 어머니가 돌아가시고, 이듬해 아버지마저 세상을 떠나자, 김천 황학산에 있는 직지사에 들어가 신묵화상의 제자가 되었다.

사명 대사는 1561년 승과에 합격한 뒤 많은 선비들과 사귀었는데, 특히 박순, *임제와 가깝게 지냈다. 또 당시 재상인 노수신에게 『장자』, 『노자』, 『문자』, 『열자』 등의 학문과 시를 배웠다. 그 뒤 직지사 주지를 거쳐, 봉은사 주지에 추천되었으나 사양하고 묘향산 보현사의 서산 대사를 찾아가 제자가 되었다. 그 뒤 사명 대사는 금강산, 팔공산, 태백산 등을 돌아다니며 불도를 닦다가, 옥천산 상동암에서 소나기를 맞고 떨어지는 꽃잎을 보고 무상함을 느껴 홀로 참선에 들어갔다. 사명 대사는 1589년 정여립 역모 사건에 관련되었다는 모함을 받고 강릉부에 갇혔으나, 곧 무죄가 밝혀져 풀려났다.

사명 대사는 1592년(선조 25) 임진왜란이 일어나자, 승병을 일으켜 평안도 순안으로 가서 스승 서산 대사와 합류하였다. 사명 대사는 의승도 대장이 되어 승병 2천 명을 이끌고 평양성과 중화 사이로 쳐들어오는 왜군을 막았고, 이듬해 명나라 군사와 힘을 합쳐 평양성을 되찾았다. 그 해 3월 서울 부근의 삼각산 노원평과 우관동에서 왜군을 크게 물리쳐 그 공으로 선교 양종판사에 올랐다. 그 뒤 사명 대사는 네 차례 일본군 진영에 들어가 적장 *가토 기요마사와 회담하였다. 이 때 사명 대사는 일본이 강화 5조약으로 내세운 다섯 가지 항목, 곧 천자와 결혼할 것, 조선 4도를 일본에게 내줄 것, 지난날과 같이 교린할 것, 왕자 1명을 일본에 보내어 살게 할 것, 조선의 고위 관리를 일본에 볼모로 보낼 것 등의 모순을 논리적으로 지적하고 일본의 죄상을 낱낱이 밝혔다.

사명 대사는 정유재란 때 명나라 장수 *마귀와 함께 울산의 도산과 순천 예교에서 왜군을 물리쳤다. 1602년 중추부 동지사에 오른 사명 대사는 1604년 일본에 건너가 *도쿠가와 이에야스와 강화를 맺고 이듬해 조선인 포로 3천 5백 명을 데리고 돌아왔다. 그 뒤 병을 얻어 해인사에서 요양하다가 1610년 8월 26일 세상을 떠났다.

지은 책으로는 『사명당대사집』, 『분충서난록』 등이 있다.

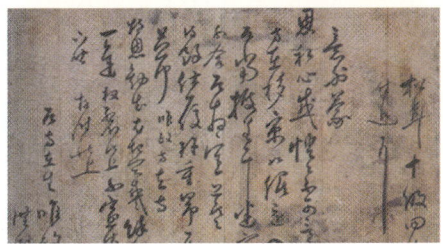

사명 대사의 영정(왼쪽 위). 사명 대사 석장비(오른쪽). 사명 대사 유묵(왼쪽 아래)

함께 보아요

* **가토 기요마사**(1562~1611. 아명은 가토 도라노스케) : 일본의 장수로, 임진왜란 때 함경도로 진출하여 임해군과 순화군을 포로로 잡는 등 전공을 세웠으나, 정유재란 때에는 우리 군사에게 포위되어 힘든 싸움을 치렀다. 그 뒤 도쿠가와 이에야스를 섬겨 구마모토 대영지의 세습 영주가 되었다.

* **도쿠가와 이에야스**(1542~1616. 아명은 다케치요) : 도요토미 히데요시가 죽은 후 일본을 통일하고 에도 막부를 열었다. 도요토미 히데요시와 손잡고 간토 지방을 다스리다가, 그가 죽자 1614년부터 2년에 걸쳐 오사카에서 도요토미의 잔당을 없애고 일본을 통일하였다.

* **마귀**(?~?) : 명나라 장수로, 1597년(선조 30) 정유재란이 일어나자 명나라 군사를 이끌고 왔다. 그 해 12월 도원수 권율과 함께 울산에 내려가서 도산성을 공격하였으나 일본군에게 패하여 경주로 후퇴하였다. 이듬해에도 도산성을 공격하였으나 성과를 올리지 못하고, 일본군의 철수로 귀국하였다.

* **임제**(1549~1587. 자는 자순. 호는 백호, 벽산) : 조선 중기의 시인으로 1577년 문과에 급제하여 흥양 현감, 예조 정랑 등을 지냈다. 그 뒤 당파 싸움을 보고 조정에 환멸을 느껴 관직에서 물러나 유랑 생활을 하였다. 특히 서도 병마사에 임명되어 가는 길에 황진이의 무덤을 찾아가 시조 한 수를 짓고 제사 지냈다가 임지에 도착하기도 전에 벼슬에서 쫓겨난 이야기가 유명하다.

* **황여헌**(1486~?. 자는 헌지. 호는 유촌) : 영의정 황희의 후손으로, 1509년 문과에 급제하여 저작, 박사, 이조 좌랑 등을 거쳐 이조 참의, 울산 군수를 지냈다. 1533년(중종 28) 옥에서 도망쳤다가 다시 붙잡혔으나, 정공청의 죄를 폭로하는 투서를 써서 풀려났다. 문장과 글씨로 이름이 높았고, 그의 「죽지사」라는 작품은 명나라에서도 유명했다. 지은 책으로 『유촌집』이 있다.

서경덕

산림에 묻혀 오직 학문 연구에 평생을 바친 대학자

(徐敬德, 1489~1546)

자는 가구
호는 화담, 복재
시호는 문강

서경덕은 1489년(성종 20) 개성에서 부위 서호번의 아들로 태어났다. 서경덕은 어머니가 공자의 사당에 들어가는 태몽을 꾸고 잉태하여 그를 낳았다고 한다. 서경덕은 어려서부터 총명하고 영특하여 어른들의 말을 공손히 받들었는데, 집이 가난하여 혼자서 공부하였다.

서경덕은 14세 때 『서경』을 배우다가 *태음력의 수학적 계산인 해와 달의 움직임에 대하여 의문이 생기자, 보름 동안 궁리한 끝에 스스로 그 이치를 풀어냈다. 또 열여덟 살 때에는 『대학』을 읽다가 "학문을 하면서 먼저 모든 사물에 대한 이치를 모르면 글을 읽어서 어디에 쓰리오!"라고 탄식하고, 모든 사물의 이름을 사방 벽에 써 붙여 놓고 날마다 연구를 거듭하였다. 이처럼 서경덕은 어려서부터 학문에 대한 의문을 품으면 꼭 자신의 힘으로 풀어내는 인내와 탐구심을 가졌었다.

그 뒤 서경덕은 조광조의 건의로 실시된 현량과를 볼 수 있도록 수석으로 추천을 받았으나, 사양하고 개성 화담에 서재를 세우고 오로지 학문 연구와 교육에만 힘썼다. 서경덕의 '화담'은 서경덕이 송도의 화담에 거주했으므로 사람들이 존경하여 '화담 선생'이라고 부르면서 생겨난 것이다.

서경덕은 한때 자연에 묻혀 제자들을 양성하고 학문에 몰두하던 조식, *성운 등의 학자들과 함께 속리산, 지리산 등 명승지를 둘러보며 학문에 대하여 많은 의견을 나누었다. 이때 여행하면서 받은 느낌을 담은 기행시도 여러 편 남겼다.

서경덕은 1531년 어머니의 간청으로 생원시를 보아 장원으로 급제하였으나, 벼슬을 단념하고 오로지 성리학 연구에만 힘썼다. 1544년에는 김안국 등의 추천으로 후릉 참봉에 임명되었으나, 사양하고 계속 화담에 머물면서 학문 연구와 교육에만 힘썼다. 서경덕의 제자로는 허엽, 박순, *한백겸, *이지함 등이 있다. 또 예학에 밝았던 서경덕은 중종과 인종이 잇달아 세상을 떠나자, "임금님이 세상을 떠났는데 어찌 상복을 입지 않겠는가?"라고 하며 스스로 3개월간 상복을 입기도 하였다.

서경덕은 이황, 이이와 함께 조선을 대표하는 3대 성리학자로 불리고, 박연폭포, *황진이와 더불어 *'송도삼절'로 불린다. 서경덕이 죽은 뒤 선조는 우의정이라는 벼슬을 내렸다.

서경덕이 지은 책으로는 『화담집』 등이 있다.

서경덕, 황진이와 함께 송도삼절로 유명한 박연폭포(왼쪽). 서경덕의 글씨(오른쪽)

함께 보아요

* **성운**(1497~1579. 자는 건숙. 호는 대곡): 조선 중기의 학자로 문과에 급제하였으나, 1545년 일어난 을사사화로 형이 화를 입자 속리산으로 들어갔다. 그 뒤 여러 차례 벼슬을 내렸으나 이를 모두 사양하고 산 속에 묻혀 서경덕, 조식, 이지함 등과 어울리며 학문 연구에 몰두하였다. 지은 책으로 『대곡집』이 있다.

* **송도삼절**: 조선 제일의 명기로 불리는 황진이는 선비들은 물론 10년을 수도한 지족선사의 마음까지 빼앗아 파계시켰지만, 서경덕의 마음만큼은 결코 움직일 수 없었다. 그래서 사람들은 서경덕, 황진이와 함께 경치가 아름다운 박연폭포를 '송도삼절'이라 불렀다.

* **이지함**(1517~1578. 자는 형백, 형중. 호는 토함, 수산. 시호는 문강): 조선 중기의 학자로, 『토정비결』을 지었다. 스승 서경덕의 영향을 받아 역학·의학·수학·천문·지리에도 밝았다. 1578년 아산 현감으로 있으면서 걸인청을 만들어, 관내 걸인의 수용과 노약자의 구호에 힘쓰는 등 민생 문제의 해결을 위해 힘썼다. 기인으로 불렸으며, 지은 책으로 『토정유고』가 있다.

* **태음력**: 달의 변화를 바탕으로 하여 만든 달력이다. 달이 지구를 한 바퀴 도는 시간이 29.5일이므로 한 달을 29일 또는 30일로 정하고, 일년을 12달로 하여 19년에 7번의 윤달을 두었다.

* **한백겸**(1552~1615. 자는 명길. 호는 구암): 조선 중기의 학자로, 1585년 교정낭청을 시작으로 호조 좌랑, 형조 정랑, 청주 목사, 호조 참의 등을 지냈다. 역학에 밝아 『주역전의』의 교정을 맡아 보았고, 『동국지리지』를 써서 실학의 선구자적 역할을 하였다. 지은 책으로 『기전고』, 『구암집』이 있다.

* **황진이**(?~?. 기명은 명월): 조선 중기의 여류 시인이자, 조선 제일의 기생이다. 용모가 아름답고 시, 글씨, 음악에 뛰어났다. 기생이 되어 수많은 선비들은 물론 당시 10년 동안 수도에 정진하여 살아 있는 부처님이라고 불리던 지족선사를 유혹하여 파계시켰다. 당대의 대학자 서경덕을 유혹하려다 실패하자, 그의 제자가 되었다. 서경덕, 박연폭포와 더불어 '송도삼절'이라 불린다.

서산 대사
(西山大師, 1520~1604)

임진왜란 때 승병을 일으켜 왜군을 크게 물리친 고승

아명은 운학. 성은 최씨
이름은 여신. 자는 현응
호는 청허, 서산, 백화도인
법명은 휴정

서산 대사는 1520년(중종 15) 평안남도 안주에서 최세창의 아들로 태어났다. 서산 대사는 아홉 살에 어머니를 여의고 이듬해 아버지마저 세상을 떠나자, 안주 목사 이사증을 따라 서울로 올라와 성균관에서 3년 동안 글과 무예를 익혔다.

서산 대사는 과거에 실패한 뒤 친구들과 어울려 지리산을 구경하면서 절에 머물다가, 영관 대사의 설법을 듣고 불경을 연구하기 시작하였다. 이때 『전등』, 『화엄경』, 『법화경』 등 불경을 연구하던 중 깨달음을 얻어 승려가 되었고, 1549년(명종 4) 승과에 급제하여 선교 양종판사에 올랐으며, *보우의 뒤를 이어 봉은사 주지가 되었다. 1556년 승직(승려에게 내린 벼슬)이 승려의 본분이 아니라고 생각한 서산 대사는 선교 양종판사에서 물러나 금강산, 묘향산, 두류산 등을 돌며 불법을 닦는 한편, 후배 승려들을 지도하였다. 서산 대사는 1589년 *정여립 역모 사건에 가담한 요승 무업의 모함으로 사명 대사와 함께 옥에 갇혔으나, 곧 무죄임이 밝혀져 풀려났다.

서산 대사는 1592년 임진왜란이 일어나자 선조의 부름을 받아 승병을 모으는 한편, 전국 사찰에 승려들이 나라를 구하는 일에 앞장설 것을 권하는 글을 보냈다. 이에 제자 *처영은 지리산에서 승병을 일으켜 권율을 도와 왜군과 싸웠고, 사명 대사는 금강산에서 승병을 일으켜 평양으로 왔다. 서산 대사는 사명 대사와 함께 승병을 이끌고 명나라 군사를 도와 평양성을 되찾았다. 서산 대사는 그 공으로 팔도 선교도 총섭에 임명되었으나, 많은 나이를 들어 사명 대사에게 자리를 물려주고 묘향산에서 나라의 평안을 기원하였다.

서산 대사는 1594년 승병 7백 명을 이끌고 개성에 가서 서울로 돌아오는 선조를 맞이한 뒤, 묘향산으로 돌아왔다. 이때 선조는 '국일도 대선사 선교도 총섭 부종수교 보제등계존자'라는 최고 존칭과 함께 정2품 당상관 작위를 내려 나라에 대한 공과 불교에서의 덕을 칭찬하였다.

서산 대사는 1604년 묘향산 원적암에서 설법을 마치고 영정을 꺼내 "80년 전에는 네가 나이더니 80년 후에는 내가 너로구나."라는 시를 지어 처영과 사명 대사에게 전하게 한 뒤, 85세의 나이로 세상을 떠났다.

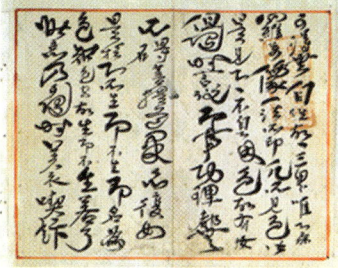

서산 대사 유물관(위). 서산 대사의 정산사 기록(왼쪽 아래). 서산 대사와 승병들의 전투 장면(오른쪽 아래)

함께 보아요

* **보우**(1515~1565. 호는 허응당, 나암) : 조선 중기의 승려로, 1530년 금강산 마하연암에 들어가 불경을 연구하였다. 문정왕후의 신임을 얻어 봉은사 주지가 되었고, 승려들의 과거 시험인 승과를 만들었으며, 전국에 있는 절을 새롭게 하는 등 불교를 중흥시켰다. 문정왕후가 죽은 뒤, 유학자들의 상소로 제주도에 유배되었다가, 그 곳에서 처형되었다. 그가 죽은 뒤 승과 제도가 없어지는 등 불교는 또다시 심한 탄압을 받았다. 지은 책으로 『허응당집』, 『불사문답』 등이 있다.

* **정여립 역모 사건** : 1589년 정여립이 일으킨 역모 사건이다. 높은 관직에 오르지 못함을 불평하던 정여립은 고향에 돌아가 당시 조정에 불만을 품고 있는 사람들을 모아 '대동계'를 만들고 무술 훈련을 시켰다. 이어 황해도 안악의 변숭복, 해주의 지함두, 운봉의 승려 의연 등을 끌어들여 대동계 조직을 전국적으로 확대하면서 "이씨는 망하고 정씨가 일어난다."는 『정감록』을 퍼뜨려 민심을 현혹하였다. 그러나 1589년 10월에 황해도 관찰사 한준 등이 정여립 일당이 한강이 얼 때를 틈타 한양으로 진격하여 반란을 일으키려 한다고 고발함으로써 음모가 탄로났다. 정여립은 관련자들이 차례로 붙잡히자 아들 옥남과 함께 죽도로 도망하였다가, 관군에게 포위되자 자살하였다.

* **처영**(?~? 호는 뇌묵) : 임진왜란 때의 승병장으로, 1592년 임진왜란이 일어나자, 승려들이 일어나 나라를 구해야 한다는 스승 서산 대사의 글을 보고 지리산에서 승병 1천 명을 모았다. 승병을 이끌고 금산 배고개 싸움에서 권율을 도와 왜군을 물리쳤고, 1593년에는 수원 독왕산성에서 왜군을 물리쳤다. 행주 대첩 때에는 승병 7백 명을 이끌고 도원수 권율을 도와 왜군을 물리쳤다.

| 〈독립신문〉을 펴낸 개화 정치가이자 독립 운동가 | # 서재필 (徐載弼, 1864~1951) | 호는 송재. 미국명 제이슨 |

서재필은 1864년(고종 1) 전라남도 보성에서 서광효의 둘째 아들로 태어나, 서울에 있는 외삼촌 *김성근의 집에서 한학을 공부하고, 1882년 과거에 급제하여 교서관 부정자가 되었다.

이 무렵 서재필은 김옥균, *서광범, 홍영식 등과 어울리며 개화 사상을 갖게 되었다. 서재필은 국방 근대화의 필요성을 느끼고, 1883년 일본으로 건너가 도야마 육군 학교에서 1년간 현대식 군사 교육을 받고 돌아왔다. 그 후 고종에게 사관 학교를 세울 것을 건의하여 조련국을 설치하고 사관장이 되었다.

서재필은 1884년 김옥균 등과 함께 갑신정변을 일으켜 병조 참판에 올랐으나, 갑신정변이 실패하자 일본을 거쳐 1885년 미국으로 망명하였다. 이때 역적으로 몰린 부모, 형, 아내가 자살하여 가족을 잃고 말았다. 미국 국적을 얻은 서재필은 1893년 컬럼비아 대학교 의학부를 졸업한 뒤, 이듬해 미국 철도 우편 사업의 창설자 암스트롱의 딸과 결혼하고 병원을 열었다.

갑오개혁으로 역적죄에서 풀리자, 1895년 귀국하여 중추원 고문이 된 서재필은 정부의 개화 정책을 국민에게 알리고, 국민 여론을 정부에 전달하기 위해 1896년 순 한글로 된 *〈독립신문〉을 발간하였다. 이어 서재필은 이상재, 윤치호 등과 *독립 협회를 만들어 외세의 침략을 막고 국가의 독립과 민족의 자립을 목표로 여러 운동을 펼쳤다. 또 모화관 자리에 독립 회관을 짓고, 1897년 영은문을 헐고 그 자리에 *독립문을 세웠다. 서재필은 배재 학당에서 학생들을 가르치면서 신문의 논설과 강연을 통해 세계 여러 나라의 사상과 민족 독립, 민주주의 사상을 가르쳤다.

서재필은 정부의 정책과 이권을 침탈하는 강대국을 비판하다가 1898년 미국으로 추방되었다. 그 뒤 서재필은 3·1 운동이 일어나자 전 재산을 독립 운동 자금으로 내놓고 독립 운동에 힘썼다. 또 독립 운동 후원회를 만들고, 대한민국 임시정부 구미위원장으로 활동하면서 영어로 된 독립 신문인 〈인디펜던트〉를 발행하여 우리나라의 독립을 위한 언론, 외교 활동에 힘을 쏟았다. 1922년 워싱턴에서 열린 군축 회의와 1925년 하와이에서 열린 범태평양 회의에 참석하여 일본의 침략과 만행을 폭로하였다.

서재필은 1947년 귀국하여 이듬해 대통령에 출마하였으나 이승만에게 패한 뒤, 미국으로 돌아가 그 곳에서 1951년 세상을 떠났다.

전라남도 보성군 제암산에 있는 서재필 기념관과 독립 협회 회원들

함께 보아요

* **김성근**(1835~1918. 자는 중원. 호는 해사) : 조선 말기의 문신이자 서예가이다. 1883년 전라도 관찰사를 거쳐 공조, 형조, 이조, 예조 판서 등을 지냈다. 1894년 개화파 정부가 들어서자 관직에서 물러났으나, 다시 벼슬길에 올라 의정부 찬정, 탁지부 대신 등을 지냈다. 서예에 뛰어났으며, 1910년 일본으로부터 자작의 작위를 받았다.

* **독립문** : 1896년 독립 협회가 우리나라의 독립 정신의 상징으로 청나라 사신을 맞이하던 영은문을 헐어 버리고 그 자리에 전 국민을 상대로 모금 운동을 하여 세운 문이다.

* **〈독립신문〉** : 1896년 4월 7일 독립 협회의 서재필이 정부로부터 자금을 지원받아 발간한 우리나라 최초의 민간 신문이다. 처음에는 순 한글로 된 3면과 영문으로 된 1면으로 총 4면으로 발행했으나, 이듬해부터 국문판과 영문판을 분리하여 펴냈다. 〈독립신문〉은 국민들이 읽기 쉬운 순 한글을 사용했을 뿐만 아니라 애국 계몽 사상으로 국민들을 일깨워 한국 사회 발전에 커다란 역할을 한 신문으로 평가받고 있다. 1919년 8월 21일 이광수가 사장 겸 편집국장이 되어 '독립'이라는 이름으로 창간하여 발행하다가 그 해 10월 이 이름으로 고쳤는데, 1925년 9월에 극심한 재정난과 일제의 탄압으로 폐간되었다.

* **독립 협회** : 1896년 서재필, 이상재, 윤치호 등이 중심이 되어 만든 정치 사회 단체이다. 국가의 독립과 민족의 자립을 위한 정치·사회적 운동을 펼쳤다. 〈독립신문〉을 발간하여 애국 계몽 운동을 펼치는 한편, 독립 회관을 짓고 독립문을 세웠으며, 1898년 '만민 공동회'를 개최하고 시국에 대한 6개조의 개혁안을 결의하여 황제에게 주청하는 등의 활동을 펴다가 1899년 해산되었다.

* **서광범**(1859~1897. 자는 서구. 호는 위산. 시호는 익헌) : 일찍이 박규수, 오경석 등의 영향을 받아 김옥균, 박영효 등과 함께 개화당을 만들었고, 1880년 증광문과에 급제하여 규장각 대교, 홍문관 부수찬 등을 거쳐 승정원 동부승지 등을 지냈다. 1882년 수신사 박영효를 따라 일본에 건너가 새로운 문물 제도를 살피고 돌아온 뒤 정치 개혁을 계획하였다. 1884년 개화당과 함께 갑신정변을 일으켰으나, 실패하자 일본으로 망명하였다. 1895년 주미 특명 전권 공사로 미국에 갔으나 이듬해 아관파천으로 해임되었다.

서재필 **121**

| 뛰어난 말솜씨로 거란군을 물리친 고려 최고의 외교가 | # 서희 (徐熙, 942~998) | 자는 염윤. 시호는 장위 |

서희는 942년(태조 25) 내의령을 지낸 서필의 아들로 태어났다. 서희는 960년(광종 11) 쌍기가 주관한 과거에 급제하여 광평원 외랑을 거쳐 내의 시랑에 올랐다. 서희는 972년 *송나라에 사신으로 가서, 960년 건국된 이후 왕래가 없던 송나라와 처음으로 외교 관계를 맺고 돌아왔다. 이때 송나라 태조는 서희의 공을 인정하여 '검교병부 상서'라는 벼슬을 주었다.

서희는 983년(성종 2) 군정의 책임을 맡은 병관 어사에 이어 내사 시랑에 올랐다. 이때 고려가 북진 정책을 펼치고, 송나라와 친선 관계를 유지하자 불안을 느낀 *거란이 993년(성종 12) 고려에 쳐들어왔다. 거란군은 봉산군을 함락시킨 뒤 "거란이 이미 고구려의 옛 땅을 차지하였는데, 너희 고려에서 국경을 침범하므로 정벌한다."는 등의 말로 위협해 왔다. 그러자 조정 대신들은 서경 이북 땅을 거란에 떼어 주고 화해하자는 쪽으로 의견을 몰아갔다. 이때 서희는 조정 의견에 강력하게 반대하며 싸울 것을 주장하여 성종의 허락을 받았다. 서희는 봉산군만 공격했을 뿐 더 이상 진격하지 않고 위협만 되풀이하는 적장의 속셈을 꿰뚫어 보았던 것이다.

이 무렵 안융진 공격에 실패한 적장 *소손녕이 고려의 대신과 만나기를 요구하자, 서희는 국서를 가지고 거란군 진영으로 갔다. 서희는 뜰에서 절할 것을 요구하는 소손녕에게 뜰에서 절하는 것은 신하가 임금에게 하는 것이라며 단호하고 당당하게 맞서 서로 대등한 입장에서 담판을 지을 수 있게 되었다. 소손녕은 신라 땅에서 일어난 고려가 거란이 차지하고 있는 고구려의 옛 땅을 침범한 점과 가까이 있는 거란을 두고 멀리 바다를 건너 송나라와 교류하기 때문에 고려를 공격했다고 밝혔다. 이에 서희는 고구려를 계승했기 때문에 나라 이름을 '고려'라 하고 평양을 도읍으로 삼았으며, 옛 고구려 영토 안에 있는 거란의 서울 동경(요양)도 고려의 땅이며, 거란과 고려 사이에 있는 여진 때문에 교류할 수 없었다면서 여진이 차지하고 있는 압록강 동쪽 땅을 고려의 영토로 인정해 줄 것을 주장하였다. 서희의 조리 있고 기개가 넘치는 말솜씨에 설득당한 소손녕은 마침내 군사를 이끌고 돌아갔다.

서희는 압록강 동쪽에 살던 여진족을 몰아 내고, *강동 6주, 곧 6개의 성을 쌓아 우리 민족의 생활권을 압록강까지 넓혔다. 그 뒤 서희는 병을 얻어 개국사에 머물다가 998년 세상을 떠났다.

서희가 개척한 강동 6주 중 용주성 성벽과 서희의 흉상

함께 보아요

* **강동 6주**: 고려가 거란의 제1차 침입을 물리친 후, 994년(성종 13)에 여진족을 물리치고 압록강 동쪽에 건설한 6개 성으로, 흥화·용주·통주·철주·귀주·곽주를 일컫는다. 현종 때 거란의 성종이 쳐들어와 강동 6주의 반환을 요구하였으나 받아들이지 않았다.

* **거란**: 4세기 이후 내몽고 시라무렌 강 유역에 살았던 몽고계 유목 민족이다. 당나라 때 8부족이 연합하여 큰 세력을 이루었고, 10세기 초 추장 야율아보기가 내외 몽고 및 만주의 여러 부족을 통일하였다. 야율아보기의 아들 태종이 나라 이름을 '요'라고 하였다.

* **소손녕**(?~?): 거란의 장수이다. 동경 유수로 있던 993년(성종 12) 거란군의 도통사가 되어 30만 대군을 이끌고 고려의 서북 국경에 쳐들어왔다. 봉산군을 빼앗고 계속하여 남쪽으로 내려오다가 안융진에서 고려군에게 패한 뒤, 서희와의 담판으로 강동 6주, 곧 압록강 동쪽 3백 리에 이르는 땅을 넘겨주고 물러갔다.

* **송나라**: 960년 조광윤이 개봉을 도읍으로 하여 세운 나라로, 송나라의 발달된 학문과 문화는 주변 국가에 큰 영향을 끼쳤다. 1127년 여진족이 세운 금나라의 침입을 받아 멸망했는데, 이때를 '북송'이라 한다. 북송의 멸망 후 난을 피해 남쪽으로 도망한 흠종의 동생 고종이 임안에 도읍하여 '남송'을 재건하였으며, 금나라와 화의하고 중국의 남부 지역을 영유하였으나, 1234년 몽골에 의하여 금나라가 멸망하자 몽골의 압박이 심해져 갔다. 1276년 마침내 몽골군에 의해 임안이 함락되고, 1279년 애산 전투에 패배하여 9대 152년 만에 멸망하였다.

서희 123

| 평생을 우리나라
나비 연구에 바친
나비 박사 | # 석주명
(石宙明, 1908~1950) |

석주명은 1908년 11월 3일 평안남도 평양에서 석승서와 김의식의 아들로 태어났다. 석주명은 1926년 개성에 있는 송도 고등 보통 학교를 졸업하고, 일본에 건너가 가고시마 고등 농림 학교에 입학하여 1929년 졸업하였다.

석주명은 귀국하여 1930년부터 10여 년간 모교인 송도 중학교에서 생물 교사로 학생들을 가르치면서 나비 연구에 몰두하였다. 그리하여 '나비 박사'라는 별명을 얻었다.

석주명은 우리나라 나비의 표본을 수집하여 미국 박물관과 교환하였고, 미국 *하버드 대학교 비교 동물학관 관장 T. 바버 박사의 경제적 원조로 연구 활동을 계속하였다. 그리하여 1940년 『조선산 접류 목록』이라는 책을 펴내고 미국 인시류 학회에 가입하였다.

석주명은 1943년 *경성 제국 대학 부속 제주도 생약 연구소 소장으로 2년 동안 근무하면서 제주도의 곤충 연구를 계속하는 한편, 제주도 방언을 연구하여 1947년 『제주도 방언집』을 펴낸 데 이어, 1949년 『제주도 문헌집』과 『제주도의 생명 조사서』를 펴내기도 하였다.

1945년 8·15 광복과 함께 수원 농사 시험장 병리 곤충 부장이 되었고, 이듬해에는 국립 과학 박물관 동물학 부장으로 있으면서 연구를 계속하였다.

석주명은 우리나라에 과학적인 학문 연구 방법이 미처 알려지지도 않았고, 연구 자료조차 갖추어지지 않았던 시기에 나비를 직접 채집하여 우리나라 나비의 학명과 분포지를 체계 있게 분류했다. 그리하여 나비 분야에서 세계적으로 이름을 떨치게 되었다. 석주명이 발표한 100여 편의 나비 관계 연구 논문 가운데 특히 「*배추흰나비의 변이곡선」은 생물의 분류학이나 측정학상 뛰어난 업적으로 알려져 있다.

지은 책으로는 『한국산 접류 분포도』, 『제주도 재료집』, 『제주도 곤충상』과 수필집 『제주도의 인문과 자연』 등이 있다.

함께 보아요

* **경성 제국 대학** : 지금의 서울 대학교로, 1924년 일본 정부가 서울에 설립한 관립 종합 대학이다. 1920년 6월 100여 명의 독립 운동가들이 재단 법인 조선 교육회를 만들어 '조선 민립 대학 설립 운동'을 벌여 종합 대학의 설립을 추진하자, 일본이 방해할 목적으로 설립하였다. 이 학교에는 독립 의식을 일깨울 수 있는 정치·경제 등의 학부는 설치하지 않고, 식민 통치에 이용할 수 있는 법문학부, 의학부만 설치하였다. 1945년 8·15 광복과 함께 경성 대학교로 바뀌었다가, 이듬해 '국립 서울 대학교 설립안'이 공포되어 경성 법학 전문 학교, 경성 경제 전문 학교, 경성 치과 전문 학교, 경성 이학 전문 학교, 경성 광산 전문 학교, 경성 사범 학교, 경성 여자 사범 학교, 경성 공업 전문 학교, 수원 농림 전문 학교 등 9개의 전문 학교와 통합되어 지금의 국립 서울 대학교로 바뀌었다.

* **배추흰나비** : 나비목 흰나비과 곤충으로, 우리나라를 비롯해 일본·중국·유럽·북아메리카·뉴질랜드에 분포한다. 발생 시기 및 암컷과 수컷에 따라 모양이 다르나 대개 백색이며, 앞날개 앞쪽에는 검은 반점이 2개, 뒷날개에는 1개가 있다. 수컷은 암컷보다 몸이 가늘고 더 희다. 배추, 무, 양배추 등의 겨자과 작물에 피해를 끼치는 해충이다. 알을 낳은 후 5~7일이면 애벌레가 깨어나며, 애벌레는 15~20일 후에 번데기가 된다. 번데기가 된 후 7~10일이면 어른벌레가 된다.

* **하버드 대학교** : 미국 매사추세츠 주 케임브리지시에 있는 사립 종합 대학이다. 1636년 매사추세츠 식민지 일반 의회의 결의에 따라 설립되었으며, 1939년 도서와 유산을 기증한 J. 하버드 목사의 이름을 따서 하버드 대학이라 하였다. 식민지 시대에는 목사 양성에 필요한 종교 교육을 의무화했으나, 찰스 W. 엘리엇이 전문적인 학문 연구 기관으로 개혁하고 선택 과목 제도를 도입하였는데, 이것이 미국 대학의 원형이 되었다.

선덕여왕
(善德女王, ?~647)

동양 최초의 천문대인 첨성대를 세운 우리나라 최초의 여왕

재위 기간 : 632~647
성은 김씨. 이름은 덕만
호는 성조황고
시호는 선덕

선덕여왕은 진평왕과 마야 부인 김씨 사이에서 맏딸로 태어났다. 어려서 당나라 사신이 가져온 모란 그림에 벌과 나비가 없음을 보고 모란꽃에 향기가 없다는 것을 알아차리는 등 무척 총명하였다. 932년 진평왕이 왕위를 이을 아들이 없이 죽자, 화백 회의의 추대를 받아서 왕위에 올라 우리나라 최초의 여왕이 되었다.

선덕여왕은 먼저 대신 을제에게 국정을 총괄하게 하고, 전국에 관리를 파견하여 흉년으로 생활이 어려운 백성들을 구제하였다. 이듬해에는 주군의 조세를 1년간 면제해 줌으로써 민심을 수습하였다. 선덕여왕은 과학 발전과 불교 진흥에도 힘썼다. 선덕여왕은 동양 최초의 천문대로 불리는 *첨성대를 세우는 한편, 634년에는 *분황사를 세우고, 이듬해에는 영묘사를 세웠으며, 당나라의 문물과 불교를 받아들여 문화를 발달시켰다.

선덕여왕은 634년부터 '인평'이라는 독자적인 연호를 사용하였으나, 해마다 당나라에 사신을 보내 긴밀한 관계를 유지함으로써 고구려와 백제의 침략으로부터 벗어나고자 노력하였다. 신라는 642년부터 고구려와 백제의 본격적인 공격을 받았다. 백제 의자왕의 공격을 받아 서쪽 국경에 있는 40여 성을 빼앗겼으며, 고구려와 백제의 연합군의 공격을 받아 한강 방면의 요충지인 당항성(남양)을 빼앗겼다. 또 백제 윤충 장군의 공격을 받아 낙동강 유역의 요충지인 대야성(합천)을 빼앗겼다.

선덕여왕은 김유신을 압량주(경산) 군주에 임명하여 백제의 공격을 막는 한편 김춘추를 고구려에 보내 구원을 청했으나 실패했다. 이에 643년에는 당나라에 사신을 파견하여 구원을 요청하였다. 이듬해 김유신이 백제에 빼앗긴 서쪽 국경 7성을 되찾았지만, 645년 당나라 태종의 고구려 침입을 돕다가 다시 백제에 빼앗기고 말았다.

645년에는 당나라에 유학을 하고 돌아온 *자장율사의 건의에 따라 호국 정신과 삼국 통일의 염원을 담은 *황룡사 9층탑을 세웠다. 그러나 백제와 고구려의 침략이 계속되자, 상대등 비담과 염종 등이 여왕이 정치를 잘못한다는 것을 구실로 반란을 일으켰다. 비담의 반란은 김춘추와 김유신에 의해 진압되었으나, 선덕여왕은 반란의 소용돌이 속에서 세상을 떠났다.

선덕여왕 때 세운 분황사의 모전 석탑(왼쪽). 선덕여왕 때 만든 별을 관측하던 첨성대(오른쪽)

함께 보아요

* **분황사** : 신라 634년(선덕여왕 3)에 세워진 절로, 경상북도 경주시 구황동에 있다. 한때 원효가 머물던 큰 절이었으나, 지금은 절 한 동과 불상, 분황사 석탑, 우물터가 남아 있다.

* **자장율사**(?~?. 성은 김씨. 이름은 선종) : 신라 진골 출신의 승려로, 황룡사 9층탑을 세웠다. 일찍이 부모를 여의고 원녕사를 세워 승려가 된 뒤, 636년(선덕여왕 5) 10여 명의 제자와 함께 당나라에 건너가 불경을 공부하고 대장경과 불법에 필요한 물건을 가지고 귀국하였다. 분황사 주지를 지냈고, 645년 통도사를 지었으며, 전국에 10여 개의 불탑을 세워 불교를 널리 퍼뜨렸다. 나이 들어서는 강릉에 수다사를 짓고, 태백산에 정암사를 세운 뒤 그 곳에서 죽었다.

* **첨성대** : 국보 제 31호로, 신라 선덕여왕 때 세운 동양에서 현존하는 가장 오래 된 천문대이다. 경상북도 경주시 인왕동리에 있으며, 화강석으로 둥글게 쌓아올렸는데, 밑면의 둘레가 4.93m이고, 위의 둘레는 2.85m이며, 높이가 9.17m이다.

* **황룡사** : 경상북도 경주시 구황동에 있었던 사찰로, 553년(진흥왕 14) 왕명으로 짓기 시작하여 17년 만인 645년(선덕여왕 14)에 완공되었다. 자장율사의 건의에 따라 신라 3대 보물의 하나인 9층 목탑을 645년에 세웠다. 진흥왕이 새 궁궐을 월성 동쪽에 세우려 했으나, 그곳에서 누런 용이 하늘로 올라갔다. 그것을 보고 궁궐을 짓는 공사를 중지하고 절을 짓게 한 뒤 '황룡사'라는 이름을 붙였다. 역대 왕들이 자주 찾았던 신라 최고의 절로, 고려 시대에도 깊은 숭상과 보호를 받았으나, 1238년(고종 25) 몽골군의 침입으로 탑은 물론 모든 건물이 불타 버려 지금은 터만 남아 있다.

| 임진왜란이라는 국난을 몸소 겪은 조선 제14대 왕 | **선조** (宣祖, 1552~1608) | 재위 기간 : 1567~1608
초명은 균. 이름은 공
시호는 소경 |

선조는 1552년(*명종 7) 덕흥 대원군 이초의 셋째 아들로 태어나, 명종의 사랑을 한몸에 받으며 자라나 하성군에 봉해졌다. 선조는 1567년 명종이 아들이 없이 세상을 떠나자 왕위에 올랐다.

선조는 즉위 초, 학문에 힘쓰는 한편 이황과 이이 등 인재를 발굴하여 어진 정치를 펼치며, 『윤선록』, 『근사록』, 『심경』, 『삼강행실』 등을 펴내 유교를 장려하였다. 선조는 1575년 관리 임명 문제를 놓고 벌어진 *김효원과 *심의겸의 다툼으로 사림파 동인과 서인으로 나뉘어 다투자, 이를 막고자 애썼다. 그러나 당파 싸움은 더욱 심해져 나라를 위기로 몰아넣었다. 선조는 일본의 사정을 살피기 위해 1590년 통신사를 일본에 보냈다. 이때 통신사로 갔던 서인 *황윤길은 일본이 쳐들어 올 것이다, 동인 김성일은 일본이 쳐들어오지 않는다고 보고하였다. 당시 조정을 장악하고 있던 동인에 의해 김성일의 주장이 받아들여졌고, 조정은 일본의 침입에 대비하지 않았다.

결국 1592년(선조 25년) 임진왜란이 일어났다. 왜군은 허술한 조선의 방어망을 뚫고 20일 만에 도성 한양을 점령하였다. 도성 한양을 포기하고 개성과 평양을 거쳐 의주로 피란한 선조는 명나라에 도움을 요청하는 한편, 세자 광해군에게 의병을 모으고 군량을 조달케 하였다. 이때 전국에서 일어난 의병이 왜군을 물리치고, 이순신이 이끄는 수군은 바다를 장악하여 왜군의 보급로를 끊었다. 이에 기운을 차린 관군은 명나라 군과 함께 평양성을 되찾았으며, 권율은 행주대첩을 이끌어냈다. 왜군은 전세가 불리해지자 강화를 조건으로 서울에서 철수했고, 1593년 10월 선조는 도성 한양으로 돌아왔다. 그러나 1597년 강화 협상이 결렬되자, 왜군이 다시 쳐들어와 정유재란이 일어났다.

선조는 훈련도감을 설치하여 군사를 훈련시키는 한편, 항복한 왜군으로부터 조총을 쏘는 법과 탄환을 만드는 기술을 배우게 하였다. 선조는 왜군을 물리치는 데 공을 세운 사람에게 상과 관직을 내림으로써 하층민들 가운데 공을 세워 양반 신분을 얻은 사람이 생겨났다. 이것은 조선 후기 신분 변화에 큰 영향을 끼쳤다. 또 7년 동안 전쟁으로 땅이 황폐해지고 흉년으로 굶주리는 백성이 늘어나자 복구 사업에 힘을 기울였다. 그러나 선조는 더욱 심해진 당파 싸움으로 시련을 겪다가 1608년 세상을 떠났다.

선조의 순의비

함께 보아요

* **김효원**(1532~1590. 자는 인백. 호는 성암) : 조선 중기의 문신으로, 조식과 이황에게서 학문을 배웠다. 이조 좌랑에 천거되었으나 심의겸의 반대에 부딪쳤고, 이때 서로 반목하여 당파 싸움의 계기를 만들었으며, 이이 등의 조정으로 여러 지방 관직을 거쳤다. 뒤에 자신으로 인해 당파 싸움이 일어난 것에 대한 책임을 느끼고 세상일에는 입을 열지 않았다. 지은 책으로 『성암집』이 있다.

* **명종**(1534~1567. 이름은 환. 자는 대양. 시호는 공헌) : 조선 제13대 왕으로, 중종의 둘째 아들이다. 1545년(인종 1) 경원 대군에 책봉되었고, 인종의 뒤를 이어 왕위에 올랐으나, 문정왕후가 수렴청정을 하면서 윤원형 일파가 정권을 잡았다. 문정왕후가 죽은 뒤 윤원형을 숙청하고 직접 나랏일을 보았다. 1551년에는 권문세가들이 불법으로 빼앗은 토지를 몰수하여, 이를 공정하게 재분배하는 등 치안·국방·문화·경제 개혁 등을 위해 애썼다.

* **심의겸**(1535~1587. 자는 방숙. 호는 손암, 간암) : 조선 중기의 문신으로, 명종의 왕비인 인순왕후의 동생이다. 이황에게서 학문을 배웠고, 병조 좌랑 등 여러 벼슬을 거쳤다. 이조 정랑에 추천된 김효원을 윤원형에게 아부하였다 하여 반대함으로써 당파 싸움의 계기를 만들었다. 1580년 함경도 관찰사로 있을 때 정인홍의 탄핵을 받았으나 이이의 변호로 화를 면하였다. 이이가 죽은 뒤 서인이 몰락하자, 벼슬에서 쫓겨났다.

* **황윤길**(1536~?. 자는 길재. 호는 우송당) : 조선 중기의 문신으로, 황희의 5대손이다. 정언 등을 거쳐 병조 참판에 이르렀다. 1590년 통신사로 일본에 다녀와 반드시 일본이 쳐들어올 것이라고 보고하였다. 그러나 당시 집권 세력이었던 동인 김성일의 반대 의견이 받아들여졌다. 임진왜란이 일어나자, 선조는 그의 의견을 따르지 않은 것을 크게 후회하였다고 한다. 또한 일본에서 돌아올 때 조총 두 자루를 가져와 나라에 바쳤지만, 그것을 개발하지 않은 채 임진왜란을 맞았다고 한다.

성삼문
(成三問, 1418~1456)

단종의 복위를 위해 목숨을 바친 선비 정신의 으뜸으로 꼽히는 충신

자는 근보, 눌옹
호는 매죽헌. 시호는 충문

성삼문은 1418년(태종 18) 충청남도 홍성에서 성승의 아들로 태어났다. 성삼문이 태어나려고 할 때 공중에서 '낳았느냐?' 하고 세 번 묻는 소리가 들려와 이름을 '삼문'으로 지었다고 한다.

성삼문은 1438년(세종 20) 문과에 급제하고, 1447년 다시 장원급제하여 집현전 학사, 수찬 등에 올랐다. 성삼문은 세종 대왕의 명을 받아 신숙주와 함께 『예기대문언독』을 펴냈고, *경연관이 되어 좋은 의견을 많이 내놓아 세종 대왕의 아낌없는 사랑을 받았다. 성삼문은 1442년 박팽년, 신숙주, *하위지, 이석정 등과 삼각산 진관사에서 사가독서를 하였다.

성삼문은 훈민정음을 만들 때, 정음청에서 정인지, 최항, 박팽년, 신숙주, 강희안, *이개 등과 함께 세종 대왕을 도왔다. 이때 성삼문은 신숙주 등과 함께 당시 랴오둥에 유배되어 있던 명나라의 한림 학사 황찬을 열세 번이나 찾아가 음운에 대해 배웠고, 다시 명나라에 건너가 음운에 대해 연구하고 돌아왔다. 그리하여 세종 대왕은 마침내 1443년 훈민정음을 완성하고, 1446년 9월 29일 반포하였다.

1450년 세종이 세상을 떠나고, 문종마저 2년 만에 세상을 떠나자, 1452년 단종이 열두 살 어린 나이에 왕위에 올랐다. 이듬해 계유정난을 일으켜 김종서, 황보인 등을 죽이고 권력을 잡은 수양 대군은 마침내 1455년 단종을 폐위시키고 왕위에 올랐다. 이때 집현전 부제학, 예조 참의를 거쳐 예방 승지로 있던 성삼문은 국새를 안고 통곡하였다.

성삼문은 세조(수양 대군)에 반대하여 아버지 성승과 박팽년, 박중림, *유응부, 허조, 권자신, 이개, *유성원 등과 함께 단종을 복위시키기로 계획하였다. 성삼문은 이듬해 세조가 상왕인 단종과 함께 창덕궁에서 명나라 사신을 위한 잔치를 베풀기로 하자, 그 날을 거사일로 정했다. 그러나 함께 복위 계획을 세웠던 김질이 실패할 것을 두려워하여 세조에게 그 사실을 알리고 말았다.

성삼문은 이개, 하위지, 유응부 등과 함께 붙잡혀 모진 고문과 세조의 회유에도 굴하지 않고, 세조를 '진사'라 부르며, 단종에 대한 충절을 지키다가 사형을 당하였다. 이때 아버지 성승을 비롯하여 세 동생과 네 아들까지 모두 목숨을 잃었다. 지은 책으로 『성근보집』이 있다.

성삼문의 글씨(위). 성삼문의 묘(아래)

> **함께 보아요**
>
> ∗ **경연관** : 고려와 조선 시대 때 국왕의 학문을 지도하고 바른 정치의 도리를 강론하기 위해 설치한 경연의 관리로, 학문과 인품이 뛰어난 문관이 맡았다.
>
> ∗ **유성원**(?∼1456. 자는 태초. 호는 낭간. 시호는 절의, 충경) : 조선 전기의 문신으로, 사육신의 한 사람이다. 1444년(세종 26) 문과에 급제하여 저작랑에 올라『의방유취』를 편찬하였고, 집현전 학사로 세종의 총애를 받았다. 1456년(세조 2) 성삼문 등과 단종 복위를 계획했다가 탄로나자 자결하였다.
>
> ∗ **유응부**(?∼1456. 자는 신지, 선장. 호는 벽량. 시호는 충목) : 조선 전기의 무신으로, 사육신의 한 사람이다. 무과에 급제하여 세종과 문종의 사랑을 받으며 첨지 중추원사, 평안도 절제사를 거쳐 동지 중추원사가 되었다. 성삼문, 박팽년 등과 단종 복위를 계획하고, 명나라 사신을 위한 연회에서 세조를 살해하는 임무를 맡았으나, 김질의 배신으로 붙잡혀 혹독한 고문을 받고 죽음을 당하였다.
>
> ∗ **이개**(1417∼1456. 자는 청보, 백고. 호는 백옥헌. 시호는 의열, 중간) : 조선 전기의 문신으로, 사육신의 한 사람이며, 시와 문장이 훌륭하고 글씨도 잘 썼다. 1436년(세종 18) 문과에 급제하고, 1441년 저작랑으로 『명황계감』을 편찬하였으며, 훈민정음의 창제에도 참여했다. 1456년(세조 2) 성삼문, 박팽년 등과 단종의 복위를 꾀하다가 발각되어 처형되었다.
>
> ∗ **하위지**(1412∼1456. 자는 천장, 중장. 호는 단계, 연풍. 시호는 충렬) : 조선 전기의 문신으로, 사육신의 한 사람이다. 1438년 식년문과에 장원하여 사가독서를 하고, 1444년 집현전 부교리가 되어『오례의주』상정(詳定)에 참여하였고, 1451년(문종 1) 집현전 직제에 등용되어『진설』과『역대병요』의 편찬에 참여하였다. 1456년(세조 2) 성삼문 등과 단종 복위를 꾀하다가 김질의 밀고로 붙잡혀 모진 고문을 받고 죽었다.

성종
(成宗, 960~997)

새로운 정치 체제를 정비한 고려 최고의 명군

재위 기간 : 981~997
이름은 치. 자는 온고
시호는 문의

성종은 태조 왕건의 손자로, 960년(광종 11) 대종 욱과 선의태후 유씨의 둘째 아들로 태어났다. 성종은 981년 병세가 위독한 경종으로부터 왕위를 이어받아, 고려 시대 역대의 왕 중 드물게 보는 명군으로서 많은 업적을 남겼다.

성종은 즉위 이듬해 5품 이상의 중앙 관리에게 당시 정치에 대한 봉사를 올리게 하였다. 이때 유학자 최승로가 시무 28조를 올렸다. 성종은 최승로의 시무 28조를 바탕으로 유교를 국가의 지도 원리로 삼아 국가 체제 정비에 힘을 기울이는 한편 *김심언의 봉사에 따라 중앙과 지방 관리의 복무 태도를 확립하였다.

성종은 먼저 지방 제도를 정비하였는데, 983년 고려 건국 후 처음으로 지방에 12목을 설치하고 지방관을 파견하였다. 이어 경학 박사와 의학 박사를 각각 1명씩 파견하여 지방의 교육을 맡아 보게 하는 한편, 유학이나 의술이 있는 인물들을 중앙에 추천하도록 하는 등 지방 행정 기능을 크게 향상시켰다. 이어 995년에는 당나라의 10도제를 받아들여 10도제를 실시하였다.

성종은 중앙 관제 개혁에도 힘을 기울였다. 982년부터 이듬해까지 중앙에 내사문하성과 어사도성을 두고, 어사도성 밑에 선관·병관·민관·형관·예관·공관의 6관을 두어 나라를 다스렸다. 이어 995년 당나라 제도를 모방하여 중앙을 *3성 6부제로 바꾸었고, 언론을 맡은 *사헌부와 군국의 기밀 기관인 *중추원을 설치했는데, 이것은 고려 중앙 관제의 밑바탕이 되었다. 성종은 이와 같이 중앙 및 지방 관제를 정비함으로써 중앙 집권적인 봉건 제도를 확립하였다.

993년 고려의 북진 정책과 송나라와의 외교 관계를 트집잡아 거란족이 세운 요나라가 쳐들어왔다. 이때 성종은 서경 이북 땅을 거란에게 떼어 주고 강화하자는 대신들의 주장을 물리치고, 서희의 의견을 받아들여 거란과 싸울 것을 결정하였다. 이어 서희를 거란군의 진영에 보내 소손녕과 담판을 벌여 거란군을 물러가게 하는 한편, 압록강 동쪽 3백여 리에 걸친 땅을 얻었다. 성종은 994년 서희를 시켜 그 곳에 살고 있던 여진족을 몰아 내고 성을 쌓았는데, 이것이 바로 강동 6주이다.

성종은 997년 병세가 위독해지자 조카인 개령군 송(*목종)에게 왕위를 물려주고, 내천왕사에 머물다가 그 곳에서 세상을 떠났다.

함께 보아요

* **김심언**(?~1018. 시호는 문안) : 고려 전기의 문신으로, 성종 때 문과에 급제하여, 우보궐 겸 기거주에 올랐다. 990년(성종 9) 봉사를 올려 6정 6사(六正六邪)와 한나라 자사 6조에 따른 중앙과 지방 관리의 복무 태도 확립과 서경에 사헌 한 명을 두어 관리들을 감찰할 것을 건의했다. 현종 때 우산기상시에 오르고, 예부 상서, 내사 시랑 평장사를 거쳐 서경 유수를 지냈다.

* **목종**(980~1009. 이름은 송. 자는 효신. 시호는 선양) : 고려 제7대 왕으로, 경종과 헌애왕후 황보씨의 맏아들로 태어났다. 990년(성종 9) 개령군에 봉해진 뒤, 997년에 성종의 뒤를 이어 즉위하였다. 관리의 봉급 제도인 전시과를 개정하고 학문을 장려하는 등 업적을 남겼다. 강조의 정변으로 폐위되어 충주로 가는 도중에 시해되었다.

* **사헌부** : 고려와 조선 시대에 시정을 논의하고, 백무백관을 규찰하며, 기강과 풍속을 바로잡고, 억울한 일을 없애 주는 일 등을 맡아 보던 관청이다.

* **3성 6부** : 고려 시대의 중앙 행정 체제로, 제6대 성종 때 설치하였다. 성종은 995년 중앙 행정 기구를 재편성하여 내사성(중서성), 문하성·상서성의 3성을 두고, 그 밑에 이부·호부·예부·병부·형부·공부의 6부를 두어 나랏일을 나누어 보게 하였다.

* **중추원** : 고려 시대 때 군사에 관한 일과 국왕의 명령을 전하거나 보고하는 일을 비롯하여 숙위를 담당하던 중앙 관직으로, 991년(성종 10)에 설치되었다.

| 『경국대전』을 완성하고 조선의 문물 제도를 확립한 명군 | # 성종 (成宗, 1457~1494) | 재위 기간 : 1469~1494 이름은 혈. 시호는 강정 |

성종은 세조의 손자로, 1457년(세조 3) 추존왕 *덕종과 *소혜왕후 한씨의 둘째 아들로 태어났다. 성종은 어려서부터 성품이 뛰어났으며, 도량이 넓고 글씨와 그림뿐만 아니라 활솜씨도 뛰어나 세조의 사랑을 한몸에 받았다. 성종은 1461년(세조 7)에 자산군에 책봉되고, 1468년에 잘산군으로 개봉되었다.

성종은 1469년 13세로 예종의 뒤를 이어 왕위에 올랐고, 7년간 할머니 *정희대비(세조의 비)가 수렴청정을 하였다. 성종은 1476년부터 직접 나라를 다스리기 시작하였는데, 세종과 세조가 이룩한 업적을 바탕으로 하여 빛나는 문화 정책을 펴나갔다.

성종은 고려 때부터 조선 초기까지 100여 년간에 걸쳐 반포된 여러 법전, 교지, 조례, 관례 등을 총망라하여 세조 때부터 편찬하여 오던 *『경국대전』을 계속 보완한 끝에 1485년 반포하였다. 이어 1492년 『대전속록』을 완성함으로써 조선의 법제를 갖추었다.

성종은 불교를 배척하여 도승법을 폐지하고 승려들을 엄격하게 통제하는 한편, 유학을 숭상하여 선비들에게 학문을 장려하였다. 학문 교육 기관인 성균관과 향교에 토지와 서적을 나누어 주는 한편, 성균관에 존경각을 지어 경전을 보관하게 하였으며, 양현고를 세웠다. 이어 세조 때에 없앤 집현전을 대신하여 홍문관을 설치해 학술과 언론을 담당하게 하였다. 또 용산 두무포에 독서당을 짓고 젊은 관리들에게 휴가를 주어 독서와 글을 쓰게 하는 사가독서를 실시하였다. 성종은 서적 간행에도 힘써 『동국여지승람』, *『동국통감』, 『동문선』, 『오례의』, 『악학궤범』 등을 펴내는 등 다양한 책을 펴냈다.

또 성종은 김종직과 같은 사림파를 과감하게 등용함으로써 훈구파와의 세력 균형을 통해 왕권을 안정시켰다. 성종은 국방에도 힘써 1479년 윤필상을 도원수로 삼아 압록강 건너 건주위(명나라가 여진족을 통제하기 위해 설치한 기관)에 있는 여진족의 본거지를 토벌하였다. 이어 1491년에는 *허종을 도원수로 삼아 두만강을 건너 여진족을 토벌하였다.

이로써 성종은 태조 이후 닦아온 조선의 정치·경제·사회·문화적 기반과 체제를 완성시킨 명군이 되었다.

서울특별시 강남구 삼성동의 선정릉에 있는 성종 대왕릉

함께 보아요

* **『경국대전』** : 조선 시대의 기본 법전으로, 세조의 명을 받은 최항, 노사신 등이 편찬하기 시작하여 여러 차례 수정·보완 작업을 거쳐 성종 때인 1485년에 완성되어 실시되었다. 조선 초기까지 100여 년간에 걸쳐 반포된 여러 법전, 교지, 조례, 관례 등을 총망라하여 6전 체제를 갖추었다.
* **덕종**(1438~1457. 이름은 장. 자는 원명. 시호는 의경) : 세조의 큰아들로 성종의 아버지이며, 비는 한확의 딸 소혜왕후 한씨이다. 1445년(세종 27) 도원군이 되었고, 1455년(세조 1) 세자에 책봉되었으나, 3년 뒤 병으로 세상을 떠났다. 1471년 성종이 덕종으로 추존되었다.
* **『동국통감』** : 1484년 성종의 명을 받아 서거정, 정효항 등이 펴낸 역사책이다. 삼국 시대부터 시작하여 고려 때까지 1,400여 년 동안의 역사적 사실을 기록하였다. 56권 26책으로 되어 있다.
* **소혜왕후**(1437~1504. 성은 한씨) : 조선 덕종의 왕비로, 좌의정 한확의 딸이다. 1455년에 수빈으로 책봉된 뒤, 아들 성종이 왕위에 올라, 의경 세자를 덕종으로 추대하자 인수대비에 책봉되었다. 부녀자의 예의범절을 가르치기 위하여 『여훈』을 펴냈다.
* **정희대비**(1418~1483. 성은 윤씨) : 세조의 왕비로 윤번의 딸이다. 1428년(세종 10) 수양 대군과 결혼하여 낙랑 부대 부인이 되었고, 1455년 세조가 왕위에 오르자 왕비에 책봉되었다. 1469년부터 7년 동안 어린 성종을 대신하여 나랏일을 보았다.
* **허종**(1434~1494. 자는 종경, 종지. 호는 상우당. 시호는 충정) : 조선 초기의 문신으로, 평안도 도절제사 등을 거친 뒤 1467년 이시애의 난을 토벌하여 양천군에 봉해졌다. 1491년 평안도 관찰사로 여진족을 토벌하여 우의정이 되었고, 1488년 서거정 등과 함께 『향약집성방』을 우리말로 옮겼다.

| 계유정난을 일으켜 조카 단종을 몰아 내고 왕위에 오른 왕 | # 세조
(世祖, 1417~1468) | 재위 기간 : 1455~1468
이름은 유. 자는 수지
시호는 혜장 |

세조는 1417년(태종 17) 세종의 둘째 아들로 태어나, 1445년(세종 27) 수양 대군에 봉해졌다. 세조는 대군으로 있으면서 세종의 명을 받아 궁궐 안에 불당을 짓고, 불경을 우리말로 옮기기도 했다.

세조는 1452년 조카 단종이 12세로 왕위에 오르면서 *김종서, 황보 인 등 대신들의 권한이 강해지자, 왕권 약화를 염려해 권람, 한명회 등과 정변을 계획하였다. 이듬해 세조는 정변을 일으켜 정승 김종서, 황보 인 등을 죽이고, 동생 안평 대군마저 강화도에 귀양을 보냈다가 사약을 내려 죽이고 권력을 잡았다. 세조는 1455년 어린 단종을 위협해 왕위를 빼앗았다.

1456년 성삼문 등 집현전 학사들이 중심이 된 단종 복위 사건이 드러나자, 이 사건에 관련된 사람들을 모두 죽이고, 집현전을 없앴다. 또 단종을 노산군으로 낮추어 영월로 귀양을 보냈다가 죽였다.

세조는 비록 어린 조카로부터 왕위를 빼앗긴 했지만 정치·사회·국방·문화에 걸쳐 많은 업적을 남겼다. 세조는 먼저 의정부 서사제를 6조 직전제로 고쳐 대신들의 권한을 제한하고 왕권을 강화하였다. 또 *호패법을 실시하여 백성들의 실태를 파악하고, 남부 지방 3도에 *상평창을 실시하였다. 세조는 국방 강화를 위해 각 군영에 둔전을 실시하고, 지방에 관리를 파견하여 군적에 빠진 장정들을 조사하였다.

세조는 농업을 장려하여, *최항 등에게 『잠서』, 『금양잡록』, 『사시찬요』 등의 농업에 관한 책을 펴내는 한편, 왕실에도 잠실을 두어 잠업을 배우도록 하였다. 세조는 서적 편찬에도 힘을 기울여 춘추관에 명하여 『문종실록』을 펴내고, 역대 왕의 치적을 모은 『국조보감』을 비롯해 나라가 안정됨에 따라 왕조 정치의 기준이 될 『경국대전』을 편찬하기 시작했고, 국민 윤리서인 『오륜록』, 『역학계몽도해』, 『주역구결』, 『대명률강해』, 『금강경언해』 등 여러 서적들을 펴냈다. 또 불교를 숭상하여 *간경도감을 설치하여 『원각경』 등 불경을 펴내고, 원각사를 지었다.

세조는 1467년 *이시애의 난을 겪기도 했으나 강순, 남이 등을 보내 난을 평정하였다. 또 왜인에게는 식량 등 필요한 물자를 주어 달래는 한편, 여진족은 군사를 보내 토벌하는 강경책을 썼다. 또한 1467년에는 명나라의 요구에 따라 강순, 남이 등을 보내 건주위의 여진족을 토벌하였다.

세조가 목욕을 했다는 약수터(왼쪽 위). 세조의 글씨를 모아 놓은 어첩(오른쪽 위). 세조가 묻힌 광릉(왼쪽 아래). 세조가 주로 다녔던 사찰의 대웅전(오른쪽 아래)

함께 보아요

* **간경도감** : 1457년 불교에 대한 신앙심이 깊었던 세조가 불경을 우리말로 편찬하기 위하여 설치한 관청이다.
* **김종서**(1390~1453. 자는 국경. 호는 절재. 시호는 충익) : 조선 전기의 문신으로, 1405년(태종 5) 문과에 급제하여 사간원 우정언, 지평 등을 거쳐, 함길도(함경도) 도관찰사에 올라 여진족을 물리치고 6진을 개척하였다. 김종서는 『고려사』와 『세종실록』을 편찬하였고, 1453년 좌의정으로 어린 단종을 보필하다가 계유정난 때 수양대군에게 두 아들과 함께 죽임을 당했다.
* **상평창** : 물가를 조절하기 위하여 설치했던 관청으로, 고려 성종 대인 993년 처음 설치되었다. 쌀이나 면포 등 생활 필수품을 값이 내렸을 때 사들였다가, 물가가 오를 때 싸게 팔아 물가를 조절하였다. 1608년 선혜청으로 이름을 바꾸었다.
* **이시애의 난** : 1467년 함경도의 호족 이시애가 세조가 중앙 집권제를 강화하기 위해 북도 출신의 수령의 임명을 제한하고, 중앙에서 관리를 파견한 데 불만을 품고 일으킨 반란이다. 그는 함길도 정도사와 길주 목사를 죽이고, '남도의 군대가 바다와 육지로 쳐올라 와 함길도 군민을 다 죽이려 한다.'고 선동하였다. 반란은 조정에서 파견한 허종, 강순, 남이 등이 이끄는 관군에 의해 진압되었다.
* **최항**(1409~1474. 자는 정보. 호는 태허정, 동량. 시호는 문정) : 조선 초기의 문신이자 학자로, 집현전 부수찬 등을 거쳐 정인지, 박팽년 등과 함께 한글을 창제하는 데 참여하였다. 『용비어천가』, 『동국정운』, 『훈민정음 해례』, 『용비어천가보수』 등을 펴냈고, 조선의 법률과 제도를 집대성한 『경국대전』을 편찬하였으며, 우의정, 좌의정을 거쳐 영의정에 올랐다.
* **호패법** : 조선 시대 때 백성들의 신분이나 숫자를 파악하기 위해 호패(오늘날의 주민등록증)를 지니고 다니도록 한 제도이다. 조선 태종 때 실시되었다가 한때 폐지되었으나, 1458년(세조 4) 다시 실시되어 조선 말까지 시행되었다.

세조 137

04 일화 이야기로 보는 역사 인물

 서산 대사가 사명 대사를
제자로 삼게 된 사연

서산 대사는 임진왜란이 일어나기 전 묘향산에서 불도를 닦고 있었습니다. 어느 날 서산 대사가 한 제자에게 말했습니다.
"오늘 장안사에서 손님 한 사람이 날 찾아올 걸세. 그러니 자네가 마중을 좀 나가 주게."
"스님, 한 번도 만나 보지 못한 제가 어찌 그 분을 알아보고 모셔올 수 있겠습니까?"
"그 사람은 시냇물을 거슬러 올라가게 하며 올 것이니 곧 알아볼 수 있을 것이네."
제자는 고개를 갸우뚱하며 마중을 나갔어요. 시냇물을 따라 십여 리쯤 내려가던 제자는 깜짝 놀랐어요. **서산 대사가 말한 대로 시냇물이 거슬러 올라가고 있었던 것이에요.** 그때 저만치 산을 오르고 있는 한 스님이 보였어요.
'음, 저 분이 바로 스승님이 말씀하신 그 손님이시구나.'
제자는 그 스님이 가까이 오자, 인사를 했습니다.
"스님, 저희 큰 스님을 찾아 장안사에서 오시는 스님이 맞으시지요?"
그 스님은 깜짝 놀랐어요. 자신이 서산 대사를 찾아간다는 사실을 아무에게도 알리지 않았는데, 마중을 나왔기 때문이지요.
그 스님은 바로 사명 대사였어요. 사명 대사는 금강산 장안사에서 불도를 닦고 있었는데, 자신이 조선에서 제일 가는 도승이라고 생각하고 있었습니다. 그러던 어느 날, 사명 대사는 평안남도 묘향산에 있는 서산 대사의 도술이 자신보다 뛰어나다는 말을 듣게 되었어요. 사명 대사는 서산 대사와 도술을 겨루기 위해 묘향산으로 서산 대사를 찾아갔던 거예요.
그러나 사명 대사는 곧 놀란 표정을 감추고 태연하게 말했어요.
"아니, 이렇게 수고를 끼쳐 미안하오."

재미있게 읽고 나면 역사가 쏙쏙

　절에 도착한 사명 대사는 자신을 맞기 위해 방문을 나서는 서산 대사를 보았습니다. 사명 대사는 재빨리 날아가는 참새 한 마리를 잡고는 서산 대사에게 물었습니다.
　"이 참새는 죽겠는가? 살겠는가?"
　그때 발 하나를 방 밖으로 내밀던 서산 대사는 그대로 멈춘 채 사명 대사에게 되물었어요.
　"나는 지금 나가겠는가? 아니면 들어가겠는가?"
　서산 대사는 사명 대사가 방 안에 자리를 잡자, 그릇에 물을 떠 가지고 왔습니다. 그러고는 그 안에 큰 물고기 몇 마리를 넣어 사명 대사 앞에 내놓았어요.
　"우리는 중이라서 고기를 먹지 못하나, 먹었다가 산 채로 다시 내어 놓는다면 아무 상관이 없을 것이오."
　서산 대사가 먼저 물고기를 입에 넣었다가 다시 물 속에 내놓자, 그 물고기는 곧 헤엄치기 시작했습니다. 이윽고 사명 대사도 물고기를 입에 넣었다가 내놓았지만, 물고기는 전혀 움직이지 않았습니다. 물고기는 이미 죽었던 것이지요.
　그 다음에 겨루기는 달걀 쌓기였어요. 사명 대사는 땅 위에서부터 차근차근 달걀을 쌓아 나갔습니다. 그런데 이게 어찌된 일입니까? 서산 대사는 공중에서부터 거꾸로 달걀을 쌓아 내려 오는 것이 아니겠어요.
　또 바늘 먹기 시합을 벌였지만, 사명 대사는 서산 대사에게 지고 말았습니다. 그때부터 사명 대사는 서산 대사를 스승으로 모셨다고 합니다.

세종 대왕

우리나라 역사상 가장 위대한 업적을 남긴 성군

(世宗大王, 1397~1450)

재위 기간 : 1418~1450
이름은 도, 자는 원정
시호는 장헌

세종 대왕은 1397년(태조 6) 태종과 원경왕후 민씨의 셋째 아들로 태어났다. 1408년 충녕군에 봉해진 뒤 심온의 딸(소헌왕후)과 결혼하였고, 1412년 충녕 대군에 봉해졌다. 세종 대왕은 1418년 세자인 형 *양녕 대군이 폐위되자, 세자에 책봉되어 그 해 태종의 양위를 받아 왕위에 올랐다. 세종 대왕은 정치·경제·문화면에 뛰어난 업적을 쌓아 수준 높은 민족 문화를 창조하고 발달시킴으로써 조선 왕조의 기틀을 다졌다.

세종 대왕은 중앙 집권 체제를 운영하기 위하여 1420년 집현전을 설치하여 의정부의 권한을 견제했고, 황희와 맹사성 같은 청백리를 등용하여 왕권과 신권을 조화시켜 나갔다. 또 집현전을 왕립 학술 기관으로 확장하여 변계량, 신숙주, 정인지, 성삼문, 최항 등 학자를 등용하여 정치 자문과 왕실의 교육, 서적 편찬 등 이상적 유교정치를 구현하였다.

또 정음청을 설치하여 성삼문, 신숙주, 최항 등 집현전 학자들과 함께 오랜 연구 끝에 1443년 훈민정음을 만들어 1446년에 반포하였다. 훈민정음은 세종 대왕이 남긴 문화유산 가운데 가장 빛나는 것일 뿐만 아니라 우리 민족의 가장 훌륭한 문화유산이다.

세종 대왕은 학문을 장려하기 위해 『삼강행실』, 『효행록』, 『치평요람』, 『용비어천가』 등 많은 책을 펴냈고, 서적 편찬을 위해 경인자, 갑인자, 병진자 등 활자를 개발하였다. 또 세종 대왕은 과학기술에도 큰 관심을 가져 이천, 장영실 등으로 하여금 세계 최초의 측우기를 만들도록 하여 이를 전국에 설치했다. 이어 *혼천의, 해시계, 물시계 등 많은 과학기구를 발명하였다.

세종 대왕은 국방과 영토 확장에도 힘을 쏟아, 1419년 *이종무를 시켜 왜구들의 소굴인 쓰시마를 정벌하고, 1433년에는 *최윤덕을 보내 압록강 유역의 여진족을 토벌하고 *4군을 설치하였으며, 1437년에는 김종서를 보내 두만강 유역에 *6진을 설치하였다.

세종 대왕은 백성들의 생활 안정에도 힘을 기울여 농사서인 『농사직설』과 의학서인 『향약채집월령』, 『향악집성방』, 『의방유취』 등을 펴냈다. 또 세종 대왕은 음악에도 관심을 기울여 박연에게 아악을 비롯한 기존의 모든 악보를 정리하게 하였다.

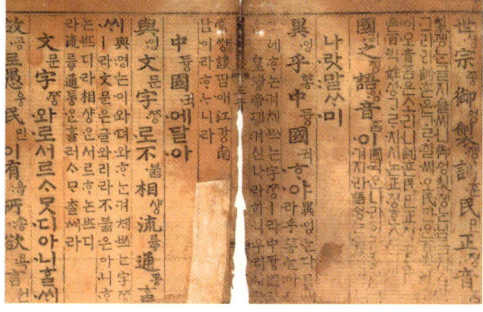

경기도 여주에 있는 세종 대왕릉인 영릉 (위). 세종 대왕이 만든 훈민정음 언해본 (왼쪽 아래). 덕수궁에 있는 세종 대왕상 (오른쪽 아래)

함께 보아요

✻ **4군** : 조선 세종 때인 1433년 여진족이 여연군 남서부 지역을 침범하자, 최윤덕을 보내 여진족을 몰아 내고 압록강 상류 지역에 설치한 4개의 군으로, 4군은 여연·자성·무창·우예이다. 4군은 두만강 유역의 6진과 더불어 국방의 중요한 역할을 하였다.

✻ **양녕 대군**(1394~1462. 이름은 제. 자는 후백. 시호는 강정) : 태종의 맏아들로, 1404년(태종 4) 세자에 책봉되었으나, 성격과 행동이 바르지 못하다 하여 1418년 폐위되었다. 그 뒤 전국을 돌며 풍류객들과 사귀다 일생을 마쳤다. 세종과 우애가 깊었으며, 시와 글씨에 뛰어났다.

✻ **6진** : 조선 세종 때 동북 방면 여진족의 침입에 대비하여 두만강 하류 지역에 설치한 종성·온성·회령·경원·경흥·부령 등 여섯 개의 진을 말한다. 1433년(세종 15) 세종의 명을 받은 함경도 도절제사 김종서가 두만강 유역의 혼란을 수습하고, 그 지방을 다스리기 위하여 6진을 설치하였다.

✻ **이종무**(1360~1425. 시호는 양후) : 조선 초기의 무신으로, 1381년(우왕 7) 강원도에 침입한 왜구를 물리치고, 1397년(태조 6) 옹진에 침입한 왜구를 물리쳤다. 첨절제사, 상장군 등을 거쳐 1419년 삼군 도체찰사에 올라 전함 227척을 이끌고 쓰시마를 정벌하였다. 그 공으로 찬성사에 올랐으나, 불충한 김충 등을 정벌군에 참가시켰다는 대간들의 탄핵을 받아 상원으로 귀양을 갔다가 이듬해 풀려났다. 1422년 사은사로 명나라에 다녀왔다.

✻ **최윤덕**(1376~1455. 자는 백수, 여화. 호는 임곡. 시호는 정렬) : 조선 초기의 무신으로, 동북면 조전병마사 등을 거쳐 1413년 여진족들을 정벌하였고, 1419년 이종무와 함께 쓰시마를 정벌하였다. 1433년(세종 15) 함길도 여연에 침입한 여진족을 물리치고 4군을 설치한 공으로 우의정에 올랐고, 1435년 좌의정에 올랐다.

✻ **혼천의** : 천체의 움직임과 그 위치를 측정하여 천문 시계 역할을 했던 관측 기구로, '선기옥형', '혼의', '혼의기'라고도 부른다. 1433년(세종 15) 정인지 등이 고전을 조사·연구하고 이천, 장영실 등이 만들었다. 이때부터 천문학의 기본 기구로서 조선 시대 천문 역법의 표준 시계와 같은 구실을 하였다.

| 우리나라 최초로 불교를 공인하고 고대 국가 체제를 확립한 고구려의 왕 | # 소수림왕
(小獸林王, ?~384) | 재위 기간 : 371~384
이름은 구부. 소해주류왕, 해미류왕이라고도 함 |

소수림왕은 고국원왕의 아들로 태어나, 355년(고국원왕 25) 태자로 책봉되었다. 소수림왕은 아버지 고국원왕이 371년 10월 백제의 근초고왕과의 평양성 전투에서 화살을 맞고 전사하자, 그 뒤를 이어 고구려 제17대 왕으로 즉위하였다.

소수림왕은 고국원왕의 잦은 대외 원정 실패로 혼란에 빠진 고구려를 안정시키기 위해 외교와 국가 체제를 정비하는 등 많은 노력을 기울였다. 소수림왕은 먼저 중국 *전진과 평화적 관계를 수립하여 전진의 제도와 문화를 받아들이기 위해 노력하였다.

소수림왕은 즉위 이듬해인 372년 전진 왕 *부견이 보낸 사신과 함께 온 승려 *순도가 가져온 불상과 불경을 받고 우리나라 최초로 불교를 받아들였다. 374년 다시 전진에서 온 승려 *아도를 맞아들였고, 이듬해 초문사와 *이불란사를 지어 순도와 아도가 머물 수 있도록 하는 한편 불교를 널리 보급하기 위해 노력하였다.

그 해 소수림왕은 나라를 이끌어 나갈 인재를 양성하기 위해 유교 교육 기관인 태학을 설립하였다. 이어 373년에는 나라를 다스리는 기본법인 율령을 반포함으로써 부족 국가 체제에서 벗어나 왕을 중심으로 한 중앙 집권적 국가 체제를 정비하였다. 그리하여 소수림왕은 불교 공인과 유교 교육을 통해 국가의 이념 체계를 세우고, 율령을 반포함으로써 고대 국가 체제를 확립하였다.

이처럼 외교를 통해 새로운 문물을 받아들이고, 국가 체제 정비를 통해 국력을 기른 소수림왕은 375년 백제를 공격하여 369년에 빼앗긴 수곡성(황해도 신계)을 되찾았다. 2년 뒤인 377년에는 평양성에 쳐들어온 백제 근구수왕의 3만 대군을 물리치고, 나아가 백제의 북쪽 국경을 공격하였다. 그러나 378년에는 북쪽 국경에 쳐들어온 거란에게 8개의 성을 빼앗겼다.

이와 같은 소수림왕의 국정 안정과 체제 정비는 고구려가 광개토 대왕과 장수왕 대에 이르러 전성기를 이룩할 수 있는 밑바탕이 되었다.

소수림왕 때 세운 경기도 인천시 강화군에 있는 전등사 대웅전 내부의 화려한 천장 조각

✱ **부견**(338~385. 재위 기간 : 357~385. 자는 문옥, 영고) : 전진의 제3대 왕으로, 한인들을 중용하여 태학을 정비하고 학문을 장려하였으며, 농경을 활발히 일으켰다. 372년 고구려에 사신과 함께 승려 순도를 보내 불교를 전했으며, 370년 전연을 멸망시키고, 376년에는 전량을 병합하였으며, 양쯔강 이북 땅을 평정하였으나, 383년 비수 전투에서 동진에게 패한 뒤, 385년 후진에게 붙잡혀 살해되었다.

✱ **순도**(?~?) : 고구려 소수림왕 때인 372년 전진의 왕 부견의 명령으로 사신을 따라 불상과 경문을 가지고 고구려에 들어온 승려로, 우리나라에 최초로 불교를 전한 인물이다. 고구려에서는 순도를 위해 375년(소수림왕 5) 왕명으로 초문사(성문사)를 지어 주었다.

✱ **아도**(?~?) : 중국의 승려로, 374년 고구려에 들어와 불교를 전했다. 고구려에서는 아도를 위해 375년(소수림왕 5) 왕명으로 이불란사를 지어 주었다.

✱ **이불란사** : 375년 고구려 소수림왕이 초문사와 함께 세운 우리나라 최초의 절로, 중국에서 온 승려 아도가 머물렀다.

✱ **전진** : 중국 5호 16국 시대의 국가 중 하나로, 351년 씨족의 추장 부견이 장안을 도읍으로 정하고 국호를 '대진'이라 하여 세운 나라이다. 제3대 부견왕 때 국력을 키워 5호 시대 왕조 중 가장 융성했다. 370년 전연을 멸망시키고, 376년에는 전량을 병합하였으며, 양쯔강 이북 땅을 평정하였으나, 383년 비수 전투에서 동진에게 패한 뒤 멸망하였다. 부견왕은 372년 승려 고구려에 순도를 보내 불교를 전했다.

| 효종의 북벌 계획의 최고 협력자이자 조선 중기의 대학자 | # 송시열 (宋時烈, 1607~1689) | 아명은 성뢰. 자는 영보 호는 우암, 화양동주 시호는 문정 |

송시열은 1607년(선조 40) 충청남도 옥천군 구룡촌 외가에서 태어나, *김장생, *김집 부자에게 학문을 배웠다. 1633년(인조 11) 생원시에 장원급제한 송시열은 1635년 봉림 대군(효종)의 스승이 되었다. 이듬해 병자호란이 일어나자 송시열은 인조를 따라 남한산성으로 피란하였다. 이듬해 강화와 함께 소현 세자와 봉림 대군이 청나라에 볼모로 잡혀가자, 송시열은 고향에 돌아와 오직 학문에만 몰두하였다.

송시열은 1649년 왕위에 오른 효종의 부름을 받고 관직에 나가 사헌부 장령 등에 올랐으나, *김자점이 영의정에 오르자 다시 관직에서 물러나 고향으로 돌아왔다. 이듬해 김자점이 관직에서 쫓겨난 뒤 송시열은 관직에 나가 〈기축봉사〉를 올렸는데, 그 내용이 효종의 북벌 의지와 맞아 이후 북벌 계획의 핵심 인물로 발탁되었다. 그러나 1651년(효종 2) 김자점이 조선의 북벌 움직임을 청나라에 밀고함으로써 송시열은 청나라의 압력을 받아 사직하고, 고향으로 돌아온 뒤 후진 양성에 힘을 기울였다.

1658년(효종 9) 효종의 간곡한 부탁으로 세자시강원 찬선으로 관직에 나간 송시열은 곧 이조 판서에 올랐다. 이때 송시열은 효종의 절대적인 신임 속에 북벌 계획을 추진하였다. 그러나 이듬해 효종이 세상을 떠나면서 북벌 계획은 중지되고 말았다.

그 뒤 송시열은 자의대비의 복상 문제, 곧 자의대비가 상복을 입는 기간을 놓고 남인과 두 차례에 걸쳐 *예송 논쟁을 벌였다. 제1차 예송 논쟁은 효종의 국상 때로, 남인이 주장한 3년설을 누르고 송시열이 주장한 1년설이 채택되었다. 그리하여 남인을 내쫓고 정권을 장악한 송시열은 좌참찬 등을 역임하면서 서인의 지도자로서의 자리를 굳혔다. 이어 1674년 효종의 비인 인선 왕후의 죽음으로 제2차 예송 논쟁이 벌어졌다. 이때 송시열은 9개월을 주장했지만, 1년을 주장한 남인의 주장이 받아짐으로써 덕원 등에 유배되었다.

송시열은 우의정, 좌의정을 거쳐 관직에서 물러나 청주 화양동에서 은거 생활을 하였다. 그러나 송시열은 1689년 숙종이 희빈 장씨가 낳은 왕자를 세자에 책봉하자, 이를 반대하다가 제주로 유배되었으며, 국문을 받기 위해 서울로 오는 도중에 정읍에서 사약을 받고 죽었다.

저서에 『송자대전』, 『우암집』, 『주자어류소분』, 『논맹문의통고』 등이 있다.

송시열이 제주도로 귀양을 가다가 전라남도 완도군 보길도의 바닷가 바위에 시를 쓴 글씬바위(원내)

함께 보아요

* **김자점**(1588~1651. 자는 성지. 호는 낙서) : 조선 중기의 문신으로, 1623년 이귀, 최명길 등과 함께 인조반정을 일으켰다. 인조의 신임 속에 한성부 판윤, 호위 대장 등 승진을 거듭하였고, 청나라에 빌붙어 1646년에는 영의정에 오르는 등 정권을 잡았으나, 효종이 즉위하면서 관직에서 물러났다. 그 뒤 북벌 계획을 청나라에 밀고함으로써 계획을 추진한 송시열 등을 관직에서 물러나게 하였다. 그 일로 대간들의 탄핵을 받아 광양으로 유배된 뒤, 아들 김익의 역모 사건 때 처형되었다.

* **김장생**(1548~1631. 자는 희원. 호는 사계. 시호는 문원) : 조선 중기의 학자로, 이이와 송익필에게 학문을 배웠다. 과거를 포기하고 오직 학문 연구에 몰두하다가, 임진왜란 때 정산 현감을 거쳐 호조 정랑에 올라 명나라군의 군량미를 조달하였다. 그 뒤 인목대비의 폐비에 반대해, 관직에서 물러나 예학 연구와 후진 양성에 몰두하였다. 정묘호란이 일어나자 의병을 일으켰고, 그 뒤 인조의 아버지인 정원군의 국왕 추존을 반대한 뒤, 고향에서 제자 양성과 학문 연구에만 몰두하였다.

* **김집**(1574~1656. 자는 사강. 호는 신독재. 시호는 문경) : 조선 중기의 학자로, 김장생의 아들이다. 1610년(광해군 2) 헌릉 참봉에 임명되었으나, 광해군의 문란한 정치를 보고 아버지와 함께 고향으로 돌아갔다. 인조가 즉위한 뒤 부여 현감, 공조 참의 등에 올랐으나, 김자점이 집권하자 관직에서 물러났다. 효종이 즉위하면서 예조 참판에 올랐고, 대사헌을 거쳐 이조 판서에 올라 북벌을 계획하였다. 그러나 김자점이 북벌 계획을 청나라에 밀고함으로써, 청나라의 압력을 받아 관직에서 물러났다.

* **예송 논쟁** : 조선 현종 때 궁중의례를 놓고 두 차례에 걸쳐 서인과 남인이 벌였던 논쟁을 말한다. 특히 효종(1차 논쟁)과 왕비 인선 왕후(2차 논쟁)가 죽자, 자의대비(인조의 계비)가 상복을 입는 기간을 둘러싸고 송시열을 중심으로 한 서인과 허목을 중심으로 한 남인 사이에 크게 논란이 벌어졌다. 2차 예송 논쟁에서 현종이 남인인 허목 등을 지지함으로써 서인이 몰락하고 남인이 세력을 잡았다.

당파 싸움 속에서 임진왜란 이후 격변하는 조선 사회를 이끈 왕	# 숙종 (肅宗, 1661~1720)	재위 기간 : 1674~1720 이름은 순. 자는 명보 시호는 현의

숙종은 1661년(현종 2) 현종과 명성왕후 김씨의 아들로 태어나, 1667년 세자에 책봉되어, 1674년 왕위에 올랐다. 숙종이 왕위에 올랐을 때는 서인과 남인의 끊임없는 당파 싸움으로 나라는 몹시 혼란스러웠다. 숙종은 이러한 당파 싸움을 효과적으로 이용해 조선의 발전을 이끌어 냈다.

숙종은 1680년 *허견 역모 사건을 계기로 제2차 예송 논쟁에서 *현종의 지지를 받아 정권을 잡았던 남인을 몰아 내고 서인을 등용했다. 그러나 숙종은 총애하던 숙원 장씨가 낳은 왕자(경종)의 세자 책봉 문제를 계기로 서인들을 내쫓고 남인들을 등용하였다. 곧 서인인 송시열, 김수항 등이 장씨가 낳은 왕자의 세자 책봉에 반대하였다. 이에 숙종은 송시열, 김수항 등을 유배하고 왕세자에 책봉한 뒤, 장씨를 희빈에 책봉하고 남인들을 등용했던 것이다.

숙종은 1690년 왕비 *인현왕후를 폐위하고 희빈 장씨를 왕비로 책봉하였으나, 곧 후회하였다. 그때 서인들을 중심으로 인현왕후의 복위 운동이 일어나자, 민암 등이 서인들을 탄압하기 위해 음모를 꾸몄다. 이에 숙종은 1694년 남인을 조정에서 내쫓고 서인을 등용하면서 인현왕후를 다시 왕비로 맞아들이고, 장씨를 희빈으로 삼았다. 그러나 희빈 장씨가 죄 없는 사람을 모함하는 등 말썽을 일으키자, 숙종은 1701년 희빈 장씨에게 사약을 내렸다.

이처럼 당파 싸움이 계속되는 속에서도 숙종은 임진왜란과 병자호란으로 혼란에 빠진 나라를 안정시키기 위해 노력하였다. 숙종은 먼저 선조 말부터 실시해 온 *대동법을 평안도와 함경도를 제외한 전국에 실시하였고, 임진왜란과 병자호란 때 황폐해진 땅을 새로 일구어 농사지을 땅을 늘렸다. 또 상평통보를 만들어 중앙 및 지방 관청에서 사용하도록 하였다.

숙종은 국토 확장에도 힘을 기울여 압록강 유역에 버려진 땅을 개척하여 무창과 자성의 2진을 설치하였다. 이어 숙종은 청나라와 국경선을 놓고 자주 다툼이 일어나자, 1712년 청나라와 협의하여 백두산 정상에 정계비를 세워 국경선을 확정지음으로써 국경 분쟁을 없앴다. 숙종은 국방에도 힘써 금위영을 새로 설치하여 5영 체제를 완성하였다.

숙종 때 만든 백두산 정계비의 재현품.

함께 보아요

* **대동법** : 조선 시대 때 조세를 각 지방의 특산물로 내던 것을 쌀로 대신 내게 한 제도이다. 특산물은 납입·운반·보관에 어려움이 많았고, 또 중간에서 관리들이 이자놀이를 하는 등 많은 문제점이 발생하였다. 그래서 국가의 수입이 줄고 백성들의 부담은 늘어나자, 이러한 문제점을 해결하기 위하여 조광조, 이이 등의 건의로 조세를 특산물 대신 쌀로 내게 하였고, 산간 지방은 베나 돈으로 받았다.

* **인현왕후**(1667~1701) : 민유중의 딸로 태어나, 1681년 숙종의 두 번째 왕비가 되었다. 장희빈의 모함으로 폐비되었다가 1694년 다시 왕비에 오르는 등 순탄하지 못한 삶을 살았다. 인현왕후의 일대기를 그린 고대 소설 『인현왕후전』이 있다.

* **허견 역모 사건** : 1680년 허목의 서자 허견과 복창군, 복선군, 복평군 3형제가 꾸몄다는 역모 사건이다. 지난 날 허견이 복선군에게 숙종이 뒤를 이을 왕자가 없이 죽으면 왕위를 잇도록 돕겠다고 한 말을 빌미삼아 정원로가 역모를 꾸몄다고 모함하였다. 이 사건으로 복선군 3형제는 물론 많은 남인들이 죽고, 서인이 정권을 장악하였는데, 이를 '경신환국'이라고 한다.

* **현종**(1641~1674. 재위 기간 : 1660~1674. 이름은 연) : 조선 18대 왕이다. 재위하는 동안 두 차례에 걸쳐 자의대비(인조의 계비)의 복상 문제로 서인과 남인이 논쟁을 벌인 예송 논쟁이 일어나 많은 신하들이 죽었다. 동철제 활자 10만여 자를 만들었고, 훈련 별대를 조직하였다.

| '태백산 호랑이'로 불린 농민 출신의 한말 의병장 | # 신돌석
(申乭石, 1878~1908) | 본명은 태호. 자는 순경 |

신돌석은 1878년(고종 15) 경상북도 영해에서 홍석주의 아들로 태어났다. 농민의 아들로 태어난 신돌석은 어려서부터 항일 의식이 남달랐고, 나라와 민족을 사랑하는 마음이 강하였다.

1895년 명성황후가 일본 사람들에게 시해된 을미사변과 상투를 강제로 자르게 하는 단발령이 실시되면서 전국에서 의병이 일어나자, 이듬해 신돌석은 열아홉 살의 나이로 1백 명을 모아 의병을 일으켰다. 또 1905년 일본의 강압에 의해 *을사조약이 체결되면서 나라가 위급해지자, 무력으로 왜적과 싸울 것을 결심한 신돌석은 이듬해 영해에서 '영릉의병장'이라는 깃발을 내걸고 의병을 일으켰다.

신돌석은 의병을 이끌고 울진 장흥관에서 일본군 배 9척을 기습 공격하여 파괴하고 삼척, 강릉, 양양, 간성 등에 주둔하고 있던 일본군을 무찔렀다. 1907년 고향에 돌아온 신돌석은 의병을 다시 모집하여 영덕에 있는 관공서를 습격하였다. 신돌석이 청송에 주둔하고 있는 일본군을 공격하기 위해 나가자, 주민 3천여 명이 의병에 가세하였다. 일본군은 그 소식을 듣고 영양 주곡으로 퇴각하였고, 신돌석은 그들을 추격하여 물리친 뒤, 그 곳에서 10여 일간 머물며 주민들을 위로하였다. 또한 진보 삼위에서 또다시 일본군을 물리친 것을 비롯해 경상도 곳곳에서 일본군을 물리침으로써 명성을 떨쳤다.

그 해 12월 의병장 *이인영을 중심으로 13도 의병이 연합하여 서울을 공격하기 위해 양주로 모여들자, 신돌석은 경상도 의병을 대표하여 1천여 명을 이끌고 참석하였다. 이때 13도 의병들이 모여 *13도 창의군을 조직한 의병장들은 신돌석이 평민 출신이라는 이유로 홍범도, *김수민 등과 함께 13도 창의군의 서울 진격 작전에서 제외시켜 버렸다. 그래서 의병을 이끌고 영해로 돌아온 신돌석은 평해 독곡, 안동, 울진, 삼척 등지에서 일본군을 무찔렀다.

신돌석은 겨울이 되어 추운 날씨 때문에 활동을 할 수 없게 되자, 이듬해 봄에 다시 모이기로 하고 의병을 해산시킨 뒤, 김상렬의 집에서 숨어 지냈다. 이때 일본은 신돌석을 붙잡기 위해 현상금을 내걸었는데, 그 현상금을 탐낸 김상렬 형제에게 무참히 살해되었다.

1963년 건국훈장 대통령장이 주어졌다.

함께 보아요

* **김수민**(?~1908) : 한말의 의병장으로, 동학 농민군에 가담하였다. 1907년 고종이 강제로 황위에서 물러나고 군대를 해산하자, 고향인 장단에서 의병을 모집하였다. 보부상을 이용해 일본군의 상황을 파악하여 적에게 큰 타격을 주었고, 화약과 탄약을 만드는 법을 익히기도 하였다. 마부로 가장하여 서울에 몰래 들어가다가 붙잡혀 1908년 사형을 당하였다. 1962년 건국훈장 독립장이 주어졌다.

* **13도 창의군** : 1907년 12월 서울로 진격할 목적으로 13도 의병들이 모여 조직한 의병 연합 부대이다. 이인영의 제의로 양주에 모인 민긍호, 이강년, 허위 등 각도의 의병장들이 이인영을 13도 창의 대장으로 삼아 전국 연합 부대를 편성하였다. 이듬해 1월 3백여 명의 선발대가 동대문 밖 30리까지 진격했으나, 일본군의 저항으로 일단 후퇴했다. 결국 13도 창의군은 서울 진격에 실패했고, 다시 전국으로 흩어져 의병 활동을 계속하였다.

* **을사조약** : 1905년 일본이 무력을 동원하여 강제로 조약을 맺어 우리나라의 외교권을 빼앗아 간 조약이다. 이때 한규설의 강력한 반대로 조약 체결이 지연되자, 이토 히로부미는 일본군을 동원하여 궁궐을 포위한 다음 한규설을 강제로 끌어내고 이완용, 박제순, 이지용, 이근택, 권중현의 찬성을 받아 조약을 맺었다. 5개 항으로 되어 있는 이 조약의 주 내용은 일본 정부가 한국 정부를 대신하여 외교에 관한 모든 일을 맡는다는 것과 한국에 1명의 일본인 통감을 둔다는 것이다.

* **이인영**(1867~1909. 다른 이름은 준영) : 한말의 의병장으로, 경기도 여주에서 태어났다. 1895년 명성황후가 시해되자, 유인석, 이강년 등과 함께 의병을 일으켜 활약하였다. 1905년 을사조약이 체결되자 관동 창의 대장이 되어 경기도 양평, 홍천, 춘천 등에서 일본군을 무찔렀다. 1907년 양주에서 허위, 이강년 등과 함께 13도 창의군을 조직하고, 13도 창의 대장에 뽑혀 1만여 명의 의병을 이끌고 서울로 진격했으나 실패하였다. 그 뒤 시영이라는 이름으로 충청북도 황간에 숨어 지내다가 일본 헌병에게 붙잡혀 사형을 당하였다. 1962년 건국훈장 대통령장이 주어졌다.

| 우리나라 최고로 손꼽히는 현모양처이자 여류 서화가 | # 신사임당
(申師任堂, 1504~1551) | 이름은 인선
호는 사임당, 임사재 |

신사임당은 율곡 이이의 어머니로, 1504년(연산군 10) 외가인 강원도 강릉 북평촌에서 신명화의 딸로 태어났다. 신사임당은 어려서부터 유교의 경전과 좋은 책들을 많이 읽고, 주나라의 *문왕의 어머니인 태임을 최고의 여성으로 꼽고 본받으려 노력하였다.

신사임당은 부모에 대한 효성이 지극하고 지조가 높았으며, 자수와 바느질 솜씨가 뛰어났다. 신사임당은 시와 그림에도 뛰어난 소질을 지녔는데, 일곱 살 때 *안견의 그림을 보고 똑같이 그렸다고 한다. 신사임당은 안견의 화풍에 여성 특유의 섬세함과 정교함을 더하여 조선 최고의 여류 화가라는 평가를 받았다. 신사임당은 산수화와 풀벌레, 포도, 매화, 난초 등을 주로 그렸는데, 하루는 풀벌레를 그려 마당에 말리려 하자, 닭이 살아 있는 풀벌레인 줄 알고 쪼아 종이가 뚫어질 뻔할 정도로 그림을 섬세하고 사실적이며 생동감이 넘치게 그렸다.

신사임당은 한시에도 매우 뛰어난 솜씨를 가지고 있었다. 특히 시댁인 서울로 올라오는 길에 대관령에서 친정을 바라보며 지은 「유대관령망친정」과 서울에서 강릉에 계신 어머니를 생각하면서 지은 「사친」은 매우 훌륭한 시로 꼽힌다.

또한 신사임당은 남편이 바른 길로 갈 수 있도록 인도한 현명한 아내였다. 신사임당은 열아홉 살 때 이원수와 결혼했는데, 이원수가 당시 우의정으로 있던 당숙 *이기의 집을 드나들었다. 이기는 1545년(명종 원년) *윤원형과 함께 을사사화를 일으켜 죄 없는 선비들을 많이 죽인 사람이었다. 어진 선비를 모함하여 해를 입히고 권세만을 탐하는 사람의 영광은 오래가지 못한다고 판단한 신사임당은 남편이 당숙 이기의 집에 가는 것을 말렸다. 이때 이원수는 신사임당의 말을 받아들여 뒷날 화를 당하지 않았다.

신사임당은 자녀 교육에도 힘써 네 아들과 세 딸을 낳아 사랑으로 키우는 한편, 어릴 때부터 좋은 습관을 가지도록 엄격하게 교육시켰다. 신사임당의 자애로운 성품과 행실을 이어받아 7남매 모두 훌륭하게 자랐다. 그 가운데 율곡 이이는 훌륭한 인품과 학문을 지닌 대학자로 성장하였다.

1551년 신사임당은 48세의 나이로 세상을 떠났다. 신사임당이 그린 그림으로는 「산수도」, 「자라도」, 「초충도」 등이 유명하다.

신사임당의 초서(왼쪽), 신사임당의 시(오른쪽)

함께 보아요

* **문왕**(?~?. 이름은 창) : 중국 주나라의 기틀을 닦은 뛰어난 임금으로, 주변국을 차례로 격파하고 호경을 도읍으로 정하였다. 그 뒤 여상(강태공)의 도움을 받아 백성들을 덕으로 다스렸다. 그 아들 무왕이 은나라를 무너뜨리고 주나라를 세웠는데, 유교에서 최고의 황제로 숭앙받고 있다.

* **안견**(?~?. 자는 가도, 득수. 호는 현동자, 주경) : 조선 초기의 뛰어난 산수화가로, 도화원 호군이라는 벼슬을 지냈다. 1447년 안평 대군의 꿈 이야기를 듣고 그린 「몽유도원도」가 유명하다. 산수화를 많이 그렸던 안견의 화풍은 뒷날 여러 화가들에게 영향을 끼쳤을 뿐 아니라 일본의 회화에도 큰 영향을 끼쳤다. 현재 국립 현대 미술관에 「적벽도」, 「다경산수도」 등이 남아 있고, 대표작 「몽유도원도」는 일본 덴리 대학 도서관에 보관되어 있다.

* **윤원형**(?~1565. 자는 언평) : 윤지임의 아들로, 중종의 둘째 왕비인 문정왕후의 동생이다. 명종이 열두 살에 즉위하자, 누나인 문정왕후가 수렴청정을 하는 것을 계기로 이기 등과 짜고 1545년 을사사화를 일으켜 윤임 일파를 제거하였다. 그 뒤 외척으로 권세를 누리며 많은 학자와 선비들을 죽이거나 귀양 보냈다. 1556년 문정왕후가 세상을 떠나자 벼슬에서 쫓겨나 강음에서 살다가 죽었다.

* **이기**(1476~1552. 자는 문중. 호는 경재) : 조선 시대의 문신으로, 1545(명종 원년) 우의정에 올라 윤원형 등의 소윤 일파와 손잡고 을사사화를 일으켜 많은 선비와 학자들을 죽게 하였다. 후에 영의정에 이르렀으나, 선조 초에 죄가 밝혀져 모든 작위와 벼슬을 빼앗겼다.

신사임당 151

| 세종 대왕을 도와 훈민정음을 만든 조선 초기의 학자 | # 신숙주 (申淑舟, 1417~1475) | 자는 범옹. 호는 보한재, 희현당. 시호는 문충 |

신숙주는 1417년(태종 17) 공조 참판 신장의 아들로 태어나, 1439년(세종 20) 문과에 급제하여 전농시 직장을 거쳐 집현전 부수찬이 되었다. 1443년 통신사 *변효문을 따라 일본에 다녀오는 길에 쓰시마에 들러 *계해 조약을 맺었다.

신숙주는 성삼문 등과 함께 명나라를 드나들면서 명나라 한림 학사 *황찬으로부터 음운을 배워 와, 세종 대왕을 도와 훈민정음을 창제하였다. 신숙주는 1447년(세종 29) 다시 문과에 급제하여 응교, 부제학 등을 거쳐, 1452년(문종 2) 사은사 수양 대군을 따라 명나라에 다녀왔다.

이듬해 신숙주는 수양 대군, 한명회 등이 일으킨 계유정난에 참여한 공으로 1454년(단종 2) 도승지에 올랐다. 신숙주는 성삼문 등 다른 집현전 학사들과는 달리 한명회 등과 함께 수양 대군이 단종을 몰아 내고 왕위에 오르는 것을 적극 도왔다. 그 공으로 신숙주는 좌익공신 1등에 예문관 대제학이 되어 고령군에 봉해졌다. 주문사로 명나라에 갔다 돌아온 신숙주는 병조 판서, 우찬성, 대사성 등의 벼슬을 지냈다.

신숙주는 1456년 성삼문, 박팽년 등 집현전 학사들이 중심이 된 단종 복위 운동에 이어 *금성 대군의 복위 계획이 발각되자, 금성 대군과 단종을 죽여야 한다고 주장하였다. 그리하여 마침내 금성 대군에게는 사약이 내려졌으며, 단종은 관리를 시켜 죽이게 하였다.

신숙주는 1458년 우의정을 거쳐 좌의정에 올랐고, 1460년에는 강원 함길도 도체찰사가 되어 여진족들을 토벌하였다. 1462년 영의정에 오른 신숙주는 2년 뒤 잠시 관직에서 물러났다가, 1467년 예조 판서를 겸했다. 이듬해 예종이 왕위에 오르자, 세조의 유언에 원상이 되어 나랏일을 처리했다. 이듬해 예종이 죽자 정희대비에게 서둘러 다음 왕을 정할 것을 건의하였고, 성종이 왕위에 오르자 다시 영의정에 올랐다. 신숙주는 성삼문 등과 함께 세종 대왕의 총애를 가장 많이 받은 학자 가운데 하나였으나, 훗날 수양 대군의 왕위 찬탈에 가담하였다 하여 사람들로부터 비난을 받았다.

신숙주는 『국조오례의』, 『동국정운』, 『국조보감』, 『세조실록』, 『영모록』 등을 펴냈다.

경기도 의정부시 고산동에 있는 신숙주의 묘(위). 신숙주의 영정(왼쪽 아래). 신숙주의 사당 고잔묘(오른쪽 아래)

함께 보아요

* **계해 조약** : 1443년(세종 25) 조정을 대표하여 변효문, 신숙주 등이 일본의 쓰시마섬 도주인 소사다모리와 세견선(조선 시대에 쓰시마섬 도주에게 내왕을 허락한 무역선) 등에 관하여 맺은 조약이다. 쓰시마섬 도주의 간청으로 조선의 삼포를 개항하여 무역을 허용하고 가까운 바다에서 고기 잡는 것을 허락하였다. 그 대신 종전에 비하여 상당히 엄격한 제한을 가하는 구체적인 내용을 담았다.

* **금성 대군**(1426~1457. 이름은 유. 처음 시호는 의민. 뒤 시호는 정민) : 세종의 여섯째 아들로, 1433년(세종 15) 금성 대군에 봉해졌고, 이듬해 제차 왕자의 난 때 죽은 방석의 양아들이 되었다. 1455년(단종 3) 형인 수양 대군에 의해 모반 혐의로 삭녕으로 귀양을 갔다가 광주로 옮겨졌다. 1456년 성삼문 등 사육신의 단종 복위 계획에 관련된 혐의로 다시 순흥으로 귀양을 갔으며, 그 곳에서 다시 단종의 복위를 꾀하다가 순흥 부사 이보흠의 밀고로 사약을 받고 죽었다.

* **변효문**(1396~?. 초명은 계문. 자는 일민) : 조선 초기의 문신으로, 1414년(태종 14) 문과에 급제, 내외직을 거쳐 직제학을 지냈다. 봉상시 소윤 등을 거쳐 중추원 첨지사에 올랐으나, 지난날 회령대후로서 귀화한 여진인에게 의복을 지급할 때 지은 죄로 1441년 의금부, 사헌부 등의 탄핵을 받아 파직되었다가, 1443년 중추원 첨지사로 복직되어 통신사로 일본에 다녀왔다. 1444년 『오례의주』를 제안했고, 그에 앞서 최치운, 이세형, 김황 등과 함께 『신주무원록』을 펴냈다.

* **황찬**(?~?) : 중국 명나라 때의 어학자이다. 세종이 『홍무정운』을 우리말로 옮길 때 성삼문을 도와 발음기호를 익히도록 해 주었다. 우리나라 국어 발달에 큰 도움을 준 학자이다.

| 조선의 3대 풍속 화가로 불리는 조선 후기의 화가 | # 신윤복
(申潤福, 1758~?) | 자는 입부. 호는 혜원 |

신윤복은 1758년(영조 34) 나라의 그림을 담당하는 예조 산하의 *도화서 화원인 신한평의 아들로 태어났다. 김홍도, *김득신과 함께 조선을 대표하는 3대 풍속 화가로 손꼽히는 신윤복은 뛰어난 그림 솜씨로 도화서의 화원이 되었으며, 벼슬은 첨절제사에 올랐다.

신윤복은 주로 저잣거리나 농촌의 서민적인 풍속과 부녀자 중심의 인물 풍속도를 많이 그렸다. 특히 사회 *풍속화 중에서도 기녀, 무속, 주점 등의 모습을 사실적으로 생생하게 그려, 당시 엄격한 도덕만을 중요하게 여기던 양반 사회를 날카롭게 꼬집었다. 그리하여 신윤복은 너무 비속한 그림을 그린다는 이유로 도화서에서 쫓겨나 직업 화가의 길을 걸었다.

신윤복은 풍속화뿐 아니라 남종화풍의 산수화와 새나 짐승을 그린 영모도 등에도 뛰어난 솜씨를 가졌다. 신윤복의 대표작으로는 국보 제135호에 지정된 『혜원전신첩』이 있는데, 모두 30여 점으로 이루어진 이 화첩은 *간송 미술관 소장품으로 국내뿐 아니라 해외 전시를 통해 외국에도 잘 알려진 그림이다.

신윤복은 사회 각층을 망라한 김홍도의 풍속화와 달리 도회지의 한량과 기녀 등 남녀 사이의 은은한 정취와 낭만적 분위기를 효과적으로 나타내기 위하여, 섬세하고 유려한 붓의 선과 아름다운 채색을 주로 사용하였다. 그래서 신윤복의 풍속화는 매우 세련된 감각과 분위기를 지니고 있다. 또 신윤복은 풍속화의 배경을 통해서 당시의 살림과 복식 등을 사실적으로 보여 줌으로써 조선 후기 우리 민족의 생활상과 멋을 생생하게 전해 주고 있다.

이 외에도 국립 중앙 박물관에 소장된 「탄금」 등 6점으로 된 화첩 또한 뛰어난 작품으로 손꼽힌다. 또 초상화를 그리는 기법으로 그린 *「미인도」는 조선 여인의 아름다움을 잘 드러낸 걸작으로 손꼽힌다. 이처럼 신윤복은 조선 후기의 풍속화를 개척하였던 대표적 화가로서 후대의 화단에 많은 영향을 주었다.

그림으로는 「주유도」, 「단오수변희희도」, 「사죽유락도」, 「주막도」 등이 있다.

신윤복의 「연당야유도」(왼쪽 위). 「미인도」(오른쪽). 「연소답청도」(왼쪽 아래)

함께 보아요

* **간송 미술관** : 한국 전통 미술품을 주로 소장하고 있는 한국 최초의 민간 박물관이다. 1966년 전형필의 수집품을 바탕으로 수장품을 정리하고 연구하기 위하여 한국 민족 미술 연구소의 부속 기관으로 세웠다. 간송 미술관에는 국보급 문화재 10여 점이 소장되어 있다.

* **김득신**(1754~1822. 자는 현보. 호는 긍재) : 조선 후기의 화가로, 벼슬은 화원으로 초도 첨절제사를 지냈다. 김홍도의 영향을 받아 풍속화에 뛰어났으며, 산수화와 영모도도 잘 그렸다. 대표작으로 「파적도」, 「귀우도」, 「귀시도」, 「오동폐월도」, 「신선도」 등이 있다.

* **도화서** : 조선 시대 그림 그리는 일을 관장한 관청이다. 복식과 각종 그릇, 수레, 도량형기 등을 그리는 '도'와 인물이나 산수, 새와 꽃 등을 그리는 '화'로 이루어졌다. 국가와 왕실, 사대부에게 필요한 그림을 그리는 곳으로서, 국가에서 화원을 양성하였다. 장관격인 제조는 예조 판서가 겸임하였고, 그 밑에 종6품인 별제 2명과 선화 등의 관원, 30명의 화원이 있었다.

* **「미인도」** : 조선 후기의 화가 신윤복의 그림으로, 전통적 미인을 섬세하고 깔끔한 선으로 그려내고, 엷은 채색을 함으로써 더욱 단아한 분위기를 나타내고 있다. 기존의 왕족이나 사대부의 초상화에서는 볼 수 없는 사실주의적 인물로서 예술성이 매우 뛰어난 그림이다.

* **풍속화** : 일정한 사회 계층을 대표하는 사람들의 풍속이나 취미, 일상 생활의 모습 등을 소재로 그린 그림이다. 우리나라 풍속화는 고구려의 고분 벽화에 보이며, 조선 시대에 이르러 크게 발달하여 솔직하고 담백한 가운데에도 서민의 숨결이 살아 있는 현실 감각이 뛰어난 작품이 나타났다.

| 나라를 위해 살다 간 독립 운동가이자 정치가 | # 신익희 (申翼熙, 1892~1956) | 자는 여구. 호는 해공 |

신익희는 1892년(고종 29) 경기도 광주에서 판서를 지낸 신단의 막내아들로 태어났다. 신익희는 어려서는 한학을 공부하고, 1908년 한성 외국어 학교를 졸업하였다.

신익희는 일본의 와세다 대학교 정경학부에 들어가 한국 유학생들과 학우회를 조직하고 총무, 회장 등을 맡아 〈학지광〉을 발간하여 학생 운동을 하였다. 신익희는 1913년 학교를 졸업하고 귀국하여, 서울 중동 학교 교사로 있다가 1917년 보성 법률 상업 학교에서 학생들을 가르쳤다.

신익희는 1918년 독립 운동에 뛰어들어 만주, 베이징, 상하이 등을 드나들면서 해외 독립 운동가와의 연락 임무를 맡았고 최린, *송진우 등과 독립 운동의 방향을 논의하였다. 이듬해 1919년 3·1 운동에 참가한 뒤 상하이로 망명하였다. 신익희는 26년간 망명 생활을 하면서 대한민국 임시정부 헌법을 만드는 데 참여하였고, 내무 차장, 외무 차장, 국무원 비서장, 외무 총장 대리, 문교 부장 등을 역임, 내무 부장으로 독립 운동을 하였다.

1945년 광복과 더불어 귀국한 신익희는 1946년 대한 독립 촉성 국민회 부위원장, 자유 신문사 사장, 국민 대학 초대학장 등을 거쳐 남조선 과도 입법 의원 대의원에 뽑혔고, 1947년 의장이 되었다. 이어 신익희는 *지청천이 만든 대동 청년단과 합쳐 대한 국민당을 만들고 대표 최고 위원이 되었다.

신익희는 1948년 제헌 국회 의원에 당선되어 부의장으로 뽑혔다가, 이승만이 대통령에 당선된 뒤 국회 의장에 당선되었다. 대한민국 정부가 수립된 뒤에는 *김성수 등과 1949년 민주 국민당을 만들어 위원장이 되었다. 1950년 제2대 국회 의원에 당선된 신익희는 다시 국회 의장에 당선되었고, 1955년에는 민주 국민당을 민주당으로 확대하여 대표 최고 위원에 올랐다.

신익희는 1956년 민주당 공천으로 대통령 후보가 되어 자유당의 이승만에 맞섰다. 그 해 5월 2일 한강 백사장에서 열린 유세장에 수많은 사람들이 몰리는 등 큰 인기를 끌었으나, 5월 5일 호남 지방의 유세를 위해 전주로 가던 중 열차 안에서 심장마비로 세상을 떠났다.

1962년 건국훈장 대한민국장이 주어졌다.

경기도 광주에 있는 신익희 선생의 생가(위). 신익희 선생의 글씨(왼쪽 아래). 신익희 선생(아랫줄 가운데)과 임시정부 선발대(오른쪽 아래)

함께 보아요

✱ **김성수**(1891~1955. 호는 인촌) : 정치가·교육자·언론인으로, 1914년 일본 와세다 대학 정경학부를 졸업하였다. 1920년 〈동아일보〉를 창간하고, 1932년 보성 전문 학교(고려 대학교)을 인수하여 언론과 교육을 통해 민족 의식을 일깨우고자 하였다. 그러나 1938년부터 친일 단체인 국민 정신 총동원 조선 연맹에서 활동하면서 학병제, 징병제를 찬양하는 글을 쓰고 강연을 하는 등 친일 활동을 벌였다. 1945년 광복과 함께 미군정청 수석 고문관을 거쳐, 1949년 민주 국민당 최고 위원이 되어 1951년 2대 부통령에 취임하였으나, 이승만의 독재에 반대하여 이듬해 5월 물러났다. 1962년 건국훈장 대통령장이 주어졌다.

✱ **송진우**(1889~1945. 호는 고하) : 전라남도 담양에서 태어나, 1915년 메이지 대학 법과를 졸업하고 귀국하여, 이듬해 중앙 중학교 교장이 되어 학생들에게 민족 의식을 일깨워 주었다. 3·1 운동에 참가했고, 그 뒤 30여 년간 〈동아일보〉의 사장, 고문, 주필 등으로 있으면서 〈동아일보〉를 민족의 대변지로 이끌었다. 8·15 광복 후 여운형 등이 중심이 되어 만든 조선 건국 준비 위원회에 맞서 한국 민주당을 만들었다. 미군정에 협력하면서 귀국한 이승만 및 임시정부 지도자들과 함께 정부 수립에 힘쓰다가 한현우에게 암살당하였다. 1963년 건국훈장 독립장이 주어졌다.

✱ **지청천**(1888~1957. 본명은 대형. 호는 백산) : 독립운동가이자 정치가로, 1913년 일본 육군 사관 학교를 졸업한 뒤, 보병 중위로 있다가 1919년 만주로 망명하였다. 신흥 무관 학교에서 독립군을 양성하였으며, 1940년 대한민국 임시정부의 광복군 총사령관에 올랐다. 1945년 광복 후 귀국하여 대동 청년단을 창설하였고, 제헌 국회 의원과 제2대 국회 의원에 뽑혔으며, 민주 국민당 최고 위원을 지냈다. 1962년 건국훈장 대통령장이 주어졌다.

우리 민족의 역사
의식을 일깨워 준
역사 학자이자
독립 운동가

신채호
(申采浩, 1880~1936)

호는 단재, 단생
필명은 금협산인, 무애생

신채호는 1880년(고종 17) 충청남도 대덕군 산내에서 신광식의 아들로 태어났다. 신채호는 10세 때 역사책인 『통감』을 비롯해 사서 삼경을 읽었고, 시와 글에도 뛰어나 신동으로 불렸다. 신채호는 성균관에 들어가 학문 연구에 힘쓰는 한편 독립 협회에서 활동하였다. 22세 때 고향으로 돌아온 신채호는 *신규식 등과 함께 문동 학원, 산동 학원에서 계몽 및 신교육 운동을 벌였다.

신채호는 1905년 성균관 박사가 되었지만, 관직에 대한 뜻을 버리고 〈황성신문〉 기자가 되었다. 이듬해에는 〈대한매일신보〉의 주필이 되어 논설을 통해 국민을 계몽하고 정부의 잘못된 정책을 비판하였다. 신채호는 1907년 안창호, *전덕기, *노백린 등과 함께 항일 비밀 결사 단체인 신민회를 만들었고, 논설을 통하여 *국채 보상 운동을 적극적으로 도왔다.

신채호는 1910년 일본에게 나라를 빼앗기자, 중국을 거쳐 블라디보스토크로 갔다. 그 곳에서 이동휘, 이갑 등과 광복회를 만들어 활동하였다. 그 뒤 상하이, 베이징 등을 넘나들며 대한민국 임시정부에 참여하여 독립 운동을 벌였다. 신채호는 1928년 폭탄 제조소를 세울 자금을 마련하다가 대만에서 붙잡혀, 1930년 대련 지방 법원에서 10년 형을 선고받고 뤼순에서 옥살이를 하던 중, 1936년 뇌출혈로 세상을 떠났다.

신채호는 독립 운동뿐만 아니라 한국사 연구를 통해 민족 의식을 일깨우고자 하였다. 신채호는 〈대한매일신보〉에 역사에 관한 많은 논문을 발표한 것을 시작으로 국난을 극복한 영웅들의 전기를 통해 민족 의식과 독립 정신을 일깨워 주고자 『최영전』, 『을지문덕전』, 『이순신전』 등을 썼다.

신채호는 중국으로 망명한 뒤, 만주에 있는 광개토 대왕릉, 고구려와 발해의 옛 유적지를 돌아보는 등 본격적으로 우리 고대 역사를 연구하기 시작했다. 그리하여 1920년대에 이르러 『조선상고사』, 『조선상고문화사』, 『조선사연구초』 등 단군, 부여, 고구려, 발해 중심의 한국 고대사를 체계화하였다. 이로써 순수한 민족주의적 사관으로 식민주의적인 사관을 배격했을 뿐 아니라 우리 조상들의 활동 무대를 한반도, 만주 중심에서 벗어나 중국 동북 지역과 요서 지방까지 넓히는 등 우리 역사 연구에 많은 업적을 남겼다. 소설로는 『꿈하늘』 등이 있으며, 1962년 건국 훈장 대통령장이 주어졌다.

신채호 선생의 영정(왼쪽). 신채호 선생의 묘(오른쪽 위). 충청북도 청원군 낭성면 귀래리에 있는 신채호 선생의 사당(오른쪽 아래)

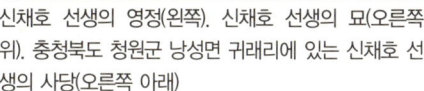

* **국채 보상 운동** : 1907년 일본으로부터 빌려 쓴 돈을 갚기 위해 펼쳤던 모금 운동으로, 전국적으로 확산되었다.

* **노백린**(1875~1926. 호는 계원) : 독립 운동가로, 게이오 의숙과 일본 육군 사관 학교를 졸업하였다. 1914년 미국 캘리포니아로 망명하여, 재미 교포인 김종림의 도움을 받아 항공 학교를 설립하여 공군을 육성하였다. 3·1 운동 뒤에 상하이로 건너가 임시정부 군무 총장과 국무 총리 등을 맡았다. 1925년 국무 총리에서 물러나 참모 총장이 되어 독립군을 양성하였다. 그 뒤 미국으로 다시 건너가 워싱턴 구미위원부 외교 위원으로 소련에 파견되어 활동하였다. 1962년 건국훈장 대통령장이 주어졌다.

* **신규식**(1879~1922. 자는 공집. 호는 예관, 일민) : 독립 운동가·대종교인으로, 충북 청주에서 태어났다. 관립 한어 학교와 육군 무관 학교를 나와 육군 부위로 진급하였다. 1905년 을사조약이 맺어진 뒤 항일 투쟁을 계획하다가 실패하자, 음독자살을 기도하였다. 이때 오른쪽 눈의 시신경이 마비되어 흘겨보는 인상으로 변해 스스로 예관이라는 호를 썼다. 그 뒤 대한 자강회, 대한 협회 등 애국 계몽 단체에서 활동했으며, 1919년 대한민국 임시 정부가 수립되자, 법무 총장을 거쳐 국무 총리 대리 겸 외무 총장도 겸하였다. 1962년 건국훈장 대통령장이 추서되었으며, 저서로는 『한국혼』과 『아목루』 등이 있다.

* **전덕기**(1875~1914) : 독립 운동가로, 1896년 독립 협회에 가입하여 독립 운동에 앞장섰으며, 1905년 을사조약이 체결되자 전국 감리교 청년 연합회를 모아 을사조약 무효화 운동을 벌였다. 신민회에서 활동하던 중 1912년 일어난 105인 사건으로 붙잡혀 모진 고문을 받고 병을 얻어 풀려났으나, 끝내 회복되지 못하고 세상을 떠났다. 1962년 건국훈장 대통령장이 주어졌다.

안용복
(安龍福, ?~?)

어부 출신의 민간 외교가이자 울릉도·독도 지킴이

안용복은 지금의 부산시 동래구에서 태어나, 동래 수군으로 들어가 능로군으로 있으면서 왜관에 자주 드나들어 일본 말을 잘하였다. 안용복은 1693년(숙종 19) 40여 명의 동래 어부들과 함께 울릉도에서 고기잡이를 하다가 일본 어선을 발견하고 우리 바다에 침범한 일본 어민들을 꾸짖다가 박어둔과 함께 일본으로 잡혀갔다. 이때 안용복은 조금도 기죽지 않고 당당하게 호키 태수와 *에도 막부에게 울릉도가 조선 땅임을 밝혔다. 그리하여 일본 막부로부터 울릉도가 조선 땅이라는 사실을 확인하는 문서를 받아가지고 돌아오다가 나가사키에서 쓰시마 도주에게 빼앗기고 말았다.

쓰시마 도주는 울릉도를 차지할 마음으로 독도에 관한 문서를 고친 뒤, 동래에 사신을 보내 안용복을 일본으로 보내 줄 것을 요청하였다. 또 우리 조정에 일본 땅인 독도에서 조선 어민이 고기 잡는 것을 막아 달라는 글을 보내기까지 하였다. 이때 당시 정권을 잡고 있던 목내선과 *민암 등은 나라 사이의 다툼을 없앤다는 이유를 내세워 조선과 일본이 모두 울릉도 부근에서 고기잡이를 하는 것을 금지하자는 외교 문서를 보냈다. 그러나 울릉도가 조선의 영토라는 사실만은 분명히 밝혀 두었다.

이듬해 쓰시마 도주가 우리 조정의 외교 문서에서 울릉도라는 말을 빼줄 것을 요청해 왔다. 이때 *남구만과 *윤지완의 주장으로 울릉도에 대한 조사가 이루어졌고, 우리 조정은 일본이 남의 영토에 드나드는 무례함을 꾸짖는 외교 문서를 보냈다.

안용복은 1696년(숙종 22) 다시 울릉도에 고기잡이를 나갔다가 일본 어선을 발견하고 독도에서 붙잡은 뒤, 우리 바다에 침범해 들어와 고기를 잡은 사실에 대한 책임을 물었다. 이어 스스로 울릉 우산 양도 감세관이라고 칭하고 일본 호키주에 가서 태수에게 국경을 침범한 사실을 항의하여 사과를 받고 돌아왔고, 이듬해 일본 막부는 쓰시마 도주를 통하여 공식으로 일본의 출어 금지를 통보해 왔다.

그러나 안용복은 조정의 허락 없이 일본과 외교 분쟁을 일으켰다는 죄목으로 붙잡혀 서울로 끌려와 사형을 받을 뻔했으나, 영의정 남구만의 도움으로 귀양을 갔다. 이듬해 일본 막부에서 울릉도가 조선 땅이라는 외교 문서를 보내왔으나, 안용복은 귀양에서 풀려나지 못하였다.

부산광역시의 수영 공원에 있는 사당(왼쪽). 안용복 장군의 동상(오른쪽)

함께 보아요

* **남구만**(1629~1711. 자는 운로. 호는 약천, 미재. 시호는 문충) : 조선 후기의 문신으로, 1656년 별시문과에 을과로 급제하여 정언, 이조 정랑, 승지 등을 거쳐, 대사성, 형조 판서 등을 지냈다. 서인으로서 남인을 탄핵하다가 남해로 유배되었으나, 경신대출척으로 남인이 조정에서 물러나자 도승지, 대사간 등에 올랐다. 1683년 병조 판서에 올라 무창과 자성 등 2군을 설치하였다. 1684년 우의정, 좌의정을 거쳐, 1687년 영의정에 올랐으나, 1689년 남인이 정권을 잡으면서 강릉에 유배되었다가 1694년 다시 영의정에 올랐다. 1701년 희빈 장씨를 가볍게 처벌할 것을 주장하다가 뜻을 이루지 못하자 관직에서 물러났다.

* **민암**(1636~1694. 자는 장유. 호는 차호) : 조선 후기의 문신으로, 1668년(현종 9) 별시문과에 급제하여 지평, 황해도 관찰사 등을 지냈다. 남인으로서 송시열 등 서인의 처형 문제에 강경론자였다. 1691년 우의정에 올랐고, 1692년 갑술환국 때 대정에 유배되었다가 사약을 받고 죽었다.

* **에도 막부** : 도요토미 히데요시가 죽은 뒤 일본을 통일한 도쿠가와 이에야스가 1603년 에도(지금의 도쿄)에 세운 일본의 무신 정권으로, 메이지 유신이 일어난 1867년까지 일본 정국을 이끌었다.

* **윤지완**(1635~1718. 자는 숙린. 호는 동산. 시호는 충정) : 조선 후기의 문신으로, 1662년(현종 3) 문과에 급제하여 지평을 거쳐 경상도와 함경도 관찰사 등에 올랐다. 1682년 통신사로 일본에 다녀왔고, 이듬해 어영 대장, 예조 판서, 병조 판서, 1689년 평안도 관찰사에 올랐으나, 남인이 집권하면서 관직에서 쫓겨나 귀양을 갔다. 1694년 다시 관직에 나아가 좌참찬, 우의정에 올랐고, 청백리로 뽑혔다.

안익태 (安益泰, 1906~1965)

〈애국가〉를 작곡한 음악가이자 세계적인 지휘자

안익태는 1906년 평안남도 평양에서 태어나, 6세 때 교회에서 들은 찬송가에 이끌려 음악에 관심을 가졌고, 선교사로부터 바이올린을 배웠다. 안익태는 1914년 평양 종로 보통 학교에 입학하여 트럼펫과 바이올린을 배운 뒤, 1918년 평양 숭실 중학교에 입학하여 첼로를 배웠다.

안익태는 1919년 3·1운동에 참여해 퇴학당한 뒤, 1921년 일본으로 건너가 도쿄에 있는 세이소쿠 중학교에 입학하였다. 안익태는 여름 방학 때 귀국하여 연주 활동을 통해 우리나라에 서양 음악을 소개하였다. 이때 평양에서 만난 이상재, 조만식 등의 영향을 받아 애국 운동에 관심을 가졌다.

1931년 구니다치 음악 학교를 졸업하고 도쿄와 서울에서 연주 활동을 벌인 안익태는 이듬해 미국으로 건너가 커티스 음악 학교에서 공부하면서 동양인 최초로 신시내티 *교향악단 첼로 연주자가 되었다. 그 뒤 필라델피아 교향악단을 거쳐 필라델피아의 카네기 리사이틀홀 등에서 첼로 독주회를 가졌다. 안익태는 1934년 유럽으로 건너가 독일과 오스트리아 등지에서 작곡 및 지휘하는 법을 배웠다. 1936년 안익태는 미국 유학 시절부터 생각해 왔던 *〈애국가〉를 작곡하였다.

안익태는 제2차 세계 대전이 일어난 뒤 독일과 오스트리아 등에서 지휘자로 활동하였다. 이때 빈 필하모닉 오케스트라, 베를린 필하모닉 오케스트라, 로마 교향악단 등을 지휘하여 유럽에서 뛰어난 지휘자로 인정을 받았다. 안익태는 계속하여 영국의 로열 필하모니를 비롯한 200여 교향악단의 지휘자로 활동하며 온 세계에 이름을 떨쳤는데, 이때 주로 *베토벤, *브람스, *드보르자크 등의 작품을 즐겨 연주하였다. 안익태는 1945년 제2차 세계 대전이 끝나자, 스페인 마드리드에 살며 그 곳 교향악단의 상임 지휘자가 되었다.

안익태는 1957년 우리나라에 들어와 자신이 작곡한 〈강천성악〉과 〈한국환상곡〉 등의 연주회를 갖고, 처음으로 우리나라에서 악단을 지휘하였다. 이어 1961년에서 1963년까지 세 차례에 걸쳐 서울에서 국제 음악제를 열었다. 안익태는 1965년 9월 스페인 마요르카에서 세상을 떠난 뒤 그 곳에 묻혔다가, 1997년 국립묘지에 묻혔다.

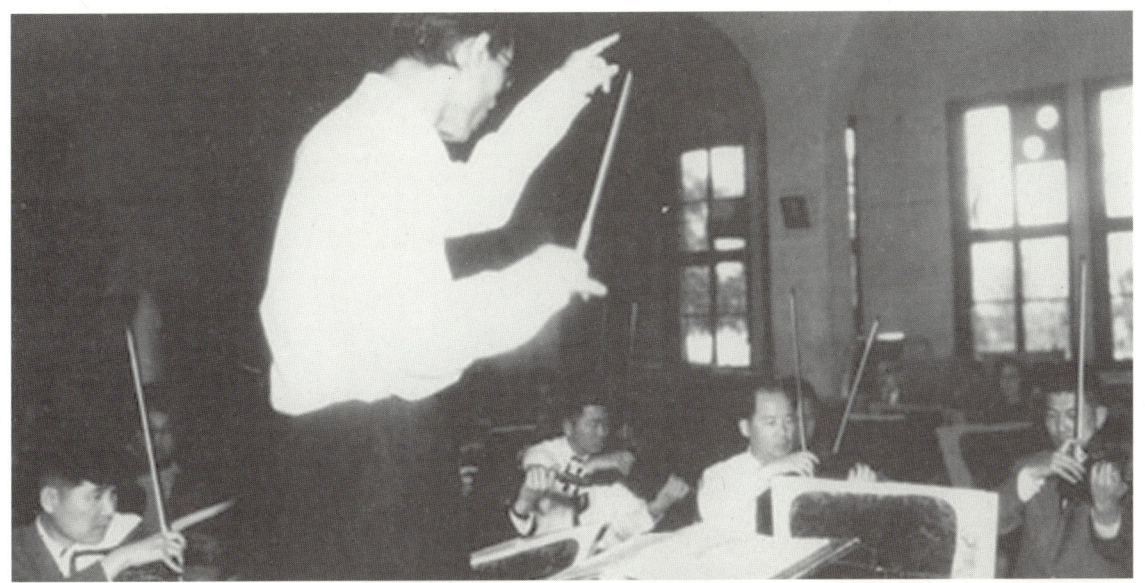

지휘하는 안익태 선생(위). 안익태 선생의 연주복(왼쪽 아래). 안익태 선생과 부인의 한국 방문 때의 모습(오른쪽 아래).

함께 보아요

* **교향악단** : 교향악을 연주하기 위해 관악기, 타악기, 현악기로 구성된 대규모의 관현악단을 말한다.

* **드보르자크**(1841~1904) : 〈신세계 교향곡〉으로 유명한 체코의 음악가이다. 프라하 음악 학교를 졸업하였고, 체코의 민족 음악을 많이 작곡하였다. 1878년 피아노 이중주곡인 〈슬라브 무곡〉으로 이름이 알려지기 시작하였으며, 오페라 〈루살카〉를 비롯하여, 피아노 소곡 〈유머레스크〉 등과 교향곡, 협주곡, 실내악곡 등 많은 작품을 남겼다.

* **베토벤**(1770~1827) : 음악의 성인으로 불린다. 처음에는 피아니스트였으나, 작곡에 몰두하여 작곡가로 크게 인정을 받았다. 1800년경부터 귀가 잘 들리지 않게 되자 서른 살에는 자살을 결심하기도 했으나, 자신의 운명과 싸우며 〈영웅 교향곡〉, 〈운명 교향곡〉, 〈전원 교향곡〉 등의 교향곡을 작곡했다. 또한 〈월광〉, 〈비창〉 등 32곡의 피아노 소나타, 10곡의 바이올린 소나타, 16곡의 현악 4중주 등 훌륭한 작품들을 남겼다. 오페라인 〈피델레오〉와 종교 음악인 〈장엄미사〉를 작곡하기도 했다.

* **브람스**(1833~1897) : 독일의 작곡가로, 어릴 때부터 바이올린, 첼로를 배워 음악적 재능을 발휘했으며, 뒤에 작곡법을 배웠다. 1868년 유명한 〈독일 진혼곡〉을 발표한 뒤 계속해서 교향곡, 바이올린 협주곡, 첼로 소나타 등을 작곡하였으며, 평생 동안 고전파 음악의 전통을 지키기 위해 노력하였다. 대표작으로 〈헝가리 춤곡〉, 〈피아노 협주곡〉, 〈바이올린 협주곡〉, 〈자장가〉 등이 있다.

* **〈애국가〉** : 우리나라의 국가로, 처음에 스코틀랜드 민요에 맞추어 부르던 것을 1936년 안익태가 작곡하였다. 1948년 8월 15일 대한민국 정부 수립과 함께 국가로 제정되었다.

안정복
(安鼎福, 1712~1791)

우리 역사를 자주적인 관점에서 보았던 조선 후기의 실학자

자는 백순. 호는 순암 시호는 문숙

안정복은 1712년(숙종 38) 충청북도 제천에서 안극의 아들로 태어났다. 안정복의 집안은 남인으로, 아버지 때부터 당파 싸움으로 인하여 벼슬길이 끊겨 불우했다.

그러나 어려서부터 학문을 배운 안정복은 경학은 물론 역사·천문·지리·의학 등에 걸쳐 폭넓고 뛰어난 학문을 지녔다. 하지만 안정복은 과거를 포기한 채 35세 때인 1746년 실학자 이익의 제자로 들어가 *경세치용의 학문을 익혔다.

그 뒤 학문과 덕행이 널리 알려지면서, 안정복은 1749년(영조 25)부터 만녕전 참봉, 사헌부 감찰, 익위사익찬, 목천 현감 등에 올랐다. 안정복은 목천 현감으로 있으면서 자신이 쓴 『임관정요』를 몸소 시행하였고, 덕곡 마을에서는 향약을 실시하였다.

안정복은 세상 모든 일을 주자학에 따라 판단하면서도 경세적이어야 한다고 생각하였고, 불교와 도교, 역사, 서학 등 여러 학문에 많은 관심을 가지고 있었다. 그러나 신보수주의 학자였던 안정복은 당시 유행하던 *양명학을 잘못된 학문이라고 비판하였고, *천주교에 대해서도 부정적이었다. 특히 사위인 *권일신을 비롯해 남인 학자들이 믿었던 천주교를 『천학고』와 『천주문답』에서 그릇된 종교로 지목하였다.

안정복은 역사에도 밝아 『동사강목』과 『열조통기』를 비롯해 스승인 이익과 역사에 대하여 주고받은 내용을 담은 『동사문답』과 우리 역사 인물의 전기도 썼다. 특히 1758년(영조35) 완성한 『동사강목』은 우리 역사를 자주적이고 객관적이며 실증적으로 재구성하였다. 그때까지의 중국적 사관에서 벗어나 우리 역사를 단군 조선까지 끌어올렸을 뿐 아니라, 모호했던 역사 사실을 규명하였으며, 외적의 침략에 항거한 장수들을 내세워 민족의 활기를 찾으려고 하였다. 1783년 정조가 읽었던 『동사강목』은 박은식, 장지연, 신채호 등 민족 사학자에게 많은 영향을 주었다.

안정복은 여든 살로 세상을 떠날 때까지 선비로서 갖추어야 할 몸가짐과 함께 학문 연구에 몰두하였다. 그러나 친구와 제자들이 천주교 탄압으로 희생되어 쓸쓸한 노년을 보내야만 하였다.

안정복은 죽은 뒤, 좌참찬이라는 벼슬을 받았다.

안정복이 지은 『동사강목』

함께 보아요

＊경세치용 : 학문은 세상을 다스리는 데 실제 이익을 증진하여야 한다는 유학의 한 학파의 주장이다. 중국 명나라 말에서 청나라 초에 황종희, 고염무 등이 주관적으로 흐르는 유학에 반대하여 객관적이고 실제 생활에 필요한 학문을 하여야 한다고 주장하였다.

＊권일신(?~1791. 자는 성오. 호는 이암. 세례명은 프란시스코 자비에르) : 조선 후기의 학자이자 천주교 신자이다. 양명학을 연구하다가 1782년(정조 6) 이벽의 권유로 천주교에 들어가, 청나라에서 영세를 받고 온 이승훈에게 최초로 영세를 받았다. 1789년 교인을 베이징에 보내 신부의 파견을 요청하고 천주교 전파에 힘썼다. 1791년(정조 15) 신해박해 때 이승훈과 함께 제주도로 귀양갔다가 나이 든 어머니를 생각해 천주교를 떠났다. 그 뒤 바뀐 유배지 예산으로 가다가 곤장을 맞은 후유증으로 죽었다.

＊양명학 : 중국 명나라의 왕수인이 내세운 새로운 유교 철학으로, 그의 호를 따서 양명학이라 하였다. 양명학은 맹자의 선천적인 도덕심과 마음의 발양을 통해 타인을, 나아가 인간 세계와 우주를 성실하고 바르게 하자는 이상을 형이상학화한 것이다. 우리나라의 대표적인 양명학자로는 장유, 최명길, 정제두 등이 있다.

＊천주교 : 그리스도교의 한 교파로, 교황을 사도 베드로의 후계자로 하여 세계 교회의 최고 지도자로 받들고 그 통솔에 따른다. '가톨릭'이라는 말은 원래 '보편적'이라는 뜻을 가진 그리스어로, 2세기 무렵부터 교회를 나타내는 말로 쓰이기 시작했다. 또 4세기에 이르러 니케아와 콘스탄티노플의 두 공의회가 신앙 선언 속에서 '가톨릭 교회'라는 명칭을 사용함으로써, 그 이후 이 이름으로 불리게 되었다.

| 우리나라 침략의 원흉 이토 히로부미를 암살한 애국지사이자 의병장 | # 안중근
(安重根, 1879~1910) | 아명은 응칠
세례명은 토마스 |

안중근은 1879년(고종 16) 황해도 해주에서 안태훈의 아들로 태어났다. 안중근은 어려서부터 말을 잘 탔을 뿐만 아니라 화승총을 잘 쏘아 명사수로 이름을 날렸다. 안중근 1894년 황해 감사의 요청에 따라 아버지와 함께 산포군(수렵자)을 만들어 동학군을 진압하였고, 이듬해 가톨릭에 들어가 영세를 받았다.

안중근은 1905년 일본의 강압으로 을사조약을 맺게 되자, 강원도에서 의병을 일으켜 일본군과 싸웠다. 이듬해에는 남포에 삼포 학교와 돈의 학교를 세워 인재를 길러내는 데 힘썼다. 안중근은 1907년 *한일 신협약에 따라 군대가 해산되자, 만주를 거쳐 블라디보스토크로 망명하였다. 그 곳에서 *이범윤 등과 함께 *대한의군을 조직한 안중근은 참모 중장이 되어 경흥 등에서 일본군을 공격하였다.

안중근은 1909년 러시아에서 김기룡 등 12명과 함께 비밀 결사인 단지회를 만들었다. 이때 안중근과 엄인섭은 *이토 히로부미를, 김태훈은 이완용을 없애기로 손가락을 잘라(단지) 피로써 맹세하고, 만일 3년 안에 그 일을 성공하지 못하면 죽음으로써 국민들에게 속죄하기로 약속하였다. 그 해 안중근은 러시아 회담을 하기 위해 이토 히로부미가 하얼빈에 온다는 소식을 듣고 *우덕순, 조도선, 유동하 등과 함께 암살 계획을 세웠다.

1909년 10월 26일, 일본인 기자로 변장하고 하얼빈 역에 들어간 안중근은 기차에서 내려 환영객을 향해 발길을 옮기는 이토 히로부미에게 3발의 권총을 쏘았다. 안중근은 이토 히로부미의 왼쪽 가슴에 두 발, 심장에 한 발을 명중시킨 뒤, 태극기를 꺼내 들고 "대한 독립 만세!"를 외치다가 붙잡혔다.

안중근은 경찰이 이토 히로부미를 죽인 이유를 묻자 "이토는 대한의 독립 주권을 빼앗아 간 침략의 원흉이며 동양의 평화를 해치는 자이다. 그러므로 대한의군 참모 중장으로 이토를 총살한 것이지 내 개인의 생각으로 그를 죽인 것이 아니다."라고 의연하게 밝혔다.

안중근은 두 동생에게 "내가 죽거든 시체는 우리나라가 독립하기 전에는 국내로 옮겨서 장사 지내지 말라. 대한 독립의 소리가 천국에 들리면 나는 마땅히 춤을 추며 만세를 부를 것이다."라는 유언을 남긴 뒤, 1910년 3월 26일 10시 뤼순 감옥에서 사형을 당했다.

안중근 의사의 감옥에서의 사진(왼쪽). 안중근 의사에게 암살당한 이토 히로부미(오른쪽)

함께 보아요

* **대한의군** : 1907년 블라디보스토크에서 안중근, 이범윤, 엄인섭, 김기룡 등이 만든 무장 독립 운동 단체이다. 안중근이 이범윤 등 블라디보스토크에 사는 동지들과 함께 의병을 모아, 의병 지원자가 3백여 명을 넘자, 안중근은 동지들과 함께 '대한의 의병의 군대'라는 뜻으로 대한의군을 만들어, 김두성을 총독, 이범윤을 대장, 안중근은 참모 중장의 직책을 맡았다. 대한의군은 무기를 구하여 비밀리에 수송을 담당하였고, 두만강 지역에서 적극적인 무장 독립 운동을 펼쳤다.

* **우덕순**(1876~?) : 독립 운동가로, 서울에서 잡화상을 하다가 일본의 통감 정치에 불만을 품고 블라디보스토크로 망명하였다. 1908년 안중근 등과 함께 경흥 등지에서 일본군과 싸우다가 붙잡혀 7년형을 받았으나, 감옥에서 탈출하였다. 1909년 이토 히로부미의 하얼빈 방문을 안중근에게 알리고 암살 계획을 세웠다. 이토가 죽은 뒤 붙잡혀 3년형을 선고받았다. 1962년 건국훈장 국민장이 주어졌다.

* **이범윤**(?~?) : 독립 운동가로, 1907년 시베리아로 망명하여 안중근 등과 함께 대한의군을 조직하여 경흥 등에서 일본군을 공격하여 큰 피해를 입혔다. 1919년 의군부를 조직한 뒤 북로 군정서와 함께 청산리 대첩에서 일본군을 크게 물리쳤다. 1962년 건국훈장 국민장이 주어졌다.

* **이토 히로부미**(1841~1909) : 우리나라를 일본의 식민지로 만든 일본의 정치가이다. 영국에 유학하고 돌아와 막부 타도 운동에 앞장섰고, 메이지 정부가 들어서자 일본 헌법 제정과 천황제 확립에 힘을 쏟았으며, 초대 총리대신이 되었다. 1905년 우리나라와 을사조약을 맺고, 초대 총감이 되었다. 1909년 러시아 재무 장관과 회담하기 위해 하얼빈에 갔다가 안중근 의사가 쏜 총탄을 맞고 죽었다.

* **한일 신협약** : 1907년 고종은 네덜란드 헤이그에서 열리는 만국 평화 회의에 일본과 맺은 을사조약이 무효임을 주장하기 위해 밀사를 보냈다. 그러나 고종의 밀명을 받고 헤이그로 간 이상설과 이준은 영국의 반대로 뜻을 이루지 못했다. 이때 울분을 참지 못한 이준은 그 곳에서 자결하고 말았다. 이 헤이그 밀사 사건이 일어나자 일본은 강압적으로 대한제국과 이 조약을 맺었다. 전문 7조로 되어 있는 이 조약에는 모든 국가 행정과 사법 사무를 통감부의 감독 아래에 두는 것으로 되어 있다.

| 평생을 나라를 위해 바친 교육자이자 독립 운동가 | # 안창호 (安昌浩, 1878~1938) | 호는 도산 |

안창호는 1878년(고종 15) 평안남도 강서에서 안흥국의 아들로 태어났으며, 14세 때까지 한학을 공부하였다. 그 뒤 안창호는 1895년 청일 전쟁이 일본의 승리로 끝나자, 나라의 힘을 기르는 것이 중요하다는 것을 깨닫고 신학문을 배우기 위해 서울로 올라왔다. 안창호는 미국인 선교사 언더우드가 경영하는 구세 학당에 들어가 새로운 학문을 배우며 기독교 신자가 되었다.

안창호는 1897년 독립 협회에 가입하여 평양에서 관서 지부를 만들고, 이듬해 독립 협회가 주최한 만민 공동회에 참석하여 외세를 배격하고 언론, 집회의 자유를 요구하는 등 민주주의 운동을 벌였다. 1900년 미국으로 건너간 안창호는 대한인 공립 협회를 만들고, 야학을 세워 교포들을 교육시키는 한편 〈공립신보〉를 만들어 교포들의 권익 보호와 생활을 향상시키기 위해 힘썼다.

안창호는 1905년 을사조약의 소식을 듣고 이듬해 돌아와 1907년 *이갑, *양기탁, 신채호 등과 함께 비밀 결사인 신민회를 만들었다. 신민회는 첫째, 국민에게 민족 사상과 독립 사상을 일깨우고, 둘째, 동지들을 모아 국민 운동의 힘을 쌓으며, 셋째, 교육 기관을 세워 청소년을 교육하고, 넷째, 상공업 기관을 만들어 단체의 재정과 국민의 재산을 늘린다는 것을 목적으로 만들었다. 그리하여 안창호는 그 해 평양에 대성 학교를 세웠고, 평양과 대구에 출판사 태극서관을 설립했으며, 평양에 도자기 회사를 만들어 민족 산업 육성에도 힘썼다.

안창호는 1909년 안중근 의사의 이토 히로부미 암살 사건에 관련된 혐의로 3개월간 옥살이를 한 뒤 미국으로 망명하였다. 안창호는 1913년 신민회의 뜻을 실현하기 위해 로스앤젤레스에서 *흥사단을 만들었다. 안창호는 3·1 운동 뒤 상하이로 건너가 임시정부 내무 총장, 국무 총리 서리 등을 지냈다.

1925년 안창호는 윤봉길 의사의 홍커우 공원 폭탄 투척 사건과 관련하여 일본 경찰에 붙잡혀 2년 6개월 동안 옥살이를 하였다. 안창호는 1937년 *동우회 사건으로 다시 붙잡혀, 이듬해 병보석으로 풀려나 치료를 받던 중 간경화증으로 세상을 떠났다.

1962년 건국훈장 대한민국장이 주어졌다.

안창호 선생의 무덤(왼쪽). 안창호 선생의 동상(오른쪽)

동우회 사건 : 일본 경찰이 1937년 6월에서 1938년 3월에 걸쳐 이광수, 안창호 등 동우회 회원 181명을 검거한 사건이다. 동우회는 1929년 11월에 조직된 민중 계몽 단체로, 이광수를 중심으로 만들어진 수양 동우회와 안창호가 만든 흥사단을 합쳐 '동우회'라 하였다. 동우회는 당시 최고 지식인이었던 변호사, 목사, 의사, 교육자 등으로 구성되었고, 대부분 민족주의자로서 기독교인들이 많았다. 동우회는 회관을 세우고, 기관지 〈동광〉을 펴내 민중들의 계몽과 독립 사상을 일깨웠다.

양기탁(1871~1938. 아명은 의종. 호는 우강) : 독립 운동가로, 평양에서 태어났다. 1904년 영국인 베셀과 영자 신문 〈코리아 타임즈〉를 발간하고, 이듬해 국한문으로 〈대한매일신보〉를 창간하였으며, 1907년 안창호 등과 신민회를 만들어 민족 운동에 힘썼다. 105인 사건과 독립 진정서 사건으로 옥살이를 하다가 풀려난 뒤, 만주로 망명하였다. 1926년 고려 혁명당을 결성하여 정의부의 무장투쟁을 지원하였다. 1938년 중국 장쑤성에서 병사하였으며, 1962년 건국훈장 대통령장이 주어졌다.

이갑(?~?. 호는 추정) : 독립 운동가로, 평안남도 평원에서 태어났다. 일본 육군 사관 학교를 졸업하고 구한국 군대 참령에 올랐으나, 을사조약 뒤 항일 운동에 참여하였다. 1906년 정운복 등과 서북 학회, 오성 학교를 세워 교육 사업에 힘쓰는 한편, 안창호, 양기탁 등과 함께 신민회를 만들었다. 1907년 고종의 퇴위 반대 운동을 하다가 옥살이를 한 뒤에, 시베리아로 망명하여 이강 등과 〈정교보〉를 간행하여 언론을 통한 독립 운동과 계몽 사업을 벌였다. 만주 지린성 목릉현에서 세상을 떠났으며, 1962년에 건국훈장 국민장이 주어졌다.

흥사단 : 1913년 도산 안창호가 미국 샌프란시스코에서 만든 민족 부흥 운동 단체이다. 〈흥사단보〉를 발행하여 재미 교포들의 계몽에 힘썼다.

05 일화

이야기로 보는 역사 인물

 울릉도·독도 지킴이 안용복

어부 40여 명과 함께 울릉도에 나가 고기잡이를 하고 있던 안용복은 깜짝 놀랐습니다. 일본 사람들이 우리 바다에 들어와 고기를 잡고 있었기 때문입니다.

'아니 왜놈들이 우리 바다에 들어와 마음대로 고기를 잡아가다니!'

안용복은 일본 사람들이 우리 바다에 들어와 마음대로 고기를 잡는 것을 보고 참을 수가 없었어요.

"당신들 누구 마음대로 남의 나라 바다에 와서 고기를 잡아가는 것이오?"

안용복은 유창한 일본 말로 일본 어부들에게 따져 물었어요.

안용복은 지난날 동래 수군으로 있을 때 왜관을 자주 드나들면서 일본 말을 배웠던 것입니다.

"우리는 막부로부터 울릉도 부근에 가서 고기를 잡아도 좋다는 허락을 받고 고기를 잡고 있소. 그러니 당신들은 상관하지 마시오."

"아니, 그게 무슨 말이오? 울릉도는 엄연히 우리나라 땅인데, 어떻게 당신네 나라에서 마음대로 허락할 수 있단 말이오?"

그랬습니다. 그 곳은 신라 장군 이사부가 우산국(울릉도)을 정복한 뒤부터 우리나라 땅이었습니다. 안용복은 계속하여 일본 어부들을 꾸짖었습니다. 그러자 일본 어부들은 안용복을 박어둔이라는 어부와 함께 일본으로 끌고 갔습니다.

안용복은 호키 주 태수와 일본 조정에 울릉도가 엄연히 조선 땅임을 당당하게 주장하였습니다. 그러자 호키 주 태수와 일본 조정은 안용복의 주장을 인정하였습니다.

재미있게 읽고 나면 역사가 쏙쏙

"그렇다면 울릉도가 우리 조선 땅이라는 사실을 증명하는 문서를 만들어 주십시오."

안용복은 마침내 일본 조정으로부터 외교 문서를 받아 가지고 돌아오다가 그만 안타깝게도 쓰시마 도주에게 그 문서를 빼앗기고 말았습니다.

그 뒤, 안용복은 다시 울릉도로 고기잡이를 나갔다가 어처구니없는 광경을 보았습니다. 일본 어부들이 그 곳에서 태연하게 고기를 잡고 있었던 것입니다.

안용복은 일본 어부들을 향해 큰 소리로 꾸짖었습니다.

"너희 조정에서도 이미 울릉도가 우리 땅임을 인정했거늘 어찌하여 남의 바다에 와서 고기를 잡는 것이냐?"

안용복의 기세에 놀란 일본 어선들은 뱃머리를 돌려 달아나기 시작하였습니다.

'아니야, 이 기회에 다시는 우리 땅에 들어오지 못하도록 단단히 버릇을 고쳐 주어야 해!'

안용복은 일본으로 가서 호키 주 태수를 만났습니다.

"나는 울릉 우산 양도 감세관이오. 지난번에 이 곳의 태수는 물론 막부에서도 울릉도가 우리 땅임을 인정했습니다. 더군다나 막부는 그 사실을 증명하는 문서까지 만들어 주었소. 그런데 어찌하여 아직까지 일본 어부들이 우리 바다에 와서 고기를 잡는단 말이오?"

사실 안용복은 울릉 우산 양도 감세관이 아니었습니다. 그것은 안용복이 호키 주 태수를 만나면서 스스로 만들어 낸 관직이었습니다.

"정말 미안합니다. 우리 어부들이 그 사실을 모르고 그 곳에서 고기잡이를 한 것 같습니다. 다시는 그런 일이 일어나지 않도록 하겠습니다."

안용복은 비록 어부였지만, 당당하게 일본 관리에게 잘못을 따지고 사과를 받아냈습니다. 그러나 안용복은 나라의 허락 없이 국제 문제를 만들었다는 죄로 붙잡혀 귀양을 갔습니다.

이야기로 보는 역사 인물

| 왕보다 더한 권력을 휘두른 고구려의 재상 | # 연개소문
(淵蓋蘇文, ?~666) | 다른 이름은 개금, 이리가수미 |

연개소문은 할아버지와 아버지 모두 *막리지를 지낸 고구려의 명문 가문에서 태어났다. 어린 시절부터 기골이 장대하고 용감했던 연개소문은 아버지가 죽은 뒤, 그 직위를 물려받으려 하였다. 그러나 대신들이 연개소문이 거느린 세력과 포악한 기질을 두려워하여 직위 계승을 반대하였다. 그러자 연개소문은 귀족들을 일일이 찾아가 호소하여 간신히 승인을 받아냈다.

642년(영류왕 25) 연개소문이 천리장성을 쌓는 최고 감독자로 있을 때, 그의 세력이 커지는 것을 두려워한 여러 대신들이 영류왕과 모의하여 제거하려 하였다.

연개소문은 평양성 남쪽 성문 밖에 군사들을 모아 놓고, 열병식을 한다는 구실로 대신들을 초대하여 180여 명에 달하는 대신과 귀족들을 살해해 버렸다. 그리고 궁궐로 쳐들어가 영류왕마저 시해하고, 영류왕의 조카인 *보장왕을 세웠다.

스스로 대막리지가 되어 고구려의 모든 권력을 장악한 연개소문은 민심을 돌리기 위해, 당나라에 사신을 보내어 *도교의 도사 8명과 노자의 *『도덕경』을 들여왔다.

이 무렵 당나라의 팽창 정책에 위협을 느낀 고구려는 부여성에서 발해만 입구에 이르는 서부 국경에 천리장성을 쌓았다. 이런 상황에서도 연개소문은 강경일변도의 대외 정책을 추구하였다.

화평을 제의한 신라의 사신 김춘추를 옥에 가두어 버렸고, 644년(보장왕 3)에는 신라와 화해하라는 당 태종의 말도 묵살했다. 연개소문이 이처럼 강경한 대외 정책을 채택한 것은 백성들의 항쟁 의식을 높이고, 말갈족과 같은 고구려 복속민들의 이탈을 방지하고자 하는 목적이 있었다.

645년(보장왕 4) 마침내 당 태종이 17만 대군을 이끌고 쳐들어왔을 때 연개소문이 지휘하는 고구려 군은 개모성·요동성·백암성 등지에서 당나라 군에게 큰 타격을 입히고, 안시성의 혈전에서 60여 일 간의 공방전 끝에 당나라 군을 물리쳤다. 그 뒤로 당나라가 네 차례나 더 침입을 해 왔지만, 이를 모두 물리쳤다.

660년에는 백제를 멸망시킨 나당 연합군이 협공을 해 왔다. 당나라 군과 신라 군의 계속되는 협공으로 고구려는 점점 영토를 잃고 수도인 평양성으로까지 밀리게 되었다.

당나라와 신라의 협공에 맞서 싸우던 연개소문은 666년에 병으로 죽었다.

연개소문과 설인귀의 전투 그림(왼쪽). 연개소문의 유허비(오른쪽 위). 살수에서 당나라와 싸우는 연개소문(오른쪽 아래)

함께 보아요

* **도교** : 중국의 종교로 황제와 노자를 신격화한 태상 노군을 숭배한다. 노자와 장자의 철학을 받아들이고, 여기에 음양오행설과 신선사상을 더하여 늙지 않고 오래 사는 불로장생을 추구하였다. 후한 말기 때 장도릉에 의해 종교적인 틀이 갖추어져서 중국의 민간에 널리 퍼졌다.

* **「도덕경」** : 중국 춘추전국 시대 사상가인 노자와 장자의 도가 사상을 오랜 세월에 걸쳐 여러 사람들이 모아 기록한 책이다. 도가 사상은 자연을 만물의 근원으로 여기고 숭배하는 사상이다. 도덕경은 약 5천 글자이며, 상하 2편으로 되어 있다.

* **막리지** : 고구려의 최고 관직이다. 대인 또는 대수장의 뜻을 가진 말로, 여러 명이 있었다. 임기는 3년이며 후손에게 물려줄 수도 있었다. 그 권한은 나라의 정치에만 한정되어 있었고, 군사에는 미치지 못하였다. 그러나 연개소문이 집권하면서 정치와 군사권을 모두 장악하는 최고 관직이 되었다.

* **보장왕**(?~682. 재위 기간 : 642-668) : 고구려의 마지막 제28대 왕으로, 영류왕의 동생인 태양왕의 아들이다. 영류왕을 시해하고 권력을 장악한 연개소문에 의하여 왕위에 올랐기 때문에 비록 왕위에 있었지만 연개소문의 그늘에 가려 왕으로서의 실권을 가지지는 못했다. 고구려 멸망 후 보장왕은 당나라로 잡혀갔으며, 당나라로부터 '사평대상백원외동정'에 책봉되었다.

| 백제를 건국하여 삼국 시대를 연 임금 | # 온조왕 (溫祚王, ?~28) | 재위 기간 : 기원전 18~ 기원후 28 |

온조왕은 고구려의 시조인 주몽(동명성왕)의 셋째 아들이다. 고구려의 시조 주몽은 *북부여에서 도망하여 졸본부여(고구려의 다른 이름)로 왔다. 졸본부여의 왕은 주몽이 보통 인물이 아니라는 것을 알아보고 자신의 둘째 딸을 주어 아내로 삼게 하였다. 그 뒤, 졸본부여의 왕이 죽자, 주몽이 왕이 되었다.

주몽은 나라 이름을 '고구려'라 고치고, 왕비와의 사이에서 두 아들을 얻었는데, 큰 아들이 비류이고 둘째 아들은 온조였다.

주몽이 왕이 된 지 19년째 되던 해 4월, 북부여에서 유리(*유리왕)가 어머니 예씨와 함께 고구려로 찾아왔고, 주몽은 북부여에 있을 때 예씨와의 사이에서 낳은 맏아들 유리를 태자로 삼아 버렸다. 이에 불만을 느낀 비류와 온조는 어머니를 모시고, 오간·마려 등 10명의 신하들과 함께 한반도 남쪽으로 내려왔다. 이때 많은 백성들도 그들을 따라왔다. 남쪽으로 말을 달려 서울의 삼각산에 당도한 그들은 도읍지를 물색하였다.

비류는 신하들의 말을 듣지 않고 해변에서 살기를 원하여 따르는 백성들과 함께 미추홀(인천)로 갔다. 그러나 온조는 신하들의 말대로 위례성에 도읍을 정하고, 나라 이름을 '십제'라 하였다. 때는 기원전 18년 봄의 일이었다.

얼마 뒤, 비류가 병으로 죽자 비류를 따르던 신하와 백성들이 모두 온조가 있는 위례성으로 모여들었다. 나라의 규모가 커지자, 온조는 나라 이름을 '백제'로 고쳤다.

그 해 5월, 온조는 아버지인 동명왕의 묘를 세우고 제사를 지냈다. 그리고 부여족의 후손임을 자처하며 성씨도 부여 씨를 사용하였다.

기원전 5년에는 남한산으로 도읍을 옮기고, 9년에는 *마한을 멸망시켰으며, 10년에는 아들 다루를 태자로 책봉하였다.

『삼국사기』 등에 온조왕의 치적으로 기록되어 있는 일들의 상당 부분은 실제로는 백제의 발전 과정에서 점차적으로 이루어진 일들을 온조왕의 치적으로 잘못 기록해 놓은 것이다. 이를테면 온조왕이 마한 지역 전체를 통합한 것으로 되어 있는데, 그러한 영토의 개척은 실제로는 훨씬 후대에 이루어진 일이다.

온조왕의 위패를 모신 숭렬전(위).
온조왕 때 쌓은 몽촌토성(아래)

함께 보아요

＊마한 : 한반도 중부 이남 지역에 분포한 삼한(진한·마한·변한) 중의 하나이다. 대체로 기원전 1세기~기원후 3세기에 경기도, 충청도, 전라도 지방에 분포한 54개의 소국을 가리킨다. 54개의 소국은 큰 나라가 1만여 호, 작은 나라가 수천 호로서 모두 합하면 10만여 호였다고 한다. 소국을 다스리는 우두머리를 신지, 읍차라고 불렀다.

＊북부여 : 기원전 1세기 무렵 부여족이 북만주 일대에 세운 나라로, 농경 생활을 주로 했고, 중국으로부터 철기 문화를 받아들이고 은력을 사용하는 등 진보된 제도와 조직을 갖추었다. 그러나 3세기 말에 선비족의 침입으로 크게 쇠퇴하여 그 영토가 대부분 고구려에 편입되었다.

＊유리왕(?~18. 재위 기간 : 기원전 19~기원후 18. 이름은 유리, 유류, 주류) : 고구려 제2대 왕으로 '유리명왕'이라고도 한다. 기원전 19년 동명성왕에 이어 즉위하여, 기원전 17년에 중국으로 달아난 후실 치희를 그리워하는 〈황조가〉를 지었으며, 기원전 9년에는 선비족을 공격하여 항복을 받았다. 3년에는 도읍을 홀본에서 국내성(만주 길림성 집안)으로 옮기고 위나암성을 쌓았다. 13년에는 부여가 침공해 오자 이를 격퇴하였다. 14년에는 군사 2만으로 양맥을 쳤으며, 한나라 고구려현을 빼앗았다. 18년에 사망하여 두곡동원에 묻혔다.

온조왕

일본 사람들의 영원한 스승 | 왕인
(王仁, ?~?)

왕인은 백제 근구수왕 때의 학자로, 전라남도 영암군 군서면 동구림리 성기동에서 태어났다.

8세 때 월출산 주지봉 기슭에 있는 문산재에서 유학과 경전을 수학하고, 문장이 뛰어나 18세에 *오경 박사에 등용되었다.

근구수왕 때의 백제는 나라도 융성하고 문화도 대단히 발달하여, 일본 왕의 요청으로 학문과 문화를 전달해 주고 있었다. 어느 해, 근구수왕은 *아직기에게 말 두 필을 주어 일본으로 건너가게 하였다. 일본으로 간 아직기는 일본 왕에게 말을 선물하고, 말을 돌보고 있었다. 그런데 아직기가 경서에 능통하다는 사실을 알게 된 일본의 오진왕은 그를 태자의 스승으로 삼았다.

몇 년 동안 태자에게 경서를 가르친 아직기는 임기를 마치고 백제로 돌아왔다. 그때 일본 왕이 아라타와케 등의 사신을 보내어 학식이 뛰어난 학자와 책을 보내 달라고 사정하였다.

근구수왕은 일본 왕의 요청을 받아들여 신하들에게 합당한 인물을 천거하도록 명하였다. 많은 신하들이 왕인을 추천하였으므로 당시 32세였던 왕인은 왕의 손자 진손왕과 함께 *『논어』 10권과 『천자문』 1권을 가지고 일본으로 건너갔다.

일본 왕은 학식이 뛰어난 왕인을 태자의 스승으로 삼았다. 모든 경서에 통달했던 왕인은 일본 왕의 요청에 따라 일본 왕족과 신하들에게도 *경사를 가르쳐 일본에 한문학을 일으키게 하였다. 그 후로도 왕인은 백제로 돌아오지 않고 계속 일본에서 살았다. 그의 후손들도 대대로 가와치에 살면서 일본 왕실의 기록을 맡게 되었으며, 일본 고대문화 발전에 크게 기여하였다. 일본의 역사책인 『고사기』에는 왕인의 이름이 '화이길사' 또는 '백제국왕 조고주'로 기록되어 있고, 『일본서기』에는 '왕인'으로 기록되어 있다.

그러나 우리나라의 역사책에는 왕인에 대한 기록이 전혀 보이지 않는다. 이것은 『삼국사기』나 다른 역사책들이 고구려나 백제의 인물보다는 신라의 인물 중심으로 기술되었기 때문이다.

왕인의 무덤은 일본 오사카와 교토의 중간 지점인 히라카타에 있으며, 1938년 5월 오사카의 사적 제13호로 지정되었다. 또한 왕인의 고향인 전라남도 영암군에는 왕인 석상을 비롯하여, 왕인이 독서했다는 왕인 책굴 등이 남아 있다.

왕인 탄생지의 표지석(위), 일본의 왕인 묘지(원내)

함께 보아요

* **경사** : 중국의 고전인 경서와 사기를 말한다. 경서는 옛 성현들이 유교의 사상과 교리를 써 놓은 『역경』・『서경』・『시경』・『예기』・『춘추』・『대학』・『논어』・『맹자』・『중용』 따위를 말하며, 사기는 역사적인 사실을 기록해 놓은 역사책을 말한다.

* **『논어』** : 공자의 학설과 학풍 등을 신봉하는 유가의 성전(성인들의 말씀으로 이루어진 책)이라고 할 수 있다. 사서 『논어』・『맹자』・『중용』・『대학』의 하나로, 고대 중국의 사상가 공자의 가르침을 기록한 중국 최초의 어록이다. 내용은 공자와 그 제자들과의 문답 형식이며, 인생의 교훈이 되는 말들이 간결하고도 함축성 있게 기록되어 있다.

* **아직기**(?~?) : 백제 근초고왕 때 왕명을 받고 일본으로 건너가 일본 왕에게 말 두 필을 선사한 후, 말 기르는 일을 맡아 보았다. 그 후 태자의 스승으로 있다가 백제의 박사 왕인을 추천하여 일본에 한학을 전하게 하였다. 뒤에 아직사라는 일본의 귀화 씨족이 나타났는데, 아직기가 바로 이 씨족의 선조이다.

* **오경 박사** : 백제 때에 오경(시경・서경・주역・예기・춘추)에 능통한 학자에게 주던 칭호이다. 오경 박사로는 고안무, 단양이, 왕유귀 등이 유명하다. 이 칭호를 받은 학자들이 일본으로 건너가 고대 일본 문명의 발전에 크게 기여하였다.

| 통불교를 제창하여 불교의 대중화에 힘쓴 신라의 고승 | # 원효 (元曉, 617~686) | 아명은 서당, 신당 |

원효는 속세의 성은 설씨이며, *설총의 아버지이다. 617년 압량(경상북도 경산시)에서 태어나, 21세 때인 648년(진덕여왕 2) *황룡사에 들어가 승려가 되었다. 그 뒤 모든 재산을 불교계에 헌납하고, 자신이 태어난 집터에 사라사를 세워 불도에 정진하였다.

650년(진덕여왕 4) *의상과 함께 당나라 유학길에 올랐으나, 고구려 국경 부근에서 고구려 병사들에게 붙잡혀 첩자로 몰렸다가 간신히 신라로 되돌아왔다.

661년 의상과 함께 다시 당나라 유학길에 올라 당항성(경기도 화성)에 있는 한 오래된 무덤에서 잠을 자게 되었다. 원효는 잠결에 목이 말라 곁에 있던 바가지에 담긴 물을 마셨다.

그런데 아침에 일어나 보니, 잠결에 달게 마셨던 그 물은 사람의 해골에 괴어 있던 물이었다. 그것을 보고 "사물 자체에는 깨끗한 것도 더러운 것도 없고 모든 것은 마음에 달렸다."는 큰 깨달음을 얻어 유학을 포기하고 신라로 돌아왔다.

그 후 *분황사에서 독자적으로 통불교를 제창하여 불교의 대중화에 힘썼다.

그러던 어느 날, 원효는 길거리에 나가 "누가 나에게 자루 없는 도끼를 주겠는가? 내 하늘을 받칠 기둥을 깎으리라."라고 노래를 불렀다. 이 노래를 전해 들은 태종 무열왕은 신하에게 원효를 찾아서 요석궁으로 데려가라고 명하였다. 며칠 간 요석궁에서 지내게 된 원효는 요석 공주와 사랑을 나누게 되었고, 마침내 아들 설총이 태어나게 되었다. 설총이 태어나자 원효는 자신의 행동을 파계(계율을 어기고 지키지 않음)로 단정짓고, 승복을 벗어 버렸다. 그리고는 소성 거사·복성 거사라 자칭하고, *〈무애가〉를 지어 부르며, 일반 백성들에게 불교를 퍼뜨렸다. 그런 중에도 왕과 왕족, 많은 고승들 앞에서 당나라에서 들여온 *『금강삼매경』을 강론하여 큰 존경을 받았다. 그 후 참선과 책을 짓는 활동으로 만년을 보내다가 70세에 입적하였다.

불교 사상의 융합에 힘쓰고 한국 불교사에 큰 발자취를 남긴 원효는 가장 위대한 고승의 한 사람으로서 지금도 많은 존경을 받고 있다.

지은 책으로 『대혜도경종요』, 『법화경종요』, 『화엄경소』, 『대열반경종요』, 『금강삼매경론』 등이 있다.

원효가 창건한 태고사(왼쪽). 원효의 아들 설총(오른쪽)

함께 모아요

* **『금강삼매경』**: 당나라에서 들여온 불경이다. 원효가 맨 처음으로 이 책에 주석(낱말이나 문장의 뜻을 쉽게 풀이함)을 붙이고 강론하였다.

* **〈무애가〉**: 원효가 지은 가요로, 파계한 원효가 속인 행색에 표주박 모양의 그릇을 들고 거리를 돌며 이 노래를 불렀다고 한다. 가사는 전해지지 않고, 일연이 지은 『삼국유사』와 고려 명종 때 이인로가 지은 『파한집』에 그 유래만이 전하고 있다.

* **분황사**: 신라 634년(선덕여왕 3)에 세워진 절로, 경상북도 경주시 구황동에 있다. 한때 원효가 머물던 큰 절이었으나, 지금은 절 한 동과 불상, 분황사 석탑, 우물터가 남아 있다.

* **설총(?~?. 자는 총지. 호는 빙월당)**: 신라 경덕왕 때의 학자로, 원효 대사와 요석 공주의 아들이다. 신라 십현의 한 사람으로 왕의 말과 명령을 글로 짓는 한림을 지냈고, 주로 왕의 자문역을 맡아 보았다. 유학과 문학을 깊이 연구하여 신라 시대의 교육 기관인 국학에서 제자들을 가르쳐 유학의 발전에 크게 기여하였다. 또 한자의 음과 뜻을 빌려 우리말을 적은 표기법인 이두를 만들어 일반 백성들이 중국 학문을 익히는 데도 크게 기여하였다. 또한 「화왕계」를 지어 신문왕을 충고한 일화로도 유명하다.

* **의상(625~702)**: 신라 시대의 고승으로, 화엄종을 창시하였다. 644년(선덕여왕 13) 황복사에서 승려가 된 뒤, 661년(문무왕 1) 배를 타고 당나라로 건너가 화엄종을 연구하고 671년에 신라로 돌아왔다. 676년(문무왕 16)에는 왕명에 따라 부석사를 짓고 화엄종을 강론하여, 해동 화엄종의 창시자가 되었다. 그 뒤 전국에 10여 개의 화엄종 사찰을 지어, 화엄의 교종을 확립하는 일에 힘썼다. 지은 책으로 『화엄일승법계도』, 『백화도량발원문』, 『십문간법관』 등이 있다.

* **황룡사**: 경상북도 경주시 구황동에 있었던 사찰로, 553년(진흥왕 14) 왕명으로 짓기 시작하여 17년 만인 645년(선덕여왕 14)에 완공되었다. 자장율사의 건의에 따라 신라 3대 보물의 하나인 9층 목탑을 645년에 세웠다. 진흥왕이 새 궁궐을 월성 동쪽에 세우려 했으나, 그곳에서 누런 용이 하늘로 올라갔다. 그것을 보고 궁궐을 짓는 공사를 중지하고 절을 짓게 한 뒤 '황룡사'라는 이름을 붙였다. 역대 왕들이 자주 찾았던 신라 최고의 절로, 고려 시대에도 깊은 숭상과 보호를 받았으나, 1238년(고종 25) 몽골군의 침입으로 탑은 물론 모든 건물이 불타 버려 지금은 터만 남아 있다.

유관순

나라의 독립을 위해 목숨을 바친 한국의 잔다르크

(柳寬順, 1904~1920)

유관순은 충청남도 천안에서 아버지 유중권과 어머니 이씨 사이의 5남매 중 둘째 딸로 태어났다. 집안이 가난했던 유관순은 기독교 감리교 공주 교구에서 일하던 미국인 여선교사의 도움으로, 1916년 학비를 면제받고 *이화 학당에 입학하였다.

1919년 *3·1 운동이 일어나자, 이화 학당 고등과 1학년이던 유관순도 덕수궁 앞에서 만세를 불렀다. 그 뒤 일제가 이화 학당을 휴교시키자, 유관순은 고향으로 내려왔다.

유관순은 고향에서도 교회와 청신 학교 등을 찾아다니며 서울에서의 독립 만세 운동을 설명하고, 이 곳에서도 만세 운동을 전개해야 한다고 호소하였다.

유관순의 계속되는 호소와 설득으로 조인원, 김구응 등 마을 지도자와 연기·청주·진천 등지의 교회와 유림계의 인사들이 대거 동참하기로 하였다.

유관순은 그 해 음력 3월 1일, *아우내 장터에서 만세 운동을 전개하기로 계획을 세웠다.

마침내 음력 3월 1일이 되자, 수천 명의 군중들이 모여 만세를 부르며 격렬하게 독립 만세 시위를 벌였다. 이 시위 현장에서 유관순의 어머니와 아버지를 포함한 수많은 사람들이 일본 헌병들이 무자비하게 휘두른 총칼에 죽음을 당하였다.

유관순은 공주 지방 법원에서 징역 3년형을 언도받았다. 그러나 이에 불복하여 항소하였다. 다시 경성 *복심 법원에서 재판을 받을 때 유관순은 법정에서도 '대한 독립 만세!'를 외치며 일본의 한국 침략을 강력하게 항의하다가 법정 모욕죄까지 가산되어 징역 7년형을 언도받았다.

형이 확정되자, 유관순은 서대문 형무소에서 복역하게 되었다. 유관순은 서대문 형무소에서도 틈만 나면 소리 높여 '대한 독립 만세!'를 불렀다. 그때마다 교도관들에게 끌려가서 모진 고문을 받았다. 불굴의 투혼으로 계속해서 옥중 항쟁을 벌이던 유관순은 1920년 17세의 아까운 나이로 의문의 죽음을 당하였다.

1962년 정부에서는 어린 나이에 국가의 독립을 위해 목숨을 바친 유관순에게 건국훈장 국민장을 추서하였다.

충남 천원군 병천면 '유관순 열사 사적지'에 있는 열사의 영정을 모신 추모각(위). 유관순 열사의 허묘(왼쪽 아래). 유관순 열사의 생가(오른쪽 아래)

함께 보아요

* **복심 법원**: 일제 강점기에 지방 법원의 재판에 대한 공소 및 항고에 대하여 재판을 행하던 곳이다. 고등 법원보다는 아래이고 지방 법원보다는 위에 해당하는 재판소로, 서울, 평양, 대구에 있었다.
* **3·1 운동**: 1919년 기미년 3월 1일에 우리나라 사람들이 일본의 강제적인 식민지 정책으로부터 자주 독립할 목적으로 일으킨 민족 독립 운동이다. 제1차 세계 대전 후 민족 자결주의에 입각하여 손병희 등 33인이 주동이 되어 '독립 선언서'를 낭독하고 민족의 자주 독립을 선언하였다
* **아우내 장터**: 충청남도 천안시 병천면에 있는 장터이다. 유관순 열사가 태어난 곳이며 3·1 운동으로 유명하다.
* **이화 학당**: 1886년(고종 23)에 미국인 선교사 스크랜턴 부인이 설립한 여성 교육 기관으로, 지금의 이화 여자 대학교의 전신이다.

| 이순신과 권율을 천거하여 임진왜란을 승리로 이끈 재상 | **유성룡** (柳成龍, 1542~1607) | 자는 이견. 호는 서애 시호는 문충 |

유성룡은 경상북도 의성에서 황해도 관찰사를 지낸 유중영의 아들로 태어났다.

어린시절 이황의 문하에서 공부하였고, 1564년(명종 19) 생원·진사시에 합격한 뒤, 1566년에 *별시문과 병과로 급제하였다. 승문원 권지부정자로 벼슬길에 나가 1582년에 대사헌으로 승진하여 왕명을 받고 「황화집서」를 지어 올렸다.

1583년 함경도 관찰사에 제수되었으나, 어머니의 병간호를 이유로 사양하였다. 그 효성에 감동한 선조는 그의 고향집에서 가까운 경상도 관찰사로 임명하였다.

1589년 정여립의 모반 사건으로 *기축옥사가 일어나자, 여러 차례 벼슬에서 물러날 뜻을 밝혔다. 그러나 왕이 허락하지 않아 자신의 죄를 스스로 탄핵하는 상소를 올렸다. 1590년에는 우의정으로 승진하여 *광국 공신 3등에 녹훈되고 풍원 *부원군에 봉하여졌다.

1591년 좌의정과 이조 판서를 겸하고 있던 유성룡은 장차 왜란이 일어날 것에 대비하여 형조 정랑 권율을 의주 목사로, 정읍 현감 이순신을 전라도 좌수사로 천거하였다.

1592년 4월 14일, 왜군이 대규모 선단을 이끌고 부산포로 쳐들어오자 병조 판서겸 *도체찰사로 군사 업무를 총괄하게 되었다. 이때 선조는 그에게 영의정을 제수하고 왕의 몽진 행렬을 호위하게 하였다. 피란 행렬이 평양성에 이르렀을 때, '유성룡이 나라를 망쳤다.'는 반대파들의 거듭되는 탄핵으로 선조는 그를 면직시켰다. 그러나 피란 행렬이 의주에 이르렀을 때, 다시 평안도 도체찰사로 임명하였다.

1594년 다시 영의정이 되어 군대 양성과 화포 등 각종 신무기를 제조하고, 허물어진 성곽의 보수를 건의하여 군비 확충에 노력하였다. 또한 소금을 만들어 굶주리는 백성을 진휼할 것을 요청하였다.

1593년 10월, 선조를 호위하고 서울로 돌아와서 *훈련도감을 설치할 것을 주장하여 이듬해 훈련도감 제조가 되었다. 명나라와 일본의 화의가 진행되는 기간에도 군비 보완을 위하여 계속 노력하였다.

1598년 명나라 사신 정응태가 '조선이 일본과 연합하여 명나라를 공격하려 한다'고 명나라 황제에게 거짓으로 아뢰는 사건이 일어났다. *남인인 유성룡을 눈엣가시처럼 여기고 있던 *북인들은 이 사건의 진상을 변명하러 가지 않는다는 이유로 계속해서 상소를 올렸고, 선조는 결국 그의 관직과 작위를 삭탈하고 말았다. 1600년 관직과 작위가 회복되었으나, 다시는 벼슬길에 나가지 않고 고향에서 은거하였다.

당파 싸움과 임진왜란 등을 겪으며 파란만장한 생을 산 유성룡은 1607년 66세를 일기로 세상을 떠났다. 그는 도학·문장·덕행·글씨 등으로 이름을 떨쳤는데, 특히 영남 선비들의 존경을 받았다.

묘지는 경상북도 안동시 풍산읍 수이리 뒷산에 있으며, 안동의 병산서원 등에 제향되었다. 지은 책으로 『서애집』, 『징비록』, 『신종록』, 『영모록』 등이 있는데, 이 중에서 『징비록』과 『서애집』은 임진왜란의 연구에 있어서 매우 귀중한 자료이다.

유성룡이 말년을 지낸 경북 안동 하회마을의 원지정사

함께 보아요

* **광국 공신** : 1590년(선조 23)에 윤근수 등 19명에게 내린 훈호이다. 중국 명나라의 『대명회전』에 조선 왕조 이씨의 계보가 잘못 기록된 것을 바로 잡은 공으로 주었다.
* **기축옥사** : 1589년(선조 22)에 정여립의 모반을 계기로 일어난 옥사이다. 정여립은 권력의 핵심에서 쫓겨난 뒤, 전주, 진안 등지에서 '대동계'를 조직하여 매월 15일에 계원들과 모여 활쏘기와 무술을 연마하고, 술과 음식을 들며 이씨 왕조를 몰아 낼 계획을 꾸몄다. 그러나 역모가 발각되어 정여립을 포함한 가담자들 대부분이 처형되거나 귀양을 갔다. 이 옥사로 인해 동인이 몰락하고 서인이 정국을 주도하게 되었으며, 호남 출신의 관직 등용에 제한을 가한 계기도 되었다.
* **남인** : 조선 선조 때에 동인에서 갈라진 당파이다. 유성룡, 우선전을 중심으로 한 파를 말하며, 이산해를 중심으로 한 북인과 맞섰다. 경종 이후로 정계에서 멀어져 고향에서 학문과 교육에 전념하였다.
* **도체찰사** : 조선 시대에 전쟁이 났을 때 군무를 맡아 보던 최고의 군직으로, 의정부의 삼정승(영의정·좌의정·우의정) 가운데서 겸임하였다.
* **별시문과** : 조선 시대에 '병(丙)' 자가 들어가는 해나, 나라에 경사가 있을 때에 보던 임시 과거 시험이다.
* **부원군** : 조선 시대에 왕비의 친정아버지나 정1품 공신에게 주던 작호이다.
* **북인** : 조선 선조 때의 사색당파 가운데 이발, 이산해를 중심으로 한 당파로, 나중에 다시 대북과 소북으로 갈라졌다.
* **훈련도감** : 조선 후기에 오군영(훈련도감·총융청·수어청·어영청·금위영) 가운데 수도 경비와 포수(총을 쏘는 병사), 살수(칼과 창을 가진 군사), 사수(활을 쏘는 군사)의 양성을 맡아 보던 군영이다. 선조 때 설치되어 1882년(고종 19)에 폐지했다.

유인석
(柳麟錫, 1842~1915)

의병 활동에 일생을 바친 조선 말기의 유학자 | 자는 여성. 호는 의암

유인석은 강원도 춘성군 남면에서 유중권의 아들로 태어났다. 14세 때에 가까운 친척인 유중선의 양자로 입양되어, *이항로의 제자로 들어가 글을 배웠다. 이항로가 세상을 떠나자 그 제자인 김평묵과 유중교를 스승으로 모시고, '중국을 존중하고 서양 오랑캐를 물리친다'는 존화양이 사상을 철저히 익혔다.

1876년(고종 13) *강화도 조약이 체결되자, 홍재구 등 강원도, 경기도의 유생 46명과 개항을 반대하는 상소를 올렸고, 1895년 *을미사변과 *단발령이 일어나자 의병을 일으켰다. 그가 지휘하던 의병은 한때 3천 명이 넘을 정도로 중부 지방을 근거지로 하여 대단한 활약을 하였다. 그러나 선유사 장기렴의 토벌대에게 패하여 만주로 망명하였다.

동포들이 많이 사는 만주 통화현에서 은신 생활을 하던 중에 1897년 3월, 고종의 부름을 받고 일시 귀국했으나, 다음 해에 다시 만주로 망명하였다.

그는 만주에서도 향약 등을 실시하여 동포들이 서로 협력하며 잘살 수 있도록 애를 쓰다가 1900년 7월, 의화단의 난을 피해 귀국하였다. 그 뒤로 서북 지역(황해도·평안도·함경도)을 돌며 항일 의식을 고취시키는 데 주력하여 이진룡, 백삼규 등의 의병장을 배출하기도 하였다.

1907년 일제에 의해 고종이 물러나고 *한일 신협약이 체결되자, *연해주로 망명하였다. 그 곳에서 이상설, 이범윤 등과 함께 흩어져 있던 항일 세력을 하나로 규합하여, 1909년에 13도 의군을 결성한 뒤 도총재로 추대되었다. 그러나 13도 의군이 본격적인 활동을 개시하기도 전에 *'경술국치(1910년 8월)'로 조국은 멸망하고 말았다. 게다가 일본이 러시아와 외교 교섭을 벌여 연해주에서 항일 운동을 하는 한국인들을 무자비하게 탄압하기 시작했다.

연해주에서는 더 이상 무력 항일 투쟁을 벌일 수 없게 되자 1914년 3월, 서간도의 봉천성 서풍현으로 갔다. 그 곳에서 계속 독립 운동을 하다가 다음 해에 관전현으로 옮겨 간 지 얼마 지나지 않아 세상을 떠났다. 처음부터 끝까지 *'위정척사'와 '존화양이' 정신에 입각하여 적극적인 항일 운동을 벌였던 유인석은 스승인 이항로의 학문을 계승·발전시켜 많은 제자를 길러내기도 하였다. 1962년 대한민국 건국공로훈장 복장(현재의 건국훈장 대통령장)을 추서하였다.

 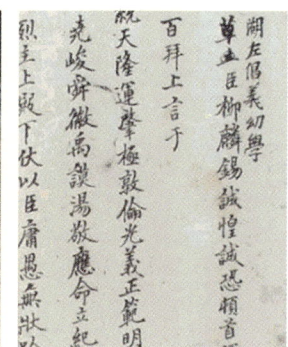

유인석의 묘(왼쪽). 유인석이 올린 상소문(오른쪽)

함께 보아요

* **강화도 조약**: 1876년(고종 13)에 조선과 일본 사이에 맺은 불평등 조약이다. 1875년(고종 12) 일본 군함 운요호가 불법으로 강화 해협에 침입하여 조선과 일본간에 충돌 사건이 발생했다. 의도적으로 이 사건을 일으킨 일본은 배상과 함께 수교를 요구하였다. 군사력을 동원한 일본의 강압에 의해 어쩔 수 없이 맺은 이 조약으로 조선은 부산 외에 인천, 원산 두 항구를 개항하였다.

* **단발령**: 1895년(고종 32) 11월, 을미개혁에 따라 상투 풍속을 없애고 머리를 짧게 깎도록 한 명령이다. 이를 계기로 의병 활동이 확산되었다.

* **연해주**: 러시아의 남동쪽 끝에 있는 지방이다. 우리나라 동해와 인접하고 있으며 두만강을 사이로 국경을 이루고 있다. 아연, 석탄 등의 지하자원이 풍부하고 제재업이 발달하였다. 면적은 16만 5,900㎢이며, 중심 도시는 블라디보스토크이다.

* **경술국치(한일 병합)**: 1910년에 일제가 한일 병합 조약에 따라 우리나라의 통치권을 빼앗고 식민지로 삼은 일이다. 그 후로 우리나라는 1945년 8월 15일 광복이 될 때까지 36년간 일본의 지배를 받았다.

* **위정척사**: 조선 후기에 주자학을 지키고 천주교를 물리치기 위하여 내세운 주장이다. 처음에는 올바른 학문과 정당한 도리를 지키며 주자학에 반대되거나 위배되는 천주교나 동학 등을 물리치자는 것이었으나, 나중에는 외국과의 통상 반대 운동으로 이어졌다.

* **을미사변**: 1895년(고종 32) 일본 정부의 지시를 받은 미우라 고로 공사가 주동이 되어 명성황후를 시해하고 일본 세력 강화를 꾀한 정치적 사건이다. 청일 전쟁에서 승리한 일본이 친일 내각을 만들어 세력을 확장하자, 조선 정부는 러시아 공사 베베르와 손잡고 이범진, 이완용 등을 중심으로 친러·친미 내각을 구성하였다. 이에 상황이 불리해진 미우라 고로 공사는 명성황후 시해 계획을 세우고, 1895년 10월 8일 새벽 흥선 대원군을 앞세워 일본 낭인들을 보냈다. 일본 낭인들은 명성황후를 옥호루에서 시해하고, 시체를 불태운 뒤 뒷산에 묻었다. 이 사건은 국내뿐 아니라 세계 여러 나라에 알려져, 강대국의 강력한 항의를 받게 되었고, 일본은 미우라 고로 공사를 해임하였다. 이 사건은 항일 의병 활동과 아관파천의 계기가 되었다.

* **이항로**(1792~1868. 호는 화서): 조선 말기의 성리학자로, 경기도 포천에서 태어나 조두순의 천거로 동부승지, 공조 참판 등의 벼슬을 지냈다. 흥선 대원군이 경복궁을 중건하고 만동묘(임진왜란 때 우리나라를 도와 준 중국 명나라의 의종과 신종의 위패를 모신 사당)를 폐지하자 이에 반대하는 상소를 올려 관직을 삭탈당했다. 그 뒤 고향으로 돌아와 학문 연구에 몰두하며 많은 제자를 길러냈다. 호남의 기정진, 영남의 이진상과 함께 조선 말기 주리 철학의 3대가로 불린다. 지은 책으로 『화서집』 등이 있다.

* **한일 신협약**: 1907년 고종은 네덜란드 헤이그에서 열리는 만국 평화 회의에 일본과 맺은 을사조약이 무효임을 주장하기 위해 밀사를 보냈다. 그러나 고종의 밀명을 받고 헤이그로 간 이상설과 이준은 영국의 반대로 뜻을 이루지 못했다. 이때 울분을 참지 못한 이준은 그 곳에서 자결하고 말았다. 이 헤이그 밀사 사건이 일어나자 일본은 강압적으로 대한제국과 이 조약을 맺었다. 전문 7조로 되어 있는 이 조약에는 모든 국가 행정과 사법 사무를 통감부의 감독 아래 두는 것으로 되어 있다.

| 조선 중기 실학의 창시자 | 유형원 (柳馨遠, 1622~1673) | 자는 덕부, 호는 반계 |

유형원은 1622년(광해군 14)에 외가인 서울 정릉에서 태어났다. 아버지는 예문관검열을 지낸 유흠인데, 불행하게도 유형원이 두 살 되던 해에 광해군 복위 운동에 연루되어 28세라는 젊은 나이로 옥사하고 말았다.

5세 때부터 외삼촌 이원진과 고모부 김세렴에게서 글을 배운 유형원은 10세 때에 모든 유교 경전을 익힐 정도로 머리가 총명했다.

15세가 되던 1636년(인조 14)에 병자호란이 일어나자, 가족들과 함께 강원도 원주로 피란을 갔다가 다음 해에 지평 화곡리(경기도 양평)로 이사하였다.

18세 때에 부사 심은의 딸과 결혼하였고, 1648년 어머니가 돌아가신 뒤 두 차례에 걸쳐 과거 시험을 치렀으나 모두 낙방하였다. 그 뒤로는 벼슬에 뜻을 두지 않고 학문에만 전념하였다.

30세 때인 1651년(효종 2), 할아버지가 돌아가시자 2년 뒤에 전라도 부안군 보안면 우반동으로 이사하여 은거 생활을 시작하였다. 그 곳 우반동의 마을 이름을 따서 호를 '반계' 라 하였다.

유형원이 살았던 시기는 임진왜란과 병자호란을 겪으면서 사회 생산력이 극도로 떨어져 백성들 모두가 살기 어려운 시대였다. 유형원은 이런 현실을 직접 체험하면서 현실을 개혁하여 부강한 나라를 만들고, 군대도 강하게 만들겠다는 염원으로 대표작인 『반계수록』을 쓰기 시작했다. 총 26권인 『반계수록』에는 농촌 경제의 안정책과 백성을 구제하는 방법 등이 제시되어 있다.

신분에 관계 없이 모든 사람들을 존중하고, 조선 후기의 *실학 시대를 개막시킨 위대한 사상가인 유형원은 슬하에 1남 6녀를 남기고, 1673년에 세상을 떠났다.

『반계수록』은 그가 죽은 뒤 곧바로 조정에 알려졌으나, 세상에 널리 알려진 것은 100년 후였다. 당시의 임금이던 영조가 『반계수록』을 읽어 보고 크게 감탄하여, 세상에 널리 반포하도록 명했던 것이다. 『반계수록』이 반포된 때는 1770년(영조 46)으로 유형원이 죽은 지 97년 뒤의 일이었다.

유형원은 정치·경제·역사·지리·군사·언어·문학 등 다방면에 관심을 가지고 수십 권의 저서를 남겼다. 그러나 불행하게도 『반계수록』 이외에는 책의 제목만이 전해지고 있다. 실학을 학문의 위치로 자리잡게 한 유형원의 사상은 *이익, 안정복 등으로 이어져서 조선 후기 대표적인 실학자로 불리는 정약용에게까지 큰 영향을 미쳤다.

변산반도에 있는 유형원의 유허지 내부(원내)

함께 보아요

* **실학** : 조선 시대 실생활에 도움이 되는 것을 목표로 한 새로운 학문이다. 17세기부터 18세기까지 융성하였으며, 실사구시(사실을 토대로 진리를 탐구함)와 이용후생(먹을 것과 입을 것을 넉넉하게 하여, 백성들의 생활을 나아지게 함), 기술의 존중과 국민 경제 생활의 향상에 대하여 연구하였다.

* **이익**(1681~1763. 호는 성호) : 조선 후기의 실학자로, 이이와 유형원의 학풍을 이어받아 천문·지리·역사·제도·의학 등에 밝았다. 당시 중국으로부터 들어온 서양 학문을 수용하여 세계관 및 역사 의식을 확대·발전시켰고, 보다 실증적이고 합리적인 방식으로 실학 사상을 펴는 데 크게 이바지하였다. 지은 책으로 『성호사설』, 『성호선생문집』, 『사칠신편』 등이 있다.

유형원 187

| 여진족을 정벌하여 9성을 쌓은 고려의 명장 | **윤관** (尹瓘, ?~1111) | 자는 동현. 시호는 문숙 |

윤관은 검교 소부 소감을 지낸 윤집형의 아들이다. 문종 때 문과에 급제하고 1095년(숙종 1) 좌사낭중으로 형부 시랑 임의와 *요나라에 가서 숙종의 즉위를 알렸다. 그 뒤 추밀원 지주사, 어사 대부, 이부 상서 등으로 거듭 승진하였다.

이 당시 고려 북쪽 국경에는 *여진족 완안부의 추장인 영가가 세력을 키워가고 있었다. 1103년(숙종 8) 영가에 이어 우야소가 추장이 됐을 때는 그의 군사들이 함흥 부근까지 진출해 있었다.

위협을 느낀 숙종은 문하 시랑 평장사 임간에게 여진족 정벌을 명했으나 실패하였다. 1104년 2월, 숙종은 다시 윤관을 동북면 행영 병마도통사로 삼아 여진족 정벌을 명했다. 그러나 윤관도 여진족의 강한 기병대에 부딪혀 군사 절반을 잃는 참패를 당했다.

윤관은 개경으로 돌아와 기병대를 중심으로 한 새로운 부대를 만들자고 요청하였다. 숙종은 쾌히 윤허하고, 모든 것을 윤관에게 일임하였다.

1104년 12월, 윤관은 여진족 정벌을 위한 특수부대 별무반을 창설했다. 신기군·신보군·항마군으로 편성된 별무반을 중심으로 철저하게 군사 훈련을 시키며 전쟁에 대비하였다.

1107년(예종 2) 정주성 근처를 지키던 장수가 여진족의 동태가 심상치 않다는 보고를 해 왔다. 숙종에 이어 왕위에 오른 예종은 윤관을 원수로 삼고, 오연총을 부원수로 삼아 17만 대군으로 여진족을 정벌하라고 명했다.

수군까지 동원된 이 전쟁에서 윤관은 정주성 근처의 여진족을 거의 섬멸하였다. 무려 5천여 명의 여진족을 죽이고, 수백 명의 포로를 잡았으며, 전략적인 거점 135곳을 점령하였다.

윤관은 점령한 지역 9곳에 성을 쌓고, 남쪽 지방 백성들을 이주시켰다. 그러나 1108년 봄, 고려군이 자신들의 거점인 함경도 일대를 차지하자, 완안부의 추장 우야소가 수만의 군사를 이끌고 쳐들어왔다.

전쟁 중에 서쪽의 강력한 요나라가 두려웠던 여진족은 9성을 돌려준다면 절대로 배반하지 않고 조공을 바치겠다며 화친을 제의해 왔다. 조정 대신들은 '개척한 땅이 너무 넓어서 지키기 어렵다'는 이유로 돌려주자고 주장했다. 여진족에게 9성을 돌려주는 것으로 결정이 나자, 윤관이 계획하고 실행했던 여진 정벌은 결국 실패로 끝나고 말았다.

대신들은 윤관이 명분 없는 전쟁을 일으켜 국력을 탕진했다고 모함하였다. 계속되는 대신들의 주청에 예종은 결국 윤관의 관직과 공신호를 삭탈하였다.

대신들은 그것에 만족하지 않고 윤관을 처벌해야 한다고 주장했다. 그러나 윤관을 아꼈던 예종은 1110년 수태보 문하시중 판병부사 상주국 감수국사로 임명했다. 이에 윤관은 정중히 사의를 표하고 벼슬길에 나가지 않았다.

1111년에 세상을 떠난 윤관의 묘는 경기도 파주시 광탄면에 있으며, 1130년(인종 8) 예종의 묘정에 배향되었다.

경기도 파주시에 있는 윤관의 위패를 모신 여충사와 윤관의 묘지석(원내)

함께 보아요

* **여진족**: 10세기 이후 만주 동북쪽에 살던 몽골계의 민족으로, 주로 수렵과 목축을 하며 생활했다. 한나라 때에는 '읍루족', 후위 때에는 '물길족', 수나라와 당나라 때에는 '말갈족'이라 불렸다.
* **요나라**: 916년에 거란족의 야율아보기가 세운 나라로, 몽골·만주·화북의 일부를 지배하였으며, 송나라로부터 연계 16주를 빼앗아 전연의 동맹을 맺어 우위를 차지하였다. 1125년에 금나라와 송나라의 협공을 받아 멸망했으나, 왕족인 야율대석이 중앙아시아로 도망하여 서요를 세웠다.

| 어린이에게 꿈과 사랑을 심어 준 반달 할아버지 | # 윤극영
(尹克榮, 1903~1988) |

동요 작곡가 윤극영은 서울 종로구 소격동에서 1남 3녀 중 막내아들로 태어났다. 그의 할아버지는 조선 말기에 승지를 지낸 윤직선이다.

교동 보통 학교와 경성 고등 보통 학교를 졸업한 그는 1921년 경성 법학 전문 학교를 중퇴하고, 일본으로 건너가 도쿄 음악 학교와 도요 음악 학교에서 성악과 바이올린을 공부하였다.

1923년 어린이에게 순수한 우리말과 노래를 가르쳐 애국심과 미풍양속을 찾게 하자는 목적으로 일본 동경에서 방정환 등과 함께 *'색동회'를 조직하였다.

1924년 일본에서 돌아와 우리나라 최초의 창작동요인 〈반달〉을 작곡하였다. '색동회'에서 발행하는 〈어린이〉지 창간호에 발표된 〈반달〉은 큰누나가 죽었다는 소식을 듣고 서쪽 하늘을 바라보며 지었다고 한다.

1926년 1월, 피아니스트 오인경과 함께 만주 용정으로 가서 동흥 중학교, 광명 중학교, 광명 고등 여학교 음악 교사로 10년 동안 교편 생활을 하였다. 그 10년 동안에 〈제비 남매〉, 〈우산 셋이 나란히〉, 〈고기잡이〉, 〈외나무다리〉, 〈담모퉁이〉 등을 작곡하였다.

1941년부터는 만주 용정에서 역마차 사업을 하며 간도성협화회 회장으로 활동하면서 일본군이 세운 *만주국에 적극 협력하기도 하였다.

윤극영은 해방 2년 뒤에 서울로 돌아와 윤석중이 만든 '노래 동무회'에 참여하여 아름다운 동요들을 작곡하고 동요 보급에 힘썼다. 한편으로 '색동회'를 다시 조직하여 '방정환 선생 동상 건립', '무궁화 보급 운동' 등을 벌였다.

윤극영의 대표작 〈반달〉은 '하얀 쪽배'라는 제목으로 1979년에 중국 음악 교과서에 수록되기도 하였다. 아름다운 동요를 작곡하여 어린이에게 꿈과 사랑을 심어 준 반달 할아버지 윤극영은 1988년 11월 15일, 85세를 일기로 세상을 떠났다.

1956년 제1회 소파상을 수상하였고, 1963년에는 서울 교육 대학에서 제정한 '고마우신 선생님'에 추대되었으며, 1970년 국민훈장 목련장, 1983년에 국민훈장 모란장을 받았다.

저서로 동요 작곡집 『반달』과 『윤극영 111곡집』 등이 있다.

시화를 들고 활짝 웃고 있는 윤극영 선생(원내)

함께 보아요

＊만주국: 1932년에 일본이 중국 동북부 및 내몽고 자치구 북동부에 세웠던 괴뢰 국가(겉으로는 독립된 국가의 모습을 하고 있으나, 실제로는 남의 나라에 종속되어 있는 국가)이다. 청나라의 마지막 황제인 선통제 푸이를 집정자로 삼고, 신징을 수도로 하여 건국하였다. 사실상 일본의 군사 기지로서 관동군이 무단 통치하였으나, 일본이 제2차 세계 대전에서 패하자 소멸되었다.

＊색동회: 어린이를 위한 문학과 어린이를 위한 운동을 전개하기 위하여 1922년 일본 도쿄에서 방정환, 마해송, 윤극영, 손진태, 조재호 등이 창립한 단체이다. 1923년에 기관지인 〈어린이〉를 간행하여 새로운 시대에 맞는 많은 동화와 동요를 발표하였다.

윤극영 **191**

| 하늘을 우러러 한점 부끄럼 없이 살다 간 저항 시인 | # 윤동주 (尹東柱, 1917~1945) | 아명은 해환 |

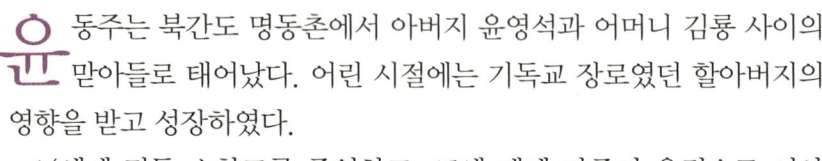

윤동주는 북간도 명동촌에서 아버지 윤영석과 어머니 김룡 사이의 맏아들로 태어났다. 어린 시절에는 기독교 장로였던 할아버지의 영향을 받고 성장하였다.

14세에 명동 소학교를 졸업하고, 15세 때에 가족이 용정으로 이사하여 용정 은진 중학교에 입학하였다. 이때 처음으로 「삶과 죽음」, 「초 한대」 등 두 편의 시를 썼다.

1935년 평양 숭실 중학교로 전학했으나, 다음 해에 *신사참배 문제가 발생하여 학교가 문을 닫게 되었다. 윤동주는 다시 용정으로 돌아와서 광명 학원 중학부 4학년에 편입하였다. 이때 옌지(연길)에서 발행되는 〈가톨릭 소년〉지에 동시 「병아리」, 「빗자루」, 「오줌싸개지도」, 「무얼 먹구 사나」, 「거짓부리」 등을 발표하였다.

중학 졸업 후 서울로 올라와 연희 전문 학교(연세 대학교) 문과에 입학하였다. 그 시절에 〈조선일보〉 학생란에 산문 「달을 쏘다」를 발표했고, 연희 전문 학교 교지 〈문우〉에도 「자화상」, 「새로운 길」 등의 시를 발표하였다.

1941년 연희 전문 학교를 졸업하고, 19편의 시를 엮은 자선 시집을 발간하려 했으나 뜻을 이루지 못했다. 이듬해에 일본으로 건너가 릿쿄 대학 영문과에 입학하였고, 그 해 가을에 도지샤 대학 영문과로 전학하였다.

1943년 7월, 여름 방학을 맞아 귀국하려다가 항일 운동 혐의를 받고 일본 경찰에 체포되었다. 다음 해 6월, 법정에서 2년형을 선고받고 일본 규슈의 후쿠오카 형무소로 옮겨졌다. 그 곳에서 수감 생활을 하던 중 1945년 2월 16일, 광복 6개월을 앞두고 29세의 젊은 나이로 생을 마감했다. 유해는 고향 용정에 묻혔다.

1941년에 발간하려 했던 자선 시집은 1948년에 『하늘과 바람과 별과 시』라는 제목으로 세상에 나왔다. 연희 전문 학교 시절의 절친한 친구인 정병욱이 그의 자필 시 3부를 보관하고 있다가 유고 30편을 모아 정음사에서 간행했던 것이다.

이 시집이 세상에 발표되자, 윤동주는 일약 일제 강점기 말의 저항 시인으로 큰 각광을 받게 되었다.

연세 대학교 캠퍼스와 간도 용정 중학교 교정에 그의 시비가 세워져 있으며, 1995년에는 일본의 도시샤 대학에도 대표작 「서시」를 친필과 함께 일본어로 번역한 시비가 세워졌다.

지은 작품으로 「서시」, 「자화상」, 「또 다른 고향」, 「별 헤는 밤」, 「쉽게 쓰여진 시」 등이 있다.

윤동주의 장례식(위). 윤동주의 묘(왼쪽 아래). 옥중에서의 윤동주(오른쪽 아래)

***신사참배**: 일제 강점기에 일제가 우리의 종교·사상·자유를 억압하기 위하여, 일본의 왕실 조상이나 국가에 공로가 큰 사람을 신으로 모셔 놓은 사당에 절을 하도록 강요하던 일을 말한다.

중일 전쟁 승리 기념식장에 폭탄을 던진 의사

윤봉길
(尹奉吉, 1908~1932)

본명은 우의. 호는 매헌

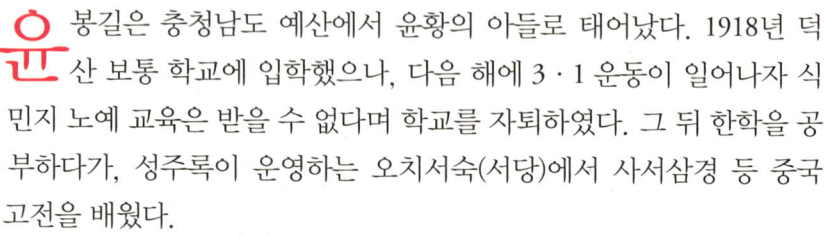

윤봉길은 충청남도 예산에서 윤황의 아들로 태어났다. 1918년 덕산 보통 학교에 입학했으나, 다음 해에 3·1 운동이 일어나자 식민지 노예 교육은 받을 수 없다며 학교를 자퇴하였다. 그 뒤 한학을 공부하다가, 성주록이 운영하는 오치서숙(서당)에서 사서삼경 등 중국 고전을 배웠다.

1926년 서숙 생활을 마치고 농촌 부흥 운동에 뛰어들어 시골 마을의 불우한 청소년들을 가르쳤다. 1929년 2월, 농촌 부흥 운동을 본격화하기 위해 설립한 '부흥원'에서 학예회를 열어 연극 '토끼와 여우'를 공연했는데, 공연이 성황리에 끝나자 일본 경찰의 주목을 받게 되었다.

1930년 3월에는 "대장부가 집을 나가 살아서 돌아오지 않겠다."라는 편지를 남기고 만주로 떠났다. 만주로 가는 도중 평안북도 선천에서 미행하던 일본 경찰에 체포되어 45일간 옥살이를 하였다. 만주를 거쳐 중국 칭다오로 건너가 세탁소 직원으로 일하면서 1931년 여름까지 독립 운동의 근거지를 찾아다녔다.

1931년 활동 무대를 *대한민국 임시정부가 있는 곳으로 옮겨야 보다 큰 일을 할 수 있다고 생각하고, 그 해 겨울 임시정부의 김구를 찾아가 독립 운동에 목숨을 바치겠다고 호소했다.

1932년 1월 8일, *한인 애국단의 이봉창이 일본 도쿄에서 일본 천황에게 폭탄을 던져 살해하려다가 실패하자, 상하이 일대는 복잡한 정세에 빠지게 되었다. 더욱이 일본은 1월 28일 고의로 죽인 일본 승려 사건을 계기로 *'상하이 사변'을 일으켰다. 일본은 이때 시라카와 대장을 사령관으로 삼아 중국과의 전쟁을 승리로 이끌었다.

윤봉길은 그 해 봄 야채 장수로 가장하여 일본군의 정보를 탐지한 뒤, 한인 애국단에 입단하였다. 김구의 주도하에 *이동녕, *이시영, *조소앙 등의 동의를 얻어 4월 29일 중국 상하이 훙커우 공원에서 열리는 일본 천황 생일 축하 겸 전승 축하 기념식에 폭탄을 투척하기로 계획하였다.

기념식장에 참석한 윤봉길은 왕웅(김홍일)이 만들어 폭발 시험까지 한 도시락 폭탄을 투척하여, 상하이 파견군 사령관 시라카와, 상하이 일본 거류 민단장 가와바다 등을 즉사시키고, 제3함대 사령관 노무라 중장, 제9사단장 우에다 중장, 주중 공사 시게미쓰 등에게 중상을 입혔다.

거사 직후 윤봉길은 현장에서 붙잡혔고, 일본 군법 회의에서 사형을 선고받았다.

그 해 11월 18일, 일본으로 호송되어 오사카 위수형무소에 수감되었고, 12월 19일 총살형으로 순국하였다. 1962년 건국훈장 대한민국장이 추서되었다.

거사 전의 윤봉길 의사(왼쪽). 윤봉길 의사의 기념비(오른쪽)

함께 보아요

* **대한민국 임시정부** : 1919년 4월에 중국 상하이에서 김구, 이승만 등을 중심으로 대한민국의 광복을 위하여 임시로 조직한 정부이다. 광복 때까지 항일 민족 운동의 중심 기관이었다.

* **상하이 사변** : 중일 전쟁 때인 1937년에 일본군이 중국 상하이에 진격하여 도시 전체를 점령한 사건으로, 전쟁을 더욱 확대하는 계기가 되었다.

* **이동녕**(1869~1940. 호는 석오, 암산) : 독립 운동가로, 충청남도 천안에서 태어나 1892년 진사 시험에 합격했다. 아버지를 따라 원산에서 육영 사업을 하다가 1896년 독립 협회에 가담하였다. 1905년 을사조약이 체결되자 만주 북간도로 망명하여 이상설, 이동휘 등과 함께 대한 광복회를 수립하였다. 1919년에는 임시정부에 참여하여 국무 총리, 대통령 서리 등을 지냈다. 1940년 임시정부의 주석으로 김구와 함께 일하다가 급성폐렴으로 사망했다. 1962년 건국훈장 대통령장이 추서되었다.

* **이시영**(1869~1953. 호는 성재) : 독립 운동가이자 정치가로, 서울에서 태어나 1885년부터 벼슬길에 나아가 10년 동안 승정원 부승지, 궁내부 수석참의 등을 지냈다. 1910년 일본에게 나라를 빼앗기자 만주 서간도로 망명하여, 독립군 양성을 위한 경학사와 신흥 강습소 설립을 주도하였다. 이 곳에서 항일 독립군의 핵심 간부들이 양성되었으며, 청산리 대첩의 주역으로 활동하기도 하였다. 광복 후에 초대 부통령에 당선되었으나, 이승만 대통령의 비민주적 통치에 반대하여 이승만 정부를 떠났다. 1962년 건국훈장 대한국민장이 추서되었다.

* **조소앙**(1887~1959. 본명은 용은) : 독립 운동가로, 경기도 양주에서 태어나 성균관을 수료한 뒤 일본 메이지 대학에서 법률을 공부하였다. 경신 학교, 양정의숙, 대동 법률 전문 학교에서 교편을 잡았다. 1917년 유럽을 순방하며 한국의 자주 독립과 그 당위성을 역설하였다. 1929년 이동녕, 이시영, 김구, 안창호 등과 한국 독립당을 창당하였고, 임시정부에서는 외교 문제를 거의 전담하였다. 광복 후에는 국민 회의, 반탁 투쟁 위원회를 조직하여 간부로 활동하였다. 1950년 제2대 국회 의원 선거에서 전국 최고 득표자가 되었으나, 6·25때 강제 납북되었다. 지은 책으로 『한국 문원』, 『소양집』, 『유방집』 등이 있으며, 1989년 건국훈장 대한민국장이 추서되었다.

* **한인 애국단** : 중국 상하이에서 조직된 독립 운동 단체이다. 1926년 12월 김구가 임시정부의 국무령으로 있을 때 조직한 단체로, 주로 일본의 요인 암살을 목적으로 했다. 애국 단원 이봉창과 윤봉길의 의거로 세상에 널리 알려졌다.

| 우리나라 아동 문학의 아버지 | **윤석중** (尹石重, 1911~2003) | 호는 석동 |

아동 문학가 윤석중은 서울에서 태어나 양정고보를 졸업한 뒤, 일본에 유학하여 1941년 일본 조치 대학을 졸업하였다. 윤석중은 13세 때인 1924년 어린이 잡지인 〈신소년〉에 동요 〈봄〉을 발표하여 아동 문학과 인연을 맺었다.

1932년에 첫 동시집 『윤석중 동요집』을 출간한 뒤, 방정환에 이어 잡지 〈어린이〉의 주간을 맡았고, 〈소년중앙〉, 〈소년〉, 〈주간 소학생〉 등의 주간도 지냈다.

1956년에는 어린이들을 위한 모임인 '새싹회'를 창립하여, 1957년 *소파상, 1961년 장한 어머니상, 1973년 새싹 문학상을 제정하였다. 1978년에는 대한민국 예술원 회원이 되었고, 1979년에는 방송 윤리 위원회 위원장을 지내기도 하였다.

윤석중은 우리 생활 주변의 친숙한 대상을 소재로 삼아 리듬과 운율을 살려 아름답게 표현한 우리말 동시들을 많이 지었다. 우리 주변에서 흔히 보는 자연, 이웃이나 친구, 가족들에 대한 사랑 등을 소재로 하여 짧으면서도 아름답고 재미있는 말들로 동시를 지었던 것이다.

아름다운 리듬과 운율이 살아 있는 그의 동시들은 동요로 많이 만들어졌다.

〈어린이날 노래〉, 〈퐁당 퐁당〉, 〈낮에 나온 반달〉, 〈기찻길 옆〉, 〈날아라 새들아〉, 〈빛나는 졸업장〉 등 그가 지은 1천 2백여 편의 동시 중에서 약 8백여 편이 동요로 만들어졌다.

윤석중의 동시에 곡을 붙인 이 동요들은 어린이의 감수성을 키워 주고 표현력을 풍부하게 해 준다. 또한 부모에게서 아이에게로 대를 이어 불려지며 시가 주는 즐거움을 마음껏 전달하고 있다.

어린이에게 즐거움과 희망과 꿈을 안겨 주기 위해 평생 동안 동시를 써 온 윤석중은 2003년 12월 9일, 92세를 일기로 세상을 떠났다.

지은 작품으로 동시집 『잃어버린 댕기』, 『윤석중 동요선』, 『어깨동무』, 『굴렁쇠』, 『아침까지』, 『날아라 새들아』 등이 있고, 동화집으로 『바람과 연』, 『작은 일꾼』, 『열 손가락 이야기』 등이 있다.

삼일 문화상(1961), 문화훈장 국민장(1966), *막사이사이상(1978), 대한민국 예술원상(1989) 등을 받았고, 2003년에 문화 예술 발전에 이바지한 공로로 금관 문화훈장이 추서되었다.

함께 보아요

* **막사이사이상** : 필리핀의 대통령이었던 막사이사이의 업적을 기리기 위하여 제정한 국제적인 상이다. 1958년에 록펠러 재단의 기금으로 막사이사이 재단을 설립하여 정부 공무원, 공공 봉사, 사회 지도, 국제 이해 증진, 언론 문화의 5개 부문에 걸쳐 해마다 시상한다.
* **소파상** : 어린이 운동의 선구자인 소파 방정환을 기념하기 위한 상으로, '새싹회'에서 1957년에 제정하였다. 매년 어린이를 위한 일에 공로가 큰 사람에게 수여한다.

윤선도

(尹善道, 1587~1671)

우리나라 시조 시인의 일인자

자는 약이
호는 고산, 해옹
시호는 충헌

윤선도는 서울 종로구 연지동에서 예빈시부정을 지낸 윤유심의 둘째아들로 태어났다. 그러나 8세 때 종갓집 양자로 들어간 작은아버지 유기의 양자로 입양되어 전라남도 해남 연동에서 자랐다.

26세에 진사 시험에 합격하고 성균관 유생이 된 윤선도는 1616년(광해군 8) 당시의 세도가인 *이이첨, 박승종 등의 횡포를 규탄하는 상소를 올렸다가 함경도 경원으로 유배되었다. 1년 뒤 경상남도 기장으로 유배지를 옮겨 그 곳에서 6년 동안 귀양살이를 했다.

1623년 *인조반정으로 광해군이 물러나고 이이첨 일파가 처형되자, 유배에서 풀려나 의금부 도사에 제수되었다. 그러나 3개월 만에 사직하고 해남으로 내려갔다.

6년간 해남에서 은둔 생활을 하다가 42세가 되던 1628년(인조 6)에 별시문과 초시에 장원으로 급제하여 봉림 대군과 인평 대군의 사부가 되었다. 1633년 다시 증광문과에 병과로 급제하여 예조 정랑, 사헌부 지평 등을 지냈으며, 다음 해에 강석기의 모함으로 성산 현감으로 좌천되었다가 파직되었다.

1636년(인조 14) 병자호란이 일어나자 의병을 이끌고 배편으로 강화도로 가다가, 인조가 *삼전도에서 치욕적인 화의를 맺었다는 소식을 듣고 제주도로 향했다.

제주도로 가던 도중 완도군 보길도의 수려한 경치에 이끌려 그 곳에 정착하였다. 정착한 그 일대를 '부용동'이라 이름 짓고, 격자봉 아래 낙서재를 지어 마음껏 풍류를 즐겼다.

그때부터 10년 동안 부용동과 새로 발견한 금쇄동의 자연 속에서 한가로운 생활을 즐겼다. 이 때 금쇄동을 배경으로 「산중신곡」, 「산중속신곡」, 「고금영」 등을 지었고, 1651년(효종 2)에는 보길도를 배경으로 자신의 대표작인 「어부사시사」를 완성하였다.

1659년 효종이 죽자, 능 이름과 '조대비가 몇 년간 상복을 입느냐' 하는 문제로 서인과 대립하다가 함경남도 삼수에 유배되었다. 삼수에서 무려 7년 4개월 동안 유배 생활을 한 뒤, 1967년에 풀려나 보길도 부용동으로 돌아왔다. 그로부터 2년 뒤인 1671년(현종 12) 6월 11일 완도군 보길도 낙서재에서 85세를 일기로 생을 마감했다.

치열한 당쟁으로 14년 동안이나 유배 생활을 한 윤선도는 경사에 해박했고, 의약·음양·지리에도 능통했으며, 특히 시조에 뛰어났다. 그의 시조는 정철의 가사와 더불어 조선 시가에서 쌍벽을 이루고 있다.

1675년(숙종 1) 남인의 집권으로 신원되어 이조 판서에 추증되었다.

작품으로 문집 『고산유고』와 시조 77수가 전한다.

윤선도의 어부사시사비

함께 보아요

* **삼전도**: 서울특별시 송파구 송파동에 있던 나루로, 조선 시대에 서울과 남한산성을 이어 주던 나루였다. 인조가 병자호란 때 이 곳에서 청나라 태종에게 항복하였다.

* **이이첨**(1560~1623. 자는 득여. 호는 관송, 쌍리): 1594년 별시문과에 을과로 급제하고, 1608년 문과중시에 장원하였다. 선조가 만년에 영창 대군을 후계로 삼으려 할 때 소북파인 영의정 유영경이 찬성하자, 광해군이 적합함을 주장하다가 귀양을 가게 되었다. 그러나 선조가 갑자기 죽고 광해군이 즉위하자 예조 판서에 올랐다. 이어 대제학을 겸임하고, 광창 부원군에 봉해진 뒤, 과거 시험을 주관하게 되자 자신의 당파를 조정에 끌어들였다. 광해군을 사주하여 유영경과 임해군, 영창 대군을 죽게 하고, 인목대비를 서궁에 유폐시켰다. 1623년 인조반정으로 광해군이 폐위되자 참형되었으며, 그의 세 아들도 모두 죽음을 당하였다. 어머니에 대한 효성이 지극하여 고향에 정문이 세워져 있다.

* **인조반정**: 1623년(광해군 15)에 이귀, 김류 등 서인 일파가 광해군 및 집권파인 대북파를 몰아 내고 능양군인 인조를 즉위시킨 정변을 말한다.

| 조선 초기의 문신 | 윤회
(尹淮, 1380~1436) | 자는 청경
호는 청향당, 학천
시호는 문도 |

윤회는 동지춘추관사 윤소종의 아들로 태어났다. 그의 아버지 윤소종은 고려 말에 *조준 등과 더불어 이성계를 도와, 조선 왕조를 창건하는 데 큰 공을 세운 사람이다.

윤회는 10세 때에 송나라의 주희가 쓴 역사책인 『통감강목』을 외울 정도로 머리가 총명하여, 13세 때인 1393년(태조 2)에 진사가 되었다.

1401년(태종 1) 증광문과에 을과로 급제한 뒤, 좌정언, 이조 좌랑, 병조 좌랑 등을 역임하고, 승정원의 대언이 되어 왕을 보좌하였다. 그를 눈여겨보았던 태종은 그의 학문과 재질을 높이 평가하여 병조 참의로 승진시켰다.

1420년(세종 2) 집현전이 설치되자, 부제학으로 발탁되어 그 곳의 학사들을 총괄하였다. 그 뒤로 한때 동지우군총제에 임명된 적도 있었지만, 주로 예문관제학·대제학과 같은 글을 짓거나 글씨를 쓰는 벼슬에 있었다.

1424년에는 집현전 부제학 유관과 함께 정도전이 편찬한 *『고려사』를 다른 역사책들과 대조하여 바로잡는 일에 깊이 관여하였고, 1432년에는 세종의 명으로 *『신찬팔도지리지』의 편찬에도 참여하였다. 그 뒤에 중추원사 겸 성균관 대사성으로 승진하였다.

1434년에는 세종의 명을 받아 『자치통감훈의』를 찬집하기도 하였다.

저서로는 『청경집』이 있다.

함께 보아요

＊『**고려사**』: 조선 초기 김종서, 정인지 등이 세종의 명을 받아 만든 고려 시대의 역사책이다. 세가 46권, 지 39권, 연표 2권, 열전 50권, 목록 2권 총 139권으로 되어 있다.

＊**조준**(1346~1405. 호는 우재, 송당): 고려 말, 조선 초의 문신으로, 1374년 문과에 급제한 뒤 통례문 부사, 강릉도 안렴사, 도감찰사, 대사헌 등을 지냈다. 1388년 윤소종, 조인옥, 허금 등과 함께 우왕의 폐위와 왕씨의 부흥을 꾀하였다. 이 무렵에 이성계와 인연을 맺게 되어 조선 왕조 창건에 큰 공을 세웠고, 뒤에 오도 도통사, 영의정 부사 등을 지냈다. 토지 제도에 밝은 학자로, 하륜 등과 함께 『경제육전』을 편찬하였다.

＊『**신찬팔도지리지**』: 1432년(세종 14) 1월에 편찬된 조선 왕조 최초의 지리책으로, 각 도에서 보낸 자료를 토대로 춘추관에서 맹사성, 권진, 윤회 등이 편찬하여 세종에게 바쳤다.

06 일화   이야기로 보는 역사 인물

 ### 선조의 밥을 지어 준 유성룡

임진왜란 때 왜군이 서울을 향해 진격해 오자, 선조는 부랴부랴 피란을 떠났습니다. 피란 행렬이 벽제관(중국을 왕래하던 사신들이 머물던 곳)에 다다랐을 때는 점심때가 훨씬 지나 있었지요. 그러나 준비해 온 음식이나 식량이 없었기 때문에 모두들 고픈 배를 달래 가며 걸음을 재촉해야 했습니다. 게다가 비까지 쏟아지기 시작했으므로 왕을 호위하던 대신들이 슬그머니 하나 둘 도망쳐 버렸답니다.

그 피란 행렬에는 선조의 어의인 양예수도 있었어요. 당시 나이가 많았던 양예수는 각기병을 앓고 있었지요. 다리가 붓고 마비되는 증상이 나타나는 각기병 때문에 양예수는 평소에 걸음도 잘 걷지 못했어요. 그러나 이때만은 왕을 보필해야 한다는 책임감 때문에 부지런히 걸음을 옮겼습니다.

커다란 체격에 오리처럼 뒤뚱거리며 걷는 모습이 우스웠던지 도승지 이항복이 말했습니다.
"하하하, 양동지! 양동지의 각기병은 난리탕이 명약이구려."

이항복의 말에 대신들이 배를 잡고 웃어대자, 수심에 쌓여 있던 선조도 빙긋이 미소를 지었습니다. 그리고는 뒤뚱거리며 쫓아오는 양예수가 안 되어 보였던지 이렇게 명령했습니다.
"여봐라! 어의 양예수에게 말 한 필을 내주어라."

선조의 배려로 양예수는 늙은 말 한 필을 얻어 탈 수 있었습니다.

산을 넘고 들을 지나 어두워질 무렵에 피란 행렬은 파주에 다다랐습니다. 그러나 그 곳에는 사람의 그림자도 보이지 않았습니다. 왜군이 서울을 지나 계속 북쪽으로 올라오고 있다는 소문을 듣고 모두들 북쪽으로 피란을 떠나 버린 것이지요.

피란 행렬이 임진강 나루에 이르렀을 때는 칠흑같이 어두워져 있었어요. 하루 종일 내린 비로 임진강 물이 넘실거렸으나, 어두움 때문에 나룻배를 찾을 수 없었습니다. 금방이라도

재미있게 읽고 나면 역사가 쏙쏙

왜군들이 쫓아와서 총칼을 들이댈 것 같았으므로 모두들 두려움에 떨고 있었어요.

그때 이항복이 잠시 생각하더니, 호위하는 군사들을 시켜 그 근처에 있는 화석정과 사공의 집에 불을 지르게 하였습니다. 그제야 칠흑같이 어둡던 강가가 환하게 밝아졌어요. 이항복은 군사들에게 주위를 샅샅이 뒤지게 하여, 나룻배 다섯 척을 구해 무사히 강을 건널 수 있었습니다.

이때까지 선조는 아무것도 먹지 못한 상태였어요.

보다 못한 이항복이 내관에게 물었습니다.

"이보게, 상감마마께 드릴 술이나 차라도 있으면 내오시게."

"워낙 급하게 나오느라 아무것도 준비하지 못했습니다."

왜군이 언제 들이닥칠지 모르는 위급한 상황에서 도망치듯 궁궐을 빠져 나왔기 때문에 내관을 책망할 수도 없었습니다.

피란 행렬은 이윽고 새벽 1시쯤이 돼서야 동파역에 이르렀어요. 그때 파주 목사 허진과 장단 부사 구효연이 장막을 치고 왕에게 올릴 수라를 준비하기 시작했습니다.

그런데 밥이 다 되었을 즈음, 갑자기 피란민들이 몰려와서 왕에게 올릴 밥과 반찬을 허겁지겁 훔쳐 먹기 시작했습니다. 난민들을 내쫓으라고 보낸 군사들까지 어울려서 손으로 밥을 퍼 입에 쑤셔 넣었으므로 밥과 반찬은 금세 동이 나고 말았지요. 이제는 다시 밥을 지을 쌀도 없었어요. 파주 목사와 장단 부사는 왕이 벌을 내릴지도 모른다는 두려움에 도망치고 말았답니다.

이때 좌의정 유성룡이 군사 둘을 데리고 어디론가 사라졌습니다. 유성룡은 군사들과 함께 근처의 빈집들을 뒤져서 항아리 속에 꼭꼭 숨겨 둔 쌀을 찾아 왕에게 올릴 수라를 짓게 하였어요.

이윽고 밥과 반찬이 완성되었습니다. 왕의 수라상이 쌀밥 한 그릇과 서너 가지 반찬이 전부였지만, 선조는 왕의 체면도 무시하고 우걱우걱 밥을 먹기 시작했어요. 그 밥은 선조가 이 세상에 태어나서 가장 맛있게 먹은 밥이었습니다.

이야기로 보는 역사 인물 203

을지문덕

(乙支文德, ?~?)

수나라 대군을 물리친 고구려의 명장

다른 이름은 위지문덕

을지문덕은 고구려 영양왕 때의 대장군이다. 그러나 그가 언제 태어나고 죽었는지에 대해서는 아무런 기록이 없다. 조선 후기에 홍양호가 지은 『해동명장전』에 "평양 석다산 출생으로 어려서 부모를 잃고 혈혈단신으로 자랐다."고 쓰여 있지만, 이를 뒷받침할 만한 근거는 없다.

612년(영양왕 23) 1월, 수나라 *양제가 113만 대군을 이끌고 고구려로 쳐들어왔다. 수나라 대군은 온갖 무기를 동원하여 고구려의 관문 *요동성을 공격했지만, 고구려는 꿈쩍도 하지 않았다. 초조해진 수 양제는 요동성을 피해 곧바로 *평양성을 공격하기로 하였다. 양제의 명을 받은 우중문과 우문술은 30만 5천 명의 별동대를 이끌고 압록강 서쪽에 진을 쳤다. 이때 을지문덕은 적의 동태를 살피기 위해 거짓으로 항복을 하고 적진으로 향했다. 먼 거리를 행군해 온 수나라 병사들은 피로한 기색이 역력했다. 어떤 군사들은 소지하고 있던 군량미를 몰래 버리기도 하였다.

"고구려 왕과 을지문덕은 반드시 사로잡으라!"는 수 양제의 밀명을 받은 우중문은 을지문덕을 포박하려 하였다. 이때 위무사로 있던 유사룡이 만류하여 을지문덕은 무사히 압록강을 건널 수 있었다. 그제서야 을지문덕에게 속았다는 것을 알게 된 우중문은 총공격을 명령했다.

고구려 군사들은 싸우는 척하다가 후퇴하는 작전으로 수나라 군사들을 괴롭혔다. *살수(청천강)를 건너 평양성 30여 리까지 진격한 수나라 군사들은 제대로 먹지 못해서 모두 지쳐 있었다.

그때 을지문덕이 조롱하는 듯한 시 한수를 보냈다.

"신통한 계책은 하늘의 원리에 통달하였고, 오묘한 꾀는 땅의 위치를 꿰뚫었으며, 싸움마다 이겨 공이 이미 높으니, 족한 줄 알아서 그만둠이 어떠한가?"

을지문덕은 다시 사신을 보내 "장군이 군사를 이끌고 물러나면 우리 왕이 수나라 황제를 찾아가 뵙겠다."는 말로 항복하겠다는 뜻을 밝혔다.

우중문은 그 말을 믿고 철수 명령을 내렸다. 수나라 군대가 살수(청천강)에 이르러 허겁지겁 강을 건너고 있을 때, 을지문덕이 지휘하는 고구려 군사들이 총공격을 해 왔다. 피로에 지쳐 전의를 상실한 수나라 병사들은 도망가기에 급급했다.

함께 보아요

* **살수** : 청천강의 옛날 이름이며, 평안북도 서남부를 흐르는 강으로 낭림산맥에서 시작하여 희천·영변·주·안주 등지를 흘러 황해로 들어간다. 길이는 199km이다.
* **양제**(569~618. 재위 기간 : 604~618) : 중국 수나라의 제2대 황제로, 이름은 '양광'이고 연호는 '대업'이다. 고구려를 자주 침범하여 수나라를 멸망하게 한 황제이지만, 대업례, 대업률령의 정비와 대운하의 완성과 같은 큰 업적을 남기기도 하였다.
* **요동성** : 고구려의 주요 진영으로, 지금의 랴오닝 성(요녕성) 랴오양 현(요양현)에 있었다.
* **평양성** : 고구려 때에 수도 평양을 방어하기 위하여 쌓은 성으로, 북성·내성·중성·외성의 네 부분으로 구성되어 있다. 조선 후기에 이르기까지 여러 차례에 걸쳐 개축되었다.

| 불교 통일을 위해 천태종을 세운 고려의 고승 | # 의천
(義天, 1055~1101) | 이름은 왕후. 호는 우세
시호는 대각 국사 |

의천은 고려 제11대 왕인 문종과 *인예왕후 사이에서 넷째 아들로 태어났다. 의천이 11살 때 문종이 왕자들을 불러 놓고 "누가 중이 되어 부처를 공양하고 공덕을 쌓겠느냐?"고 물었다.

이 물음에 넷째 아들인 의천이 일어나서 "제가 중이 될 뜻을 품고 있사오니, 아바마마께서 명하시는 대로 따르겠습니다."라고 말하였다.

1065년(문종 19) 5월 14일, 경덕 국사를 은사로 삼아 출가한 의천은 영통사에서 공부하다가, 그 해 10월 불일사에서 구족계(중이 지켜야 할 계율)를 받았다. 그때부터 더욱 학문에 힘을 기울여 대승과 소승, 유교의 전적, 역사 서적, 제자백가의 사상에 이르기까지 많은 분야에 걸쳐 공부하였다.

학문에 정진한 덕분에 스승인 경덕 국사가 죽자 강의를 대신 맡게 되었고, 훌륭한 강의로 인하여 온 나라 안에 그의 이름이 알려지게 되었다.

1067년(문종 21) 왕으로부터 우세라는 호와 함께 승통의 직책을 받았다.

문종이 죽은 뒤인 1085년(*선종 2) 4월, 의천은 왕과 어머니에게 편지를 남기고 송나라로 유학을 떠났다. 의천은 송나라 철종의 배려로 계성사에 머물면서 화엄의 대가인 유성 법사, 인도 승려 천길상 등과 교류하면서 많은 학문을 배웠다.

1086년 2월, 선종이 어머니 인예태후의 뜻을 받들어 송나라 왕실에 의천의 귀국을 요청하는 글을 올렸다. 그로부터 4개월 뒤, 의천은 불교서적 3천여 권을 가지고 귀국하였다.

유학을 마치고 돌아온 의천은 *흥왕사의 주지로 있으면서 요나라, 송나라, 일본 등에서 수집한 불교 서적 4천여 권과 국내 서적들을 모아 흥왕사에 *교장도감을 설치하여 경서들을 간행하였다. 이때 간행된 것이 *『고려속장경』이다.

1097년(*숙종 2) 2월, 의천은 국청사가 완성되자, 그 해 5월에 제1대 주지가 되어 *천태종을 세웠다. 의천이 천태종을 세운 것은 선종과 교종의 대립이 심각한 고려 불교의 폐단을 바로잡아 교단을 정리하고, 정도를 밝혀 올바른 국민 사상을 확립하기 위해서였다.

고려의 불교 발전에 많은 공헌을 한 의천은 1101년(숙종 6) 46세를 일기로 입적하였다.

저서로는 『고려속장경』, 『신편제종교장총록』, 『대각국사문집』 등이 있다.

의천이 연기 대사의 어머니라고 말한 석탑의 여인상(왼쪽).
대각 국사 의천의 영정(오른쪽)

함께 보아요

* **『고려속장경』** : 대각 국사 의천이 대장경을 결집할 때에 빠진 것을 모아 엮은 불경으로, 송나라, 거란, 일본 등지에서 각종 서적 3천여 권을 모아 '신편제종교장총록'이라는 목록을 만들고 그에 따라 인쇄하여 찍어냈다. 몽골 침입 때에 소실되었고, 지금은 그 목록만 남아 있다.

* **교장도감** : 고려 시대에 속장경의 판각을 맡아 보던 관아이다. 1086년(선종 3)에 대각국사 의천의 제청으로 흥왕사에 설치하였다.

* **선종**(1049~1094. 재위 기간 : 1083~1094. 이름은 왕운. 자는 계천. 시호는 사효) : 문종의 둘째 아들로, 형인 순종이 왕위에 오른 지 두 달 만에 죽자, 고려 제13대 왕이 되었다. 어려서부터 총명하고 슬기로웠으며, 자라서는 부모에게 효도하고 검소하였다. 승과를 설치하고 불교를 장려하였으며, 변경을 지키는 군사들에게 저고리와 바지를 하사할 정도로 인정이 많았다. 그러나 불탑을 세우기 위해 백성들에게 과중한 노역을 시켜서 원망이 잦았다고 한다. 능은 개성에 있는 인릉이다.

* **숙종**(1054~1105. 재위 기간 : 1095~1105. 자는 천상. 초명은 왕희. 시호는 명효) : 문종의 셋째 아들로, 순종의 아우이며, 고려 제15대 왕이다. 조카인 헌종이 어린 나이에 즉위하자, 왕위를 빼앗아 1095년 즉위하였다. 1096년 주전관을 두고 주화인 은병을 만들어 통용하게 하였으며, 1102년에는 해동통보를 주조하여 통용하게 했다. 불교를 신봉하여 많은 불회를 열었으며, 평양에 기자의 무덤을 만들고 묘사를 세웠다. 윤관의 건의를 받아들여 군비 확장에 착수하려던 즈음, 서경(평양)으로 행차 도중에 병을 얻어 죽었다. 능은 영릉이다.

* **인예왕후**(?~1092) : 고려 제11대 왕인 문종의 비로, 중서령 이자연의 맏딸이며, 인경현비와 인절현비의 언니이다. 아버지의 세력 확대에 제물이 되어 동생들과 함께 문종의 비가 되었는데, 처음에는 연덕궁주라 불렸다. 1052년(문종 6)에 왕비가 되었고, 1086년(선종 3)에 태후에 책봉되었다. 순종·선종·숙종·의천·상안공·보응승통 등을 낳았다.

* **천태종** : 중국 수나라 때, 저장성 톈타이산에서 지의가 세운 대승불교의 한 파이며, 우리나라에서는 1097년(숙종 2)에 대각 국사 의천이 국청사에서 처음으로 천태교를 개강함으로써 성립되었다.

* **흥왕사** : 경기도 개성의 덕적산 남쪽에 있던 절이다. 1056년(문종 10)에 기공하여 11년 만에 준공한 국립 사찰로, 대각 국사 의천이 여기에 교장도감을 설치하고 속장경을 간행하였다.

이광수
(李光洙, 1892~1950)

우리나라 근대 문학의 선구자 | **아명은 보경. 호는 춘원**

소설가이자 언론인인 이광수는 평안북도 정주에서 가난한 소작농의 아들로 태어났다. 5세 때 한글과 천자문을 깨우치고, 8세에 한시 백일장에서 장원을 할 정도로 두뇌가 명석하였다. 11세 때 부모가 모두 콜레라로 죽자, 다음 해에 동학에 들어가 서기가 되었다. 그러나 관헌의 탄압이 심해져서 1904년 서울로 올라왔다.

1905년 *일진회의 유학생으로 선발되어 일본 메이지 학원에 다니면서 '소년회'를 조직하고, 회람지 〈소년〉을 발행하여 시와 평론 등을 발표하기 시작했다.

메이지 학원을 졸업한 뒤 귀국하여, 오산 학교에서 학생들을 가르치다가 *김성수의 후원으로 다시 일본으로 건너가 와세다 대학 철학과에 입학하였다.

1917년 1월 1일부터 〈매일신보〉에 한국 최초의 근대 장편소설 「무정」을 연재하여 한국 소설 문학의 새로운 역사를 열었다. 계속해서 「소년의 비애」, 「윤광호」, 「방황」을 〈청춘〉지에 발표했으나, 과로로 폐병에 걸려 귀국하였다. 이때 여의사 허영숙의 헌신적인 간호로 병이 완치되었다.

1919년 다시 일본으로 건너가 도쿄 유학생들의 *2·8 독립 선언서 초안을 잡아 주고, 중국 상하이로 망명하였다. 상하이에서는 안창호를 보좌하면서 *〈독립신문〉의 사장 겸 편집국장에 취임하여 애국적 계몽 논설을 많이 썼다.

〈동아일보〉에 입사한 이광수는 편집국장을 지내고, 〈조선일보〉 부사장을 역임하는 등 언론계에서 맹활약하며 「재생」, 「마의태자」, 「단종애사」, 「흙」 등 많은 작품을 썼다.

1937년 *수양 동우회 사건으로 투옥되었다가 반 년 만에 병보석으로 풀려나 이때부터 본격적인 친일파로 기울어졌다. 1939년에는 가야마 미쓰로라는 이름으로 창씨 개명까지 하였다. 일제 말엽의 친일 행각으로 많은 비난을 받고 있지만, 이광수가 한국 근대 문학의 선구자인 것은 부정할 수 없는 사실이다.

광복 후에 반민법으로 구속되었다가 병보석으로 풀려났으나, 6·25전쟁 중에 납북되었다. 그 동안 생사불명이다가 1950년 10월 25일 만포에서 사망한 것으로 확인되었다. 그 밖의 작품으로 「이차돈의 사」, 「사랑」, 「원효대사」, 「유정」 등 장편 소설과 수많은 시가 있다.

춘원 이광수의 대나무 그림(왼쪽). 이광수 기념비(오른쪽)

함께 보아요

✽ **김성수**(1891~1955. 호는 인촌) : 정치가·교육자·언론인으로, 1914년 일본 와세다 대학 정경학부를 졸업하였다. 1920년 〈동아일보〉를 창간하고, 1932년 보성 전문 학교(고려 대학교)을 인수하여 언론과 교육을 통해 민족 의식을 일깨우고자 하였다. 그러나 1938년부터 친일 단체인 국민 정신 총동원 조선 연맹에서 활동하면서 학병제, 징병제를 찬양하는 글을 쓰고 강연을 하는 등 친일 활동을 벌였다. 1945년 광복과 함께 미군정청 수석 고문관을 거쳐, 1949년 민주 국민당 최고 위원이 되어 1951년 2대 부통령에 취임하였으나, 이승만의 독재에 반대하여 이듬해 5월 물러났다. 1962년 건국훈장 대통령장이 주어졌다.

✽ **수양 동우회 사건** : 1937년 2월부터 1938년 3월에 걸쳐 일제가 수양 동우회에 관련된 180여 명의 지식인들을 검거한 사건이다. 수양 동우회는 수양 동맹회·동우 구락부·흥사단이 통합하여 국민 계몽 운동에 앞장서던 단체로, 중심 인물은 이광수였다.

✽ **2·8 독립 선언** : 1919년 2월 8일 일본에 유학중이던 한국인 남녀 학생들이 한국의 독립을 요구하는 선언서와 결의문을 선포한 사건이다. 이광수가 작성한 선언서와 결의문을 낭독하고, 일본 의회에 청원서를 제출하려다가 일본 경찰의 제지로 실패하였다.

✽ **일진회** : 1904년(광무 8)에 일제의 대한제국 강점을 도와 준 친일 정치 단체로. 1905년에 일제가 을사조약을 강요할 때에 앞장을 섰고, 1909년에 통감 이토 히로부미에게 국권 강탈을 제안하는 등 친일 활동을 하다가, 1910년 국권 강탈 후 해산되었다.

✽ **〈독립신문〉** : 1896년 4월 7일 독립 협회의 서재필이 정부로부터 자금을 지원받아 발간한 우리나라 최초의 민간 신문이다. 처음에는 순 한글로 된 3면과 영문으로 된 1면으로 총 4면으로 발행했으나, 이듬해부터 국문판과 영문판을 분리하여 펴냈다. 〈독립신문〉은 국민들이 읽기 쉬운 순 한글을 사용했을 뿐만 아니라 애국 계몽 사상으로 국민들을 일깨워 한국 사회 발전에 커다란 역할을 한 신문으로 평가받고 있다. 1919년 8월 21일 이광수가 사장 겸 편집국장이 되어 '독립'이라는 이름으로 창간하여 발행하다가 그 해 10월 이 이름으로 고쳤는데, 1925년 9월에 극심한 재정난과 일제의 탄압으로 폐간되었다.

| 뛰어난 외교력으로 명나라의 원군 파병을 성사시킨 재상 | # 이덕형
(李德馨, 1561~1613) | 자는 명보. 호는 한음
시호는 문익 |

이덕형은 지중추 부사 이민성의 아들로, 어려서부터 문학에 통달하여 어린 나이에 *양사언과 막역한 사이로 지냈다.

1580년(선조 13) 별시문과에 을과로 급제하여 승문원의 관원으로 벼슬길에 나갔다. 이때 재주 있는 신하로 선발되어 선조로부터 서적을 하사받았다.

1592년 임진왜란이 일어나자, 이덕형은 중추부 동지사가 되어 일본 사신과 평화 협상을 벌였으나 실패하였다.

선조의 피란 행렬이 평양성에 당도했을 때 대동강까지 추격해 온 왜군이 화의를 요청하자, 이덕형은 홀로 적진으로 들어가 일본 사신과 회담하며 일본의 침략을 항의하였다.

그 뒤 평안도 정주까지 선조를 호위하였고, 사신으로 명나라에 파견되어 명나라 원군의 파병을 성사시켰다. 귀국 후에는 대사헌이 되어 명나라 군사들을 맞이하였으며, 명나라 장수 이여송을 줄곧 안내하였다.

1597년 왜군이 다시 침입하여 *정유재란이 일어나자, 명나라 어사 양호를 설득하여 서울의 방어를 강화하였다. 그 해에 좌의정으로 승진하여 훈련도감 도제조를 겸하였다. 이어 명나라 제독 유정과 순천에 이르러 이순신과 함께 적장 고니시의 수군을 대파하였다.

전쟁이 끝나자, 행판중추 부사와 경상·전라·충청·강원 4도체찰사를 겸하며 민심 수습과 군대의 정비에 노력하였다. 이때 왜구의 근거지인 대마도 정벌을 건의하였으나 뜻을 이루지 못했다.

이듬해에 영의정에 올랐으나 반대파의 시기로 한직인 영중추 부사로 밀려났다. 1608년 광해군이 즉위하자 *주청사로 명나라에 다녀온 뒤, 다시 영의정이 되었다.

1613년(광해군 5) 이이첨의 사주를 받은 삼사에서 영창 대군의 처형과 폐모론을 주장하자, 이항복과 함께 이를 극력 반대하였다. 이에 삼사(사헌부·사간원·홍문관)가 모두 그를 모함하며 처형할 것을 주장하였으나, 광해군은 관직을 삭탈하는 것으로 사건을 마무리하였다. 그 뒤 용진에 은거하면서 국사를 걱정하다 병으로 세상을 떠났다.

어렸을 때부터 오성 이항복과 절친한 사이로 기발한 장난을 잘하여 많은 일화가 전해지며, 포천의 용연 서원과 상주의 근암 서원에 제향되었다. 지은 책으로 『한음문고』가 있다.

함께 보아요

* **양사언**(1517~1584. 자는 응빙. 호는 봉래, 완구, 창해, 해객.) : 조선 전기의 문인이자, 서예가로, 1546년(명종 1) 식년문과에 병과로 급제하여, 삼등 현감·평창 군수·강릉 부사·함흥 부사·철원 군수·회양 군수를 지내는 등 지방관을 자청하였다. 자연을 즐겨, 회양 군수 때 금강산 만폭동 바위에 '봉래 풍악원화동천' 8자를 새겼는데, 지금도 남아 있다. 안변 군수로 재임 중 지릉의 화재 사건에 책임을 지고 귀양을 갔다가, 2년 뒤 풀려나오는 길에 병사하였다. 시와 글씨에 모두 능하였는데, 특히 초서와 큰 글자를 잘 써서 안평 대군, 김구, 한호 등과 함께 조선 전기의 4대 서예가로 불렀다. 작품집으로 『봉래시집』이 있고, 작품 중에는 많이 알려진 "태산이 높다 하되 하늘 아래 뫼이로다……" 등이 있다.

* **정유재란** : 임진왜란의 휴전 교섭이 결렬된 뒤, 1597년(선조 30)에 왜장 가토 기요마사 등이 14만 대군을 이끌고 다시 쳐들어와 일으킨 전쟁이다. 이순신 등의 활약으로 큰 타격을 입은 왜군은 도요토미 히데요시가 죽자 철수하였다.

* **주청사** : 조선 시대에 중국에 주청할 일이 있을 때 보내던 사절이다.

이덕형

이범석
(李範奭, 1900~1972)

김좌진을 도와 청산리 전투를 승리로 이끈 독립군 장군

호는 철기

이범석은 20세기가 시작되는 1900년 서울에서 이문하의 아들로 태어났다. 8세 때 어머니가 돌아가시자 김해 김씨를 새어머니로 맞이하였다.

1913년 이천 공립 보통 학교를 거쳐 경기 고등 보통 학교에 입학하였다. 1915년 여운형과 함께 중국으로 건너가 1916년 6개월 동안 항저우 체육 학교에 다녔다.

원난강무 학교 기병과를 수석으로 졸업하던 1919년, 구대장 서가기가 자기 이름의 끝 글자인 '기'에 '철' 자를 붙여서 '철기'라는 호를 지어 주었다.

그 뒤 건해자 기병연대 견습사관이 되었으며, 1919년 *신흥 무관 학교 교관, *북로 군정서 교관, 1920년 사관연성소 교수 부장이 되었다. 같은 해 10월에는 *청산리 대첩에서 총사령관 김좌진을 도와 제2제대 지휘관으로 크게 활약하였고, 1923년 *고려 혁명군 기병 대장이 되었다.

1925년에는 소련 합동 민족군의 수분지구 지휘관으로서 소련 혁명전에 참가하였으며, 그 뒤 중국 항일군의 흑룡강성군 작전 과장, 중국군 유럽 군사 시찰 단원을 역임하였고, 1934년 뤄양 군관 학교 한적군관 대장을 지냈다.

1940년 9월 대한민국 임시정부가 *광복군 총사령부를 창설한 뒤에는 제2지대장으로서 미국군과 합동 작전에 참가하였고, 1945년에는 광복군의 참모장(중장)이 되었다.

1948년 정부 수립과 더불어 초대 국무 총리와 국방부 장관을 겸임하였고, 1950년에는 주중국 대사와 내무부 장관을 역임하였다.

6·25전쟁 때인 1952년 8월, 제2대 정부통령 선거에서 자유당 부통령 후보로 지명을 받았다. 그러나 이범석이 조직한 조선 민족 청년단의 세력 확대에 불만을 느낀 이승만이 함태영을 밀어 부통령에 당선시켰다. 1953년 이승만의 족청계 숙청 사건으로 사실상 자유당에서 축출되었다.

1956년에는 무소속으로 다시 부통령에 입후보하여 낙선하였고, 1960년 자유연맹을 바탕으로 참의원 의원에 당선되었다. 1969년 건국훈장 대통령장을 받았다.

1969년 5월 이후에는 국토 통일원 최고 고문을 지냈으며, 1972년 사망하여 국립묘지에 안장되었다. 저서로는 회고록인 『방랑의 정열』, 논설집 『민족과 청년』, 『우등불』 등이 있다.

함께 보아요

* **북로 군정서** : 1919년 만주 길림성에서 만들어진 무장 독립 운동 단체로, 왕청현에 본부를 두었다. 총재에 서일, 총사령관에 김좌진, 참모장에 이장령, 연성대장에 이범석이 임명되어, 1920년 10월 청산리에서 일본군을 크게 물리쳤다.

* **청산리 대첩** : 1920년 김좌진이 이끄는 북로 군정서 독립군 2천 5백 명이 5만의 일본군과 싸워 크게 이긴 싸움이다. 김좌진, 이범석 등이 이끄는 북로 군정서군은 백운평에서 일본군 1만 명과 싸워 2천 2백여 명을 죽였고, 천수평에서 일본군 1개 중대를 무찔렀다. 이어 마록구에서 2만여 명의 일본군을 맞아 연대장 가노를 비롯해 1천여 명을 사살했다.

* **고려 혁명군** : 1923년 만주의 옌지현(연길현)에서 조직한 독립 운동 단체로, 만주에 사는 우리 동포들의 교육과 계몽에 힘쓰는 한편, 군량과 군자금을 마련하기 위해 둔전제를 써 가며 항일 투쟁을 벌였다.

* **광복군** : 일본에 빼앗긴 나라를 되찾기 위해 1940년 9월 중국 충칭에서 항일 단체들을 모아 만든 대한민국 임시정부의 군대이다. 광복군은 주석 김구의 지휘 아래 총사령관에 지청천, 참모장에 이범석 등을 임명하여 총사령부를 구성하고 대원을 모집하여 군사 훈련을 하였다. 1945년에는 미군과 합동 작전으로 학병 출신 광복군 중에서 대원을 선발해 특수 교육을 하고 국내에 침투하려 했으나, 일본이 항복함으로써 그 계획은 실행하지 못했다.

* **신흥 무관 학교** : 1920년에 만주 류허 현에 세운 독립군 양성 기관으로, 서로 군정서에 속하였으며 이시영이 교장을 맡았다.

이봉창

일본 천황에게 폭탄을 던진 의사

(李奉昌, 1900~1932)

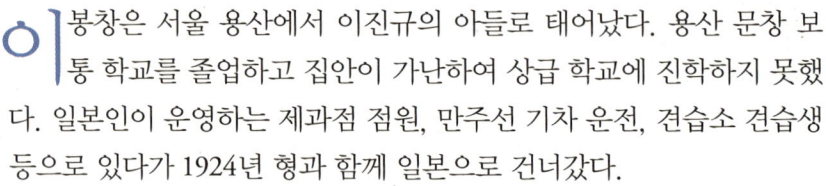

이봉창은 서울 용산에서 이진규의 아들로 태어났다. 용산 문창 보통 학교를 졸업하고 집안이 가난하여 상급 학교에 진학하지 못했다. 일본인이 운영하는 제과점 점원, 만주선 기차 운전, 견습소 견습생 등으로 있다가 1924년 형과 함께 일본으로 건너갔다.

오사카에서 철공소 직원으로 일하던 이봉창은 일본인의 양자가 되어 이름을 '기노시타'로 바꿨다. 그 뒤 오사카와 도쿄 등지를 방랑하며 막노동으로 생계를 꾸려 나갔다.

1931년 1월, 상하이로 간 이봉창은 곧바로 한국거류민단 사무실로 찾아가서 "독립을 위해서라면 무엇이든 하겠다."고 호소하였다. 민단 간부들은 의심했지만, 김구는 그의 확고한 결심을 알아차리고 한인 애국단에 가입시켜 주었다.

김구와 상의하여 일본 천황 폭살 계획을 세운 이봉창은 거사자금 마련을 위해 일본인이 운영하는 인쇄소와 악기점에서 일했다. 김구는 중국군 대령으로 있던 왕웅(본명 김홍일)의 도움으로 수류탄 1개를 구입하고, 김현으로부터 또다시 수류탄 1개를 입수하였다.

1931년 12월 13일, 이봉창은 안중근의 막내동생인 안공근의 집에서 양손에 수류탄을 들고 선서식을 하였다. 그리고는 곧바로 일본 도쿄로 떠났다.

1932년 1월 8일, 일본 천황 *히로히토가 괴뢰 만주국 황제 *푸이와 함께 도쿄 요요기 연병장에서 열병식을 거행하고 있었다. 사쿠라다문 앞에서 저격 기회를 노리던 이봉창은 열병식을 마치고 나오는 히로히토에게 수류탄을 던졌다.

그러나 무심하게도 수류탄은 히로히토를 빗나가고 말았다. 이봉창은 그 자리에서 체포되었고, 그 해 10월에 사형선고를 받아 이치가야 형무소에서 사형이 집행되었다.

중국의 각 신문들은 이 사건을 대서특필하였다. 신문 보도에 분노한 일본 군대와 경찰이 신문사를 습격했고, 급기야 일본군은 중국인 자객을 시켜 일본 일련종의 승려를 암살하고, 이 살해 사건을 빌미로 제1차 상하이 사변을 일으켰다. 이처럼 이봉창의 천황 저격 사건은 상상 외의 파급 효과를 불러왔다.

1962년 건국훈장 대통령장이 추서되었다.

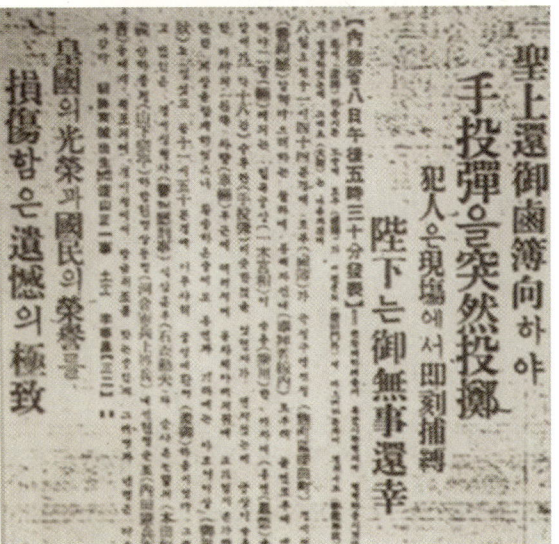

이봉창의 유해를 운구하는 국민들(왼쪽). 거사 전에 태극기 앞에서 수류탄을 들고 기념 촬영을 한 이봉창(오른쪽 위). 이봉창의 거사를 대서 특필한 〈조선일보〉 기사(오른쪽 아래)

함께 보아요

* **푸이** : 중국 청나라의 마지막 황제이면서 일본이 만주 침략을 위해 세운 만주국의 왕(1934~1945)을 지냈다. 1908년 3세의 나이로 청나라 제12대 황제가 되어 선통제라 하였으나, 신해 혁명으로 1912년에 퇴위하였다. 만주사변 때 일본군에 의해 몰래 끌려나와 1932년에 만주국의 집정이 되었고, 1934년에 왕위에 올랐다. 1932년과 1940년 두 차례 일본을 방문하였으며, 1945년에 만주국이 붕괴됨으로써 퇴위하였다.

* **히로히토**(1901~1989, 재위 기간 : 1926~1989) : 일본의 제124대 왕이며 다이쇼 일본 왕의 맏아들로, 1926년 12월 왕위에 올랐다. 중일 전쟁에 이어 제2차 세계 대전 등 일본의 팽창주의 역사를 체험하였고, 1946년 아라히토가미로서의 신격을 부정하는 '인간 선언'을 발표하여 일본국 헌법 제정과 함께 상징적인 국가 원수가 되었다.

이봉창 215

| 유교와 불교의 통합을 통한 고려의 중흥을 주장한 대학자 | **이색** (李穡, 1328~1396) | 자는 영숙. 호는 목은 시호는 문정 |

고려 말 *삼은의 한 사람인 이색은 찬성사 이곡의 아들로 태어났다. 14세에 진사 시험에 합격할 정도로 수재였던 그는 원나라 벼슬을 하던 아버지 덕분에 1348년, *국자감 생원이 되어 원나라로 가서 *성리학을 연구하게 되었다. 1351년 아버지가 갑자기 사망하자, 3년 만에 귀국하였다. 이듬해에 공민왕이 즉위하자, 이색은 전제 개혁, 국방 계획, 교육 진흥, 불교 억제 등 당면한 여러 정책에 관한 건의문을 올렸다.

1353년 향시와 *정동행성 향시에 1등으로 합격한 그는 서장관이 되어 원나라에 다녀왔다. 1357년 우간의 대부가 되어 유학(중국의 공자를 시조로 하는 학문)에 의거한 삼년상 제도를 건의하여 시행되게 하였다. 1367년에는 대사성이 되어 성균관의 학칙을 새로 제정하고 김구용, 정몽주, 이숭인 등을 교관으로 채용하여 새로운 유학의 보급과 성리학의 발전에 공헌하였다. 1373년 한산군에 봉해지고, 이듬해 예문관 대제학, 지춘추관사 겸 성균관 대사성에 임명되었으나 병으로 사퇴하였다. 1375년(우왕 1) 우왕의 요청으로 다시 벼슬길에 나가 정당문학, 판삼사사를 역임하였고, 1377년에는 우왕의 사부가 되었다.

1389년(공양왕 1) 이성계가 주도한 *위화도 회군으로 우왕이 강화도로 쫓겨나자, 조민수와 더불어 창왕을 옹립하였다. 이성계 일파가 권력을 잡은 뒤 오사충의 상소로 장단에 유배되었다. 이듬해에 함창으로 이배되었다가 *이초의 옥에 연루되어 청주의 옥에 갇혔으나, 수해로 함창에 안치되었다. 1391년 유배에서 풀려나 한산 부원군에 봉해졌으나, 다음 해에 정몽주가 피살되자 금주로 추방되었다가 여흥·장흥 등지로 유배된 뒤 석방되었다.

1395년(태조 4) 한산백에 봉해지고 이성계가 관직에 오르기를 청했으나, 끝내 고사하고 이듬해 여강으로 가던 도중 죽었다.

이색은 유교와 불교의 융합을 통한 태조 왕건 때의 중흥을 주장하며, 불교의 폐단을 방지하려고 노력하였다. 한편으로 유교 역사관을 가지고 역사 서술에 임하였다. 아울러 그의 문하에서 권근, 김종직, 변계량 등이 배출되어 조선 성리학의 주류를 이루게 하였다.

장단의 임강 서원, 청주의 신항 서원, 한산의 문헌 서원, 영해의 단산 서원 등에서 제향을 하며, 저서로 『목은문고』와 『목은시고』 등이 있다.

함께 보아요

***국자감**: 고려 시대 유학을 가르치던 최고의 국립 교육 기관이다. 국자학·태학·사문학·율학·서학·산학 등의 전문 학과를 두었는데, 992년(성종 11)에 종래의 경학을 개편하여 설치하였다가 뒤에 국학·성균감·성균관으로 이름을 바꾸었다.

***삼은**: 고려 말기에 유학자로 이름난 세 사람을 가리키며, 포은 정몽주, 목은 이색, 야은 길재를 말한다.

***성리학**: 중국 송나라·명나라 때에 주돈이, 정호, 정이 등에서 비롯하여 주희가 집대성한 유학의 한 파이며, 우리나라에는 고려 말기에 들어와 조선의 통치 이념이 되었고 길재, 정도전, 권근, 김종직에 이어 이이, 이황에 이르러 조선 성리학으로 체계화되었다.

***위화도 회군**: 1388년(우왕 14) 명나라의 랴오둥(요동)을 공격하기 위해 출정했던 이성계 등이 위화도에서 회군하여 왕을 내쫓고 최영을 유배한 뒤 정권을 장악한 사건으로, 조선 왕조 창건의 기반이 되었다.

***이초의 옥**: 1390년(공양왕 2)에 윤이, 이초가 중국에 있으면서 명나라의 힘을 빌어 이성계 일파를 타도하려 하였으나, 실패하여 장쑤성(강소성)에 유배된 사건이다. 공양왕과 이성계가 군사를 일으켜 명나라를 치려한다고 무고하였는데, 이 사건을 계기로 공양왕 즉위 이후 이성계 일파의 우세로 굳어졌던 정치 세력 간의 역학 관계에 커다란 변화가 일어났다.

***정동행성**: 고려 충렬왕 때 원나라가 고려의 개경에 둔 관아로, 원나라의 세조가 일본을 정벌하려고 개경에 정동행중서성을 설치하였다가 일본 정벌 계획을 그만둔 뒤로는 이것으로 고치고, 원나라의 관리를 두어 고려의 내정을 감시하고 간섭하게 하였다.

이순신
(李舜臣, 1545~1598)

임진왜란을 승리로 이끈 민족의 영웅

자는 여해. 시호는 충무

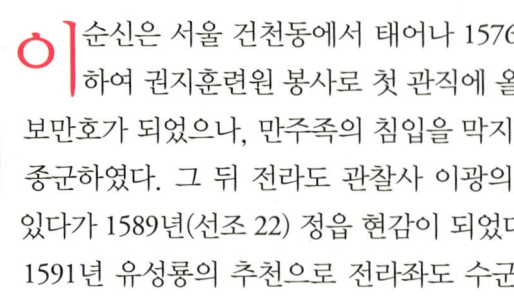

이순신은 서울 건천동에서 태어나 1576년 식년무과에 병과로 급제하여 권지훈련원 봉사로 첫 관직에 올랐다. 1586년(선조 19) 조산보만호가 되었으나, 만주족의 침입을 막지 못해 벼슬에서 물러나 백의종군하였다. 그 뒤 전라도 관찰사 이광의 밑에서 전라도 조방장으로 있다가 1589년(선조 22) 정읍 현감이 되었다.

1591년 유성룡의 추천으로 전라좌도 수군절도사로 승진하였다. 전라좌수영(전라남도 순천)에 부임한 이순신은 왜적의 침입에 대비하여 군비를 확충하고, 군량의 확보를 위해 섬에 *둔전을 설치할 것을 건의하였다.

1592년 4월, 임진왜란이 일어나자 옥포에서 일본 수군과 첫 해전을 벌여 적선 30여 척을 격파하였다(옥포 대첩). 이어 사천에서는 처음으로 거북선을 사용하여 적선 13척을 분쇄하였다. 같은 해 7월, 한산도 대첩에서 적선 70척을 대파했고, 9월에는 일본 수군의 근거지인 부산으로 진격하여 적선 100여 척을 격파하였다(부산포 해전).

1593년(선조 26) 다시 부산과 웅천에 있던 왜군을 격파함으로써 남해안 일대의 일본 수군을 완전히 쳐부수고, 한산도로 진영을 옮겨 최초로 *삼도 수군통제사가 되었다. 1594년 명나라 수군이 합세하자 진영을 죽도로 옮겨, 장문포 해전에서 수륙 합동 작전으로 왜군을 격파하여 서해안으로 진출하려던 왜군의 전략에 큰 타격을 주었다. 이순신은 군사들의 훈련을 더욱 강화하고 군비를 확충하는 한편, 백성들이 편히 살 수 있도록 배려하였다.

1597년(선조 30) 일본의 계략에 휘말린 조정에서 출동 명령을 내렸으나, 이순신은 일본의 계략임을 간파하고 출동하지 않았다. 이때 왜장 *가토 기요마사는 이미 조선에 상륙해 있었다. 이로 인하여 적장을 놓아 주었다는 모함을 받아 파직당하고 서울로 압송되었다. 사형에 처해질 위기에까지 몰렸으나, 우의정 정탁의 변호로 죽음을 면하고 도원수 권율 밑에서 두 번째로 백의종군하게 되었다.

바다에서는 이순신의 후임인 *원균이 7월에 벌어진 칠천 해전(칠천량 해전)에서 왜군에 참패하고 전사하였다. 상황이 급박해지자 조정에서는 다시 이순신을 수군통제사로 임명하였다.

이순신은 겨우 12척만 남은 함선을 이끌고 명량에서 133척의 왜군과 대결하여 31척을 격파하는 대승을 거두었다(명량 대첩). 이 승리로 조선은 다시 해상권을 장악하였다.

1598년(선조 31) 2월, 이순신은 고금도로 진영을 옮긴 뒤, 11월에 명나라 제독 진린과 연합하여, 철수하기 위해 노량에 집결한 왜군과 싸우다가 유탄에 맞아 전사하였다(노량 해전).

뛰어난 지략과 용기로 나라를 구한 이순신은 시문에도 능하여 『난중일기』와 시조·한시 등 여러 편의 뛰어난 작품을 남겼다.

1604년(선조 37) 선무 공신 1등이 되었고, 덕풍 부원군에 추봉된 데 이어 좌의정에 추증되었다. 1613년(광해군 5)에는 영의정이 더해졌다. 묘소는 아산시 어라산에 있으며, 왕이 직접 지은 비문과 충신문이 건립되었다.

한산섬 앞 바다(왼쪽 위). 이순신의 한산 대첩도(오른쪽 위)

함께 보아요

* **둔전** : 변경이나 군사 요지에 주둔한 군대의 군량을 마련하기 위하여 설치한 토지로, 군인이 직접 경작하는 경우와 농민에게 경작시켜 수확량의 일부를 거두어 가는 두 가지 경우가 있었다.
* **가토 기요마사** : 일본의 무장으로 임진왜란이 일어나자 함경도 방면으로 출병하여 조선의 왕자 임해군과 순화군을 포로로 잡았다. 그러나 울산 싸움에서 죽음의 위기를 겪었고, 그 과정에서 함께 참전한 고니시 유키나가, 이시다 미쓰나리 등과 갈등을 빚었다.
* **삼도 수군통제사** : 임진왜란 때에 경상도·전라도·충청도의 수군을 통솔하는 일을 맡아 보던 무관 벼슬이다. 1593년(선조 26)에 설치하여 이순신을 임명하였다.
* **원균**(1540~1597) : 조선 중기의 무신으로, 무과에 급제하여 선전관, 부령 부사, 경상우수사 등을 지냈다. 임진왜란이 일어나자, 전라좌수사 이순신에게 원병을 요청하여 옥포, 당포 등지에서 이순신과 함께 연전연승하였다. 1597년에는 이순신을 대신하여 삼도 수군통제사가 되어 수군을 이끌고 부산의 적을 공격하던 중, 칠천 해전(칠천량 해전)에서 크게 패하여 최후를 마쳤다.

| 종신 대통령을 꿈꾸다 물러난 대한민국 초대 대통령 | **이승만** (李承晩, 1875~1965) | 아명은 승룡. 호는 우남 |

이승만은 황해도 평산에서 이경선의 아들로 태어났다. 1895년 배재 학당을 졸업하고, 그 해 8월에 배재 학당의 영어 교사가 되었다.

같은 해 10월, 민비 시해 사건이 발생하자, 친일 정권 타도를 위한 시위 운동을 벌이다가 지명 수배 되었다. 그러나 미국인 여의사의 도움으로 위기를 모면하고 기독교인이 되었다.

개화 사상에 심취해 있던 그는 서재필이 설립한 *'독립 협회' 간부로 활동하다가 1898년 *'황국 협회'의 무고로 체포되었다. 종신형을 선고받고 복역하다가 1904년 민영환의 주선으로 석방되었다. 그 해 겨울, 고종의 밀서를 가지고 미국 루스벨트 대통령을 만나 일본의 침략 저지를 호소했으나, 실효를 거두지 못했다. 그 뒤 미국에서 공부하기로 마음먹고 조지 워싱턴 대학에 입학하여 1907년에 졸업하였다. 1908년 하버드 대학에서 석사 학위를 받았고, 1910년에는 프린스턴 대학에서 철학박사 학위를 받았다.

그 해 8월, 한국으로 돌아와 YMCA를 중심으로 후진들을 지도하다가 일제가 조작한 이른바 *'105인 사건'에 연루되었으나, 미국 선교사들의 도움으로 위기를 모면하였다.

1912년 미국에서 열린 세계 감리교 대회에 한국 대표로 참가한 뒤, 하와이로 건너가 잡지 〈한국 태평양〉을 창간하였다. 또 주간잡지 〈태평양〉을 창간하여 사설에 "한국이 독립하려면 서구 열강, 특히 미국의 지지를 받아야 한다."는 주장을 펼쳐 무장 투쟁을 주장한 박용만 등과 대립하며, 교포 사회에서 주도권 다툼을 벌였다.

1919년 4월, 상하이에 대한민국 임시정부가 수립되어 초대 국무 총리로 추대되었다. 그러나 이승만은 계속 미국에 머물면서 워싱턴에 '구미 위원부'를 설치하여, 스스로 대통령 행세를 하는 등 독단적인 행동으로 1921년 상하이 임시정부로부터 불신임을 받았다.

1934년 오스트리아 출신의 프란체스카와 결혼하고, 1945년 광복을 맞아 10월에 귀국하였다. 귀국 후 '독립 촉성 중앙 위원회'를 만들어 미 군정을 등에 업고 좌익 및 김구를 비롯한 민족주의 진영과 대립하였다.

1946년 6월, 남한 단독정부 수립 계획을 발표하고, 미국으로 건너가 자신에 대한 지지를 호소하였다. 1948년 남한 단독정부 수립과 함께 헌법이 대통령제로 제정되도록 하여 국회에서 초대 대통령으로 당선되었다. 대통령에 취임한 후, 철저한 친미 반공주의자로서 국내 공산주의 운동을 분쇄하는 데 앞장섰다. 또한 일본에 대해서도 강경외교로 일관하였다.

전쟁이 한창이던 1951년 12월, 부산에서 장기 집권을 위해 자유당을 창설하였고, 1952년 *발췌 개헌으로 헌법을 개정하여 대통령에 재선되었다. 1954년에는 이승만에게 대통령 3선 금지를 면제해 주는 *사사오입 개헌을 통해 대통령에 3선되었다.

1958년에는 보안법 등 관계 법령을 개악(고쳐서 더 나쁘게 만듦)하고, 1960년 3·15 부정 선거로 대통령에 4선되었다. 그러나 *4·19 혁명으로 대통령직에서 물러났다.

그 해 5월, 하와이로 망명하여 5년 뒤에 사망했다. 유해는 하와이에서 국내로 옮겨 와 국립묘지에 안장되었다. 저서로 『독립정신』, 『일본 내막기(영문)』 등이 있다.

이승만 동상

함께 보아요

***105인 사건** : 1911년 일본 경찰이 우리의 민족 운동을 탄압하기 위하여 조작한 사건이다. 1910년 안명근이 신천 등에서 군자금을 모으다 붙잡혔는데, 일본 경찰이 압록강 철교 준공식에 참석하는 데라우치 총독을 암살하려 했다고 꾸몄다. 일본 경찰은 그것을 구실로 삼아 평안도 지역 민족 운동가 6백 명을 체포하여 고문으로 거짓 자백을 받아낸 뒤, 윤치호, 양기탁, 이승훈 등 신민회 회원 105명을 감옥에 가두었다. 이 사건으로 신민회는 해체되었다.

***4·19 혁명** : 1960년 4월에 학생을 비롯한 국민들이 이승만 자유당 정부의 독재와 부정부패, 부정선거에 항의하여 벌인 민주 항쟁으로, 4월 19일에 절정에 달하였으며, 4월 26일에 이승만 대통령이 물러나면서 자유당 정권이 붕괴되고, 제2공화국이 탄생하는 기틀이 마련되었다.

***독립 협회** : 1896년 서재필, 이상재, 윤치호 등이 중심이 되어 만든 정치 사회 단체이다. 국가의 독립과 민족의 자립을 위한 정치·사회적 운동을 펼쳤다. 〈독립신문〉을 발간하여 애국 계몽 운동을 펼치는 한편, 독립 회관을 짓고 독립문을 세웠으며, 1898년 '만민 공동회'를 개최하고 시국에 대한 6개조의 개혁안을 결의하여 황제에게 주청하는 등의 활동을 펴다가 1899년 해산되었다.

***발췌 개헌** : 6·25전쟁 때인 1952년 7월 4일 임시수도 부산에서 개정되고 7월 7일에 공포된 제1차 개헌을 말한다.

***사사오입 개헌** : 이승만의 종신 집권을 위해 1954년 11월 29일 불법적으로 헌법 개정안을 통과시킨 사건으로, 사사오입은 반올림이라는 뜻이다.

***황국 협회** : 1898년에 개화 세력을 탄압하기 위하여 수구 세력이 조직한 어용 단체를 말한다. 이기동, 홍종우, 박유진 등을 중심으로 하여 보부상과 연결되어 독립 협회를 견제하였으며, 1899년에 없어졌다.

이승훈
(李昇薰, 1864~1930)

오산 학교를 세워 인재들을 길러낸 독립 운동가 | 본명은 인환. 호는 남강

이승훈은 평안북도 정주에서 가난한 서민의 아들로 태어났다. 2세 때 어머니를 여의고 10세 때 아버지마저 돌아가시자, 유기(놋그릇)상의 사환으로 들어가 3년 뒤에는 영업사원 겸 수금사원으로 인정받았다.

1887년에는 근면성과 성실성을 바탕으로 열심히 노력하여 유기공장을 세웠다. 그는 신분에 관계 없이 직원들을 평등하게 대우하여 사업은 날로 번창하였다. 그러나 1894년 동학 농민 운동에 이은 *청일 전쟁의 발발로 상점과 공장이 모두 불타 버리고 말았다.

이승훈은 좌절하지 않고 자본을 빌려 상점과 공장을 재건하고, 착실히 사업을 확장하여 몇 년 뒤에는 큰 돈을 벌었다. 그러나 1904년에 또다시 *러일 전쟁이 일어나 사업은 파산하고 말았다.

1907년 7월, 사업 구상차 평양에 들렀다가 우연히 안창호의 '교육 진흥론'에 대한 강연을 듣고 큰 깨달음을 얻어 민족을 위해 살겠다고 결심했다. 담배와 술을 끊고 상투를 자른 다음, 안창호가 조직한 *신민회에 가입했다.

이승훈은 서당이 있던 자리에 신식 교육을 가르치기 위한 '강명의숙'을 설립하였다. 이어 11월 24일에는 민족 교육의 요람인 '오산 학교'를 개교하여 교장이 되었다. 설립자인 이승훈의 뜻에 부응하여 이종성, 이광수, 조만식 등이 교사로 참여하여 많은 인재들이 배출되었다.

1911년 2월, 안악 사건에 연루되어 제주도에 유배되었다. 그 해 가을, 일제가 조작한 '105인 사건'의 주모자라 하여 제주도에서 서울로 압송되었다. 1912년 10월, 이승훈은 징역 10년형을 선고받고 복역하다가 1915년에 가출옥하였다. 오산 학교로 돌아온 그는 세례를 받고 장로가 된 뒤 신학을 공부하기 위해 평양 신학교에 입학하였다. 1919년 3·1운동 때에는 민족 대표 33인에 포함되어 종로 경찰서에 구속되었다. 이듬해 경성 지방 법원에서 징역 3년형을 선고받고, 마포 형무소에서 복역하다가 1922년 가출옥하여 오산 학교로 돌아왔다. 1924년 김성수의 간청으로 〈동아일보〉 사장이 되어 1년 동안 경영을 맡기도 하였다.

1930년 임종을 앞두고 자신의 시신을 생리학 표본으로 만들어 학생들의 학습에 이용하라고 유언했다. 그러나 일제가 허락지 않아 실행되지 못하고 오산에 안장되었다.

1962년 건국훈장 대한민국장이 추서되었다.

함께 보아요

* **러일 전쟁**: 1904년 한반도와 만주에 대한 지배권을 둘러싸고 러시아와 일본 간에 일어난 전쟁이다. 일본이 승리하여 1905년에 미국의 루스벨트 대통령의 중재로 포츠머스에서 강화 조약을 체결하였는데, 그 결과 일본은 우리나라에 대한 지배권을 묵인 받고, 랴오둥(요동) 반도를 차지하여 대륙 침략의 발판을 마련했다.

* **신민회**: 1907년(대한제국 융희 원년) 안창호, 이동녕, 양기탁 등이 나라의 권리를 되찾을 목적으로 만든 비밀 단체이다. 1910년 한일 합병 뒤에는 독립 전쟁에 대비하여 군인들을 양성하기 위해 비밀리에 청년들을 만주로 이주시켰다. 또한 이를 지원할 자금을 모으는 책임을 지역별로 분담하여 비밀리에 활동하였다. 1911년 우리 민족 운동을 탄압하기 위해 일본 경찰이 꾸며낸 105인 사건으로 많은 회원들이 붙잡혀 감옥에 갇힘으로써 해체되었다.

* **청일 전쟁**: 1894년에 조선의 동학 농민 운동에 출병하는 문제로 일어난 청나라와 일본과의 전쟁이다. 일본군은 평양·황해·웨이하이웨이 등지에서 승리하고 1895년에 시모노세키 조약을 맺었다.

| 병자호란 때 청군을 물리치고 북벌을 추진했던 장군 | # 이완
(李浣, 1602~1674) | 자는 징지. 호는 매죽헌 시호는 정익 |

이완은 인조반정 공신 이수일의 아들로 태어났다. 1624년(인조 2) 무과에 급제하여 만포 첨사로 벼슬길에 나갔다.

1636년 병자호란이 일어나자 도원수 김자점의 별장으로 출전하여 정방산성의 방어를 맡아, 적을 크게 무찔렀다.

1638년 함경남도 병마절도사를 거쳐, 이듬해 7월 *최명길의 추천으로 내직인 동부승지로 임명되었으나 문신들의 많은 시기를 받았다.

1649년 효종이 즉위한 이듬해 우포도대장이 되었으나, 형조와의 알력으로 한성 우윤으로 옮겼다가 다시 한직인 호군으로 밀려났다. 이때 그가 한성 우윤으로 있을 당시 인평 대군의 종이 금리(순경)를 구타한 사건을 들어 대신들이 파직시켜야 한다고 탄핵하였다. 그러나 효종은 오히려 그 해 8월에 북벌의 선봉 부대인 어영대장으로 기용했다. 이어 12월에는 *김자점의 모반 사건을 해결하라며 포도 대장을 겸임하게 하였다. 이완은 효종의 *북벌 계획에 부응하여 신무기의 제조, 성곽의 개수 및 신축, 군사 훈련 등 청나라와의 전쟁에 대비한 만반의 준비를 하였다.

1653년(효종 4) 11월, 훈척(나라에 공이 있는 왕의 친척)들만 임명되던 *훈련 대장이 되어, 현종 때까지 무려 16년 동안이나 다른 벼슬과 겸임하였다. 1659년 4월, 효종이 갑자기 세상을 떠나자 북벌 계획은 흐지부지되고 말았다.

1666년(현종 7) 12월 병조 판서에 임명되었으나, 병이 위중하고 병조와 훈련도감을 겸할 수 없다고 사양하며 나아가지 않았다. 그 뒤에도 두 차례나 병조 판서에 임명되었지만, 끝내 나아가지 않고 훈련 대장으로만 있었다.

1674년 5월 우의정에 제수되었으나, 그 해 6월 군역변통에 대한 상소를 남기고 세상을 떠났다. 무신 출신으로 높은 벼슬을 지낸 이완은 효종, 송시열 등과 함께 청나라 정벌에 강한 의욕을 보였으나 뜻을 이루지는 못하였다.

최명길은 이완의 성품에 대해 "강직하고 깨끗하며, 용감하고 결단력이 있어 매사에 시시비비가 분명하였다."고 말했다. 뿐만 아니라 자기가 옳다고 생각되면 왕에게도 시시비비를 따질 정도로 공사가 분명하였다. 1685년(숙종 11) 8월, '정익'이라는 시호가 내려졌다.

함께 보아요

* **김자점의 모반 사건** : 1651년(효종 2) 김자점의 반역 행위로 야기된 사건이다. 효종은 즉위하자마자 병자호란으로 당한 치욕을 설욕하고자 김상헌 등과 협의하여 청나라를 정벌할 계획을 세웠다. 본래 청나라와 친하게 지냈던 김자점은 영의정에서 파직된 뒤 기회를 노리고 있다가 그 소식을 듣고 친한 청나라 대신에게 밀고하였다. 한편으로, 송시열이 지은 장릉(인조의 묘)의 글을 청나라에 보냈다. 이 글에는 청나라의 연호를 쓰지 않고 명나라 연호를 썼으므로, 청나라는 대군을 국경에 배치하고 그 진의를 따져 물었다. 조선 조정에서는 영의정 이경석의 노력으로 일단 수습되었으나, 1651년(효종 2) 12월 진사 신호 등이 다시 상소하여 김자점의 역모를 고하였다. 효종은 김자점의 아들 김익을 심문하여 무신들과 공모하여 역모를 계획했다는 자백을 받아내고, 김자점 일족을 모두 처형하였다.

* **최명길**(1586∼1647. 자는 자겸. 호는 지천. 시호는 문충) : 조선 중기의 문신으로, 20세 때인 1605년(선조 38) 한 해에 사마시의 생원, 진사시와 문과를 모두 통과하고 승문원을 거쳐 예문관에 들어가는 가장 화려한 경로로 벼슬길에 나갔다. 1614년(광해군 6) 병조 좌랑에서 파직된 뒤, 인목대비를 유폐시키자 인조반정에 참여하였다. 그 해에 여러 관직을 거치며 이괄의 난과 정묘호란의 극복에 공고, 1636년에는 이조 판서에 올라 병자호란에서 강화를 주관하였다. 1638년 영의정에 올라 청나라, 명나라와의 복잡한 외교 문제에 대처하고 개혁을 추진하면서 국정을 주도하였다. 1643년 임경업을 통해 명나라에 비공식적 외교 관계를 유지한 일이 발각되어 청나라에 끌려가 수감되었다가, 1645년 소현 세자 일행과 함께 풀려났다. 문집으로 『지천집』과 『지천주차』가 있다

* **훈련 대장** : 조선 시대에 둔 훈련도감의 으뜸 벼슬로, 품계는 종2품이다.

* **북벌 계획** : 조선 효종이 병자호란의 수모와 오랫동안 선양에 볼모로 잡혀 있던 자신의 한을 씻고자 이완, 송시열 등과 함께 청나라를 치려고 한 계획을 말한다.

| 조선 중기의 키 작은 청백리 재상 | # 이원익 (李元翼, 1547~1634) | 자는 공려. 호는 오리 시호는 문충 |

이원익은 태종의 아들인 익녕군 이치의 4세손이며, 이억재의 아들로 서울에서 태어났다. 1569년(선조 2) 문과에 급제하여 승문원 권지부정자로 벼슬길에 나갔다.

1587년 평안도 안주 목사로 있을 때, 군사들의 근무를 1년에 4차례 교대로 돌아가며 하던 것을 6차례로 고쳐 시행하였다. 이것은 군사들을 넷으로 나누어 1년에 3개월씩 근무하게 하던 것을, 1년에 2개월씩 근무하게 함으로써 백성들의 부담을 크게 덜어 주었다. 이 방식은 나중에 윤두수의 건의로 전국적인 병역 제도가 되었다. 또한 누에치기를 권장하여 고을 백성들로부터 이공상(이원익에 의하여 계발된 누에와 뽕이라는 뜻)이라는 별칭까지 얻었다.

1592년 임진왜란이 일어났을 때에는 평안도 도순찰사가 되어 먼저 평양으로 들어가 선조의 피란 장소를 물색하였다. 그 뒤 평양성이 함락되자, 정주성으로 가서 군사들을 모집하여 왜군 토벌에 공을 세웠다. 1593년 1월에는 명나라 장수 이여송과 합세하여 평양성을 탈환했고, 1595년에는 우의정 겸 4도체찰사가 되어 주로 왜군의 침범이 잦은 영남체찰사에 머물렀다.

이때 명나라 대신 정응태가 "조선과 일본이 합세하여 명나라를 치려 한다."는 중상모략 사건이 일어나자 자청하여 명나라에 사신으로 갔으나, 정응태의 방해로 소임을 완수하지 못하고 돌아왔다. 귀국 후 선조로부터 위로와 칭찬을 받았고, 영의정에 임명되었다.

광해군이 즉위한 뒤에도 이원익은 영의정이 되어 전쟁 복구에 힘썼고, 백성들의 부담을 줄여 주기 위해 *김육이 건의한 *대동법을 경기도 지방에 한하여 실시하였다.

1623년(인조 1) 인조반정으로 광해군을 몰아 내고 새 왕이 된 인조도 제일 먼저 이원익을 영의정에 임명하였다. 이때 많은 대신들이 광해군을 죽여야 한다고 주장하자, "자신도 광해군 밑에서 영의정을 지냈으므로 광해군을 죽여야 한다면 자신도 떠나야 한다."는 말로 인조를 설득하여 광해군의 목숨을 구했다. 1624년 *이괄의 난 때에는 80살에 가까운 나이에도 왕을 공주까지 호위하였고, 1627년 *정묘호란 때에는 소현 세자를 호위하여 전주로 갔다가 강화도로 와서 인조를 호위하였다.

그 뒤 나이가 너무 많아 스스로 벼슬에서 물러나자, 인조가 궤장(나라에 공이 많은 70세 이상의 대신에게 왕이 내린 지팡이)을 하사하였다.

키가 너무 작아 키 작은 재상으로 불려진 이원익은 성품이 소박하고 책임감과 정의감이 투철

하였다. 다섯 차례나 영의정을 지냈는데도 작은 오막살이 초가집에서 살았고, 벼슬에서 물러난 뒤에는 양식 걱정을 해야 할 정도로 청빈하였다.

1634년(인조 12) 87세를 일기로 생을 마감했으며, 인조의 묘정에 배향되고, 여주의 기천 서원 등 여러 서원에 배향되었다.

지은 책으로는 『오리집』, 『속오리집』, 『오리일기』 등이 있으며, 가사로 〈고공답주인가〉가 있다.

이원익의 영정(왼쪽). 이원익의 종택 관감당 (오른쪽)

함께 보아요

* **김육**(1580~1658. 호는 잠곡) : 조선 시대의 문신으로, 1605년 사마시에 합격하여 대사헌, 우의정을 지내고, 대동법의 확장 시행에 적극 노력하여 충청도에 시행하여 성공하였다. 또한 수레를 만들고, 400년 동안이나 써 오던 역법 대신에 '시헌력'이라는 새 역법을 사용하도록 하였으며, 새 화폐의 주조 및 유통을 건의하는 등 경제 발전에 공이 컸다. 저서로는 『인조실록』, 『유원총보』, 『조천일기』 등이 있다.

* **대동법** : 조선 시대 때 조세를 각 지방의 특산물로 내던 것을 쌀로 대신 내게 한 제도이다. 특산물은 납입·운반·보관에 어려움이 많았고, 또 중간에서 관리들이 이자놀이를 하는 등 많은 문제점이 발생하였다. 그래서 국가의 수입이 줄고 백성들의 부담은 늘어나자, 이러한 문제점을 해결하기 위하여 조광조, 이이 등의 건의로 조세를 특산물 대신 쌀로 내게 하였고, 산간 지방은 베나 돈으로 받았다.

* **이괄의 난** : 1624년(인조 2) 1월에 이괄이 주동이 되어 일으킨 반란을 말한다. 인조반정 때 큰 공을 세운 이괄이 우대받지 못하고 평안병사 겸 부원수로 좌천되자 이에 불만을 품고 난을 일으켰다가, 반란이 실패하자 일부가 후금으로 도망하여 국내의 불안한 정세를 알리며 침략을 부추겨 1627년(인조 5)에 정묘호란이 일어나게 되었다.

* **정묘호란** : 1627년(인조 5) 후금이 인조반정의 부당성을 내세우고 침입하여 일어난 난리로, 인조가 강화도로 피란하였다가 강화 조약을 맺고 조선과 후금은 형제의 나라가 되었다.

| '십만 양병설'을 주장한 조선 중기의 대학자 | # 이이 (李珥, 1536~1584) | 자는 숙헌. 호는 율곡, 석담, 우재. 시호는 문성 |

이이는 강원도 강릉에서 이원수와 신사임당의 아들로 태어났다. 어려서부터 어머니 신사임당에게서 학문을 배워, 12세 때인 1548년(명종 3) 진사 시험에 합격하였다.

1558년 예안의 도산에 있던 이황을 방문한 그 해 겨울에 치러진 별시에서 '천도책'을 지어 장원하였다. 이때부터 28세에 응시한 문과 전시에 이르기까지 아홉 차례의 과거 시험에서 모두 장원하여 '구도장원공'이라 불리게 되었다.

28세 때인 1564년 호조 좌랑에 임명되어 처음으로 관직에 나간 이이는 사간원 정언, 사헌부 지평, 홍문관 부제학, 승정원 우부승지 등 요직을 두루 거쳤다. 아울러 청주 목사와 황해도 관찰사를 지내면서 지방 외직에 대한 경험도 쌓았다.

현장 경험과 탁월한 정치적 식견, 그리고 왕의 두터운 신임을 바탕으로 40세 무렵에는 정국을 주도하는 인물로 부상하였다. 이이는 이런 바쁜 관직 생활을 하면서도 『동호문답』, 『만언봉사』, 『성학집요』 등을 지어 왕에게 국정 전반에 관한 개혁안을 제시하였다.

1576년(선조 9) 동인과 서인의 갈등이 심해지자, 이이는 그들을 화해시키려고 노력하였다. 그러나 당파 싸움은 날이 갈수록 심해지고, 자신이 건의한 기획안도 받아들여지지 않자, 벼슬을 버리고 파주 율곡리로 내려갔다.

그 뒤로 한동안 관직에 나가지 않고, 파주 율곡리와 처가가 있는 해주의 석담을 오가며 교육 사업에 종사하였다. 이때 『격몽요결』을 저술하고 해주에 '은병정사'를 세워 제자들을 가르쳤다. 또한 해주 *향약, 서원 향약 등의 규례를 만들어 백성들이 보다 편하게 살 수 있도록 노력했다.

44세 때인 1580년 대사간에 임명되자 다시 관직에 나갔다. 그 후 호조·이조·형조·병조 판서 등 비중 있는 직책을 맡으며, 평소 주장한 개혁안의 실시와 동인과 서인 간의 갈등 해소를 위해 더욱 노력하였다.

47세 때인 1583년(선조 16) '시무 6조'를 지어 왕에게 바쳤고, *경연에서 왜적의 침입에 대비한 '십만 양병'을 강력히 건의하였다. 그러나 선조는 그의 개혁안과 건의안을 받아들이지 않았다. 게다가 동인과 서인의 당파 싸움이 더욱 심해지면서 이이도 중립적인 입장을 유지할 수 없게 되었다.

이이를 서인 편이라고 생각한 동인들이 자신들이 장악하고 있는 삼사를 이용하여 탄핵을 하자, 1583년(선조 16) 관직을 버리고 율곡리로 돌아왔다.

그 이듬해인 1584년 서울 대사동 자택에서 세상을 떠났고, 유해는 파주의 자운산 선영에 안장되었다. 파주의 자운 서원과 강릉의 송담 서원 등 전국 20여 개 서원에 배향되었다.

율곡 이이의 초상화(왼쪽). 서울 종로구 사직동의 사직 공원에 있는 율곡 이이의 동상(오른쪽)

함께 보아요

＊경연: 고려·조선 시대에 왕이 학문을 닦기 위하여 학식과 덕망이 높은 신하를 불러 경서 및 왕도에 관하여 토론하게 하던 자리로, 왕권의 행사를 규제하는 중요한 일을 수행하였다.

＊향약: 조선 시대에 권선징악과 상부상조를 목적으로 만든 향촌의 자치 규약이다. 중국 송나라 때의 여씨 향약을 본뜬 것으로, 조선 중종 때 조광조를 비롯한 사림파의 주장으로 추진되어 영·정조 때까지 전국 각지에서 실시되었다.

| 을사조약이 무효임을 알리려고 헤이그에서 순국한 열사 | # 이준
(李儁, 1859~1907) | 초명은 성재, 여천, 선재 자는 순칠. 호는 일성, 해사, 청하, 해옥 |

이준은 함경남도 북청에서 이병관의 아들로 태어났다. 1895년 법관 양성소를 졸업하고, 이듬해에 한성재판소 검사보가 되었다.

그 해 2월 *아관파천이 일어나자 사임하고, 일본으로 건너가 와세다 대학 법학과를 졸업하였다. 1898년 독립 협회에 가입하여 11월에 열린 *만민 공동회에서 가두연설을 하는 등 적극적으로 활동하였다.

1904년 12월 일본이 친일파로 구성된 일진회를 조직하자, 윤하영, 양한묵 등과 공진회를 조직하여 일진회 반대 투쟁을 벌였다. 그러나 일본의 강압으로 황해도 철도에서 6개월간 유배 생활을 하였다. 이때 민영환의 주선으로 석방되어 특별 법원 검사로 임명되었다.

1905년 일본이 을사조약을 강제 체결하여 국권을 박탈하자, 덕수궁 앞에서 을사조약 폐기 운동을 전개하였고, 1907년 4월에는 안창호 등이 신민회를 창립하자 곧바로 가입하여 활동하였다.

이때 네덜란드 헤이그에서 6~7월에 세계 평화 회의가 열린다는 소식을 듣고, 고종을 만났다. 이준은 고종에게 "세계 평화 회의에 특사를 파견하여, 을사조약은 일본의 강압으로 체결된 조약이므로 무효라는 것을 세계만방에 알리고, 한국 독립을 위해 힘 있는 나라들의 도움을 요청하자."고 제의하여 고종의 허락을 받아냈다.

1907년 4월 22일, 고종의 밀사가 된 이준은 러시아 블라디보스토크로 가서 이상설과 합류했다. 다시 러시아의 수도였던 페테르부르크로 가서 이위종과 합류한 뒤, 6월 25일 네덜란드 헤이그에 도착했다.

그들은 세계 평화 회의 의장에게 고종의 친서와 *신임장을 전달하고, 평화 회의장에 한국 대표로서 공식적으로 참석하기 위한 활동을 벌였다. 그러나 일본과 영국 대표의 방해로 뜻을 이루지 못했다.

이렇게 되자 세 명의 특사는 일제의 한국 침략을 폭로하고, 을사조약이 무효임을 선언하는 문안을 작성하여 평화 회의 의장과 각국 대표들에게 보냈다.

신문 기자들과 언론들은 세 명의 특사의 활동에 호의적이었으나, 열강의 대표들은 냉담하였으므로 이에 격분한 이준은 통분을 참지 못하여 헤이그에서 스스로 목숨을 끊었다.

1962년 건국훈장 대한민국장이 추서되었고, 1963년 네덜란드 헤이그에서 유해를 옮겨 와 수유리에 안장하였다. 1964년에는 장충단 공원에 그의 동상이 세워졌다.

함께 보아요

* **아관파천**: 1896년 2월 11일부터 1897년 2월 20일까지 친러 세력에 의하여 고종과 세자가 러시아 공사관으로 옮겨서 거처한 사건이다. 일본 세력에 대한 친러 세력의 반발로 일어났으며, 이 사건으로 친일 내각이 붕괴되었고, 각종 경제적 이권이 러시아로 넘어갔다.
* **만민 공동회**: 1898년 독립 협회 주최로 서울 종로 네거리에서 열린 민중 대회로, 외세의 배격과 언론·집회의 자유를 주장하는 등 민족주의·민주주의 운동을 제창하였다.
* **신임장**: 파견국의 원수나 외무 장관이 정식으로 접수국에 대하여 특정인을 외교 사절로 파견하는 이유와 그 사람의 신분을 상대국에 통고하는 문서이다.

| 소를 좋아해서 소 그림을 많이 그린 천재 화가 | # 이중섭
(李仲燮, 1916~1956) | 호는 대양 |

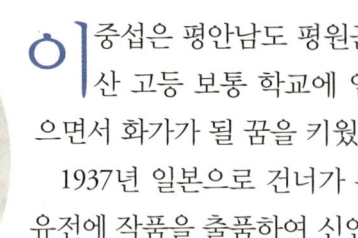

이중섭은 평안남도 평원군에서 이희주의 둘째 아들로 태어났다. 오산 고등 보통 학교에 입학하여 미술 교사인 임용련의 지도를 받으면서 화가가 될 꿈을 키웠다.

1937년 일본으로 건너가 분카 학원 미술과에 다니면서 독립전과 자유전에 작품을 출품하여 신인 작가로서 많은 찬사를 받았다. 분카 학원을 졸업하던 해인 1940년, 미술 창작가 협회전에 작품을 출품하여 '협회상'을 수상하였고, 1943년에도 같은 협회전에서 '태양상'을 수상하였다.

1945년 함경남도 원산에서 일본인 여성 야마모토 씨와 결혼하였고, 아들 둘을 얻었다. 1946년에는 원산 사범 학교에서 잠시 미술 교사로 근무하기도 하였다.

그때 당시 공산 치하가 된 북한에서는 창작 활동을 하는 작가나 화가들에게 많은 제약을 가했다. 이때 이중섭도 절친한 친구인 시인 *구상의 시집 『응향』의 표지 그림을 그려 주었다가 두 사람 모두 공산주의 당국으로부터 비판을 받기도 하였다.

1950년 6·25전쟁이 일어나자, 이중섭은 가족들을 데리고 자유를 찾아 원산을 탈출하였다. 제주도를 거쳐 부산에 도착한 뒤, 부인과 두 아들은 일본 도쿄로 보냈다. 가족들이 떠나고 홀로 남게 된 이중섭은 부산, 통영 등지를 떠돌며 외롭게 지냈다.

1953년 친구들의 도움으로 어렵게 여비를 마련하여 가족들이 있는 일본으로 건너갔다. 그러나 조국의 친구들이 그립고, 굴욕적인 처가살이가 싫어서 다시 돌아왔다. 그 후로 줄곧 사랑하는 아내와 아이들을 그리워하다가 1956년, 정신이상과 영양실조로 41세의 젊은 나이에 세상을 떠났다.

천재 화가 이중섭이 추구했던 작품의 소재는 소·닭·어린이·가족 등이 가장 많고, 불상·풍경 등의 작품도 몇 점 전해지고 있다. 그의 작품은 대부분 향토적이고 동화적이며, 가족에 대한 그리움으로 가득 차 있다.

남긴 작품으로는 「싸우는 소」, 「움직이는 흰소」, 「황소」, 「닭과 가족」, 「사내와 아이들」, 「집 떠나는 가족」 등이 있으며, 그 밖에도 많은 *은지화가 전해지고 있다.

이중섭의 작품 「소」(위). 이중섭 기념비(오른쪽 아래)

함께 보아요

***구상**(1919~2004. 본명은 구상준. 호는 운성): 시인으로, 1919년 함경남도 문천에서 태어났으며, 1941년 일본 니혼 대학 종교과를 졸업했다. 1946년 동인지 〈응향〉에 시 「길」, 「여명도」, 「밤」을 발표하여 등단했는데, 1947년 〈응향〉에 게재된 작품 때문에 반동 작가로 낙인되어 월남하였다. 1957년 서울시 문화상을 수상하였고, 1986년 『구상 시전집』을 간행하였다.

***은지화**: 담뱃갑 속의 은지에다 송곳으로 꾹꾹 눌러서 그린 그림이다.

07 일화 이야기로 보는 역사 인물

 ### 당파 싸움은 어떻게 시작됐을까?

연산군 때 무오사화로 죽은 김종직의 제자인 김근공의 문하생 중에 김효원이라는 수재가 있었습니다. 김효원은 7살 위인 의정부 사인 심의겸과 매우 친하게 지냈습니다.

어느 날, 심의겸은 일 때문에 당시 영의정이던 윤원형의 집을 찾아갔어요. 그런데 윤원형은 아직 잠자리에서 일어나지 않고 있었습니다.

청지기가 심의겸을 작은 사랑방으로 안내했어요. 심의겸이 사랑방에 들어가 보니, 아랫목에 무척 화려한 이부자리가 깔려 있었습니다. 심의겸은 고개를 갸우뚱하며 청지기에게 물었어요.

"이보게, 이 방은 어떤 손님이 와서 묵는 방인가?"

"예, 그 방은 건천동 서방님이 자주 와서 주무시는 방입니다."

청지기가 말한 건천동 서방님은 김효원을 말하는 것이었지요.
윤원형의 애첩인 정난정이 김효원 아내의 종고모(아버지의 사촌 여동생)였기 때문에 윤원형의 집을 자주 드나들었던 것입니다.

심의겸은 청지기의 말을 듣고 김효원을 다시 보게 되었어요. 김효원을 명망 있는 선비라고 생각했는데, 인척이라는 핑계로 재상의 집을 드나들며 아첨이나 하는 비열한 사람이라고 생각하게 되었던 것입니다.

그 후로 김효원은 과거에 합격해서 벼슬길에 나가게 되었습니다.

몇 년이 지난 어느 날, 이조 전랑 오건이 사직하면서 자신의 후임자로 김효원을 추천하였습니다. 이조 전랑은 비록 고위직은 아닐지라도 내외 관직을 추천하고 관리들을 심사하는 중요한 일을 하기 때문에, 명망 있고 똑똑한 사람이 아니면 채용되지 못하는 자리였습니다.

재미있게 읽고 나면 역사가 쏙쏙

　오건이 김효원의 자질을 아껴서 후임자로 천거했는데, 당시 이조 참의이던 심의겸이 반대하였어요. 예전에 김효원이 윤원형의 집을 자주 찾아가 아부하며, 화려한 이부자리가 깔린 사랑방에서 살다시피 했다는 말을 하면서, 그런 야비한 사람에게는 중요한 자리를 맡길 수 없다는 것이었습니다.
　이 때문에 김효원은 창피만 당하고 이조 전랑이 되지 못했어요. 그러나 김효원을 동정하는 신진 사류들이 힘을 합쳐 심의겸을 반박했습니다.
　"심의겸이 옛날 일을 들추어서 후배의 앞길을 막는 것은 권력 남용이다. 그는 임금의 외척이라는 점을 이용하여 지나치게 국정에 간섭하고 인재의 등용을 방해한다."는 등의 반박이었지요.
　그로부터 몇 년 뒤, 김효원은 이조 전랑이 되었고, 맡은 일을 충실히 수행하였습니다. 임기가 다 돼서 이제는 김효원이 후임자를 추천하게 되었어요. 그때 많은 사람들이 후임자로 심충겸이 적임자라는 말을 하였습니다.
　그러나 심충겸은 다름 아닌 심의겸의 동생이었으므로 김효원은 다른 사람을 천거하고 말았어요. 이 소식을 들은 심의겸은 분함을 감추지 못하고 김효원을 헐뜯었습니다.
　"예전에 내가 반대했다고 해서 이처럼 보복을 하는 것은 소인배나 하는 짓이다. 내가 비록 외척이라는 비난을 듣지만 나라를 도탄에 빠뜨렸던 윤원형에게 아부하던 사람보다는 낫다."
　이와 같은 사소한 다툼으로 인해서 집이 동쪽에 있던 김효원을 동인이라 하고, 집이 서쪽이던 심의겸을 서인으로 부르게 되었어요. 그 후로 조정의 원로 대신인 우의정 박순 등은 심의겸의 편을 들었고, 대사간 허엽은 김효원보다 훨씬 선배이면서도 김효원 편을 들어 조정은 완전히 두 파로 갈라졌지요.
　그 중에 정철, 윤두수, 홍성민, 구사맹 등은 서인 중의 쟁쟁한 인물이었고, 동인에는 허엽, 유성룡, 이산해, 이발 등이 있었습니다. 이것을 '을해분당'이라고 합니다.

이차돈 (異次頓, 506~527)

신라에 불교를 공인시키기 위해 목숨을 바친 순교자

본명은 박염촉
다른 이름은 거차돈

이차돈은 지증왕의 아버지인 습보갈문왕의 후손으로 태어났다. 어릴 적부터 불교를 믿었던 그는 국법으로 불교를 금하고 있는 것이 늘 안타까웠다.

그 당시 신라를 다스리고 있던 법흥왕도 백성들에게 불교를 널리 알리고 불력으로 나라의 번영을 이루어야겠다고 생각하고 있었다. 그러나 신하들의 반대가 워낙 심하여 불교를 공인할 수가 없었다.

이때 왕의 뜻을 헤아린 이차돈이 왕을 찾아가 순교를 자청하였다.

"소신에게 왕명을 어긴 죄를 내려 소신의 머리를 베면 모든 대신들이 폐하의 명에 복종할 것입니다."

법흥왕의 반대에도 불구하고 이차돈은 거듭 청하였다.

"세상의 모든 것 중에서 가장 버리기 어려운 것이 사람의 목숨입니다. 하지만 이 몸이 죽어 나라에 불교가 행해질 수만 있다면 기꺼이 목숨을 바치겠습니다."

이차돈의 확고한 결심에 법흥왕은 어쩔 수 없이 허락하였다.

이차돈은 법흥왕과 약속을 하고, 왕명으로 절을 짓는다는 소문을 퍼뜨린 뒤, 천경림(경주에 있는 숲 이름)에 절을 짓기 시작하였다.

그 소문을 듣고 대신들이 궁궐로 몰려와 법흥왕에게 그런 명을 내렸는지 물었다. 법흥왕은 명령을 내리지 않았다고 부인하며 이차돈을 잡아들이라고 명했다. 군사들에게 끌려온 이차돈이 대신들에게 말했다.

"내가 절을 짓는 것은 부처님의 뜻에 따른 것입니다. 불법이 행해지면 나라가 편안하고 백성들도 잘살 것입니다."

신하들은 당장 이차돈을 처형하라고 목소리를 높였다.

법흥왕은 눈물을 머금고 이차돈과의 약속대로 목을 베라고 명했다.

그러자 이차돈은 이렇게 말했다.

"부처님이 신령하시다면 내가 죽은 뒤에 반드시 기적이 일어날 것입니다."

이차돈의 목을 베자 머리는 금강산 꼭대기까지 날아갔고, 잘린 목에서는 우유 같은 하얀 피가 분수처럼 쏟아져 나왔다. 또 갑자기 하늘이 캄캄해지더니 하늘에서 아름다운 꽃이 눈처럼 내리고 땅도 심하게 흔들렸다. 믿을 수 없는 광경에 대신들은 너무 놀라서 아무 말도 못했다.

그 당시 이차돈의 나이는 26세(혹은 22세)였다.

527년 법흥왕은 불교를 금하는 법을 없애고, 온 나라 백성들이 자유롭게 불교를 믿을 수 있도록 하였다. 534년(법흥왕 21) 법흥왕은 천경림에 신라 최초의 정식 사찰을 지으라고 명했다. 몇 년 뒤 절이 완공되자, 법흥왕은 조카이자 손자인 진흥왕에게 왕위를 물려주고 '법공'이라는 이름의 승려가 되었다. 세상 사람들은 그 절을 대왕 흥륜사라 불렀고, 이차돈이 순교한 날에는 많은 백성들이 *흥륜사로 찾아와 그의 명복을 빌었다.

흥륜사의 108계단과 이차돈 순교비

* **흥륜사** : 경북 경주시 봉황대와 오릉(박혁거세·알영왕비·남해왕·유리왕·파사왕의 능) 사이의 동편에 있던 절로, 544년(진흥왕 5)에 창건한 신라 최초의 큰 절이다.

| 당파 싸움에 휘말리지 않고 일을 공평하게 처리한 명재상 | # 이항복
(李恒福, 1556~1618) | 자는 자상
호는 필운, 백사
시호는 문충 |

이항복은 고려 말의 대학자인 *이제현의 후손으로 아버지는 참찬을 지낸 이몽량이다. 9세에 아버지를 여의고, 15세에 어머니를 여읜 뒤, 성균관에 들어가서 열심히 학문을 익혀 이름을 날렸다. 이때 행주 대첩으로 유명한 권율의 사위가 되었다.

1580년 문과에 급제하여 벼슬길에 나갔고, 1589년에는 예조 정랑으로 있으면서 역모 사건을 잘 처리하여 선조의 신임을 받았다. 그리고 대신들 사이에 분쟁이 일어나면, 서로 화해시켜서 그의 은혜를 입은 사람이 많았다고 한다. 1590년에는 호조 참의로 있으면서 '정여립의 모반 사건'을 잘 처리하여 *평난 공신 3등이 되었다.

1592년 임진왜란이 일어나자 왕비와 왕자들을 무사히 피란시키고, 선조를 의주까지 호위한 공으로 오성군에 봉해졌다.

1593년 선조는 조정을 둘로 나눈 분조를 설치하여 세자인 광해군에게 남쪽으로 내려가 경상도와 전라도의 군사들을 지휘하게 하였다. 이때 병조 판서였던 이항복은 세자가 일을 잘 처리할 수 있도록 정성을 다해 보필하였다.

1598년 우의정으로 있을 때, 명나라 사신 '정응태의 무고 사건'이 일어나자, 명나라에 사신으로 가서 일을 잘 처리하고 돌아와 토지와 재물 등 많은 상을 받았다. 1600년에는 영의정 겸 세자의 스승에 임명되고, 이듬해에 호종 1등 공신이 되었다.

1608년 선조가 죽고 광해군이 즉위하자, 권력을 잡은 북인들이 임해군을 죽이려 하였다. 이때 이항복은 임해군의 살해를 반대하다가 *정인홍 일파의 공격을 받고 사의를 표했으나, 광해군의 배려로 수리되지 않았다.

1617년 서궁에 유폐시킨 인목대비를 폐위하여 평민으로 만들자는 북인들의 주장에 반대하여, 1618년(광해군 10) 관작(관직과 작위)이 삭탈되고 함경도 북청으로 유배되어, 그 곳 적소에서 세상을 떠났다. 사망한 그 해에 관직과 작위가 회복되었고, 8월에 고향 포천에 묻혔다.

오성 부원군에 봉해졌기 때문에 오성 대감으로 더 잘 알려진 이항복은 어린 시절 단짝 친구인 이덕형과 얽힌 '오성과 한음' 이야기로도 유명하다.

이항복은 40년 동안이나 관직에 있으면서 어느 당파에도 속하지 않았다. 그것은 무슨 일이든 어느 쪽에도 치우치지 않고 공정하게 처리했기 때문이었다.

완벽에 가까운 기품과 인격을 지녔던 이항복은 특히 문장에 뛰어났으며, 지은 책으로는 『사례훈몽』, 『주소계의』, 『노사영언』 등이 있고, 이순신의 충렬묘비문을 짓기도 하였다.

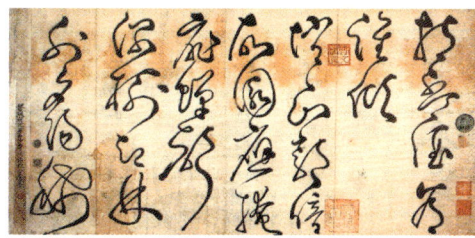

이항복의 유묵(왼쪽 위). 이항복의 어록비(오른쪽). 이항복의 묘지(왼쪽 아래)

함께 보아요

* **이제현**(1287~1367. 초명은 지공. 호는 익재, 역옹) : 고려 시대의 학자이자, 정치가로, 1301년 과거에 합격하였다. 모함을 받아 원나라에 가 있던 충선왕의 부름을 받아 만권당에 머물면서 고전을 연구하였다. 그는 당대의 대문장가로 외교 문서에 특히 뛰어났으며, 성리학의 수용과 발전에 큰 역할을 하였다. 문학 부문에서도 큰 업적을 남겼는데, 고려의 한문학을 세련되게 한 단계 높게 끌어올렸다는 점에서 한국 문학사에 중요한 위치를 차지한다. 저서에 『익재난고』, 『역옹패설』 등이 있다.

* **정인홍**(1535~1623. 호는 내암) : 조선 시대의 문신이자 의병장으로, 1592년 임진왜란이 일어나자 영남 지방에서 의병을 일으켜 많은 전공을 세웠다. 임진왜란 때 화의를 주장했던 유성룡을 탄핵하여 파직시킨 뒤, 홍여순, 남이공 등 북인들과 함께 정권을 잡았다. 1618년 인목대비 유폐 사건에 가담하여 영의정에 올랐으나, 1623년 인조반정으로 이이첨 등과 함께 참형되었다.

* **평난 공신** : 1590년(선조 23)에 '정여립의 난'을 평정한 22명에게 내린 훈호로, 박충간 등 주로 서인들이 받았다.

| 중종·명종·선조 임금으로부터 존경을 받은 성리학의 대가 | # 이황
(李滉, 1501~1570) | 자는 경호
호는 퇴계, 도옹
시호는 문순 |

이황은 경상도 예안현(경북 안동시 도산면)에서 좌찬성을 지낸 이식의 막내아들로 태어났다. 어려서부터 책 읽기를 좋아해서 20세 때에 주역 공부에 너무 열중한 나머지 건강을 크게 해치고 말았다. 이 때문에 그는 일생 동안 잔병치레를 하며 살았다.

1534년 문과에 급제하여 관직에 나간 이황은 1543년 대사성이 되었다. 1545년(명종 1) *을사사화 때는 이기의 탄핵으로 벼슬에서 물러났다가 1552년 대사성에 재임되었고, 1566년에는 공조 판서와 예조 판서를 지냈다.

1568년(선조 1) 선조가 왕위에 오르자 우찬성을 거쳐 양관(홍문관·예문관) 대제학을 지내고, 이듬해에 벼슬에서 물러나 고향으로 돌아왔다. 그 뒤로는 학문 연구와 제자들을 가르치는 일에만 전념하였다.

이황은 *이언적의 주리론을 계승하여, 우주의 현상을 '이기 이원'으로 설명하였다. 여기서 '이'는 '사물에 내재하는 원리' 또는 '우주의 근본이 되는 도리'를 말하며, '기'는 '이'에 대응되는 '만물 생성의 근원이 되는 힘'을 말한다.

'이기 이원론'은 '이'와 '기'는 서로 다르지만, 동시에 서로 의존하는 관계이며, '이'는 '기'를 움직이게 하고, '기'는 '이'의 법칙에 따라 구체적인 것이 된다는 학설이다.

이황이 주장한 이 학설은 제자들인 유성룡, 김성일 등에게 계승되어 영남 학파를 이루게 되었고, 이이의 제자들로 구성된 *기호 학파와 크게 대립하였다. 임진왜란 후에는 그의 학설이 일본에 전해져 일본 유학계에 큰 영향을 끼쳤다.

60세 때에 도산 서원을 세워 학문 연구와 제자들을 가르쳤던 이황은 현실 생활과 학문의 세계를 엄격히 구분하여, 끝까지 학자의 태도로 일관한 조선 중기의 대학자였다. 또한 개화기의 중국 정신적 지도자들에게도 큰 존중을 받아, 동양 3국에서 인정받는 도의 철학의 건설자이자 실천자였다.

중종·명종·선조 3대 왕으로부터도 존경과 신임을 받았던 그는 벼슬에서 물러난 이듬해 69세를 일기로 세상을 떠났다.

시문은 물론 글씨에도 뛰어났던 그는 죽은 뒤에 영의정에 추증되고, 문묘(공자를 모신 사당)

및 선조의 묘정에 배향되었다. 또한 예안의 도산 서원, 단양의 단암 서원 등 전국 수십 개 서원에서도 해마다 그를 기리는 제사를 지내고 있다.

지은 책으로 『퇴계전서』가 있고, 작품으로는 시조에 「도산십이곡」, 글씨에 「퇴계필적」이 있다.

안동에 있는 도산 서원(왼쪽). 서울 남산에 있는 퇴계 이황의 동상(오른쪽)

함께 보아요

✽ **기호 학파** : 조선 선조 이후 율곡 이이를 시조로 하는 주기적 경향의 성리학의 학파를 말한다. 조헌, 김상헌, 김장생, 송시열, 권상하, 김창집 등 기호 지방(경기도, 황해도 남부와 충청남도 북부)에 살던 서인들로 이루어졌으며, 이황의 영남 학파와 쌍벽을 이루었다.

✽ **을사사화** : 1545년(명종 1)에 일어난 사화로, 인종이 죽자 새로 즉위한 명종의 외숙인 소윤의 거두 윤원형이 인종의 외숙인 대윤의 거두 윤임 일파를 몰아 내는 과정에서 대윤파에 가담했던 사림(유학을 신봉하는 무리)이 큰 화를 입었다.

✽ **이언적**(1491~1553. 호는 회재, 자계옹.) : 조선 중기의 성리학자로, 24세에 문과에 급제하여 이조 정랑, 사헌부 장령, 밀양 부사, 사간 등을 거쳐, 선정을 베풀고 조정에 정치의 도리를 논하는 상소를 자주 올려 벼슬이 좌찬성에 이르렀다. 1547년 윤원형 일당이 조작한 '양재역 벽서 사건(정미사화)'에 연루되어 강계로 유배되었다가, 그 곳에서 많은 저서를 남기고 63세로 세상을 떠났다. 그는 성리학의 정립에 선구적인 역할을 한 인물로 이황에게 계승되어 영남 학파의 성리학에 커다란 영향을 끼쳤다. 저서로는 『구인록』, 『대학장구보유』, 『중용구경의』, 『봉선잡의』 등이 있다.

| 병자호란에서 패하여 청나라와 군신의 예를 맺은 임금 | # 인조 (仁祖, 1595~1649) | 재위 기간 : 1623~1649 이름은 이종. 자는 화백 호는 송창 |

조선 제16대 왕인 인조는 선조의 손자로 선조와 인빈 김씨 사이에서 태어났던 다섯째 아들 정원군의 맏아들이다. 인조는 1607년 (선조 40) 능양도정에 봉해지고, 이어 능양군으로 봉작이 높아졌다.

광해군 때 권력을 잡은 대북파는 임해군과 영창 대군을 살해하고, 선조의 계비인 인목대비를 서궁에 유폐시켰다. 권력에서 밀려나 있던 김류, 이귀, 이괄, 최명길 등 서인들은 이것을 구실로 능양군을 부추겨 1623년 3월 13일 새벽, 군사들을 이끌고 궁궐로 쳐들어가 광해군을 쫓아냈다. 이것이 '인조반정' 이다.

반정에 성공한 서인들은 서궁에 유폐되어 있던 선조의 계비 인목대비의 윤허를 받아, 경운궁에서 능양군을 조선 제16대 왕으로 즉위시켰다.

인조는 광해군과 그 가족들을 강화도에 *위리안치하고, 대북파들을 제거한 뒤 *논공행상을 실시했다. 1624년(인조 2) 논공행상에 불만을 품은 이괄이 반란을 일으켰다. 인조반정 때 공이 낮은 이수일은 공조 판서로 임명하고, 선봉에서 군사들을 지휘했던 자신은 2등 공신에다 벼슬도 한직인 평안 병사로 임명했기 때문이다. 이괄의 반란군이 서울을 점령하자, 인조는 공주로 피란하였다가 난이 평정된 뒤 서울로 돌아왔다.

1627년(인조 5) 여진족 누르하치가 세운 *후금이 광해군의 원수를 갚는다는 구실로 3만여 명의 군사를 이끌고 쳐들어왔다. 광해군은 명나라와 새로 일어난 후금 사이에서 효과적인 중립 외교를 펼쳐 사이좋게 지냈는데, 인조반정으로 정권을 잡은 서인들은 명나라는 존중하고 후금은 배척하는 정책을 펼쳤기 때문이다.

후금 군사들이 파죽지세로 밀고 내려오자, 강화도로 피란했던 인조는 최명길의 화친 주장을 받아들여 조선과 후금은 형제의 나라라는 정묘화약을 맺었다.

1636년 12월 후금은 나라 이름을 '청' 으로 바꾸고, 형제의 관계를 임금과 신하의 관계로 바꾸자고 제의했다. 이 제의를 거절하자 청나라는 10만 대군을 이끌고 다시 쳐들어왔다. 이것이 이른바 '병자호란' 이다.

봉림 대군과 인평 대군 등 왕자들은 강화도로 피란하고, 인조는 남한산성으로 후퇴하여 항전하였다. 이런 위급 상황에서도 조정 대신들은 척화파와 주화파로 갈라져 싸움을 벌였다.

마침내 주화파의 주장이 받아들여져 인조는 삼전도에서 청나라의 신하라는 치욕적인 군신의 예를 맺었다. 전쟁에서 승리한 청나라는 소현 세자, 봉림 대군, 그리고 척화를 주장한 *삼학사 등을 볼모로 데리고 철수하였다.

1645년 청나라의 오랜 볼모 생활에서 소현 세자가 돌아왔지만, 돌아온 지 얼마 지나지 않아 의문의 죽음을 당하고, 둘째 아들인 봉림 대군이 세자가 되었다. 일설에 의하면 청나라와 좋은 관계를 유지했던 소현 세자는 인조의 노여움을 사 독살되었다고 한다.

인조는 정묘, 병자호란 등 극심한 혼란 속에서도 나름대로 군사 제도를 개편하고 북방 정책에 힘썼다. 한편으로 학문에도 힘써 『황극경세서』, 『동사보편』, 『서연비람』 등의 서적을 간행하고, 송시열, 송준길, 김육 등 우수한 학자를 배출하여, 조선 후기 성리학의 전성기를 마련하기도 하였다.

능은 장릉으로 경기도 파주군 탄현면 갈현리에 있다.

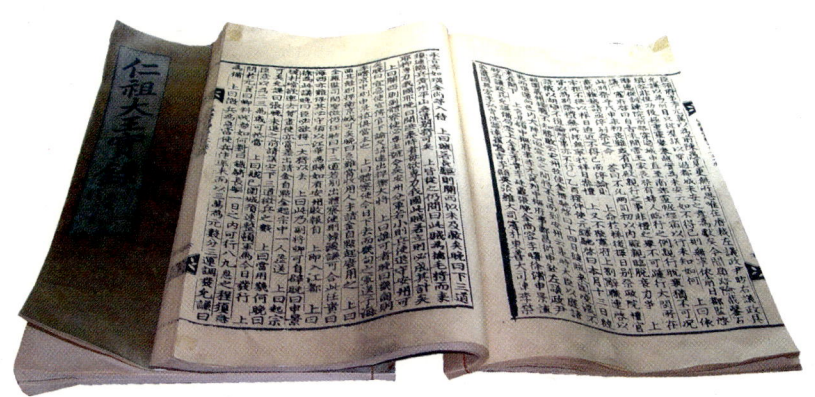

『인조 대왕 실록』

함께 보아요

* **논공행상** : 공의 크고 작음을 논의하여 그에 알맞은 상을 주는 것을 말한다.
* **삼학사** : 병자호란 때 중국 청나라에 항복하는 것을 반대한 세 사람의 학사를 이른다. 홍익한·윤집·오달제를 말하는데, 모두 청나라에 붙잡혀 갔으나 끝내 굴하지 않고 저항하다가 살해되었다.
* **위리안치** : 죄인이 귀양지에서 달아나지 못하도록 집 둘레에 가시로 울타리를 치고 그 안에 가두어 두던 일을 말한다.
* **후금** : 1616년에 여진의 족장 누르하치가 흥경에 도읍을 정하고 세운 나라이다. 1636년에 누르하치의 아들 태종이 '청'으로 나라 이름을 바꾸고 중국을 통일한 뒤, 1911년 신해 혁명으로 멸망하였다

| 가난한 병자들을 치료해 준 한국의 슈바이처 | **장기려** (張起呂, 1911~1995) | 호는 성산 |

장기려는 1911년 평안북도 용천에서 태어났다. 1932년 경성 의학 전문 학교(서울대 의대)를 졸업하고, 평양 의과 대학 외과 교수, 평양 도립 병원 원장 및 김일성 종합 대학 교수를 역임하였다.

1950년 6·25전쟁이 일어나고 유엔군이 북진하자, 아내 김봉숙과 사랑하는 자식 5남매를 북한에 남겨 둔 채, 12월에 차남 장가용만을 데리고 북한을 탈출하였다.

이듬해인 1951년부터 부산 영도구에 천막을 치고 복음 병원을 세워, 여기저기 떠돌아다니다가 병든 행려병자들을 치료하였다.

1968년에는 미국의 '청십자 운동'에 바탕을 둔 한국 최초의 의료보험 조합인 *'청십자 의료 보험 조합'을 설립하여 운영하였고, *간질 환자 치료 모임인 '장미회'를 설립하여 온갖 정성을 다해 치료해 주었다.

이와 같은 의료 활동 외에도 부산 대학교, 가톨릭 대학교, 서울 대학교 등에서 제자들을 가르쳤으며, 1959년에는 우리나라 최초로 간을 대량 절제하는 수술에 성공하였다.

1975년 복음 병원에서 정년퇴임한 후에도 살 집이 없어서, 고신 대학교 복음 병원이 병원 옥상에 마련해 준 20여 평의 관사에서 살았다.

장기려는 의사가 된 동기를 "의사를 한 번도 못 보고 죽어 가는 가난한 사람들을 위해 뒷산 바윗돌처럼 항상 서 있는 의사가 되기 위해서"라고 밝혔듯이 평생을 남을 위해 봉사하고 무소유(가진 것이 없음)로 일관하였다.

1991년 북한을 다녀온 미국 친척으로부터 두고 온 가족들이 모두 살아 있다는 반가운 소식과 함께 가족 사진을 받았다. 날마다 그 사진을 들여다보며 가족과의 재회를 기다리다가 1995년 12월 25일, 지병인 당뇨병으로 세상을 떠났다.

1976년 *국민훈장 동백장을 받았고, 1979년에는 막사이사이상(사회봉사 부문)을 수상하였다.

말년의 장기려 선생(왼쪽). 장기려 선생의 친필 휘호(오른쪽)

함께 보아요

* **간질** : 경련을 일으키고 의식 장애를 일으키는 발작 증상이 되풀이하여 나타나는 병으로, 유전적인 경우도 있으나 외상, 뇌종양 따위가 원인이 되어 나타나기도 한다.
* **국민훈장** : 정치·경제·사회·교육·학술 분야에 공을 세워 국민의 복지 향상과 국가 발전에 기여한 공적이 뚜렷한 사람에게 수여하는 훈장으로, 무궁화장·모란장·동백장·목련장·석류장의 5등급이 있다.
* **청십자 의료보험 조합** : 1929년 미국 텍사스 주 댈러스에서 킴볼에 의해 주창된 의료보험 제도를 본떠서 장기려가 만든 의료보험 조합이다. 1968년 5월에 부산 복음 병원 원장 장기려 등이 주축이 되어 전개했는데, 1970년 김명선의 적극적인 지원으로 기독교 사회, 교계 지도자, 사회 사업가 등 각계에서 참여했다.

| 청해진을 설치하여 해상 무역을 장악한 신라의 대상인 | **장보고** (張寶高, ?~846) | 본명은 궁복, 궁파 |

가난한 평민의 아들로 태어난 장보고는 무예가 뛰어났고 물에 익숙하였다. 청년기에 친구 정년과 함께 당나라에 건너가 서주 무령군의 장교가 되었다. 이때 당나라는 각지에 절도사들의 세력이 막강했는데, 장보고는 장교로 근무하면서 군대 양성법 등 많은 것을 배웠다.

당시 중국 동해안 지역에는 신라인들이 거주하는 *신라방이 많았다. 신라방에 사는 신라인들 중에는 아라비아나 페르시아 상인들을 상대로 국제 무역에 종사하는 상인들도 많았다. 해안 지역 출신이었던 장보고는 이런 해상 무역에 깊은 관심을 갖게 되었다.

그 무렵 신라나 당나라는 왕권이 크게 약화되어서 흉년이나 기근이 들면 각지에서 도적이 들끓었다. 바다에서도 해적들이 신라 해안에 출몰하여 많은 주민들을 잡아다가 중국에 노예로 팔았다.

그것을 보고 분노를 느낀 장보고는 828년(흥덕왕 3) 당나라에서 귀국하였다. 그리고는 왕을 만나 해상 교통의 요지인 완도에 해군기지를 건설하여, 해적을 소탕하고 황해의 무역로를 보호할 것을 주청하였다.

왕의 허락이 떨어지자, 장보고는 청해진을 설치하고 지역 사람들을 규합하여 1만여 명의 군대를 양성하였다. 청해진이 완성되자, 장보고는 해적들을 소탕하고 동지나해 일대의 해상권을 장악하였다. 왕은 그의 공을 높이 치하하고 청해진 대사라는 벼슬을 내렸다.

장보고는 이 해상권을 토대로 당·신라·일본을 잇는 국제 무역을 주도해 나갔다. 또한 산동성 문등현 적산촌에 *법화원을 건립하고 적극 지원하였다.

836년(흥덕왕 11) 강력한 군대와 많은 선박을 보유하고 있는 장보고에게 김우징(뒤의 *신무왕)이 몸을 의탁해 왔다. 서라벌에서 왕위 계승 분쟁에 패하고 피란해 왔던 것이다.

838년(희강왕 3) 신라 조정에서 다시 왕위 쟁탈전이 벌어져 민애왕이 희강왕을 죽이고 왕위에 올랐다. 장보고는 이 혼란을 틈타 839년 군대를 이끌고 서라벌로 쳐들어가서 민애왕 일파를 제거하고, 김우징을 신무왕으로 즉위시켰다. 신무왕은 장보고의 공을 높이 치하하며 장보고의 딸을 태자비로 삼겠다고 약속했다.

그러나 신무왕은 즉위 5개월 만에 죽고, 태자가 문성왕으로 즉위했다. 어린 문성왕이 즉위하자, 장보고의 세력이 커지는 것을 두려워한 대신들은 장보고의 딸을 문성왕의 비로 맞아들이는 것에 극력 반대하였다. 이 때문에 청해진과 신라 조정은 점점 사이가 멀어져 갔다.

그리하여 마침내 846년, 신라 조정에서 한때 장보고의 부하였던 염장을 자객으로 보내 장보고를 암살하였다. 일부러 투항하는 척하며 접근하여 암살한 것이다.

장보고가 죽은 뒤, 청해진은 한동안 그의 아들과 부장 이창진이 이끌었다. 하지만 얼마 뒤에 염장이 지휘하는 토벌군에 의해 청해진은 완전히 궤멸되고 말았다.

전라남도 완도의 청해진 앞바다(왼쪽). 중국에 있는 장보고의 적산 법화원(오른쪽)

함께 보아요

* **법화원** : 신라 시대에 중국 산동성 문등현 신라인의 거주지 적산촌에 장보고가 세운 절이다. 30여 명의 승려가 상주하였고, 법회가 열릴 때에는 한꺼번에 250여 명의 신라인들이 참석했다고 한다.
* **신라방** : 신라 시대에 당나라에 설치한 신라인의 거주지이며, 중국을 왕래하는 상인과 유학승 등이 모여 자치적으로 마을을 이루었다.
* **신무왕**(?~839. 이름은 김우징) : 신라 제45대 왕으로, 원성왕의 증손자이고, 희강왕의 사촌 동생이다. 836년(희강왕 1) 흥덕왕이 죽어 희강왕이 왕위를 탐내자 아버지를 왕으로 추대하여 싸웠으나 패배하였다. 이듬해 청해진 대사 장보고에게로 가서 은신하였다. 839년(민애왕 2) 4월, 장보고의 지원을 받아 대군을 이끌고 경주로 쳐들어가 민애왕을 죽이고 왕위에 올랐으나, 같은 해 7월에 병으로 죽었다. 능은 경주시 동방동에 있다.

장수왕

(長壽王, 394~491)

적극적인 대 중국 외교로 고구려의 최고 전성기를 이룩한 임금

재위기간 : 413~491
이름은 거련, 연

고구려 제20대 왕인 장수왕은 광개토 대왕의 맏아들이다. 408년(광개토 대왕 18)에 태자로 책봉되었고, 광개토 대왕이 죽은 413년에 왕위를 계승하였다. 장수왕은 무려 78년 동안 재위하면서 중국의 분열을 이용하여 적극적인 외교를 펼쳤다.

즉위 첫 해인 413년 남중국의 강자인 *동진에 사절을 파견하여 70년 만에 외교 관계를 수립했고, 동진을 뒤이은 *송, *남제와도 외교 관계를 유지하였다. 또 북중국을 통일한 *북위와도 435년(장수왕 23)에 사절을 파견하여 외교 관계를 수립하였다.

이처럼 중국 대륙 및 북아시아 여러 국가들과의 외교를 통해 전쟁 없는 안정을 이룩한 뒤, 왕권의 강화와 중앙 집권 체제의 정비에 박차를 가했다.

414년 부왕인 광개토 대왕의 업적을 과시하고 기리기 위해 *광개토대왕비를 건립하였고, 427년에는 수도를 국내성(만주 집안현 통구)에서 평양성으로 옮겼다. 장수왕이 평양성으로 천도한 것은 국내성 일대에 뿌리 깊은 권력기반을 가지고 있는 고구려 귀족들의 세력을 약화시키기 위해서였다. 장수왕은 평양으로 천도한 뒤, 백제와 신라 방면으로 적극 진출하였다.

455년 왕이 교체되는 틈을 이용하여 백제를 공격하였고, 475년에는 왕 자신이 직접 3만의 군대를 이끌고 백제를 공격하여, 수도 한성을 함락시키고 개로왕을 살해하였다. 이 때문에 백제는 수도를 웅진(공주)으로 옮길 수밖에 없었다. 아울러 서해의 해상권을 장악하여 백제와 왜가 중국 남조에 접근하는 것을 차단하였다.

한편, 신라와도 417년 신라의 왕위 계승 분쟁에 개입하여 눌지마립간을 옹립하는 등, 처음에는 우월적인 입장에서 평화 관계를 유지하였다. 그러나 신라가 백제와 군사동맹을 맺고 고구려에 적대적인 입장을 취하자, 481년에 신라의 호명성(경상북도 청송) 등 7성을 빼앗고 미질부(흥해)까지 진격하였다.

이로써 고구려는 서쪽으로는 요하, 동쪽으로는 북간도 혼춘, 북쪽으로는 개원, 남쪽으로는 아산만에서 *죽령에 이르는 넓은 영토를 차지하게 되었다. 더불어 나라의 인구도 약 2세기 전에 비해 3배로 늘어나는 최대의 전성기를 이룩하였다.

491년 장수왕이 98세의 나이로 죽자, 북위에서는 '거기대장군 태부 요동군 개국 공신 고구려왕'으로 추증하고 시호를 '강'이라 하였다. 이것은 북위가 이민족 국가의 왕에게 수여한 추증 가운데 가장 높은 것이었다.

장수왕의 무덤은 고구려의 옛 수도인 중국 길림성 집안현에 있는 장군총과, 평양 부근에 있는 전동명왕릉이라는 두 가지 견해가 있다.

장수왕의 무덤인 장군총

함께 보아요

* **광개토 대왕비** : 414년 장수왕이 아버지 광개토 대왕의 업적을 기리기 위해 능 앞에 세운 비석으로, 높이가 6.39m이다. 비석에는 '국강상 광개토 경평안 호태왕'이라고 씌어 있어, '호태왕비'라고도 부르며, 고구려의 건국 신화, 광개토 대왕과 이전의 왕들에 대한 업적, 비석을 세우게 된 경위, 광개토 대왕의 정복 활동, 왕릉의 관리 규정 등이 기록되어 있다.

* **남제** : 중국 남조 시대(420년부터 589년까지)의 두 번째 왕조를 말한다. 479년에 송의 장군 소도성이 순제에게 왕위를 물려받아 세운 나라로, 양쯔강, 주장강의 연안 지방을 차지하였으며, 502년에 양나라의 무제에게 멸망했다.

* **동진** : 중국 진나라 멸망 후 사마예가 317년에 건강(남경)에 도읍하여 세운 나라로, 공제 때인 419년에 유유에게 멸망하였다.

* **북위** : 중국 남북조 시대 북조 최초의 나라로, 386년에 선비족의 탁발규가 화베이에 세웠다. 적극적인 중국 동화 정책을 추진하였으나, 반란이 일어나 534년 동위와 서위로 분열하였다.

* **송** : 중국 남북조 시대에 동진의 유유가 자신이 옹립한 공제의 양위를 받아 세운 나라로, 420년에 건강(남경)에 도읍하고 한때 위세를 떨쳤으나, 478년에 소도성에게 멸망했다.

* **죽령** : 경상북도 영주시 풍기읍과 충청북도 단양군 대강면 사이에 있는 고개로, 높이는 689m이다.

| 자동 물시계 자격루를 만든 조선 최고의 발명가 | # 장영실
(蔣英實, ?~?) |

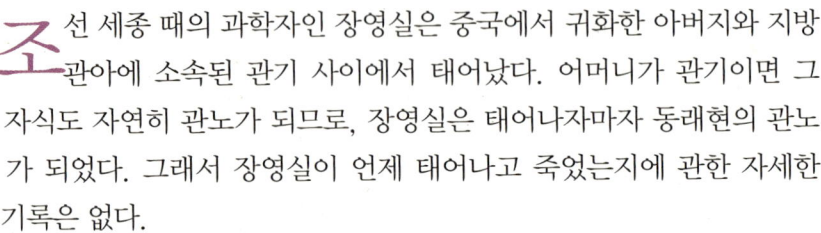

조선 세종 때의 과학자인 장영실은 중국에서 귀화한 아버지와 지방 관아에 소속된 관기 사이에서 태어났다. 어머니가 관기이면 그 자식도 자연히 관노가 되므로, 장영실은 태어나자마자 동래현의 관노가 되었다. 그래서 장영실이 언제 태어나고 죽었는지에 관한 자세한 기록은 없다.

어린 시절부터 손재주가 뛰어나서 무엇이든 한 번만 보면 만드는 그의 재주는 곧 궁궐에까지 알려졌다. 세종은 장영실의 재주를 높이 사서 중국 명나라에 보내어 천문기기를 연구하게 하였다.

장영실이 연구를 마치고 돌아오자 세종은 그를 관노에서 해방시켜 주고, 1423년(세종 5) 상의원 별좌로 임명하여 궁중 기술자로 일하게 하였다.

장영실은 세종의 은혜에 보답하려고 1424년 물시계를 완성하였다. 세종은 그 공을 인정하여 정5품 행사직으로 승진시켰다.

1432년에는 세종의 명으로 이천과 함께 경복궁과 *서운관에 설치할 천문기기를 설계하고 제작을 지휘하였다. 먼저 기본 관측기계인 간의와 혼천의를 완성하였고, 1437년에는 대간의와 소간의를 비롯하여 휴대용 해시계인 현주일구, *앙부일구 등을 발명하였다.

그런데 장영실이 이룩한 가장 훌륭한 업적은 1434년에 완성한 *자격루의 제작이었다. 세종의 명을 받아 김빈과 함께 만든 이 물시계는 중국과 아라비아의 자동물시계를 연구하여 새로운 형태로 만든 것이었다. 세종은 자격루를 보고 감탄하여, 장영실을 노비 출신으로서는 파격적인 종3품 대호군으로 승진시켰다.

장영실은 다시 연구를 거듭하여 물이 흘러 자동으로 움직이는 자동물시계 옥루를 만들어 냈다. 1438년에 만들어져 경복궁 *흠경각에 설치된 이 옥루는 중국과 아라비아의 물시계에 관한 모든 자료들을 철저히 연구하여 만든 독창적인 *천문시계였다.

장영실은 이들 발명품 외에도 이천 등과 함께 금속활자의 주조 사업에도 참여하여, 조선 시대 활판 인쇄 기술을 대표하는 *갑인자와 그 인쇄기를 만들기도 하였다.

장영실이 제작한 물시계인 자격루(위). 관측 기계인 혼천의(왼쪽 아래). 해시계인 앙부일구(오른쪽 아래)

함께 보아요

* **갑인자** : 1434년(세종 16) 갑인년에 만든 구리 활자이다. 이천, 김돈, 장영실 등이 왕명으로 『효순사실』, 『논어』 등을 글자본으로 하여 만든 것으로 활자는 전하지 않고, 인쇄본으로 『신간대자부음석문삼주』 1권이 전한다.
* **서운관** : 조선 시대에 천문·역일·추택 따위의 일을 맡아 보던 관아이다. 1392년(태조 1)에 설치하였는데, 1466년(세조 12)에 관상감으로 고쳤다.
* **앙부일구** : 1434년(세종 16)에 만든 해시계로, 솥 모양의 그릇 안쪽에 24절기를 나타내는 눈금을 새기고, 북극을 가리키는 바늘을 꽂아, 이 바늘의 그림자가 가리키는 눈금에 따라 시각을 알 수 있게 하였다.
* **자격루** : 1434년(세종 16)에 장영실, 김빈 등이 왕명을 받아 만든 물시계이다. 물이 흐르는 것을 이용하여 스스로 소리를 나게 해서 시간을 알리도록 만든 것으로, 나무로 되어 있고 동자 인형 모양이다.
* **천문시계** : 천문을 관측하는 데 쓰는 매우 정밀한 시계로, 정밀도가 좋아야 천문대에서 천체 관측에 의해 구해진 정확한 시각을 기록할 수 있다.
* **흠경각** : 1438년(세종 20)에 경복궁의 강녕전 옆에 지은 전각이다. 물이 흘러 자동으로 움직이는 천문시계 옥루를 설치했던 곳이다.

장지연
(張志淵, 1864~1920)

'시일야방성대곡'을 쓴 항일기의 애국 계몽 운동가

초명은 지윤. 자는 화명 호는 위암

장지연은 경북 상주에서 김용상의 아들로 태어났다. 1894년(고종 31) 진사 시험에 합격하고, 1896년 아관파천 때 고종의 환궁을 요청하는 만인소를 기초하였다.

통정 등의 관직에 있다가 사직하고, 1898년 9월 남궁억, 유근 등과 함께 일간신문인 *〈황성신문〉을 창간하였으며, 독립 협회에도 참여하여 민중 계몽 운동에 힘쓰고, 이상재, 이승만 등과 함께 만민 공동회를 개최하기도 하였다.

1901년 3월, 〈황성신문〉 사장에 취임한 장지연은 민중을 계몽시키고, 자립 정신을 고취시키는 일에 더욱 힘썼다. 1905년 11월 17일 을사조약이 체결되자, 〈황성신문〉 11월 20일자에 국민들에게 울분과 슬픔을 고하는 '시일야방성대곡'이라는 제목의 논설을 실어 서울 장안을 울음바다로 만들었다.

이 논설로 인해 장지연은 곧바로 일본 관헌에 체포되어 65일간 감옥살이를 하였다. 감옥에서 나온 장지연은 1906년 윤효정, 나수연 등과 *'대한 자강회'를 조직하여 구국 운동을 벌였다. 그러나 일제에 의해 대한 자강회마저 해산되자, 1908년 2월 러시아 블라디보스토크로 망명하여, 〈해조신문〉의 주필이 되었다.

재정난으로 〈해조신문〉이 폐간되자, 상하이와 난징 등 중국 각지를 유랑하다가 양쯔강의 배 안에서 일본의 첩자로 보이는 괴한의 습격을 받고 부상을 당하여 1909년 8월 귀국하였다.

1909년 10월, 진주에서 발행되는 〈경남일보〉의 주필로 초빙되어 다시 언론 구국 운동을 벌였다. 이듬해인 1910년 8월 29일 '한일 병합'이 되자, 이에 항의하는 선비들이 잇달아 자결하였다. 장지연은 울분을 참지 못하고 황현의 「절명시」를 〈경남일보〉에 게재하여 일제를 규탄하였다. 이로 인하여 〈경남일보〉는 폐간되었고, 장지연도 활동 무대를 잃고 말았다.

그 뒤로 고향에 칩거하면서 나라를 빼앗긴 울분을 통탄하다가 1920년 마산에서 세상을 떠났다. 묘지는 창원군 구산면 현동리 독마산에 있다.

1962년 건국훈장 국민장이 추서되었고, 지은 책으로는 『증보대한강역고』, 『유교연원』, 『위암문고』, 『대한최근사』, 『동국역사』, 『대동문수』 등이 있다.

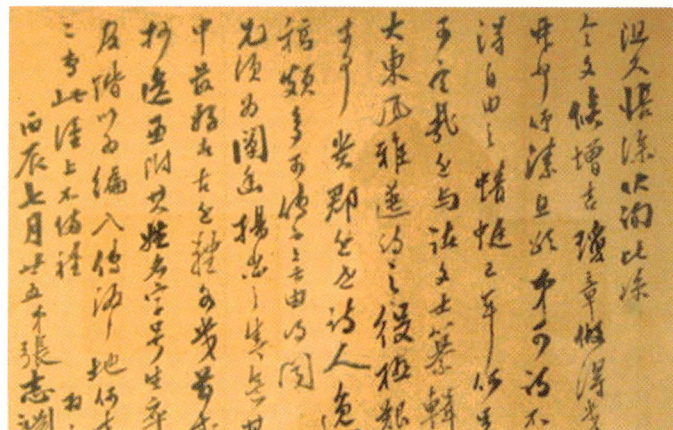

장지연 선생(왼쪽 위). 장지연 선생의 「시일야방성대곡」 기념비(오른쪽 위). 장지연의 「시일야방성대곡」이 실렸던 〈황성신문〉(왼쪽 아래). 장지연 선생의 편지(오른쪽 아래)

함께 보아요

* **〈황성신문〉**: 1898년에 남궁억, 장지연 등이 일주일에 2회 발행되던 〈대한황성신문〉을 인수하여 이름을 바꾸어 9월 5일 창간한 일간 신문으로, 우리글과 한문을 섞어 썼다. 1905년 을사조약을 맞아 장지연이 쓴 「시일야방성대곡」으로 정간을 당하였다가 수개월 만에 복간되었고, 1910년 폐간되었다. 이후 〈한성신문〉으로 발행되다가 1910년 9월 14일에 종간되었다.

* **대한 자강회**: 1906년에 윤치호, 장지연 등이 조직한 민중 계몽 단체로, 교육과 계몽을 통하여 민족적 주체 의식을 고취시키고 자주 독립의 기반을 마련하고자 하였다. 친일 내각에 도전하다가 1907년에 정부 명령으로 해산되었으며, 뒤에 '대한 협회'로 이름이 바뀌었다.

전봉준 (全琫準, 1854~1895)

부패한 관리와 일본군에 맞서 싸운 동학 농민 운동의 지도자

자는 명숙. 호는 해몽

체격이 왜소하여 녹두 장군으로 불렸던 전봉준은 전북 고부군 궁동면(정읍시 이평면)에서 전창혁의 아들로 태어났다. 고부 향교의 장의를 지낸 전창혁은 고부 군수 조병갑의 착취에 항거하다가 모진 곤장을 맞고 한 달 만에 죽었다.

당시 전봉준은 30세 때에 동학에 입교하여, 고부 지방의 동학 접주로 활동하고 있었다.

1892년 고부 군수로 부임한 조병갑은 농민들에게 가혹하게 세금을 거둬들이고, 닥치는 대로 재물을 빼앗아 원성이 자자했다. 이에 전봉준은 1893년 12월, 농민들과 함께 관아로 몰려가 조병갑에게 시정을 요구했으나 쫓겨나고 말았다. 1894년 1월 10일, 전봉준은 마침내 1천 명의 동학 농민군을 이끌고 봉기했다. 농민군이 고부 관아를 습격하자, 조병갑은 전주로 도망쳐 버렸다. 고부읍을 점령한 농민군은 무기고에서 꺼낸 무기로 무장하고, 빼앗겼던 세곡을 농민들에게 나눠 주었다.

이 보고에 접한 정부에서는 조병갑 등 부패한 관리를 처벌하고, 장흥 부사 이용태를 *안핵사로 삼아 사태를 수습하게 하였다. 그러나 안핵사 이용태는 사태의 모든 책임을 동학 교도에게 돌리고 체포와 살해를 자행하였다. 이에 격분한 전봉준은 1894년 3월, 인근의 동학 접주들에게 연락하여 봉기할 것을 호소하였다. 이윽고 1만 명이 넘는 동학 농민군이 백산에 집결하였다.

1894년 4월 4일 전봉준이 이끄는 동학 농민군은 부안을 거쳐 황토현에서 관군을 대파한 뒤, 전주를 점령하였다. 상황이 악화되자, 정부에서는 청나라에 구원병을 요청하였다. 청나라 군대가 인천에 상륙하자 일본군도 *텐진 조약을 구실로 조선에 진출해 왔다.

나라의 운명이 위태롭게 되자, 동학 농민군은 정부에 12개조 폐정 개혁안의 실시를 약속받고 전주 화약을 맺었다. 그러나 정부에서 약속을 지키지 않고, 청일 전쟁에서 승리한 일본이 차츰 침략 야욕을 드러내자, 동학 농민군은 다시 봉기하였다.

전봉준이 지휘하는 10만여 명의 남접 농민군과 *손병희 휘하의 10만 명의 북접 농민군이 합세하여 논산에 집결하였다.

전봉준은 주력부대 1만여 명을 이끌고 공주를 공격하였으나, 공주 우금치 고개에서 관군과

일본군에게 대패하고 말았다. 나머지 농민군도 태인 전투를 마지막으로 진압되고 말았다.

그 뒤 전봉준은 정읍에 피신했다가 전북 순창에서 현상금을 노린 김경천의 밀고로 12월 2일 체포되었다. 일본군에게 넘겨진 전봉준은 서울로 압송되어 재판을 받고 교수형에 처해졌다.

동학 기념탑(왼쪽 위). 황토현 동학 농민군 사적지에 있는 전봉준 동상(오른쪽 위). 체포되어 한양으로 압송되는 전봉준(오른쪽 아래)

함께 보아요

* **손병희**(1861~1922. 초명은 응구. 호는 소소거사. 도호는 의암) : 천도교의 지도자이자 독립 운동가로, 3·1 운동 민족 대표 33인 중 한 사람이다. 1882년 22세 때 동학에 들어가 2년 후 교주 최시형을 만나 그의 수제자가 되었으며, 1906년 동학을 천도교로 개칭하고 제3대 교주가 된 뒤, 교세 확장 운동을 벌였다. 1962년 건국훈장 대한민국장이 주어졌으며, 지은 책으로는 『수수명실록』, 『도결』, 『명리전』, 『천도태원설』 등이 있다.
* **안핵사** : 조선 후기에 지방에서 발생하는 민란을 수습하기 위하여 파견하던 임시 벼슬이다.
* **텐진 조약** : 1885년에 중국의 텐진에서 일본과 청나라가 맺은 조약으로, 이토 히로부미와 이홍장이 조선에 있는 일본군과 청나라 군대를 철수할 것과 군대를 조선에 다시 파견할 때는 서로에게 미리 알릴 것을 합의하였다.

| 두 왕조를 섬기지 않고 죽음을 선택한 고려 말의 충신 | # 정몽주
(鄭夢周, 1337~1392) | 초명은 몽란, 몽룡
자는 달가. 호는 포은 |

정몽주는 경북 영천에서 정운관의 아들로 태어났다. 어머니가 임신했을 때 난초 화분을 품에 안고 있다가 땅에 떨어뜨리는 꿈을 꾸었기 때문에, 어린 시절에는 '몽란'이라 불렸다가 성인이 된 뒤에 '몽주'로 고쳤다고 한다.

1360년(공민왕 9) 문과에 장원으로 급제한 정몽주는 이듬해에 서북면 병마사 이성계와 함께 여진족을 토벌하여 전농시승이 되었다.

1376년(우왕 2) 성균관 대사성으로 있던 정몽주는 이인임, 지윤 등이 주장하는 "명나라를 배척하고 원나라와 친하게 지내자."는 배명친원 정책을 반대하다가 언양에 유배되었다.

1380년 조전원수로 이성계를 따라 전라도 운봉에서 왜구를 토벌하고 돌아와, 이듬해에 성근익찬 공신이 되고, 밀직 부사로 승진했다.

1389년(공양왕 1) 위화도 회군으로 정권을 장악한 이성계와 함께 공양왕을 옹립하여, 이듬해 문하 찬성사가 되었고, 얼마 뒤에 *수문하 시중으로 승진했다.

고려 최고의 벼슬에 오른 정몽주는 지방 수령들을 청렴한 사람으로 뽑았고, 쓸모 없는 관리들은 과감히 퇴출시켰다. 또 개경에는 오부 학당을 세우고, 지방에는 향교를 두어 교육의 진흥을 꾀하였다. 또한 *의창을 세워 궁핍한 백성들을 구제하고, 수참을 설치하여 뱃길 이용을 편리하게 하는 등 기울어져 가는 고려의 국운을 바로잡으려고 노력하였다.

1392년 조준, 남은, 정도전 등이 이성계를 왕으로 추대하려는 움직임이 보이자, 기회를 보아 이들을 제거하려 하였다. 정몽주의 계획을 눈치챈 이방원은 이 사실을 급히 이성계에게 알리고, 그 날 밤에, 개경으로 돌아오게 하였다. 계획이 수포로 돌아가자, 정몽주는 정세를 살피려고 문병한다는 핑계로 이성계의 집을 방문하였다. 문병을 마치고 집으로 돌아가던 도중 선죽교에서 이방원이 보낸 자객 조영규에게 피살되었다.

정몽주는 어려서부터 학문을 좋아하여 게을리하지 않았고, 성리학을 연구하여 조예가 깊었다. 이방원의 「하여가」에 대한 답변 형식의 시조 「단심가」는 그의 충절을 대변하는 작품으로, 오랜 세월이 지난 지금까지도 널리 애송되고 있다. 문집으로는 『포은집』이 있다.

선죽교(위)와 선죽교의 정몽주가 흘린 핏자국(원내). 정몽주의 영정(왼쪽 아래). 정몽주의 묘(오른쪽 아래)

함께 보아요

* **수문하 시중** : 고려 시대의 관직으로, 중서문하성의 종1품 벼슬이다. 1356년(공민왕 5) 첨의부를 중서문하성과 상서성으로 분리 설치할 때, 좌·우 정승을 문하 시중과 수문하 시중으로 고쳤는데, 1362년(공민왕 11)에는 다시 첨의 좌·우정승으로 환원하였다.

* **의창** : 고려 시대에 곡식을 저장하여 두었다가 흉년이나 비상 때에 가난한 백성들에게 빌려 주던 기관이다. 986년(성종 5)에 흑창을 고친 것으로, 처음에는 순수한 구호 기관으로 출발했으나, 나중에는 이자를 붙여 받는 대여 기관이 됨에 따라 관리들이 백성들을 착취하는 기관으로 전락하였다.

정약용 (丁若鏞, 1762~1836)

『목민심서』를 쓴 조선 후기의 실학자

- 자는 미용, 송보
- 호는 다산, 탁옹, 태수
- 시호는 문도
- 세례명은 요한

정약용은 경기도 광주(경기도 양주군 조안면 능내리)에서 정재원의 막내아들로 태어났다. 1776년(정조 1) 남인 *시파가 등용될 때 호조 좌랑에 임명된 아버지를 따라 서울로 올라왔다. 그 이듬해 이가환과 이승훈을 만나 이익의 저작을 읽어 보고 큰 감명을 받았다.

1783년 회시에 합격하여 경의진사가 된 정약용은 어전에서 『중용』을 강의하여, 정조로부터 칭찬을 들었다. 이때부터 정조는 세상을 떠날 때까지 정약용을 아꼈다.

22세 때인 1784년, 정약용은 마재와 서울을 잇는 두미협 뱃길에서 이벽을 만나 천주교에 관한 이야기를 듣고, 책자를 얻어 읽어 보며 깊은 관심을 갖기 시작했다.

1789년 식년문과에 갑과로 급제하고 가주서를 거쳐 검열이 되었으나, 가톨릭교인이라는 이유로 남인인 *공서파의 탄핵을 받아 해미에 유배되었다. 10일 만에 풀려나와 지평으로 등용되고, 1792년 수찬으로 있으면서 서양식 축성법을 기초로 한 설계도와 기중기를 만들어 수원성 축조에 크게 기여하였다.

1795년 병조 참의로 있을 때, 중국인 신부 주문모 사건에 연루되자, 정조는 수세에 몰린 그를 피신시키기 위해 금정 찰방으로 좌천시켰다.

1797년 정조의 부름으로 승지가 되었으나, 다시 모함을 받자, 무죄를 주장하는 상소를 올리고 사의를 표명하였다. 그러나 정조는 그를 황해도 곡산 부사로 내보내 1799년까지 약 2년간 봉직하게 하였다. 이 시절에 정약용은 『마과회통』, 『사기찬주』 등을 집필하였다.

1800년 6월 정약용을 아끼던 정조가 죽자, 1801년 *신유박해 때 경상북도 포항 장기에 유배되었고, 그 해 11월에 *'황사영 백서' 사건에 연루되어 전라도 강진으로 유배지가 옮겨졌다.

정약용은 전라남도 강진의 다산 기슭에서 유배에서 풀려날 때까지 18년 동안 학문에 몰두하였다. 1818년 귀양이 풀리자, 고향으로 돌아와 『흠흠신서』와 『상서고훈』 등을 저술하고, 1836년 세상을 떠났다.

지은 책으로 『정다산전서』가 있고, 그 속에 『목민심서』, 『경세유표』, 『흠흠신서』, 『마과회통』 등이 실려 있다.

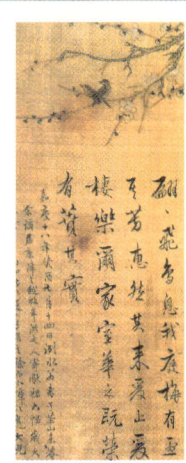

다산초당(위). 정약용이 그린 「매조도」(왼쪽 아래). 정약용이 수원 화성을 지을 때 썼던 기중기(중간 아래). 남산에 있는 정약용의 동상(오른쪽 아래)

함께 보아요

* **공서파** : 조선 후기에 천주교를 배척하던 세력이다.
* **시파** : 조선 후기 영조가 탕평책을 써서 왕권을 강화하려 할 때 그것을 지지한 정파로, 정조가 장헌 세자(사도 세자)를 폐위하려 할 때 세자를 동정하였으며, 벽파와 대립하였다.
* **신유박해** : 1801년(순조 1)인 신유년에 있었던 가톨릭교 박해 사건이다. 중국에서 세례를 받고 돌아와 전교하던 이승훈을 비롯하여 이가환, 정약종, 권철신, 홍교만 등의 남인에 속한 신자와 중국인 신부 주문모 등이 사형에 처해졌다. 이 사건은 수렴청정을 하던 정순왕후를 배경으로 하는 벽파가 시파와 남인을 탄압하려는 술책에서 나왔다.
* **황사영 백서** : 1801년(순조 1)에, 황사영이 신유박해의 내용을 중국 베이징에 있는 주교 구베아에게 알리려고 비단에 적은 글이다. 천주교 박해에 대한 사정을 알리고 우리나라 교회의 부흥과 문호 개방을 요청한 것으로, 현재 로마 교황청에 보관되어 있다.

정약용 **259**

우리나라 국사 연구에 일생을 바친 한학자	# 정인보 (鄭寅普, 1892~1950)	자는 경업 호는 담원, 미소산인

정인보는 호조 참판을 지낸 정은조의 아들로 서울에서 태어났다. 어려서부터 이건방의 문하에서 양명학을 배우다가 을사조약이 체결되자 부모를 따라 충북 진천, 목천 등지에 은거하며 학문에 전념하였다.

한일 병합이 되자, 1912년 중국 상하이로 건너가 박은식, *신규식, 신채호 등과 함께 *동제사를 결성하여, 동포들의 계몽 활동을 주도하며 독립 운동에 투신하였다.

그러나 부인의 갑작스런 사망과 홀로된 노모 때문에 귀국하였다. 귀국 후 비밀리에 독립 운동을 하다가 일본 경찰에 체포되어 수차례 옥고를 치렀다.

1923년 서울로 이사하여 연희 전문 학교(연세 대학교)에서 한문학과 조선 문학을 강의하였다. 아울러 〈동아일보〉와 〈시대일보〉의 논설 위원으로도 활동하였다.

이때 「조선고전해설」, 「양명학연론」, 「오천년간 조선의 얼」 등을 〈동아일보〉에 연재하여, 국민들에게 한국사에 대한 자긍심을 환기시키고, 주체적인 민족 의식을 고취시키는 데 주력하였다.

1935년 정약용 서거 100주년을 기념하여, 안재홍 등과 함께 『여유당전서』를 간행하는 등 조선학 운동을 주도하였고, 조선 후기 실학 연구의 기초를 마련하였다.

일제의 *내선일체 정책에 따라 조선어 강좌가 폐지되자, 1938년 연희 전문 학교 교수직을 사임하였다. 5년 뒤인 1943년, 가족들을 데리고 전라북도 익산군 황화면 중기리 산중에서 은거 생활을 하다가 8·15 광복을 맞았다.

광복 후에 다시 서울로 돌아와 민족사를 모르는 국민들에게 바른 국사를 알리고자 1946년 9월 『조선사연구』를 펴냈다. 8·15 광복 직후 남조선 민주 의원으로 선출되었으나 곧 탈퇴하고, 1947년 국학 대학의 초대 학장에 취임했다. 1948년 대한민국 정부가 수립된 뒤 이승만의 권유로 초대 감찰 위원장이 되었다. 그러나 이듬해 4월, 이승만 정부의 독단적인 일 처리로 자신의 뜻을 펼칠 수 없다는 생각이 들자 미련 없이 사임하였다.

그 뒤 남산동에 은거하면서 국학 연구에 전념하다가 6·25전쟁 때 북한군에게 납북되었다. 그 동안 생사를 알 수 없었으나, 1950년 11월에 사망한 것으로 확인되었다.

시와 문장의 대가인 정인보는 서예와 인각(도장)에도 뛰어났다. 또한 30여 년 동안 대학 강단에서 제자들을 가르쳤던 학덕 높은 교육자였다.

지은 책으로 『조선사연구』, 『양명학연론』이 있으며, 1992년 대한민국 건국훈장이 추서되었다.

정인보가 작사한 이화 여자 대학교 교가 악보(왼쪽). 정인보의 기미독립만세 기념비(오른쪽)

함께 보아요

* **내선일체** : 1937년 일제가 전쟁 협력 강요를 위해 취한 조선 통치 정책이다. '내'는 일본이 제2차 세계 대전 전에 그들의 해외 식민지를 '외지'라고 부른 것에 대한 일본 본토를 가리키는 '내지'의 첫 글자이며, '선'은 조선을 가리키는 말로, 일본과 조선은 하나라는 뜻이다. 1937년 일본이 중국을 침략하면서 당시의 조선 총독 미나미지로가 중국 침략에 조선 사람들을 동원하고 이용하기 위해 이 말을 이용했다.

* **동제사** : 1912년 7월, 중국 상하이에서 신규식 등이 국권 회복 운동을 위해 조직한 단체이다.

* **신규식**(1879~1922. 자는 공집. 호는 예관, 일민) : 독립 운동가·대종교인으로, 충북 청주에서 태어났다. 관립 한어 학교와 육군 무관 학교를 나와 육군 부위로 진급하였다. 1905년 을사조약이 맺어진 뒤 항일 투쟁을 계획하다가 실패하자, 음독자살을 기도하였다. 이때 오른쪽 눈의 시신경이 마비되어 흘겨보는 인상으로 변해 스스로 예관이라는 호를 썼다. 그 뒤 대한 자강회, 대한 협회 등 애국 계몽 단체에서 활동했으며, 1919년 대한민국 임시 정부가 수립되자, 법무 총장을 거쳐 국무 총리 대리 겸 외무 총장도 겸하였다. 1962년 건국훈장 대통령장이 추서되었으며, 저서로는 『한국혼』과 『아목루』 등이 있다.

한글 창제와 학문의 발전에 힘쓴 조선 초기의 재상	**정인지** (鄭麟趾, 1396~1478)	자는 백저. 호는 학역재 시호는 문성

정인지는 석성 현감을 지낸 정흥인의 아들로 태어났다. 1414년(태종 14) 식년문과에 장원으로 급제한 뒤 예빈 주부, 예조 좌랑을 거쳐, 1418년 병조 좌랑이 되었다. 1421년(세종 3)에는 "대임을 맡길 만한 인물이니 중용하라."는 상왕(태종)의 명으로 병조 정랑에 임명되었다. 그 뒤 세종의 신임을 받아 예조와 이조의 정랑을 거쳐 집현전 학사가 되고, 1425년(세종 7) 집현전 직제학으로 승진하였다.

1427년 문과 중시에 장원으로 급제하여 좌필선이 되고, 이듬해 부제학·시강관을 겸하였다. 1431년 정초와 함께 *'대통력'을 개정하고 『칠정산내편』을 저술하는 등 역법을 정비하였다. 1432년 충청도 관찰사로 있다가, 1436년 9월 부친상을 당하여 사직하였다. 1440년 정연의 천거를 받아 형조 판서로 승진한 뒤, 사은사로 명나라에 다녀왔고, 1442년 예문관대제학으로 『사륜요집』을 편찬하였다. 1451년 *김종서 등과 함께 『고려사』를 수정·보완하였고, 이듬해 다시 김종서 등과 함께 『고려사절요』를 편찬하였다.

1453년(단종 1) *'계유정난' 때 수양 대군을 도운 공으로 우의정이 되고, 정난 공신 1등과 하동 부원군에 봉해졌다. 1455년(세조 1) 세조의 즉위와 함께 영의정으로 좌익 공신 2등에 세자사를 겸임하였다. 1458년 세조가 공신들을 초대하여 연회를 베푼 자리에서 세조의 불경 간행을 반대한 일로 노여움을 사서 부여에 유배되었다가, 얼마 뒤 하동 부원군에 제수되었다. 1465년 나이가 70살이 된 것을 이유로 벼슬에서 물러날 것을 청하였으나, 허락을 받지 못하고 궤장(지팡이)을 하사받았다. 1468년(예종 즉위) *'남이의 옥사'를 처리하여 익대 공신 3등이 되고, 1470년(성종 1) *'원상'으로서 국정을 총괄하고, 이듬해 좌리 공신 2등이 되었다.

유학과 전고에 밝았던 정인지는 조선 초기 대표적인 유학자의 한 사람으로 추앙받았다. 세종 대부터 문종 대까지 신임을 받아 문학을 관장하고 역사·천문·아악을 정리하였다. 또 성삼문, 신숙주 등과 함께 한글 창제에도 적극 참여하는 등 학문의 발전과 제도 정비에 크게 기여하였다.

정인지는 학덕을 구비한 원로 대신으로서 어린 국왕들의 즉위로 인한 경직되고 혼란한 정치 분위기와 민심을 진정시키는 데 크게 기여하였다.

1478년(성종 9) 83세를 일기로 세상을 떠났으며, 지은 책으로는 『학역재집』이 있다.

정인지의 묘

함께 보아요

* **계유정난** : 1453년(단종 1)에 수양 대군이 정권 탈취를 목적으로 반대파를 숙청한 사건이다. 10월 10일에 일어난 정변으로, 김종서·황보인 등은 피살되고 안평 대군은 사사되었다.
* **김종서**(1390~1453. 자는 국경. 호는 절재. 시호는 충익) : 조선 전기의 문신으로, 1405년(태종 5) 문과에 급제하여 사간원 우정언, 지평 등을 거쳐, 함길도(함경도) 도관찰사에 올라 여진족을 물리치고 6진을 개척하였다. 김종서는 『고려사』와 『세종실록』을 편찬하였고, 1453년 좌의정으로 어린 단종을 보필하다가 계유정난 때 수양 대군에게 두 아들과 함께 죽임을 당했다.
* **남이의 옥사** : 1468년(예종 즉위) 남이 등이 역모를 꾀하였다 하여 처형한 사건이다. 남이는 태종의 넷째 딸 정선 공주의 아들로 태어나, 1457년(세조 3) 17세로 무과에 급제한 뒤, 세조의 신임을 받아 여러 무반직을 역임하였다. 이시애의 반란을 토벌한 공으로 의산군에 봉해졌으며, 오랑캐를 토벌한 공로로 공조 판서를 거쳐, 27세에 병조 판서에 임용되었다. 그러나 예종이 즉위한 뒤 궁궐에서 숙직하던 중에 혜성이 나타나자 "혜성이 나타난 것은 묵은 것을 제거하고 새 것을 펼칠 징조이다."라고 말했는데, 병조 참지 유자광이 이 말을 듣고 곧바로 남이가 반역을 꾀하였다고 모함하였다. 이 모함으로 남이를 비롯한 많은 사람들이 억울하게 처형되었다.
* **대통력** : 중국 명나라의 누각 박사 원통이 만든 역법이다. 1384년(홍무 17)을 역원으로 하였으며, 우리나라에서는 고려 공민왕 때 받아들여 효종 때까지 사용하였다.
* **원상** : 조선 시대에 왕이 죽은 뒤 어린 임금을 보좌하여 정무를 맡아 보던 임시 벼슬이다. 왕이 죽은 뒤 26일 동안 많은 사람들에게 존경받는 원로 재상급이 맡았다.

정조

(正祖, 1752~1800)

조선 후기 문화의 황금기를 이룬 임금

재위 기간 : 1776~1800
이름은 산. 자는 형운
호는 홍재

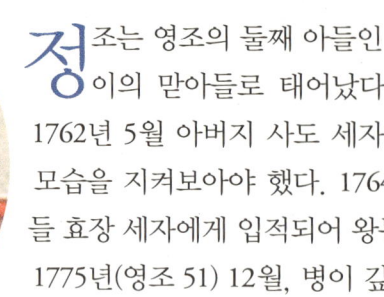

정조는 영조의 둘째 아들인 장헌 세자(사도 세자)와 혜경궁 홍씨 사이의 맏아들로 태어났다. 1759년(영조 35) 세손에 책봉되었고, 1762년 5월 아버지 사도 세자가 당쟁에 휘말려 뒤주 속에 갇혀 죽는 모습을 지켜보아야 했다. 1764년(영조 40) 2월에는 영조의 죽은 맏아들 효장 세자에게 입적되어 왕통을 이었다.

1775년(영조 51) 12월, 병이 깊어진 영조는 세손인 정조에게 대리청정을 명하였다. 이때 좌의정 *홍인한 등의 방해로 어려움을 겪었다. 그러나 *홍국영의 도움으로 여러 차례 위험에서 벗어날 수 있었으며, 1776년 3월 영조가 죽자, 마침내 조선 제22대 왕으로 즉위하였다.

정조는 즉위와 동시에 거처를 *경희궁에서 *창덕궁으로 옮기고, 후원에 *규장각 건물을 세워 문치의 왕정을 펼 준비를 다졌다. 이후 영조의 탕평책을 이어받아 왕정 체제를 더욱 강화하였다.

1785년(정조 9)에는 역대 법전들을 모아 『대전통편』을 편찬하여 법치의 기반을 다졌고, 1789년(정조 13)에는 양주(의정부) 배봉산에 있던 장헌 세자의 능을 수원으로 이장하여 '현륭원' 이라 이름하고, 그 근처에 *화성을 쌓았다. 현륭원은 장헌 세자가 장조로 추존되면서 융릉이 되었.

1793년에는 왕권 강화를 목적으로 왕의 친위 부대인 *장용영을 설치하였다.

정조는 재위 기간에 규장각을 통해 다양하고 방대한 양의 서적을 편찬하였다. 역사서, 지리서, 축성에 관한 것, 왕조의 의례 관계에 관한 것들뿐만 아니라, 영조 때 편찬한 『동국문헌비고』를 증보하여 『증보동국문헌비고』를 편찬하였다. 이외에도 규장각의 *각신들로 하여금 중요 정사를 매일 기록하도록 함으로써 『일성록』을 작성하기 시작하였다.

1799년(정조 23)에는 장헌 세자의 저술을 손수 편집하여 예제 3책으로 남겼고, 자신이 저술하고 강론한 내용들을 규장각 각신들에게 명하여 『홍재전서』100권으로 정리하였다. 또 서적의 간행에 힘쓰면서 임진자, 생생자, 정리자, 춘추관자 등 새로운 활자를 개발하기도 하였다. 또한 실사구시를 목표로 하는 실학을 크게 발전시켰고, 가혹한 형벌을 금지하는 등 여러 방면에서 어진 정치를 펼쳤다.

조선 후기 문화의 황금기를 이루었던 정조는 "아버지 장헌 세자가 잠들어 있는 융릉 동쪽에 묻어 달라."는 유언을 남기고 1800년 6월 28일, 재위 24년만에 49세를 일기로 세상을 떠났다.

그의 유언대로 융릉 동쪽 언덕에 묻혔다가, 그의 비 효의왕후가 죽으면서(1821) 융릉 서쪽 언덕에 합장되어 오늘날의 건릉이 되었다.

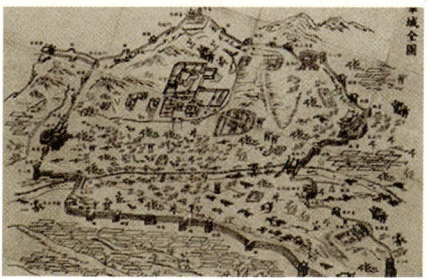

정조가 그린 「파초도」(왼쪽). 정조의 어진(중간). 정조의 어필(오른쪽 위). 수원 화성의 옛 지도(오른쪽 아래)

함께 보아요

* **각신** : 조선 후기에 둔 규장각의 벼슬아치를 말한다.
* **경희궁** : 서울시 종로구 신문로에 있던 궁궐로, 1616년(광해군 8)에 건립하여 경덕궁이라 불렀는데, 1760년(영조 36)에 경희궁으로 고쳤다. 건물은 없어지고, 1910년에 경성 중학교가 세워졌다.
* **규장각** : 1776년(정조 즉위)에 설치한 왕실 도서관으로, 역대 임금의 글이나 글씨·고명·유교 등과 어진(왕의 초상화)을 보관하고, 많은 책을 편찬하여 조선 후기 학문의 전성을 불러일으키는 중심 역할을 하다가 1894년 갑오개혁 때 폐지하였다.
* **장용영** : 1793년(정조 17)에 왕권 강화를 목적으로 설치한 왕의 친위 부대이다. 내영과 외영으로 구성되어 각각 한양 도성과 수원 유수부의 숙위 업무를 담당하다가 1802년(순조 2)에 총리영으로 고쳤다.
* **창덕궁** : 서울시 종로구 와룡동에 있는 궁궐이다. 조선 초기에 건립된 것으로 역대 왕들이 정치를 하고 상주하던 곳이며, 국보인 돈화문 등이 있다. 1996년에 유네스코 세계 문화유산으로 지정되었다.
* **홍국영**(1748~1781. 자는 덕로) : 조선 정조 때의 세도 정치가로, 사도 세자를 죽인 벽파가 세손(정조)마저 죽이려 하자, 이를 막아 세손의 신임을 얻었다. 홍인한, 정후겸 등 벽파를 몰아 내고, 정조가 왕위에 오르는 데 큰 공을 세워 동부승지, 도승지에 올랐다. 이때부터 권력을 잡았으며, 누이동생이 정조의 빈이 되자 더욱 권세를 휘둘렀다. 1780년 왕비(순정왕후 김씨) 살해 음모가 발각되어 재산을 몰수당한 뒤, 강릉에 유배되었다가 죽었다.
* **홍인한**(1722~1776. 자는 정여) : 조선 후기의 문신으로, 1753년(영조 29) 문과에 급제하고, 호조·예조 등의 참판을 거쳐, 1774년(영조 50) 우의정, 이듬해에 좌의정이 되었다. 세손(정조)과 사이가 나빠서 다른 풍산 홍씨들은 시파에 가담하여 세손을 보호했으나, 그는 벽파에 가담하여 세손의 즉위를 반대했다. 1776년 정조가 즉위하자 여산에 유배되었다가 얼마 뒤에 사약을 받고 죽었다.
* **화성** : 1794년(정조 18)부터 1796년(정조 20) 사이에 좌의정 채제공의 주관 하에 축성한 경기도 수원시에 있는 성이다. 근대적 성곽 구조를 갖추고 거중기 따위의 기계 장치를 활용하는 등 우리나라 성곽 건축 기술사상 중요한 위치를 차지한다. 1996년에 유네스코 세계 문화유산으로 지정되었다.

08 일화
이야기로 보는 역사 인물

 ### 송충이를 삼킨 정조

정조가 10세 때인 1762년, 아버지 사도세자가 당파 싸움의 희생양이 되어 뒤주 속에 갇혀 비참한 죽음을 당하였습니다. 그 후, 세손으로 책봉된 정조는 눈물로 밤을 지새우며 아버지를 그리워했어요.

세월이 흘러 25세의 나이에 어렵게 왕위에 오른 정조는 아버지 사도 세자를 죽음으로 몰아넣은 대신들을 제거하기 시작했습니다. 그런데 그 대신들 중에는 외할아버지인 홍봉한도 포함되어 있었습니다.

외할아버지라도 아버지를 죽이는 데 앞장섰기 때문에 마땅히 죽여야 했어요. 하지만 정조는 홀로된 어머니 혜경궁 홍씨의 간청에 목숨만은 살려 주었답니다.

그 뒤, 정조는 사도 세자를 장헌 세자로 추존하고 얼마 뒤에는 장조로 높였습니다. 그와 동시에 양주(의정부의 옛 이름) 배봉산 아래에 묻혀 있던 묘를 수원 화산으로 이장하여 '현륭원'이라 하였다가 융릉으로 높여 부르게 하였어요.

그 후로 정조는 아버지를 그리워하는 마음에 수원에 있는 묘소를 자주 찾았습니다.

한강에 배를 연결하여 만든 배다리를 건너 백여 리를 더 가야하는 먼 성묫길이었지만, 바쁜 재위 기간에도 10번이나 묘소를 돌아보며 눈물을 흘렸다고 합니다.

한번은 묘지 주변의 소나무에 송충이가 들끓어 솔잎을 갉아먹고 있었어요. 송충이에게 잎을 갉아먹힌 소나무들은 볼썽사나웠습니다.

정조는 내관을 시켜 송충이 몇 마리를 잡아 오라고 명했습니다.

잠시 뒤, 내관이 인상을 찡그리며 송충이를 내밀었어요. 정조는 꿈틀거리는 송충이를 노려보다가 갑자기 몇 마리를 집어서 꿀꺽 삼키고는 이렇게 말했습니다.

재미있게 읽고 나면 역사가 쏙쏙

"네가 아무리 미물이기로서니, 어찌 친산(부모의 산소)의 솔잎을 갉아먹을 수가 있느냐? 차라리 내 오장을 먹으라."

그것을 보고 대경실색했던 대신들은 정조의 효심에 머리를 조아렸답니다.

그 날부터 솔개와 까마귀가 무수히 날아와 송충이들을 잡아먹었으므로 묘지 주변의 소나무들은 금세 생기를 되찾게 되었습니다.

이처럼 정조는 억울하게 죽은 아버지 사도 세자를 그리며 효도를 아끼지 않았다고 합니다.

1800년 6월, 죽음을 앞둔 정조는 주위에 모인 왕족과 대신들에게 유언을 하였습니다.

"내가 죽거든 아버님의 묘소가 잘 보이는 곳에 장사를 지내라."

그의 유언대로 조정에서는 융릉 동쪽 언덕에 정조의 능을 만들었어요.

이처럼 정조는 죽음을 앞두고서도 아버지를 그리워했답니다.

아버지 사도 세자의 현륭원을 찾아가는 정조의 「능행도」

이야기로 보는 역사 인물 267

| 조선 중기 가사 문학의 대가 | **정철** (鄭澈, 1536~1593) | 자는 계함. 호는 송강 시호는 문청 |

정철은 돈녕부 판관 유침의 아들로 서울에서 태어났다. 인종의 후궁인 큰누나와 계림군 이유의 부인인 둘째 누나로 인해 어려서부터 궁궐에 자주 출입하여, 같은 나이인 경원 대군(명종)과 친하게 지냈다.

1545년(명종 원년) 둘째 매형인 계림군이 *을사사화에 관련되자, 그 일족이라는 이유로 맏형은 곤장을 맞아 죽고 아버지는 유배당했다. 당시 10세였다. 정철도 아버지를 따라 관북, 정평, 연일 등 유배지를 전전하였다.

1551년 아버지가 귀양살이에서 풀려나자, 할아버지의 산소가 있는 전남 담양 창평으로 이사하여, 과거에 급제할 때까지 10년 동안 살았다. 이때 임억령에게 시를 배우고 기대승, 김인후, 송순에게서 학문을 배웠으며, 이이, 성혼, 송익필 같은 유학자들과 사귀게 되었다.

1562년(명종 17) 별시문과에 장원으로 급제하고, 1566년 함경도 암행어사를 지낸 뒤, 이이와 함께 *사가독서 하였다. 1578년(선조 11) 승지에 올랐으나, 진도 군수 이수의 뇌물 사건으로 동인의 공격을 받아 사직하고 고향으로 돌아왔다.

1580년 강원도 관찰사로 등용되어, 3년 동안 강원, 전라, 함경도 관찰사를 지내면서 〈관동별곡〉과 〈훈민가〉 16수를 지어 시조와 가사 문학의 대가로서의 재질을 발휘하였다.

1585년에는 관직을 떠나 고향 창평으로 돌아가 4년 동안 작품 활동을 하였다. 이때 〈사미인곡〉과 〈속미인곡〉 등 수많은 가사와 단가를 지었다.

1589년 우의정으로 발탁되어 '정여립의 모반 사건'을 다스리게 되었는데, 서인의 우두머리로서 철저하게 동인 세력을 추방했다. 이듬해 좌의정에 올랐으나, 1591년 왕세자 책립을 둘러싼 *건저 문제를 제기하여, 동인인 영의정 *이산해와 함께 광해군의 책봉을 건의하기로 했다가, 이산해의 계략에 빠져 혼자 광해군의 책봉을 건의했다. 이때 신성군을 책봉하려던 선조의 노여움을 사서 명천에 유배되었다가 진주와 강계로 이배되었다.

1592년 임진왜란 때 부름을 받아 선조를 의주까지 호종하였고, 다음 해 사은사로 명나라에 다녀왔다. 그 얼마 뒤, 동인들의 모함을 받아 벼슬에서 물러나 강화도의 송정촌에서 만년을 보내다가 58세를 일기로 세상을 떠났다.

가사 문학의 대가인 정철은 시조의 윤선도와 함께 한국 시가 사상 쌍벽으로 일컬어진다. 지은 작품으로는 〈관동별곡〉, 〈사미인곡〉, 〈속미인곡〉, 〈성산별곡〉 등 4편의 가사와 시조 107수가 있다.

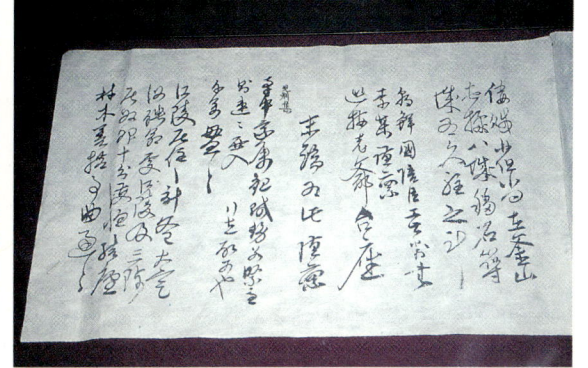

사미인곡을 지었던 면앙정(왼쪽 위). 정철이 송강가사를 지었던 식영정(오른쪽 위). 정철의 시비(왼쪽 아래). 정철의 글씨(오른쪽 아래)

함께 보아요

* **건저 문제** : 1591년(선조 24)에 왕세자 책봉 문제를 둘러싸고 동인과 서인 사이에 일어난 정치 문제를 말한다. 서인 정철 등이 동인의 모함으로 권좌에서 물러났다.

* **사가독서** : 조선 시대 때 젊고 유능한 관리를 뽑아 휴가를 주어 독서당에서 공부하게 하던 일을 말한다. 1426년(세종 8)에 시작하여 세조 때 없앴다가 1493년(성종 24)에 다시 실시하였다.

* **을사사화** : 1545년(명종 1)에 일어난 사화로, 인종이 죽자 새로 즉위한 명종의 외숙인 소윤의 거두 윤원형이 인종의 외숙인 대윤의 거두 윤임 일파를 몰아 내는 과정에서 대윤파에 가담했던 사림(유학을 신봉하는 무리)이 큰 화를 입었다.

* **이산해**(1539~1609. 자는 여수. 호는 아계. 시호는 문충) : 조선 중기의 문신으로, 1561년(명종 16) 문과에 급제하여, 1578년(선조 11) 벼슬이 대사간에 이르렀다. 1590년 영의정에 올랐고, 이듬해에 정철이 건저 문제를 일으키자 아들 이경전으로 하여금 정철을 탄핵하게 하여 유배시켰다. 1592년 임진왜란이 일어나자, 양사로부터 국정을 그르치고 왜적을 들어오게 하였다는 죄목으로 탄핵을 받아 파직되었다. 1600년 다시 영의정에 올라 아성부원군에 봉해졌다. 동인이었다가 다시 북인이 되었고, 마지막에는 대북파의 우두머리가 되었다. 글씨와 그림에 뛰어났으며, 지은 책으로 『아계유고』가 있고, 글씨에 「조정암광조묘비(용인)」가 있다.

| 조선 물산 장려회를 통해 국산품 애용 운동을 벌인 독립 운동가 | # 조만식
(曺晩植, 1883~1950) | 호는 고당 |

조만식은 평안남도 강서에서 조경학의 아들로 태어났다. 어린 시절 아버지에게 한학을 배웠고, 23세 때에 평양 숭실 중학에 입학하면서 기독교인이 되었다.

1908년 일본 도쿄로 건너가 세이소쿠 영어 학교를 거쳐, 1910년 메이지 대학 법학부에 입학하였다. 유학 중에 백남훈, 김정식과 함께 조선인 교회를 설립하였고, 마하트마 간디의 *무저항주의에 심취하여 민족 운동의 거울로 삼았다. 1913년 메이지 대학 법학부를 졸업하고, 귀국 후에 정주의 *오산 학교 교사로 근무하다가 1915년 교장이 되었다.

1919년 교장직을 사임하고 3·1 운동에 참가했다가 붙잡혀 1년간 옥고를 치렀다. 출옥 후에 다시 오산 학교 교장에 복귀했으나, 일본 경찰의 탄압으로 제대로 재직하지 못하고 평양으로 돌아갔다.

1921년 평양 기독교 청년회 총무로 있을 때 알게 된 평생의 친구 오윤선과 함께 1922년 *'조선 물산 장려회'를 조직하고, 회장이 되어 국산품 애용 운동을 벌였다.

1923년 김성수, 송진우와 함께 연정회를 만들어 민립 대학 기성회를 조직하였으나 일제의 탄압으로 실패하였다. 그 후 숭인 중학교 교장이 되었으나, 1926년 일제의 압력으로 그만두었다.

1927년 신간회 결성에 참여했으나 일제의 방해로 좌절되었고, 1932년 〈조선일보〉 사장이 되어 무저항 민족주의 운동을 지도하였다.

1945년 광복이 되자, 평안남도 건국 준비 위원회와 인민 정치 위원회 위원장이 되어 활약하였다. 이때 소련 군정청에서 최고 행정 기관인 북조선 인민 정치 위원회를 만들어 그에게 위원장에 취임할 것을 권유했으나 거절하였다.

그 해 11월, 조선 민주당을 창당하여 당수가 된 뒤, 반공노선을 내세우며 *신탁 통치 반대 운동을 벌였다. 이에 소련 군정청과 공산주의자들은 조선 민주당을 점거하고, 그를 고려 호텔에 연금하였다. 갖은 협박과 회유에도 끝까지 굴하지 않았고, 월남을 권유하는 제자들의 간청도 듣지 않았다. 그 후 6·25 전쟁이 한창이던 1950년 10월, 평양 형무소에서 공산당에 의해 살해되었다.

1970년 건국훈장 대한민국장이 추서되었고, 1991년 그의 머리카락이 국립묘지에 안장되었다.

조만식 선생 동상(왼쪽 위). 평양에서 소련군의 장군들과 함께 한 조만식 선생(오른쪽 위). 조만식 선생(왼쪽 아래). 조만식 선생이 펼쳤던 조선 물산 장려 운동 포스터(오른쪽 아래)

함께 보아요

* **무저항주의** : 정치적·사회적 압박이나 학대에 대하여 폭력을 쓰지 않고, 인도주의적으로 감화시켜 자기의 주장을 이루려는 사상으로, 러시아의 톨스토이와 인도의 간디가 주창하였다.
* **신탁 통치 반대 운동** : 1945년 12월 모스크바에서 열린 미국, 영국, 소련이 참여한 외무 장관 회의에서 미국, 영국, 소련, 중국 4개국에 의한 대한민국 신탁 통치안을 결정했다. 그것은 나라를 다스릴 만한 능력이 없는 대한민국이 능력을 갖출 때까지 네 나라가 최고 5년간 신탁 통치를 해야 한다는 것이다. 그러자 전국적으로 신탁 통치 반대 운동이 일어났다. 북한도 처음에 반대 운동에 참여하였으나, 소련의 부추김을 받아 신탁 통치를 찬성하는 쪽으로 돌아섰다.
* **오산 학교** : 1907년에 이승훈이 평안북도 정주에 세운 학교로, 민족 정신을 고취하고 독립 운동의 인재를 양성하기 위하여 설립하였으며, 광복 후 서울의 오산 중·고등 학교가 되었다.
* **조선 물산 장려회** : 1922년에 국산품 장려 운동을 통하여 경제 자립 정신을 함양하기 위하여 조만식이 조직한 민족 운동 단체이다.

| 조선 중기 성리학의 대가 | **조식** (曺植, 1501~1572) | 자는 건중. 호는 남명 시호는 문정 |

조식은 삼가현(경남 합천) 토골 외가에서 승문원 판교를 지낸 조언형의 아들로 태어났다. 어려서부터 열심히 학문을 익혔으나, 평생 과거에는 응시하지 않았다.

1526년 『성리대전』을 읽고 크게 깨달은 바가 있어 성리학 연구에 전념하였다. 1531년에는 생계가 어려워 살림이 넉넉한 처가 근처로 이사하여, 김해의 탄동에 산해정을 짓고 제자들을 가르쳤다.

1539년 *헌릉 참봉에 임명되었으나 나아가지 않았다. 1549년(명종 4)에도 전생서 주부로 임명되었지만 거절하고, 고향 삼가현으로 돌아와 계복당과 뇌룡사를 지어 학문 연구에 전념하였다. 그 뒤로도 단성 현감, 조지서 사지 등의 벼슬에 임명되었지만 모두 거절하였다.

벼슬길에 나가지 않고 오로지 학문 연구에만 전념하자 그의 명성은 날로 높아졌고, 많은 제자들이 찾아왔다. 1551년부터 정인홍, 하항, 최영경, 정구 등 많은 학자들이 찾아와 그에게 학문을 배웠다.

1561년 지리산 기슭 진주 덕천동(경남 산청군 시천면)으로 이사하여, 산천재를 짓고 죽을 때까지 그 곳에 머물며 학문을 연구하였다.

1567년 새로 즉위한 선조가 상서원 판관에 임명하고 두 번이나 부르자, 왕을 만나 나라를 다스리는 방법과 학문 연구에 관한 토론만 하고 돌아갔다.

광해군 대에 그의 제자들인 대북파가 집권하였으므로 스승에 대한 추존 사업을 적극적으로 벌여 영의정에 추증되었다.

일평생 학문 연구와 후진 양성에만 힘썼던 조식은 수기치인(자신의 몸과 마음을 닦은 후에 남을 다스림)의 성리학적 토대 위에서 실천궁행(실제로 몸소 이행함)을 강조했다. 아울러 실천적 의미를 더욱 부여하기 위해 남을 공경함으로써 마음을 곧게 하고, 의(義)로서 외부 사물을 처리해 나간다는 생활 철학을 강조했다. 조식은 이러한 신념을 바탕으로 일상생활에서도 철저하게 절제하고 불의와는 결코 타협하지 않았다.

조식의 사상은 제자들에게 그대로 이어져 *경상우도의 특징적인 학풍을 이루었다. 그들은 지리산을 중심으로 진주·합천 등지에 모여 살면서 조식의 사상을 연구하고 발전시켰다. 임진왜란 때에는 의병 활동에 적극 참여하여 국가의 위기 앞에 투철한 선비 정신을 보여 주었다.

조식과 그 제자들은 안동 지방을 중심으로 한 이황의 경상좌도 학맥과 더불어 영남 유학의 두 봉우리를 이루었다. 그러나 선조 대에 양쪽 문인들은 정치적으로 북인과 남인으로 대립하게 되었다. 그러다가 인조반정 후에 정인홍 등이 정치적으로 몰락하자, 조식에 대한 평가는 폄하(가치를 깎아내림)되었다.

지은 책으로 문집 「남명집」과 「남명가」, 「권선지로가」 등이 있다.

남명 조식이 후학을 길렀던 산천재와 산천재의 현판

함께 보아요

* **경상우도** : 경상도를 둘로 나누었을 때 서쪽 지역을 말한다. 좌도는 동쪽 지역을 일컫는다.

* **헌릉 참봉** : 조선 태종과 비인 원경왕후의 능을 관리하는 종9품 벼슬이다.

조식 273

임진왜란 때 700의사와 함께 장렬하게 전사한 의병장	**조헌** (趙憲, 1544~1592)	자는 여식 호는 중봉, 도원, 후율 시호는 문열

조헌은 경기도 김포에서 조응지의 아들로 태어났다. 12세 때인 1555년(명종 10), 김황에게서 학문을 배웠다. 이때 집안이 몹시 가난하여 추운 겨울에도 다 해진 옷을 입고 눈바람을 맞아가며, 멀리 떨어진 서당에 가는 것을 하루도 거르지 않았다고 한다. 그 뒤로 이이와 성혼의 제자로 들어가 학문을 익혔다.

1565년 성균관에 입학하였고, 1567년 식년문과에 병과로 급제하여, 이 듬해에 정주목 교수가 되었다. 1572년(선조 5) 정자로 있을 때 왕이 절에 향을 하사하는 것을 반대하여 삭직되었고, 1574년 *성절사 박희립의 *질정관으로 명나라에 다녀왔다.

1575년 통진 현감으로 있을 때 *궁노비가 오만방자하게 굴자, 그 죄를 엄히 다스리다 죽인 죄로 부평으로 귀양을 갔다가 3년 만에 풀려났다. 그 뒤, 공조 좌랑, 전라도 도사 등을 역임하였다.

1582년 보은 현감을 거쳐, 1586년에는 공주 제독관이 되었다. 이때 동인들이 스승인 이이, 성혼의 옛날 일을 들추어내어 벌하려는 것을 반대하고, 고향으로 내려갔다가 임지를 이탈한 죄로 파직되었다.

1587년 일본 사신을 배척하는 상소와 영의정 이산해가 나라를 그르침을 주장하는 상소를 대궐문 앞에서 올려 선조의 진노를 샀다. 그 일로 관직에서 물러나 옥천군 안읍밤티로 들어가서 '후율정사' 라는 서실을 짓고 제자 양성과 학문을 닦는 데 전념하였다. 1589년 동인을 공격하다가 길주로 귀양을 갔고, 그 해 정여립의 모반 사건이 일어나 동인이 실각하자 유배에서 풀려났다.

1592년 4월 임진왜란이 일어나자, 옥천에서 이우, 김경백, 전승업 등과 함께 의병 1천 7백여 명을 모아, 8월 1일 영규의 승군과 합세하여 청주성을 수복하였다.

그러나 충청도 순찰사 윤국형의 방해로 의병이 강제 해산되고, 불과 7백 명의 남은 병력을 이끌고 금산으로 가서 영규의 승군과 합세하였다. 그 해 8월 18일, 전라도로 진격하려던 고바야가와의 왜군과 전투를 벌여 끝까지 분전하다가 모두 전사하였다. 이 전투가 바로 '금산 전투' 이다.

조헌은 이이의 제자들 중에서 가장 뛰어난 학자로, 기발이승일도설을 지지하여 이이의 학문을 계승 발전시켰다.

1604년 선무원종 공신 1등이 되고, 1734년(영조 10) 영의정에 추증되었다.

1883년(고종 20) 문묘에 배향되었고, 옥천의 표충사, 배천의 문회 서원, 김포의 우저 서원 등에 제향되었다. 지은 책으로는 『중봉집』, 『동환봉사』 등이 있다.

조헌과 700의사를 모신 칠백의총문(왼쪽 위). 칠백의총 종용사 취의문(오른쪽 위). 조헌의 금산 연곤평 전투 (오른쪽 아래)

함께 보아요

✽ **궁노비** : 고려·조선 시대 때, 궁중에 속하여 궁중의 공역이나 왕의 말과 수레 따위의 일을 맡아 보던 노비를 말한다.

✽ **성절사** : 조선 시대에 중국 황제나 황후의 생일을 축하하기 위하여 보내던 사절이다.

✽ **질정관** : 조선 시대에 글의 뜻이나 제도 따위에 대한 의문점을 중국에 질문하여 알아오는 일을 맡아 하던 임시 벼슬로, 중국에 사신이 갈 때 함께 갔다.

| 국어 연구와 보급 운동을 통해 일제 침략에 항거한 국어학자 | 주시경 (周時經, 1876~1914) | 초명은 상호 호는 한힌샘, 한흰메 |

주시경은 황해도 봉산에서 주면석의 둘째 아들로 태어났다. 그 뒤 작은아버지인 주면진의 양자로 들어갔다. 어려서 아버지에게 한문을 배운 주시경은 1887년 양아버지를 따라 서울로 올라왔다.

1897년 *배재 학당 만국지지 특별과를 졸업하고, 보통과에 입학하였다. 이때 〈독립신문〉을 창간한 서재필에게 발탁되어 〈독립신문〉 회계사무 겸 교정원이 되었다. 순 한글 신문 제작에 종사하게 된 이때부터 한글 표기법의 통일을 해결하기 위한 연구에 전념하였다.

아울러 서재필이 주도하는 배재 학당 협성회와 독립 협회에 참여했다가 서재필이 추방되자 그만두었다. 그 뒤 영국 선교사 스크랜턴의 한국어 교사, 상동 청년 학원 강사를 지내면서 1900년 배재 학당 보통과를 졸업하였다.

졸업 후에 조선 문동식회를 결성하여, 한글 기사체의 통일과 연구에 힘쓰는 한편, 여러 학교와 강습소의 강사직을 맡아 한글을 가르치고 보급하였다.

1905년 한일 병합 이후에는 숙명 여자 고등 학교를 비롯하여 무려 9개 학교에서 한글을 가르쳤다. 또 일요일에는 조선어 강습원에서 수많은 학생들을 깨우쳤기 때문에 '주보따리'라는 별명이 붙었다.

1907년 어윤적, 이능화와 함께 학부(교육부)의 국문 연구소 위원이 되었다.

1910년 자신의 대표작인 『국어문법』을 수정하여 펴냈는데, 이 책은 주시경이 독자적으로 개척한 초기 국어문법의 하나로서, 국어의 특성에 입각한 음운, 품사, 구문, 어휘의 4부를 갖추고 있다.

주시경은 우리말과 글을 과학적으로 체계를 세운 국어학 중흥의 선구자였다. 한편으로 한글 보급에도 정성을 다하여 최현배, 장지영, *이병기 등의 제자들을 길러냈다.

1921년에는 이 제자들이 중심이 되어 조선어 연구회(한글 학회의 전신)를 창설하였고, 1933년 마침내 '한글 맞춤법 통일안'을 제정하여, 맞춤법의 과학적 연구가 결실을 보게 되었다.

지은 책으로는 『국어문법』, 『월남망국사』, 『국어문전음학』, 『국문초학』, 『말의 소리』 등이 있으며, 1980년 대한민국 건국훈장 대통령장이 추서되었다.

주시경 선생 어록비(위). 조선어 학회 사건으로 고난을 겪었던 분들(아래)

함께 보아요

* **배재 학당** : 1885년(고종 12)에 미국의 북감리회 선교사인 아펜젤러가 서울에 세운 우리나라 최초의 근대식 사립 학교로, 지금의 배재 중·고등 학교의 전신이다.

* **이병기**(1891~1968. 호는 가람) : 국문학자이자 시조 시인으로, 전라북도 익산 출신이다. 1921년 '조선어 연구회'를 조직하고, 시조에 뜻을 두어 1926년 '시조회'를 만들었다. 후에 이를 '가요 연구회'로 개칭한 다음, 시조 혁신을 제창하는 논문들을 발표하였다. 1930년 조선어 철자법 제정 위원이 되었고, 연희 전문 학교, 보성 전문 학교에서 조선 문학을 강의하다가, 1942년 조선어 학회 사건으로 옥고를 치렀다. 출옥 후, 서울 대학교 교수 및 각 대학 강사로 지냈다. 6·25 전쟁 때는 1951년부터 전라북도 전시 연합 대학 교수, 전북 대학교 문리대 학장을 지내다가 1956년 정년 퇴임하였으며, 1962년 문화포장을 받았다. 지은 책으로는 『가람시조집』을 비롯하여 『국문학개론』, 『국문학전사』, 『가람문선』 등이 있다.

| 폭군 연산군을 내쫓고 왕위에 오른 임금 | # 중종
(中宗, 1488~1544) | 재위 기간 : 1506~1544
이름은 역. 자는 낙천 |

조선 제11대 왕인 중종은 성종의 둘째 아들로, 연산군의 이복동생이다. 1494년(성종 25) 진성 대군에 봉해졌고, 1506년 박원종, 성희안 등이 일으킨 중종반정으로 조선 제11대 왕으로 즉위하였다.

중종은 연산군 시대의 폐정을 개혁하고, 1515년(중종 10)부터는 *조광조 등의 신진사류을 중용하여, 그들이 표방하는 왕도 정치를 실시하려 하였다. 그러나 조광조 등의 개혁 방법이 지나치게 이상주의적이고, 또 서둘렀기 때문에 *훈구파들의 반발을 초래하였다.

그러던 차에 1519년 남곤, 심정, 홍경주 등 훈구파의 모함에 따라 *기묘사화를 일으켜 조광조 등의 신진사림을 숙청하였다. 그 뒤로 훈구파의 전횡이 자행되었고, 1521년에는 *신사무옥이 일어났다. 계속해서 1524년 권신 *김안로가 파직됐고, 1525년 유세창의 역모 사건이 있었다. 1527년에는 김안로의 아들 김희가 심정, 유자광을 제거하려고 *'작서의 변'을 일으켜 애매한 경빈 박씨와 복성군이 화를 당했다.

1531년에는 문정왕후를 배경으로 한 윤원로, 윤원형 형제가 등장하여, 1537년(중종 32)부터 윤원형 일파의 횡포가 시작되었다. 1510년(중종 5)의 *삼포왜란, 1522년 동래 염장의 왜변, 1524년 여진족의 침입, 1525년 왜구의 침입 등이 잇달아 정국은 더욱 불안해졌다.

중종은 즉위 초에는 미신을 타파하기 위해 *소격서를 폐지하고, 과거 제도의 모순을 시정하기 위해 *현량과를 실시하여 인재를 등용하였으며, 향약을 권장하여 백성들의 상조정신을 고취시켰다.

또 그 시기에 『소학』, 『이륜행실』, 『경국대전』, 『대전속록』, 『천하여지도』, 『삼강행실』, 『신증동국여지승람』 등 다방면에 걸친 문헌이 편찬되었다.

치세 말기에 가서야 군적을 개편하고, 전라도·강원도·평안도에 대한 양전을 실시하였으며, 진을 설치하고 성곽을 보수하였다. 또 평안도 여연·무창 등지의 여진족을 추방하는 등 국방 정책을 추진하였다. 또한 주자도감을 설치하여 활자를 개조하고, 지방에서 일어난 일들을 기록하기 위해 외사관을 임명하였으며, 1540년(중종 35)에는 역대 실록을 인쇄하여 사고에 보관하게 하였다.

기묘사화 이후에는 간신들에게 휘둘려 이렇다할 치적을 남기지 못하고 57세를 일기로 세상을 떠났다. 능은 경기도 고양에 있다가 1562년(명종 17) 광주로 이장하고, '정릉'이라 하였다.

중종 때 주세붕이 안향의 뜻을 기리기 위해 경북 풍기에 세운 소수 서원(왼쪽). 중종 때 노인들을 위로하기 위해 행해졌던 잔치를 그린 「산양로연도」(오른쪽)

함께 보아요

* **기묘사화** : 1519년(중종 14)에 일어난 사화이다. 남곤, 심정, 홍경주 등의 훈구파가 성리학에 바탕을 둔 이상 정치를 주장하던 조광조, 김정 등의 신진파를 죽이거나 귀양을 보냈다.

* **김안로**(1481~1537. 자는 이숙. 호는 희락당, 용천, 퇴재) : 조선 시대의 문신으로, 1506년 문과에 급제하여 유윤, 이황 등과 함께 사가독서(유능한 젊은 문신들을 뽑아 휴가를 주어 독서당에서 공부하게 한 일)를 하였으며, 대사간 등을 지냈다. 1519년 기묘사화 후에 아들 희가 효혜공주와 결혼하여 중종의 부마가 되었다. 이를 계기로 권력을 남용하여 허항, 채무택 등과 함께 반대파를 무자비하게 숙청하였다. 그 뒤, 문정왕후의 폐위를 기도하다가 발각되어 유배되었으며, 사약을 받고 죽었다. 지은 책으로 『용천담적기』가 있다.

* **삼포왜란** : 1510년(중종 5)에 제포, 부산포, 염포에서 왜인들이 활동 제한에 불만을 품고 일으킨 폭동이다. 왜인들이 쓰시마 도주의 지원을 받아 제포와 부산포를 함락하고 염포에 침입하였으나, 곧 이들을 평정한 뒤에 삼포를 폐쇄하고 왜인을 쓰시마로 쫓아냈다.

* **소격서** : 조선 시대에 하늘과 땅, 별에 지내는 도교의 초제(별을 향하여 지내는 제사)를 맡아 보던 관아이다. 1430년(세조 12)에 소격전을 고친 것으로, 임진왜란 이후에 완전히 폐지되었으며, 그 제단은 서울 삼청동에 있었다.

* **신사무옥** : 1521년(중종 16) 신사년에 일어난 안처겸 일당의 옥사이다. 송사련, 정상 등이 안당의 아들 안처겸의 어머니가 죽었을 때의 조문록을 가지고 무고하여 안당의 일문이 화를 당했다.

* **작서의 변**(복성군의 옥사) : 1533년(중종 28) 중종의 후궁인 경빈 박씨와 복성군을 죽인 사건이다. 중종의 제1계비인 장경왕후 윤씨가 세자를 낳고 산후병으로 죽자, 왕의 총애를 받은 경빈 박씨는 자기 소생인 복성군을 세자로 책봉할 야망을 품고 있었다. 때마침 1527년 2월, 세자(뒤의 인종) 생일에 쥐를 잡아 사지와 꼬리를 가르고, 입·귀·눈을 불로 지져서 동궁의 북쪽 뜰 은행나무에 걸어 세자를 저주한 사건이 일어나자, 김안로 등이 이것은 복성군을 세자로 책봉하려는 경빈의 짓이라 하여, 경빈과 복성군의 작호를 빼앗고, 1533년에는 모자를 모두 죽였다. 1541년에 김안로의 아들 김희가 이 사건을 조작했다는 사실이 밝혀져 경빈과 복성군은 신분이 회복되었다.

* **조광조**(1482~1519. 자는 효직. 호는 정암. 시호는 문정) : 조선 중기의 문신으로, 김굉필의 문하에서 성리학을 배워 김종직의 학통을 이은 사림파의 우두머리가 되었다. 1510년 사마시에 장원급제하여 진사가 되었고, 전적, 감찰, 예조 좌랑을 지냈으며, 유교에 의한 왕도 정치의 실현을 주장하였다. 미신타파를 내세워 소격서를 폐지시켰고, 현량과를 처음 실시하게 하여 신진사류들을 정계에 본격적으로 진출시킴으로써 훈구 세력의 타도와 구제도의 개혁, 새로운 질서의 수립에 나섰다. 특히, 정국 공신의 공을 깎아 내려 훈구파의 강한 반발을 사게 되었고, 중종은 훈구 대신들의 탄핵을 받아들여 조광조를 투옥하였다. 영의정 정광필의 변호로 능주에 유배되었다가 훈구파의 끈질긴 탄핵으로 사사되었다. 그 뒤, 선조 초에 죄가 풀려 영의정에 추증되고 문묘에 배향되었다. 또한 율곡 이이는 김굉필, 정여창, 이언적 등과 함께 그를 '동방사현'이라 불렀다. 저서로는 『정암집』이 있다.

* **현량과** : 조선 중종 때에 조광조의 제안으로 경학에 밝고 덕행이 높은 사람을 천거하여 대책(문제를 제시하고 그 대책을 논의하게 함)으로 시험을 보아 뽑던 과거이다. 기묘사화로 인하여 폐지되었다.

* **훈구파** : 조선 건국 또는 조선 초기의 각종 정변에서 공을 세워 높은 벼슬을 해 오던 관료층을 가리킨다.

지석영 (池錫永, 1855~1935)

종두법을 들여와 천연두 예방에 기여한 한말의 의사 | 자는 공윤. 호는 송촌

지석영은 서울 낙원동 중인 집안에서 태어났으며, 의학 교육을 받지는 않았지만 일찍부터 서양 학문을 동경하여 중국에서 번역한 서양 의학책을 많이 읽었다. 그 중에서도 특히 영국인 제너가 개발한 *종두법에 많은 관심을 가졌다.

1876년(고종 13) 병자 수호 조약이 체결되자, 그 해 *수신사 *김기수의 통역관으로 스승인 박영선이 따라가게 되었다. 지석영은 그에게 일본에서 실시되고 있는 종두법의 실황을 알아봐 달라고 부탁했다. 일본으로 건너간 박영선은 오다키에게 종두법을 배우고, 구가의『종두귀감』을 구해다가 지석영에게 전해 주었다.

1879년 지석영은 부산에 있던 일본 해군 병원인 제생의원에서 두 달간 종두법을 배우고, 두묘와 종두침 2개를 얻어 처가가 있는 충주 덕산면에서 한국 최초로 종두를 실시하였다. 이듬해 서울에서도 종두를 실시하였다.

1880년에는 수신사 김홍집의 수행원으로 일본으로 건너가, 일본 위생국에서 두묘의 제조법과 독우의 채장법 등을 배우고, 두묘 50병을 얻어가지고 귀국하였다. 그 뒤, 서울에서 종두를 실시하면서 일본 공사관 의관 마에다로부터 서양 의학을 배웠다.

1882년 *임오군란이 일어나자, 일본에서 종두법을 배워왔다는 죄목으로 체포령이 내려졌다. 정국이 수습된 뒤, 불타 버린 종두장을 다시 열고 종두 보급에 힘썼다. 그 해 9월 전라도 어사 박영교의 요청으로 전주에 우두국을 설치했고, 이듬해에는 공주에도 우두국을 만들었다.

지석영은 종두법 보급에 힘쓰면서 1885년에는『우두신설』을 저술하였다.

1887년 장령으로 있을 때 그 시대의 폐단을 논하다가 우두기술을 미끼로 일본과 결탁한 *개화당과 도당을 이룬다는 이유로 전라도 신지도에 유배되었다. 1892년 유배에서 풀려나 1896년(고종 33) 동래 부사를 지냈다. 1899년에는 경성 의학교 교장에 취임하였다.

그 후 11년 동안 의학 교육에 전념하며 근대 의학의 도입에 힘썼다. 아울러 개화의 필요성을 역설하며 독립 협회의 주요 회원으로 활약하였다. 또한 개화가 늦어지는 이유가 어려운 한문 때문이라 생각하고, 1905년 알기 쉬운 한글을 쓸 것을 주장하며 주시경과 더불어 한글의 가로쓰기도 주장하였다.

1908년 국문 연구소 위원에 임명되었고, 이듬해 한글로 한자를 해석한『자전석요』를 지었으

나, 한일 병합이 되자 모든 공직을 버렸다.

그 뒤로 초야에 묻혀 살다가 81세를 일기로 세상을 떠났다.

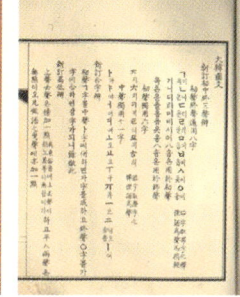

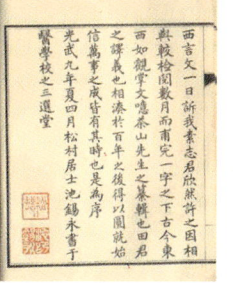

지석영의 묘(위). 고종이 지석영에게 내린 훈장증(왼쪽 아래). 지석영이 어린이들에게 한문을 쉽게 가르치기 위해 저술한 『아학편』(오른쪽 아래)

함께 보아요

* **개화당** : 조선 말기에, 정치 제도를 혁신하고 사상과 풍속을 개화시켜 자주 독립 국가를 세우려 하였던 당파이다. 김옥균, 박영효, 홍영식 등이 지도자가 되어 갑신정변을 일으켜 민씨 일파의 수구당을 물리치고 새 정부를 조직하였으나 사흘 만에 실패하였다.

* **김기수**(1832~?. 호는 창산) : 조선 말기의 문신으로, 1876년 강화도 조약 체결 후 수신사로 일본에 다녀와 근대 한일 교섭의 시초를 열었다. 그는 개화한 일본의 문물, 즉 전신과 철도의 가설, 군함과 대포의 제조와 군사, 기계, 학술, 교육 등의 시설을 관람하고, 보고 들은 것을 바탕으로 『일동기유』, 『수신사 일기』 등의 견문기를 썼다. 그의 견문기로 인해 일본에 대한 인식이 새로워져, 1880년 제2차 수신사 김홍집 일행과 1881년 신사유람단을 파견하는 계기를 만들었다.

* **수신사** : 조선 말기에 조선이 일본에 파견한 외교사절이다. 김기수, 김홍집, 박영효 등이 그 역할을 맡았고 일본에 대한 인식을 좋게 하여 조선이 개화 정책을 추진하는 데 도움이 되었다.

* **임오군란** : 1882년(고종 19) 구식 군대가 일본의 군제도를 받아들여 만든 신식 군대인 별기군과의 차별대우와 밀린 월급에 대한 불만, 민씨 정권에 대한 반항으로 일으킨 난을 말한다. 임오군란은 밖으로는 청나라와 일본의 조선에 대한 권한을 확대시켜 주었고, 안으로는 갑신정변의 바탕을 마련해 주었다.

* **종두법** : 천연두를 예방하기 위하여 백신을 인체의 피부에 접종하는 일로, 1796년에 제너가 우두 바이러스에 의한 인공 면역법을 발견한 이래 널리 보급되었다.

신라 역사상 가장 넓은 영토를 차지한 왕	**진흥왕** (眞興王, 534~576)	재위 기간 : 540~576 이름은 삼맥종, 심맥부 법호는 법운

신라 제24대 왕인 진흥왕은 지증왕의 손자이며, 법흥왕의 아우 입종갈문왕의 아들이다. 7세의 어린 나이에 즉위했으므로 법흥왕의 비 김씨가 섭정하였다.

541년 *이사부를 병부령에 임명하고 백제에 대해 화친 정책을 썼다. 550년 백제와 연합하여, *거칠부 등 8명의 장군을 시켜 한강 상류 지역인 죽령 이북 10개 군을 고구려로부터 빼앗았다.

551년(진흥왕 12) 친정을 시작하면서 연호를 '개국'으로 바꾸고 적극적인 정복 사업을 벌였다. 553년에 백제가 고구려로부터 탈환한 한강 하류 지역의 전략적인 필요성을 절감하고, 동맹 관계에 있던 백제를 기습 공격하여 이 지역을 점령하였다.

554년 동맹을 깬 보복으로 백제 성왕이 *대가야와 연합하여 신라를 공격하였다. 그러나 관산성(충북 옥천) 전투에서 오히려 신주 군주 김무력에게 붙잡혀 죽음을 당했다. 이로써 한강 유역 점령을 확고히 한 신라는 황해를 통한 중국과의 교통로를 확보하였다.

또한 진흥왕은 법흥왕의 가야 정복 사업을 계승하여 낙동강 유역까지 정복의 손길을 뻗쳐, 562년 이사부를 보내 대가야를 멸망시켰다. 565년에는 이곳에 대야주(경남 합천)를 설치하여 가야 지역 통치의 본거지로 삼는 동시에 백제에 대한 방어의 전초기지로 삼았다.

활발한 정복 사업으로 신라 역사상 가장 넓은 영토를 차지한 진흥왕은 확장한 영토에 순수비를 건립했다. 그것은 창녕·북한산·황초령·마운령에 있는 4개의 순수비와 가장 최근에 발견된 단양의 적성비이다.

진흥왕은 영토 확장뿐만 아니라 대내적인 정치에 있어서도 많은 치적을 남겼다.

545년 이사부의 건의를 받아들여 거칠부로 하여금 『국사』를 편찬하게 하였고, 법흥왕 때 공인된 불교를 적극 보호하였다.

544년 흥륜사를 완성하고, 553년에는 월성 동쪽에 왕궁을 짓다가 그 곳에서 황룡이 나타나자, 왕궁을 고쳐 절로 삼고 *황룡사'라 불렀다.

565년에는 중국 진나라에서 사신 유사와 승려 명관을 보내면서 아울러 불교 서적 1천 7백여 권을 보내 왔다. 566년 기원사와 실제사 두 절을 지었으며, 같은 해에 황룡사도 완공하였다.

574년 3월에는 황룡사의 장륙불상을 주조하였는데, 이것은 황룡사 9층탑, 진평왕의 옥대와 함께 신라 삼보로 일컬어진다. 한편으로 불교에 매료되어 있던 진흥왕은 만년에 머리를 깎고 승려가 되어 법호를 '법운'이라 하였다.

576년에는 신라 삼국 통일의 원동력이 된 화랑 제도를 창설하였다.

군사적·문화적으로 많은 업적을 남긴 진흥왕은 재위 36년 만인 576년 43세의 나이로 세상을 떠났다.

북한산의 진흥왕 순수비

함께 보아요

* **거칠부**(?~579) : 신라의 장군·재상이며, 왕족의 후손으로 태어났으나 어려서부터 큰 뜻을 품고 승려가 되었다. 545년에 왕명을 받아서 『국사』를 편찬하였으며, 551년 백제와 연합하여 고구려의 죽령 이북 고현 이내의 10군을 탈취하였다. 특히 군사·정치적인 분야에서의 활동이 두드러졌다. 진흥왕 순수비에 그의 이름이 기록되어 있는 것으로 보아, 진흥왕 때 가장 영향력이 있었던 장군이었음을 알 수 있다.

* **이사부**(?~?. 다른 이름은 태종) : 신라 진흥왕 때의 장군·정치가로 성은 김씨이며, 내물왕의 4대손이다. 505년(지증왕 6) 변경이던 실직주(삼척)의 군주로 임명되었는데, 이것이 신라에서 처음으로 군현제를 실시한 것이다. 512년, 지금의 울릉도인 우산국을 신라에 귀속시켰다. 541년(진흥왕 2) 병부의 책임자이자 당시에는 상대등과 시중을 겸할 수 있던 병부령이 되어 562년까지 실권을 장악했다. 545년에는 국사 편찬을 제안하여 거칠부 등이 『국사』를 편찬하는 계기를 이루었다.

* **대가야** : 6가야의 하나로, 서기 42년(신라 유리왕 19)부터 562년까지 경상북도 고령 지역에 있었던 국가이다. 대가야는 이진아시가 세웠으며, 고령, 합천 등 경상도 내륙 산간 지역에 위치해 농업이 번창하였고, 풍부한 철과 기술을 바탕으로 부강한 나라를 이룩하였다. 대가야는 562년 신라에게 병합될 때까지 금관가야가 신라에 항복한 뒤 가야 연맹체를 이끌었으며, 가야금을 제작하고 음악을 정리하는 등 높은 문화 수준을 갖고 있었다.

* **황룡사** : 경상북도 경주시 구황동에 있었던 사찰로, 553년(진흥왕 14) 왕명으로 짓기 시작하여 17년 만인 645년(선덕여왕 14)에 완공되었다. 자장율사의 건의에 따라 신라 3대 보물의 하나인 9층 목탑을 645년에 세웠다. 진흥왕이 새 궁궐을 월성 동쪽에 세우려 했으나, 그곳에서 누런 용이 하늘로 올라갔다. 그것을 보고 궁궐을 짓는 공사를 중지하고 절을 짓게 한 뒤 '황룡사'라는 이름을 붙였다. 역대 왕들이 자주 찾았던 신라 최고의 절로, 고려 시대에도 깊은 숭상과 보호를 받았으나, 1238년(고종 25) 몽골군의 침입으로 탑은 물론 모든 건물이 불타 버려 지금은 터만 남아 있다.

최무선 (崔茂宣, 1325~1395)

화약을 만들어 왜구를 무찌른 고려 말의 장군

최무선은 광흥창사를 지낸 최동순의 아들로 태어났다. 최무선이 무관으로 있던 고려 말에는 왜구들이 해안가에 자주 침입하여 사람들을 죽이고 재물을 약탈해 갔다. 이때 최무선은 화약을 이용한 무기를 만들어 왜구들을 무찌르기로 결심했다.

최무선은 먼저 화약을 만드는 재료가 *초석·유황·분탄이라는 것을 알아냈다. 유황과 분탄은 쉽게 구할 수 있었으나, 가장 중요한 초석은 도저히 만들 수 없었다.

최무선은 이미 화약을 만들어 사용하고 있는 중국으로부터 배우기로 하고, 중국 사람들이 자주 찾아오는 벽란도로 갔다. 그때 마침 중국 강남 지방에서 온 화약 기술자 이원을 만나게 되었다. 최무선은 정성을 다해 그를 대접하고 감동시켜서, 흙에서 초석을 추출해 내는 방법을 알아냈다. 그리하여 마침내 우리나라 최초로 화약을 만들어 내는 데 성공하였다.

화약을 이용한 간단한 무기인 *화전을 만들어 실험해 보니, 그 위력은 대단했다. 자신감을 얻은 최무선은 고려 조정에 *화통도감의 설치를 건의하여 1377년(우왕 3) 10월, 마침내 화통도감이 설치되었다.

화통도감의 책임자가 된 최무선은 열심히 연구하여 화약을 이용한 18가지의 무기를 만들어 냈다. 그 무기들은 총포류인 '대장군·이장군·삼장군·육화석포(완구포의 일종)·화포·신포·화통' 등과, '화전·철령전·피령전' 등의 화약을 이용해 발사하는 무기, 그리고 지금의 로켓무기와 같은 '주화' 도 있었다.

1380년(우왕 6) 왜구가 5백여 척의 전함을 이끌고 금강 하구의 진포로 쳐들어왔다. 이때 최무선은 원수 나세와 함께 부원수가 되어, 화통도감에서 새로 만든 무기를 장착한 전함을 이끌고 나가 적선을 크게 무찔렀다. 그 공으로 영선군에 봉해졌고, 1383년에 왜구가 다시 남해 관음포로 쳐들어오자 이때도 대부분의 적선을 대파하였다. 그 공으로 지문하 부사로 승진했지만, 아쉽게도 화통도감은 1389년(창왕 1)에 철폐되고 말았다.

1392년 조선을 건국한 이성계는 최무선을 정헌 대부, 검교문하부 참찬사 겸 군기시 판사로 임명했다. 그러나 나이가 많아 3년 뒤에 세상을 떠났다. 조선 조정에서는 그의 공을 치하하며 의정부 우정승과 영성 부원군에 추증하였다.

최무선의 아들 최해산과 손자 최공손도 화약을 이용한 무기 연구에 전념하여 조선 시대에 큰 공을 세웠다. 지은 책으로는 『화약수련법』과 『화포법』이 있지만 전해지지 않고 있다.

최무선 추모비(왼쪽). 최무선의 진포 대첩비(오른쪽 위). 최무선의 총통을 복원하여 시험 발사하는 장면(오른쪽 아래)

함께 보아요

* **초석**(질산칼륨) : 염화칼륨의 뜨거운 수용액에 질산나트륨을 가하여 만들거나 탄산칼륨 또는 수산화칼륨을 질산에 녹여 만든 결정체이다. 물에 녹으며, 가연성 물질과 섞이면 폭발한다. 검은색 화약, 성냥, 비료, 유리, 유약, 산화제, 의약품 등을 만드는 데 쓴다.
* **화전** : 화약을 장착하여 발사하는 화살을 말한다.
* **화통도감** : 1377년(우왕 3)에 설치한 화약과 화통을 만드는 일을 맡아 하던 임시 관아이다. 최무선의 건의로 설치되었으며, 1380년(창왕 1)에 군기시에 흡수되었다.

최승로
(崔承老, 927~989)

'시무 28조'를 올려 고려 왕조의 기틀을 마련한 재상

시호는 문정

최승로는 신라의 수도 경주에서 신라의 *6두품인 김은함의 아들로 태어났다.

935년(태조 18) 신라 경순왕이 왕건에게 투항할 때 아버지와 함께 고려로 들어왔다. 어릴 때부터 총명하여 12세 때 태조 왕건 앞에서 『논어』를 암송하여 큰 칭찬과 함께 안장을 얹은 말과 곡식 20석을 하사 받고, *원봉성 학생이 되었다. 이처럼 어린 나이에 학문 계통의 관직 생활을 했기 때문에 최승로는 당대 제일의 지식인 대열에 합류하였다.

*광종 때에는 왕을 보좌하는 학사직에 있으면서 소극적이나마 정치에도 관여하였다. 이때가 가장 왕성하게 활동해야 할 시기인데도 능력을 제대로 발휘하지 못한 것은 광종이 후주에서 귀화한 *쌍기를 너무 신임했기 때문이었다.

그러나 광종이 죽고 경종을 거쳐 982년(성종 1) 성종이 즉위하자, 최승로는 정광 행선관어사 상주국이라는 행정의 중요한 자리를 맡게 되었다.

그 해 6월, 성종은 고려 서울에서 일하는 5품 이상의 관리들에게 정치와 행정에 관한 글을 지어 올리게 하였다. 이때 최승로는 태조에서 경종까지 다섯 왕들이 이룬 치적과 함께 28조에 달하는 시무(그 시대에 중요하게 다루어야 할 일)를 올려 성종을 크게 공감시켰다.

그 내용은 군제의 개편, 많은 불교 행사의 중지, 무역의 절제, 지방 관제의 확정, 관복의 제정, 승려의 횡포 엄금, 공역의 균등, 우상 철폐, 신분 제도의 확립, 대 중국관 등 당시 고려 사회의 여러 방면에 걸친 문제점들이었다.

어린 나이에 즉위한 성종은 최승로를 가까이에서 보좌하도록 하였다. 최승로는 뛰어난 학문과 재능을 바탕으로 새로운 국가 체제 정비에 힘쓰고 있던 성종을 여러 방면에서 잘 보필하였다.

특히 이 때에 지방 세력들의 횡포로 인한 세공 수납의 폐해를 없애기 위해 12목을 설치하고, 목사를 상주시켜 중앙 집권적 체제를 갖추게 하였다. 그 공으로 983년 문하 시랑 평장사로 승진되고, 988년에는 고려 최고의 벼슬인 문하수시중이 되었다.

988년 나이가 너무 많다는 이유로 여러 차례 벼슬에서 물러날 뜻을 밝혔으나, 성종은 이를 절대 허락하지 않았다. 989년 63세의 나이로 세상을 떠나자, 성종은 몹시 슬퍼하며 많은 물품을

보내 고인의 명복을 빌고 가족들을 위로했다.

원로 대신에게 주는 최고의 명예직인 태사에 추증되고, 998년(목종 1) 성종의 묘정에 배향되었으며, 1033년(덕종 2)에 대광 내사령이 더해졌다.

전남 나주군 동강면 월송리에 있는 최승로 후손의 정려각

함께 보아요

* **6두품** : 신라에서 왕족 다음 가는 신분의 등급으로, 아찬까지의 벼슬을 할 수 있었다.
* **광종**(925~975. 재위 기간 : 949~975) : 고려 제4대 왕으로, 광종은 독자적인 세력 기반을 쌓아 고려 초기 왕권을 강화하는 데 큰 성과를 거두었다. 956년에 노비 안검법을 실시했으며, 958년에는 후주인 쌍기의 건의로 과거 제도를 시행하였고, 960년에는 모든 벼슬아치들의 공복을 제정하였다. 또한 불교에 깊은 관심을 기울여, 968년에 혜거를 국사로 삼고 탄문을 왕사로 삼음으로써, 고려의 국사·왕사 제도의 문을 열었다. 국방 대책에도 관심을 기울여 고려의 영역을 서북과 동북 방면으로 더욱 확장시키는 동시에, 중국의 여러 왕조와 활발한 외교 활동을 전개하여 고려 왕조의 국제적 지위를 향상시켰다.
* **원봉성** : 고려 초기에 왕의 명령을 작성하는 일을 맡아 보던 관아이며, 뒤에 학사원으로 고치고 다시 한림원으로 바꾸었다.
* **쌍기**(?~?) : 후주에서 귀화한 고려 광종 때의 대신으로, 956년(광종 7) 후주의 관리로 있다가 사신 설문우를 따라 고려에 와서 병에 걸려 체류하다가 귀화하였다. 그 뒤, 원보 한림 학사로 있다가 958년 당나라의 관리 임용 제도를 모방한 과거 제도를 창설하게 하여, 수차례 시험 감독관인 지공거로 활동했다. 이것이 우리나라 과거 제도의 시초이다.

| 황금 보기를 돌같이 하면서 고려를 지키기 위해 끝까지 싸운 장군 | # 최영
(崔瑩, 1316~1388) | 시호는 무민 |

최영은 1316년 사헌 규정 최원직의 아들로 태어났다. 체격이 크고 용맹이 뛰어났던 그는 청년 시절에 양광도 도순문사 휘하에서 왜구 토벌에 많은 공을 세워 왕을 경호하는 우달치가 되었다. 1352년(공민왕 1) 조일신의 난을 진압하여 호군이 되었고, 1354년에는 대호군으로 승진했다. 그 뒤 서북면 병마부사가 되어, 원나라에 속했던 압록강 서쪽의 8참을 수복했다.

1358년 양광·전라도 왜적 체복사로 있을 때 오예포에 침입한 왜선 4백여 척을 무찔렀다. 1359년에는 4만 명의 홍건적이 침입하여 평양을 함락시키자, 여러 장수와 함께 크게 무찔러 좌산기상시에 올랐다. 1361년에도 홍건적 10만이 개경으로 쳐들어오자, 이듬해 안우, 이방실 등과 함께 이를 격퇴하여 도형벽상 공신이 되고 전리 판서에 올랐다.

1363년에는 김용의 난을 평정했으며, 1364년에는 원나라에 머물던 최유가 덕흥군을 왕으로 추대하고, 1만 명의 군사를 이끌고 쳐들어오자 의주에서 섬멸하였다.

1365년 강화도에서 왜구와 싸우던 중에, *신돈의 모함을 받아 계림윤으로 좌천되고 유배되었다. 그러나 1371년 신돈이 처형되자 복직되었고, 문하 찬성사 등을 지냈다.

1374년 공민왕이 살해되고 이인임의 도움을 받은 우왕이 즉위하였다. 이때 권력을 장악한 이인임이 지나치게 친원 정책을 추진하여 탄핵을 받자, 최영은 이인임의 편을 들어 이숭인, 김구용, 정몽주 등을 귀양보내고 권력의 중심에 서게 되었다.

1376년(우왕 2) 삼남(충청도·경상도·전라도)지방에 쳐들어온 왜구를 무찔렀고, 1378년에도 승천부(풍덕)로 쳐들어온 왜구를 이성계와 함께 크게 무찔러 안사공신이 되었으며, 1380년에는 해도도통사로 승진했다.

1381년 영삼사사 등을 지낸 뒤 병이 들어 벼슬을 사퇴했다가 1388년 수문하 시중이 되었다. 그런데 이때 명나라가 고려의 철령 이북 땅을 자신들의 요동부에 예속시키려고 *철령위를 설치하자, 최영은 우왕에게 주청하여 요동 정벌을 허락받았다. 우왕은 당시 막강한 권력을 가진 최영을 자신의 측근으로 만들기 위해 그의 딸을 영비로 삼았다.

왕의 장인이 된 최영은 팔도 도통사가 되어 이성계와 조민수를 좌우군 도통사로 삼고, 5만의 병력을 이끌고 나가 요동을 정벌할 것을 명했다. 그러나 장마로 압록강 물이 불어 위화도에 머물러 있던 이성계와 조민수가 군사를 돌려 되돌아왔으므로 요동 정벌은 실패로 끝나고 말았다. 이성계와 조민수가 군대를 이끌고 개경으로 쳐들어오자, 최영은 이들과 맞서 싸웠다. 그러나 대세는 이미 기울어진 상태였다. 화원에 머물러 있던 최영은 곽충보에게 붙잡혀 고봉현, 합포, 충주 등지로 귀양을 갔다가, 1388년 12월 개경으로 압송되어 참수되었다.

최영 장군의 초상화(왼쪽). 최영 장군의 무덤(오른쪽 위). 최영 장군이 군사로 변장시켜 적의 간담을 서늘하게 했다는 제주도의 외동개섬(오른쪽 아래)

함께 보아요

* **신돈**(?~1371. 자는 요공. 호는 청한거사. 법명은 편조) : 고려 말의 승려이며, 옥천사 노비의 아들로 태어났다. 김원명의 추천으로 공민왕을 만나 신임을 얻은 신돈은 1366년 전민변정도감 판사가 되어 귀족들이 겸병한 토지를 원주인에게 돌려주는 토지 개혁을 통해 귀족들의 세력을 약화시키고 농민의 권리를 옹호하였으며, 국가의 재정 확보에 힘썼다. 그러나 급진적 개혁 정책이 귀족들의 반발을 샀고, 지나치게 권력을 휘두르다 공민왕의 신임을 잃자, 반란을 꾀하다가 처형되었다.

* **철령위** : 고려 시대에 중국 명나라가 설치하려던 70개소의 병참 군영으로, 1388년(우왕 14)에 함경도 철령에서 중국 라오양(요양)에 이르는 곳에 설치하려고 하였다.

한말 항일 의병 운동의 선구자 — 최익현 (崔益鉉, 1833~1906)

자는 찬겸. 호는 면암

최익현은 경기도 포천에서 최대의 아들로 태어났다. 9세 때 김기현의 제자로 들어가 유학을 공부했고, 14세 때에 같은 고향 출신인 성리학의 거두 이항로의 제자로 들어가 성리학과 나라를 지키고 사랑하는 정신을 배웠다. 1855년(철종 6) 문과에 급제하여 여러 벼슬을 거친 뒤, 1870년(고종 7) 승정원 동부승지가 되었다.

1868년(고종 5) 흥선 대원군이 경복궁 중건을 위한 자금을 마련하려고 발행한 *당백전 때문에 백성들의 원성이 자자하자, 흥선 대원군의 실정을 반대하는 상소를 올려 관직을 삭탈당했다.

1871년 *신미양요를 승리로 이끈 흥선 대원군이 그 여세를 몰아 만동묘 등 많은 서원을 철폐하자, 1873년 동부승지로 있던 최익현은 흥선 대원군의 정책을 비판하는 상소를 올렸다. 이 상소를 계기로 10년 동안 고종을 대신하여 나라를 통치했던 흥선 대원군이 물러나고 고종의 친정이 시작되었다. 그러나 최익현은 왕의 아버지를 비판했다는 이유로 제주도에서 3년 동안 유배 생활을 하였다.

유배에서 풀려난 최익현은 1876년 정권을 장악한 민비와 그 일파가 일본과의 통상을 논의하자, 5개조로 된 척사소를 올려 조약 체결의 불가함을 주장하였다. 이 상소로 다시 흑산도로 유배되었다가 1879년 석방되었다. 1895년에도 단발령이 내려지자, 이를 반대했다가 다시 투옥되었다.

1904년 러일 전쟁에서 승리한 일본이 한반도 침략을 노골화하자, 고종의 부름을 받고 서울로 올라와 왕의 자문에 응하였다. 이때 최익현은 일본으로부터의 차관 금지, 외국에 대한 의지하는 마음 금지 등을 주장하였다. 또 친일파들의 처단을 강력히 주장하다가 두 차례나 일본 헌병들에 의해 고향으로 압송되었다.

1905년 *을사조약이 체결되자 곧바로 '청토오적소'를 올려 을사조약의 무효를 국내외에 알릴 것과, 그 조약에 참여한 을사오적을 처단할 것을 주장하였다. 또 납세 거부, 철도 이용 안 하기, 일본 상품 불매 운동 등 항일 운동을 촉구하였다.

1906년 윤 4월, 74세가 된 최익현은 전라북도 태인에서 임병찬, 임락 등 80여 명과 함께 의병을 모집하였다. 이어 '기일본정부'라는 일본의 배신 16조목을 따지는 '의거소략'을 배포한 뒤, 전북 순창에서 약 4백 명의 의병을 이끌고 일본군과 싸웠다. 그러나 중과부적으로 일본군에 패하여 체포되었고, 일본 쓰시마섬에 유배되었다.

최익현은 유배지에서 지급되는 음식물을 적이 주는 것이라고 거절하며 단식 투쟁을 하다가 굶어 죽었다. 그의 나라와 백성을 사랑하는 우국애민의 정신과 위정척사 사상은 한말의 항일 의병 운동과 일제 강점기의 민족 운동, 독립 운동의 지도 이념으로 계승되었다.

1962년 건국훈장 대한민국장이 추서되었고, 지은 책으로는 『면암집(총 48권)』이 있다.

최익현이 머물렀던 오봉정사(왼쪽 위). 최익현 선생의 초상화(오른쪽). 최익현 유허비(왼쪽 아래)

함께 보아요

* **당백전** : 흥선 대원군이 경복궁 중건으로 인한 재정적 궁핍을 해결하기 위하여 만든 화폐이다. 법정 가치는 상평통보의 100배였지만 실제 가치는 이에 크게 미치지 못하여 화폐 가치의 폭락을 가져왔고, 1867년(고종 4)에 폐지되었다.

* **신미양요** : 1871년(고종 8)에 미국 군함이 강화도 해협에 침입한 사건이다. 대동강에서 불에 타버린 제너럴 셔먼호 사건에 대한 문책과 함께 조선과의 통상 조약을 맺고자 하였으나 격퇴되었다.

* **을사조약** : 1905년 일본이 무력을 동원하여 강제로 조약을 맺어 우리나라의 외교권을 빼앗아 간 조약이다. 이 때 한규설의 강력한 반대로 조약 체결이 지연되자, 이토 히로부미는 일본군을 동원하여 궁궐을 포위한 다음 한규설을 강제로 끌어내고 이완용, 박제순, 이지용, 이근택, 권중현의 찬성을 받아 조약을 맺었다. 5개 항으로 되어 있는 이 조약의 주 내용은 일본 정부가 한국 정부를 대신하여 외교에 관한 모든 일을 맡는다는 것과 한국에 1명의 일본인 통감을 둔다는 것이다.

최제우
(崔濟愚, 1824~1864)

조선 말기 동학의 창시자

**초명은 복술, 제선
호는 수운, 수운재**

최제우는 경북 경주에서 몰락한 양반인 최옥의 아들로 태어났다. 어릴 때부터 매우 총명하여 일찍부터 학문을 익혔으나, 집안이 가난하여 우울한 어린 시절을 보냈다. 13세에 결혼하고 4년 뒤에 아버지가 세상을 떠났으므로 집안 살림은 더욱 기울어졌다.

집안의 가장이 된 최제우는 여기저기 떠돌아다니며 갖가지 장사를 하였고 의술·복술(점을 치는 방법) 등의 잡술에 관심을 보였다. 또 서당에서 아이들을 가르치기도 하며 생계를 유지하였다. 그러던 중에 세상 인심이 각박하고 어지러운 것은 사람들이 천명을 돌보지 않기 때문이라 생각하고, 천명을 알아낼 수 있는 방법을 찾기 시작하였다.

1856년(철종 7) 여름, 최제우는 천성산에 들어가 하느님께 정성을 드리기 시작했다. 그 이듬해에는 적멸굴에서 49일 동안 정성을 드리고, 울산 집으로 돌아와서도 계속 정성을 드렸다. 이어 1859년 10월에는 가족들을 거느리고 고향 경주로 돌아와 구미산 용담정에서 계속 수련을 쌓았다.

이 시기에 그리스도교적 영향과 유교·불교·선교(신선이 되기 위한 도를 닦는 종교)의 장점을 융합한 *'시천주' 사상을 핵심으로 한 *'인내천'의 교리를 완성하고 *동학을 창시했다. 온 세상을 주관하는 하느님은 부모님처럼 섬길 수 있는 인격적 존재라는 것을 강조하며, '사람은 누구나 나면서부터 자신의 몸 안에 하느님을 모시고 있다.'는 사상을 주장한 것이다.

1861년 포교를 시작하자, 놀랍게도 많은 사람들이 동학의 가르침에 따르게 되었다. 동학이 점점 세력을 얻자, 기존의 유림계로부터 동학은 서학, 즉 천주교를 신봉한다는 비난과 지목을 받게 되었다. 또한 조정에서도 다시 천주교를 탄압하기 시작했으므로 최제우는 호남 지방으로 피신했다.

최제우는 1862년 3월, 경주로 돌아갈 때까지 남원의 은적암에 머물면서 동학 사상을 체계적으로 이론화하기 위해 「논학문」·「안심가」·「교훈가」·「도수사」 등을 지었다. 또한 각 지방에 접소를 설치하고 접주를 두어 관내의 동학 교도들을 관장하게 하였다. 그리하여 1863년에는 교인 3천여 명, 접소 14곳에 이르게 되었다. 그 해 7월 수제자 *최시형을 북접 대도주로 앉히고, 8월에는 도통을 계승하여 교주로 삼았다.

이때 동학의 교세 확장에 두려움을 느끼고 있던 조선 조정에서는 선전관 정운구를 시켜 최제우를 체포하게 하였다. 11월 20일, 최제우는 제자 20여 명과 함께 경주에서 체포되었다.

서울로 압송되는 도중 철종이 죽자, 1864년 1월 대구감영으로 이송되었다. 그 곳에서 심문을 받아 같은 해 3월 10일, 사악한 종교를 만들어 나라를 어지럽힌다는 '사도난정'의 죄목으로 대구장대에서 41세의 나이로 효수형에 처해졌다.

　지은 책으로는 『용담유사』, 『동경대전』 등이 있다.

최제우 선생의 유허비(왼쪽). 최제우 선생의 초상화(오른쪽)

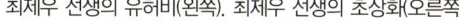

∗ **동학** : 1859년 탐관오리의 수탈과 외세의 침입에 저항하여 최제우가 세상과 백성을 구제하려는 뜻으로 창시한 민족 종교이다. 유·불·선 삼교를 흡수하고 인내천 사상을 기본 교리로 삼아 민중으로부터 큰 환영을 받아 교세가 확장되었다. 그러나 1894년 동학 농민 운동 이후에 정부의 탄압을 받았고, 제3대 교주 손병희 때 천도교로 이름을 바꾸었다.

∗ **시천주** : 천도교에서 '내 몸에 하느님을 모셨다'라는 뜻으로, 하느님은 항상 마음 속에 있다고 믿는 일을 말한다.

∗ **인내천** : 사람이 곧 한울(온 세상)이라는 천도교의 기본 사상으로, 사람이 한울을 믿어 마침내 하나가 되는 경지를 이른다.

∗ **최시형**(1827~1898. 초명은 경상. 호는 해월) 동학의 제2대 교주로, 경북 경주에서 태어났다. 최제우가 동학을 포교하기 시작한 1861년부터 동학을 믿기 시작했다. 1863년 동학의 제2대 교주가 되어 관헌의 감시를 피하여 전국을 돌아다니며 신도들을 조직하였다. 동학 교도들의 활동이 활발해지자, 관헌의 수색과 탄압이 심해져 1892년부터 교조의 신원을 명분으로 한 합법적 투쟁을 전개하여 나갔다. 전라북도 삼례 및 광화문, 충청북도 보은 등지에서 대규모 시위를 벌였으나, 이에 조정에서 탐관오리를 파견하자 자진 해산하였다. 1894년 전봉준이 고부 군청을 습격한 것을 시작으로 동학 농민 운동이 일어나자, 전봉준이 신도들을 집결시켜 무력 투쟁을 전개하였다. 그러나 일본군의 개입으로 동학 운동은 진압되고 말았다. 그 후로 피신 생활을 하면서 포교에 전력을 다했다. 1897년 손병희에게 교주를 전수했고, 1898년에 원주에서 체포되어 서울에서 교수형을 당했다.

| 우리나라 국어문법 체계를 확립한 한글학자 | # 최현배 (崔鉉培, 1894~1970) | 호는 외솔 |

최현배는 1894년 경상남도 울산에서 태어났다. 서당에서 한문을 배운 뒤, 서울로 올라와 1910년 경성 고등 보통 학교에 입학하였다. 이때부터 주시경이 보성 중학교에서 일요일마다 여는 조선어 강습원에서 3년간 한글과 문법을 배우면서 한글 연구에 관심을 갖게 되었다.

1915년 경성 고등 보통 학교를 졸업하고, 그 해 일본으로 건너가 히로시마 고등 사범 학교를 거쳐, 1925년 교토 제국 대학을 졸업하였다.

1926년 4월, 연희 전문 학교의 교수로 취임하여, 1938년 9월 *'흥업구락부' 사건으로 파면될 때까지 학생들에게 국어를 가르쳤다. 실직해 있는 동안 한글을 연구하면서 『한글갈』을 발간하였고, 1941년에 연희 전문 학교에 복직하여, 도서관 직원으로 근무하였다. 그러나 1942년 10월, *'조선어 학회 사건'으로 사임하고, 1945년 광복 때까지 3년간의 옥고를 치렀다.

8·15광복 후인 1945년 9월부터 1948년 9월까지 미군정청 편수국장에 취임하여 교과서의 행정을 맡아 그 기틀을 잡았으며, 이어 *한글 학회 상무이사·이사장 등을 지냈다. 그 뒤 1951년 1월부터 1954년 1월까지 다시 문교부 편수국장에 취임하여 많은 일을 하였다.

1954년 연세 대학교 교수로 취임하여 문과대학 학장과 부총장을 역임하였다. 1961년 정년퇴직하여 연세 대학교 명예교수로 추대되었다. 그 뒤 부산으로 내려가 1964년 3월부터 2년간 부산 동아 대학교 교수로 재직하였다.

1954년 학술원 회원이 되었고, 임명 회원·부회장 등을 맡았다. 1955년에는 연세 대학교에서 국어학 연구와 그 발전에 기여한 공로로 명예문학박사 학위를 받았다.

그 밖에 1949년부터 한글 학회 이사장에 취임하여 20년 동안 한글 학회를 이끌어왔으며, 1949년 한글 전용 촉진회 위원장, 1957년부터 세종 대왕 기념 사업회 이사·부회장·대표이사 등으로 우리나라 국어 운동의 중심적인 인물로 활동하였다.

이렇듯 여러 방면에 걸친 활동과 공로로 1955년 제1회 학술원 공로상, 1962년 건국훈장 독립장, 1967년 5·16 민족상 등을 수상하였다.

우리나라 국어문법의 체계를 확립하고, 민족의 중흥과 민주 국가의 건설을 외친 교육자로 일생을 바친 최현배는 1970년에 세상을 떠났다. 그 해 3월, 나라에서는 그의 공과 업적을 기려 국민훈장 무궁화장을 추서하였다.

1970년에 그의 학문과 뜻을 기리는 모임인 '외솔회'가 창립되어 기관지 〈나라사랑〉을 발간하면서, 국어 운동에 뛰어난 사람에게 매년 외솔상을 시상하고 있다.

지은 책으로『우리말본』,『한글갈』,『글자의 혁명』,『나라 사랑의 길』등이 있다.

 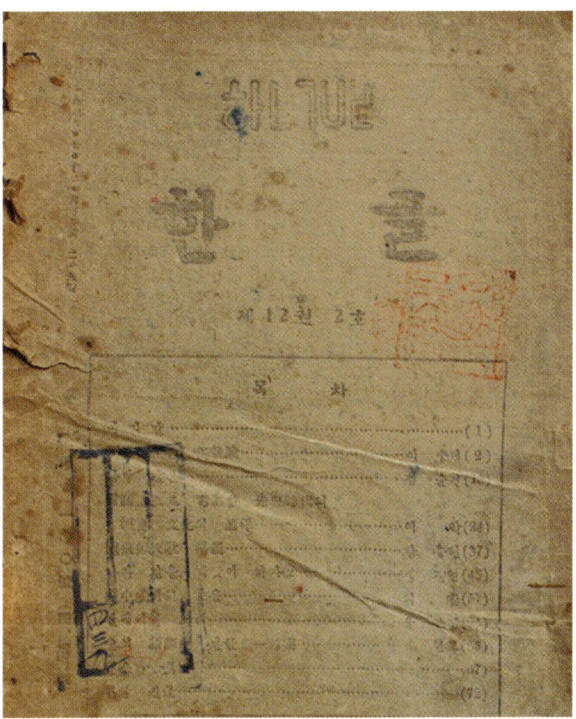

생전의 최현배 선생(왼쪽). 최현배 선생의 한글 12권 2호 표지(오른쪽)

함께 보아요

＊**조선어 학회 사건** : 1942년 10월, 일본어 사용과 국어 말살 정책을 기도하던 일제가 조선어학회 회원들을 투옥한 사건으로, 일제는 조선어 학회를 학술 단체를 가장한 독립 운동 단체라고 꾸미며, 회원들에게 혹독한 고문을 자행하였다. 이 사건으로 학회는 해산되고 편찬 중이던 국어사전 원고의 상당 부분이 없어졌다.

＊**한글 학회** : 우리말과 우리글을 연구하고 발전시키기 위하여 조직된 학회이다. 1921년 '조선어 연구회'를 '조선어 학회'로 고치고, 다시 1949년 지금의 이름으로 고친 것이다. 한글 학회에서는『큰사전』을 편찬하고, '한글 맞춤법 통일안'과 '외래어 표기법'을 제정하였으며, 기관지로 〈한글〉을 발간한다.

＊**흥업구락부** : 1925년에 결성된 기독교계의 항일 민족주의 운동 단체를 말한다. 1924년 10월 하와이의 이승만을 방문한 YMCA 총무 신흥우가 동지회의 연장 단체를 국내에 조직하기로 합의한 후, 귀국과 함께 이상재, 윤치호, 유억겸, 안재홍 등의 동의를 얻어 1925년 3월 흥업구락부를 조직하였다. 1934년경에 일부 회원들이 일제에 타협하기 시작하면서 회원간의 결속력은 여지없이 무너져 내렸다. 이에 따라 흥업구락부는 단지 친목도모 수준의 명맥만을 유지하는 데 급급할 뿐, 사실상의 활동 정지 상태에 빠져들었다. 그런데 1938년 난데없이 이 단체의 관계자들에 대한 대대적인 검거 사태가 발생하였고, 흥업구락부는 마침내 강제로 해산되었다.

태조 왕건
(太祖 王建, 877~943)

고려를 세워 후삼국을 통일한 임금

재위 기간 : 918~943
이름은 왕건. 자는 약천
시호는 신성

태조 왕건은 경기도 개성에서 금성 태수였던 왕융의 아들로 태어났다. 895년(진성여왕 9) 후고구려의 궁예가 한반도 중부 지방을 석권하고 철원에 도읍을 정하자, 왕건은 아버지를 따라 궁예의 부하가 되었으며, 궁예의 명령으로 군대를 이끌고 전쟁에 나가 많은 공을 세웠다. 900년에는 광주·충주·청주 등의 군현을 점령하여 아찬이 되었고, 903년 3월에는 수군을 이끌고 서해를 거쳐 후백제의 금성군(전남 나주)을 공격하여 함락시켰다. 이때 그 부근 10여 개 군현을 빼앗아 나주를 설치하고, 정벌한 지역의 백성들이 편하게 살 수 있도록 돌봐 주어 백성들로부터 신망을 얻었다. 후고구려 왕인 궁예와 대신들도 그를 신임하여 913년에는 시중이 되었다.

918년 후고구려의 세력이 강대해지자, 오만해진 궁예는 서슴지 않고 난폭한 행동을 자행하였다. 궁예의 눈에 거슬리면 누구든 죽음을 면치 못했으므로 대신들과 백성들을 모두 두려움에 떨었다. 그 반대로 태조 왕건은 날이 갈수록 모두에게 신망을 얻고 있었다.

마침내 918년 6월, 태조 왕건은 홍유, *배현경, *신숭겸, *복지겸 등의 추대를 받아 왕위에 올랐다. 궁예에 이어 새 왕이 된 태조 왕건은 나라 이름을 '고려'라 고치고, 연호를 '천수'라 하였다.

919년 수도를 철원에서 송악(개성)으로 옮기고, 융화 정책·북진 정책·숭불 정책을 건국 이념으로 삼아 정책을 펴 나갔다. 또 신라 말기부터 지방의 새로운 정치 세력으로 등장한 호족들을 회유하여 자기 편으로 끌어들였다. 또한 서경(평양)을 개척하여 여진족을 무찔렀으며, 불교를 호국신앙으로 삼아 전국 각지에 절을 세웠다.

그러나 그 당시의 고려는 후백제보다 군사력이 강하지 못했다. 그래서 태조 왕건은 신라와 화친 정책을 맺어 후백제를 견제하였다. 후백제가 신라를 공격하면 원군을 보내 도와 주었던 것이다.

930년 태조 왕건은 고창(경북 안동지방) 전투에서 견훤의 주력 부대를 대파하여 비로소 군사적 우위를 차지하게 되었다. 935년 후백제 왕실의 내분으로 아들 신검에 의해 금산사에 갇혀 있던 견훤이 투항해 오자, 태조 왕건은 극진히 대접해 주었다. 그 소문을 듣고 같은 해에 신라 경순왕도 자진하여 투항해 왔다. 이로써 고려와 신라는 한 나라가 되었다.

마침내 936년, 태조 왕건의 대군과 신검의 후백제 군이 일선군(경북 선산)의 일리천을 사이에 두고 최후의 결전을 벌였다. 그 전쟁에서 대승을 거둔 태조 왕건은 후백제를 멸망시키고, 대망의 후삼국 통일을 이루어 냈다.

태조 왕건은 그 해에 『정계』와 『계백요서』를 지어 정치의 귀감으로 삼게 하였다. 이어 943년에는 후세 왕들이 나라를 다스리는 근본이념으로 삼도록 '훈요십조'를 유훈으로 남기고, 67세를 일기로 세상을 떠났다.

글씨를 잘 썼던 고려 태조 왕건의 무덤인 현릉은 경기도 개성에 있다.

태조 왕건의 군사들 1천 명 분의 밥을 지었다는 개태사의 쇠솥과 개태사의 삼존불(원내)

함께 보아요

＊배현경(?~936. 시호는 무열) : 고려 태조 왕건 때의 무신이며, 군졸의 신분으로 담력이 있어 관위가 대광에까지 이르렀다. 궁예 때부터 활약했던 인물이며, 특히 마군 장군으로 있을 때 신숭겸, 홍유, 복지겸과 함께 쿠데타를 일으켜 고려 건국에 큰 역할을 하였다. 태조 왕건 즉위 후에 일등공신이 되었고, 태조 왕건을 도와 후삼국 통일에 많은 활약을 하였다. 994년 태사로 추증되어 태조묘에 배향되었다.

＊복지겸(?~?. 초명은 복사괴) : 고려의 개국 공신, 기병 대장. 태봉의 마군 장수로 있다가 궁예가 횡포해져서 민심을 잃자, 배현경, 신숭겸, 홍유 등과 함께 궁예를 몰아 내고 태조 왕건을 추대하여 고려를 건국하였다. 그 뒤 장군 환선길의 반역 음모를 적발하여 죽였으며, 임춘길의 역모도 평정하는 등 큰 공을 세웠다. 994년(성종 13) 태사로 추증되었고, 태조 왕건의 묘정에 배향되었다.

＊신숭겸(?~927. 초명은 능산. 시호는 장절) 고려 태조 때의 무장으로, 몸집이 크고 무술이 뛰어났다. 918년에 배현경, 홍유, 복지겸 등과 함께 쿠데타를 일으켜 궁예를 몰아 내고, 태조 왕건을 추대하여 고려를 건국한 공으로 개국 1등 공신이 되었다. 927년 견훤이 신라를 공격하자, 태조 왕건은 직접 군사 5천 명을 거느리고 신라를 돕다가 후백제군에게 포위되고 말았다. 이때 신숭겸은 대장이 되어 왕건을 위기에서 구하고 전사하였다. 태조 왕건은 그의 죽음을 매우 슬퍼하여 시호를 '장절'이라고 하고, 지묘사를 지어 명복을 빌게 하였다.

09 일화

이야기로 보는 역사 인물

 이완이 훈련 대장으로 임명된 이유

효종이 왕으로 즉위한 지 4년째 되던 어느 날 밤이었습니다. 침전에 들었던 효종이 갑자기 왕궁을 지키던 무예 별감을 불렀어요. 무예 별감이 달려와 무릎을 꿇자, 효종이 다가가서 무예 별감의 귀에 대고 뭐라고 속삭였습니다.

그 날 밤 자정이 훨씬 지났을 무렵, 대궐을 지키던 별감 십여 명이 말을 타고 무신들의 집으로 달려갔어요.

"지금 당장 입궐하시라는 상감마마의 어명이요."

"이 밤중에 무슨 일이지?"

잠을 자다가 깨어난 무신들은 허둥지둥 관복을 챙겨 입고 대궐로 향했습니다.

무신들이 대궐문을 들어서는 순간 어디선가 갑자기 화살이 빗발치듯 날아오기 시작했어요. 느닷없는 공격에 무신들은 화살을 맞고 쓰러졌습니다. 그런데 이상하게 많은 화살을 맞고도 무신들의 몸은 멀쩡했어요. 화살에 화살촉이 꽂혀 있지 않았던 것이지요.

십여 명의 무신들은 모두가 영문을 몰라하며 땅바닥에 널브러져 있었지만, 단 한 사람만은 전혀 놀라는 기색이 없이 당당하게 왕이 조회를 하는 정전으로 걸어가는 것이었어요. 그때 용상 아래에 있던 한 내관이 큰 소리로 물었습니다.

"상감마마께서 누구냐고 물으십니다."

재미있게 읽고 나면 역사가 쏙쏙

"삼도 도통사 이완이라고 아뢰오!"
이완의 우렁찬 대답이 대궐을 쩌렁쩌렁 울렸습니다.
"오호!"
용상에 앉아 있던 효종이 흡족한 미소를 지으며 이완에게 다가왔어요. 왕이 가까이 다가오자 이완은 재빨리 부복하고 우렁찬 목소리로 물었습니다.
"상감마마, 이런 야심한 밤에 어인 일로 부르셨는지요?"
"그대는 저 빗발치듯 날아오는 화살을 어떻게 뚫고 들어왔소?"
"상감마마!"
이완은 대답 대신 관복을 살짝 풀어헤쳐서 보여 주었습니다.
이완의 관복 속에는 든든한 갑옷이 입혀져 있었어요. 효종이 놀란 얼굴로 물었습니다.
"그건 웬 갑옷인가?"
"야심한 밤에 입궐하라는 어명을 듣고 뭔가 범상치 않은 일이 있을 거라 생각되어 서둘러 무장을 하고 왔습니다."
"오오! 그대는 역시 짐의 마음을 헤아릴 줄 아는 대신이구려."
효종은 감격한 얼굴로 이완을 일으켜서 친히 내전으로 데리고 들어갔습니다.
그 날 밤 효종은 이완과 단둘이서 밤새도록 밀담을 나누었어요. 다음 날 아침, 효종은 이완을 훈련 대장으로 임명하고, 청나라를 정벌하기 위한 모든 준비와 계획을 맡겼답니다.

태조 이성계

고려를 멸망시키고 조선을 세운 임금

(太祖 李成桂, 1335~1408)

재위 기간: 1392~1398
이름은 이성계. 자는 중결
호는 송헌. 시호는 지인
계운성 문신무대왕

태조 이성계는 함경도 영흥에서 이자춘의 둘째 아들로 태어났는데, 어려서부터 용맹이 뛰어났고, 특히 활을 잘 쏘았다.

1356년(공민왕 5) 태조 이성계는 아버지와 함께 고려에 들어와, 이듬해에 유인우가 원나라의 쌍성총관부를 공격할 때 함께 무찔러 큰 공을 세웠다. 그 뒤 아버지의 벼슬을 이어받아 금오위 상장군·동북면 상만호가 되었다. 1361년 독로강만호 박의를 반란을 토벌했고, 홍건적의 침입으로 개경이 함락되자, 이듬해에 사병 2천 명을 거느리고 제일 먼저 개경에 입성하였다. 그 공으로 동북면 병마사로 승진하고, 원나라 장군 나하추가 함경도 홍원으로 침입하자, 함흥평야에서 크게 무찔렀다.

1364년 원나라 연경(중국 베이징의 옛 이름)에 있던 최유가 충숙왕의 동생 덕흥군을 추대하고, 1만 명의 군사를 이끌고 쳐들어오자 최영과 함께 달천강에서 대파하였다. 그 공으로 밀직부사로 승진하고, 익대 공신이 되었다. 1377년(우왕 3) 수도 개경을 위협하는 왜구를 물리쳤고, 1380년에는 양광(충청)·전라·경상도 도순찰사가 되어 아기바투가 지휘하던 왜구를 운봉에서 소탕하여, 1382년 찬성사 겸 동북면 도지휘사로 승진했다.

1388년(우왕 14) 명나라의 철령위 설치 문제로 요동 정벌이 결정되자 출정을 반대했으나, 거절당했다. 좌군 도통사 조민수와 함께 우군 도통사가 되어 군사를 이끌고 북진하다가 위화도에서 회군하여 개경으로 돌아왔다. 태조 이성계는 최영을 제거하고 우왕을 폐한 뒤에 창왕을 세웠다. 그리고 자신은 수시중으로서 도총중외제군사가 되어 정치와 군사의 실력자가 되었다. 1389년 *정도전 등과 함께 창왕을 폐위하고 *공양왕을 세웠다.

1392년(공양왕 4) 정몽주를 제거한 뒤, 그 해 7월 정도전, *조준, *남은 등의 추대로 공양왕을 원주로 내쫓고, 새 왕조의 태조가 되었다. 등극 후에 이름은 '단', 자는 '군진'으로 고쳤다.

1393년 국호를 '조선'이라 정하고, 1394년(태조 3)에는 수도를 한양으로 옮겼다.

1398년 계비 강씨 소생의 방석을 세자로 결정한 것에 불만을 품은 다섯째 아들 이방원이 '제1차 *왕자의 난'을 일으켜 정도전과 방석, 방번을 죽여 버렸다. 이를 몹시 상심하던 태조 이성계는 둘째 아들 방과(정종)에게 왕위를 물려주고 상왕이 되었다. '제2차 왕자의 난'으로 1400년에 이방원이 즉위하자, 태상왕이 되었다.

1402년 왕자들의 권력다툼에서 빚어진 괴로움으로 고향 동북면에 가서 오랫동안 머물다가 돌아왔다. 그 뒤 불가에 귀의하였다가 1408년 5월 24일 창덕궁 별전에서 세상을 떠났다.

태조 이성계는 사대주의·배불숭유·농본주의를 건국 이념으로 삼아 조선 5백 년의 근본 정책이 되게 하였고, 관제의 정비, 병제와 전제의 재조정 등 조선 초기 국가의 기틀을 다지는 데 큰 업적을 남겼다. 능은 경기도 구리시 인창동에 있는 건원릉이다.

태조 이성계의 어진이 있는 곳
(전북 전주시 경기전 내부)

함께 보아요

★ **공양왕**(1345~1394. 재위 기간 : 1389~1392. 이름은 왕요) : 고려의 마지막 왕으로, 신종의 7대손이며, 정원 부원군 왕균의 아들이다. 위화도 회군으로 실권을 장악한 이성계가 창왕을 즉위시켰다가 음모를 꾀했다는 이유로 폐위시키고, 1389년 공양왕을 즉위시켰다. 허수아비 왕으로 있다가 정몽주가 살해된 후, 덕이 없고 어리석다는 이유로 폐위 당하였다. 이로써 고려는 34대 475년 만에 멸망하였다. 공양왕은 폐위된 뒤, 원주로 추방되어 공양군으로 강등되었다가 2년 뒤에 삼척에서 살해되었다.

★ **남은**(1354~1398. 시호는 강무) : 고려 말 조선 초의 문신으로, 공민왕 때 문과에 급제하고, 우왕 때 삼척에서 왜구를 격퇴한 공으로 사복시정이 되었다. 1388년(우왕 14) 이성계의 위화도 회군에 동조하고, 밀직 부사에 올랐다. 조준, 정도전 등과 함께 이성계의 심복으로 활약하였다. 1391년(공양왕 3) 수시중 정몽주에 의해 유배되었다가 이듬해 정몽주가 살해되자 밀직사 동지사가 되었다. 이어 정도전 등 52인과 함께 이성계를 추대하여, 조선 개국에 협력하고 개국 1등 공신에 책록되었다. 1398년 제1차 왕자의 난 때 정도전과 함께 이방원에게 살해되었으며, 태조의 묘정에 배향되었다.

★ **왕자의 난** : 조선 초기에 태조의 왕자들 사이에서 왕위 계승권을 둘러싸고 일어난 두 차례의 난이다. '제1차 왕자의 난'으로 정도전과 세자 방석, 방번이 죽었고, '제2차 왕자의 난'으로 방간과 박포가 죽임을 당하였다.

★ **정도전**(1337~1398. 호는 삼봉) : 조선 건국의 1등 공신 학자로, 1388년 위화도 회군으로 이성계 일파가 실권을 장악하자 밀직 부사로 승진하였다. 조준의 전제 개혁안을 적극 지지하였고, 구세력을 제거하여 조선 건국의 기초를 닦았다. 1392년 조준, 남은 등과 함께 이성계를 왕으로 추대하여, 그 공으로 조선 건국의 개국 1등 공신이 되었다. 문인이면서 무를 겸비한 정도전은 성격이 호방하고 혁명가적 소질을 지녔으며, 유학의 대가이기도 하였다. 『학자지남도』, 『심문천답』, 『불씨잡변』 등의 철학서를 저술하여 귀족 사회의 정신적 지주였던 불교의 사회적 폐단과 철학적 비합리성을 비판하고, 성리학을 이론적으로 정립하여 유교를 크게 발전시켰다. 그러나 '제1차 왕자의 난' 때 진법 훈련을 강화하면서 요동 수복 계획을 추진하던 중, 이방원의 습격을 받아 죽었다. 그 외에 지은 책으로 『삼봉집』, 『경제문감』, 『조선경국전』 등이 있다.

★ **조준**(1346~1405. 호는 우재, 송당) : 고려 말, 조선 초의 문신으로, 1374년 문과에 급제한 뒤 통례문 부사, 강릉도 안렴사, 도감찰사, 대사헌 등을 지냈다. 1388년 윤소종, 조인옥, 허금 등과 함께 우왕의 폐위와 왕씨의 부흥을 꾀하였다. 이 무렵에 이성계와 인연을 맺게 되어 조선 왕조 창건에 큰 공을 세웠고, 뒤에 오도 도통사, 영의정 부사 등을 지냈다. 토지 제도에 밝은 학자로, 하륜 등과 함께 『경제육전』을 편찬하였다.

| 조선 왕조의 기틀을 마련한 제3대 임금 | **태종** (太宗, 1367~1422) | 재위 기간 : 1400~1418 이름은 이방원. 자는 유덕 |

태종은 개경에서 이성계의 다섯째 아들로 태어났다. 1383(우왕 9) 문과에 급제하고, 1388년(창왕 원년)에는 명나라에 파견된 문하 시중 이색의 서장관이 되어 남경에 다녀왔다. 그 뒤로 아버지 이성계를 도와 신진 세력들을 포섭하고 구세력을 제거하는 데 큰 역할을 담당하였다.

1392년(공양왕 4) 3월, 이성계가 해주 벽란도에서 사냥을 하다가 말에서 떨어져 중상을 입자, 정몽주가 그것을 기회로 이성계 일파를 제거하려 하였다. 이 사실을 알아낸 태종은 이성계를 재빨리 개경으로 모셔 오고, 자객 조영규를 시켜 정몽주를 살해함으로써 위기를 모면하였다. 그 해 7월, 이성계가 조선의 태조로 등극하자 정안군에 봉해졌다.

1398년(태조 7) 태조가 정도전 등의 의견을 받아들여 이복동생 방석을 세자로 책봉하자, 이에 불만을 품고 '제1차 왕자의 난'을 일으켰다. 정도전, 남은 등을 살해한 태종은 계비 강씨 소생의 방석과 방번도 귀양지로 보내는 도중에 죽여 버리고 권력을 장악했다.

1400년(정종 2) 넷째 형인 방간이 지중추 부사 박포와 함께 '제2차 왕자의 난'을 일으키자, 이를 평정하고 세자에 책봉되었다. 그 해 11월, 정종의 양위를 받아 조선 제3대 왕으로 즉위했다.

태종은 즉위 즉시 왕권 강화와 중앙 집권 확립을 위해 친인척이라도 가차없이 제거하였다.

1401년 백성들의 억울한 사정을 풀어 주기 위해 신문고를 설치했고, 1402년(태종 2)에는 문하부를 폐지하고 *의정부를 강화하였다. 삼사는 사평부로 개칭하고 삼군 도총제부를 신설하였다.

1404년에는 수도를 개경에서 한성으로 옮기고, 그 이듬해에 관제 개혁을 통하여 왕권의 강화에 박차를 가했다. 또 억불숭유 정책을 강화하여 전국의 많은 사찰을 없애 버렸고, 5부 학당을 열어 유학을 장려하였다. 또한 *호패법을 실시하여 인구를 정확하게 파악할 수 있도록 하였다. 1414년에는 *도첩제를 강화하여 각종 부역에 승려를 동원하는 등 불교를 배척하였다.

국방 정책에도 많은 힘을 기울여 노략질이 심한 여진족을 회유하여 변방의 안정을 기했다. 문화 정책으로 *주자소를 세워 1403년(태종 3)에 동활자인 계미자를 만들었으며, 하륜 등에게 『동국사략』, 『고려사』 등을 편찬하게 하였다.

경제 정책으로도 *호포를 폐지하여 백성의 부담을 덜어 주었고, 저화를 발행하여 경제 유통이 잘

되도록 하였다. 또한 고려 말기의 순군 제도를 개편하여 최고의 사법 기관인 의금부를 설치하였다.
 왕권 강화와 문물 제도를 정비하여 중앙 집권 체제를 확립한 태종은 1418년 세종에게 왕위를 물려주고 상왕으로 물러났다. 그 뒤 세종의 뒤에서 국정을 감독하다가 1422년 56세를 일기로 세상을 떠났다. 능은 서울 서초구 내곡동에 있는 헌릉이다.

태종의 능인 헌릉과 호패(원내)

함께 보아요

* **도첩제**: 고려·조선 시대에 백성이 출가하는 것을 억제하기 위하여 중이 되려는 자에게 일정한 대가를 받고 허가장을 내주던 제도로, 조선 성종 때에 이를 폐지하고 백성이 출가하는 것을 금하였다.
* **의정부**: 조선 시대에 둔 행정부의 최고 기관이다. 1400년(정종 2)에 이방원이 신설한 것으로, 영의정·좌의정·우의정이 있어 이들의 합의에 따라 국가 정책을 결정하였다. 그 아래에 육조를 두어 국가 행정을 집행하도록 하였다.
* **주자소**: 조선 시대에 활자를 만들어 책을 찍어 내던 부서로, 1403년(태종 3)에 설치하였는데, 처음에는 승정원에 속하였다가 1460년(세조 6)에는 교서관에, 1782년(정조 6)에는 규장각에 속하였다.
* **호패법**: 조선 시대에 신분을 나타내기 위하여 16세 이상의 남자에게 호패를 가지고 다니게 하던 제도로, 태종 때 처음 시행하여 한동안 없앴다가 1459년(세조 5)에 다시 시행하여 조선 후기까지 계속되었다.
* **호포**: 고려·조선 시대에 집집마다 봄과 가을에 무명이나 모시 따위로 내던 세금이다. 고려 충렬왕 때부터 저포를 거두었으며, 조선 후기에 대원군은 군포를 호포로 고쳐서 양반과 평민이 똑같이 부담하게 하였다.

백제를 멸망시키고
삼국 통일의
기반을 마련한
신라 제29대 왕

태종 무열왕
(太宗 武烈王, 602~661)

재위 기간 : 654~661
이름은 김춘추

태종 무열왕은 진지왕의 손자이며 이찬 김용춘(용수)의 아들이다. 어머니는 진평왕의 큰딸인 천명 부인이며, 부인은 김유신의 누이동생인 문명 부인이다. 태종 무열왕은 어려서부터 영특했고 말을 잘했으며, 외교적 수완이 뛰어나 진덕여왕 때에는 벼슬이 이찬에 이르렀다.

642년(선덕여왕 11) 백제의 침입으로 대야성(경남 합천)이 함락되고 사위인 대야 성주 김품석이 죽자, 백제를 치기 위해 고구려에 원병을 청하러 갔다. 그러나 연개소문이 신라 진흥왕 때 고구려로부터 빼앗은 한강 상류 지역을 되돌려달라고 요구하자, 협상은 결렬되었다. 연개소문의 명으로 옥에 갇힌 태종 무열왕은 고구려 대신의 도움을 받아 탈출하여 신라로 돌아올 수 있었다.

648년 진덕여왕은 태종 무열왕을 당나라에 사신으로 파견하였다. 이때 태종 무열왕은 적극적인 친당 외교를 펼쳐, 당 태종으로부터 백제 공격을 위한 군사 지원을 약속받았다.

654년 진덕여왕이 죽자 대신들은 왕위 계승자로 상대등 알천을 천거했지만, 알천은 자신이 너무 늙었고 덕행이 부족하다는 이유로 사양하며 많은 사람들로부터 존경받고 있는 태종 무열왕을 천거하였다. 이에 태종 무열왕은 대신들의 추대를 받아 신라 최초의 진골 출신 왕으로 즉위하였다.

태종 무열왕은 즉위 후 *이방부령 양수에게 당나라의 제도를 모방한 *율령을 만들게 하고, 이방부격 60여 조를 제정하여 왕권을 강화하였다. 또 당나라와 계속 친교를 맺어 깊은 신뢰를 얻고, 개부 의동삼사 · 신라 왕에 책봉되었다. 659년 백제 의자왕이 신라의 변경 지방을 자주 침입하자, 백제 정벌을 위해 당나라에 군사를 요청하였다.

마침내 660년 3월, 당나라 소정방이 수군과 육군 13만 명을 이끌고 백제를 공격하였다. 그 해 5월, 태종 무열왕은 태자 법민과 김유신에게 정병 5만을 주어 백제를 협공하도록 하였다. 7월에는 김유신이 황산벌 전투에서 계백이 이끄는 5천 명의 백제 결사대를 격파하고, 당군과 연합하여 백제의 수도인 사비성을 함락시켰다. 계속해서 웅진성으로 피란했던 의자왕과 왕자 부여융의 항복을 받음으로써 마침내 백제를 멸망시킬 수 있었다.

신라는 태종 무열왕의 재위 기간에 왕권의 전제화가 확립되었고, 크게 성장한 귀족 세력을 중심으로 당나라의 율령 제도를 모방한 관료 체계가 정비되었다. 또 *구서당이라는 9개 군단을 설치하여 군사 조직이 강화되는 등 본격적인 국가 체제가 확립되었다. 또한 *금관가야의 왕족 출신으로 강력한 군사력을 지닌 김유신을 상대등에 임명하여 왕권을 더욱 강화할 수 있었다.

이처럼 태종 무열왕의 정치력과 김유신의 군사력이 결합하여 태종 무열왕의 직계 자손으로 8대 왕위가 이어짐으로써 120년 동안 정치의 황금기를 맞게 되었다.

태종 무열왕은 661년 백제 부흥군을 격파하고, 고구려 정벌을 위한 군사를 일으키다가 재위 8년 만에 60세를 일기로 세상을 떠났다.

경북 경주시 서악동의 서악동 고분군에 있는 태종 무열왕릉(왼쪽). 태종 무열왕릉에 있는 비석의 귀부와 이수의 전면(오른쪽 위). 태종 무열왕 지석(오른쪽 아래)

함께 보아요

*구서당 : 통일신라 시대에 중앙군으로 조직한 아홉 군대이다. 583년(진평왕 5)부터 687년(신문왕 7)까지 설치한 것으로, 국가적 단결과 민족적 융합을 꾀하기 위하여 신라 사람을 비롯하여 고구려인·백제인·말갈인까지 포함시켰는데, 옷깃의 색깔에 따라 아홉 가지로 구분하였다.

*금관가야 : 육가야 가운데 지금의 김해 땅에 있었던 나라로, 42년에 수로왕이 건국하였다고 하며, 한때 육가야의 맹주로 활약하였으나, 532년(법흥왕 19)에 신라에 병합되었다.

*율령 : 형률과 법령을 아울러 이르는 말로, 중국 수나라·당나라 때의 법전이기도 하다.

*이방부 : 신라 시대에 법률 제정과 집행에 관한 일을 맡아 보던 중앙 관아로, 651년(진덕여왕 5)에 설치하였으며, 667년(문무왕 7)에 좌이방부와 우이방부로 확대하였다.

| 조선 중기의 명필 | # 한석봉
(韓石峯, 1543~1605) | 이름은 한호. 자는 경홍
호는 석봉, 청사 |

한석봉은 경기도 개성에서 정랑을 지낸 한세관의 손자로 태어났다. 어려서부터 독학으로 *왕희지체, *안진경체 등의 필법을 익혀, 해서·행서·초서 등 모든 서체에 뛰어났다.

1567년(명종 22) 진사시에 합격한 뒤, 글씨를 잘 써서 *사자관이 되었고, 나라의 여러 문서와 명나라에 보내는 외교 문서를 도맡아 작성하였다. 또 조정에서 중국에 사신을 파견할 때에는 서사관이 되어 자주 동행하였다. 또한 외국 사신이 찾아왔을 때에도 잔치석상에 나가 정묘한 필치로 이름을 떨쳤다.

그 뒤로 벼슬이 올라 1599년 가평 군수, 1604년(선조 37)에는 흡곡 현령, 존숭도감 서사관을 지냈다.

1605년 63세를 일기로 세상을 떠난 그의 묘비에는 이런 글이 적혀 있다.

"송도에서 났으며, 점쟁이가 말하기를 '옥토끼가 동쪽에 났으니 낙양의 종이 값이 높아지리라. 이 아이는 반드시 글씨를 잘 써서 이름을 날릴 것이다.' 라고 하였다. 석봉은 자라면서 글씨 쓰기에 힘썼고, 꿈에 왕희지에게서 글씨를 받아 이로부터 마음 속으로 자부하고, 법첩(명필의 서첩)을 대할 때마다 신이 돕는 것 같아 마침내 해서·행서·초서에 그 묘를 다하지 아니함이 없었다."

보잘것없는 집안 출신이라는 이유로 높은 벼슬에는 오르지 못했으나, 오랫동안 국가의 문서를 다루는 사자관으로 활동했던 한석봉으로 인해 사자관 제도가 정립되었고, 사자관체라는 서체가 만들어졌다고 한다.

당대의 비평가들은 한석봉의 글씨에 대해 '예술성을 발휘하지 못하고 틀에 맞추려고만 한다.'는 혹평을 하였다. 그러나 한석봉이 김정희와 더불어 우리나라 서예계에서 쌍벽을 이루는 명필이라는 것은 부정할 수 없는 사실이다. 그 시대에 한석봉의 글씨체로『석봉서법』과『석봉천자문』등 많은 책이 만들어졌다는 사실이 그것을 입증한다.

현재 그가 직접 쓴 글씨는 남아 있는 것이 별로 없고, 비문은 많이 남아 있다.

전하는 비문으로는「허엽신도비」,「서경덕신도비」,「기자묘비」,「김광계비」,「행주승전비」,「선죽교비」등이 있다.

한석봉이 쓴 글씨들 – 김수로왕의 탄생지인 김해의 구지봉 석영문(왼쪽 위), 개성의 선죽교비(오른쪽), 도산 서원 현판(왼쪽 아래)

함께 보아요

* **사자관** : 조선 시대에 승문원과 규장각에서 문서를 또박또박 바르게 쓰는 일을 맡아 보던 벼슬이다.
* **안진경체** : 중국 당나라 때의 서예가 안진경(709~785)의 서체이다. 안진경의 서체는 왕희지의 서체와 달리 남성적인 박력과 균형이 잡히고 잘 다듬어진 균제미가 있어서 당나라 시대 이후 중국의 서도를 지배하였다. 안진경의 가문에서 만든 '안씨자양'은 당나라 때부터 청나라 때까지 약 1천 년 동안 중국의 과거 시험장에서 정체의 글씨로 쓰였다고 한다. 안진경의 글씨는 중국의 명필 유공권, 소동파, 왕탁 등에게 커다란 영향을 주었고, 우리나라에서도 한호, 조광진 등이 특히 안진경체에 능했다고 한다.
* **왕희지체** : 중국 최고의 서예가인 왕희지의 글씨체이다. 동진 사람인 왕희지는 한나라 때 생겨난 해서·행서·초서의 실용 서체를 예술적인 서체로 승화시킨 중국 최고의 서예가였다. 생존 당시에도 그의 서체를 알아주는 사람이 많아 값으로 따질 수 없을 만큼 인기가 높았다고 한다. 당나라 태종은 그의 글씨를 수집하여 한 조각의 글씨까지도 아끼다가 죽을 때 관에 넣어 갔다고 한다. 탁본만이 전해지는 왕희지의 서체는 바르고 힘차며 기품이 높다.

| 병인양요 때 프랑스 군대를 맞아 싸운 장군 | # 한성근
(韓聖根, ?~?) |

한성근은 언제 태어나고 죽었는지 자세한 기록이 없다. 1866년(고종 3) *병인양요 때 순무영의 초관으로서 집사 지홍관과 함께 강화도 문수산성을 지키고 있었다. 그때 프랑스 함대에서 상륙한 적의 대부대를 산성 남문에서 격파하였으나, 결국 무기의 열세와 병력 부족으로 패하고 말았다.

그 뒤 봉상시 봉사·병조 좌랑 등의 벼슬을 지냈고, 1867년에는 은산 현감·통진 부사·첨지중추 부사로 승진했다.

1881년 근대식 군대인 *별기군이 창설되자, *정령관이 되어 좌부령관 윤웅렬과 함께 신식 군사 훈련에 힘썼다. 같은 해 안기영 등이 흥선 대원군의 서자인 이재선을 왕으로 추대하려던 사건이 일어나자, 그 사건에 연루되어 윤웅렬 등과 함께 투옥되었다가 곧 무죄가 밝혀져 석방되었다.

그 뒤 병조 참판을 거쳐 1893년 한성부 판윤, 1896년 중추원 의관, 1899년 궁내부 특진관을 역임하였다.

한성근이 프랑스군을 습격한 문수산성과 성벽(원내)

함께 보아요

* **별기군** : 1881년(고종 18)에 조직한 근대식 군대로, 일본인 교관을 채용하여 근대식 군사 훈련을 시키고 사관생도를 양성하였다.
* **병인양요** : 대원군의 가톨릭 탄압으로 1866년(고종 3)에 프랑스 함대가 강화도를 침범한 사건이다. 병인박해 때 중국으로 탈출한 리델 신부가 텐진(천진)에 와 있던 로즈 제독에게 진상을 보고함으로써 일어났는데, 프랑스 함대는 약 40일 만에 물러갔다.
* **정령** : 대한제국 때의 영관 계급 가운데 하나로, 참장의 아래, 부령의 위이다.

| 홍길동전을 쓴 조선 중기의 소설가이자 문신 | **허균** (許筠, 1569~1618) | 자는 단보. 호는 교산, 성소, 백월거사 |

허균은 1569년 강원도 강릉에서 학자로 이름이 높던 동지중추 부사 허엽의 아들로 태어났다. 5세 때부터 글을 배워, 9세 때 시를 지을 정도로 총명했다. 그 뒤 유성룡에게 학문을 배웠고, 둘째 형의 친구인 *'삼당시인' 이달에게서 시를 배웠다.

임진왜란이 한창이던 1594년(선조 27) 문과에 급제하고, 검열·세자시강원 설서를 지냈다. 1597년 다시 과거에 응시하여 문과중시에 장원 급제했다. 그 이듬해에 황해도 도사가 되었으나, 서울 기생을 황해도로 끌어들였다는 이유로 탄핵을 받아 파직되었다.

1610년 전시의 시험 감독관으로 있으면서 조카와 사위를 합격시켰다는 탄핵을 받아 전라도 함열로 유배되었다. 1613년 *계축옥사로 평소 친교가 있던 서류(서자) 출신의 서양갑, 심우영이 처형을 당하자, 신변에 위협을 느끼고 권신 이이첨에게 아부하여 대북파가 되었다. 그리하여 예조 참의·호조 참의·승문원 부제조 등으로 벼슬이 높아졌다.

1614년 *천추사가 되어 명나라에 다녀왔고, 그 이듬해에도 동지 겸 진주 부사로 다시 명나라에 다녀왔다. 이때 명나라 학자들과 사귀었으며 귀국할 때 많은 책을 가져왔는데, 그 가운데에는 천주교 기도문과 지도가 섞여 있었다고 한다.

1617년 허균은 인목대비의 폐위를 주장하다가 반대하던 영의정 *기자헌과 사이가 벌어졌고, 결국 기자헌이 길주로 유배를 가게 되었다. 그러자 기자헌의 아들 기준격이 아버지를 구하기 위해 허균이 반역을 꾀했다는 상소를 올렸다. 이에 허균도 무죄를 주장하는 상소를 올려 변명하였다.

1618년 8월 남대문에 격문을 붙인 사건이 일어났는데, 허균의 심복 현응민이 붙였다는 것이 탄로났다. 이때 허균과 기준격을 대질 심문하여 역적모의를 했다는 사실이 밝혀져서 하인준, 김개, 김우성 등과 함께 저자거리에서 능지처참을 당하였다.

허균은 유교 집안에서 태어나 유학을 공부했는데도 당시 이단으로 지목되던 불교와 도교에 깊은 관심을 보였다. 특히 불교에 대해서는 출가하여 중이 될 생각을 했을 정도로 심취해 있었다.

그가 지은 소설 『홍길동전』은 당시 조선 사회의 모순을 비판한 대표적인 걸작이다. 그 외의 작품으로 『교산시화』, 『성소부부고』, 『성수시화』, 『학산초담』, 『한정록』 등이 있다.

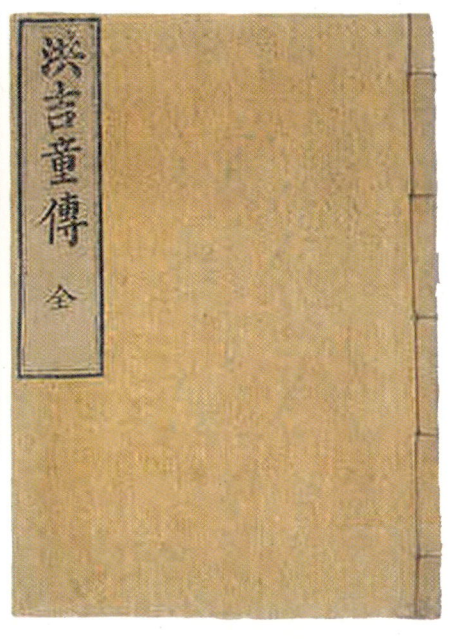

허균과 허균의 누이인 *허난설헌이 태어난 생가(왼쪽). 「홍길동전」 표지(오른쪽)

함께 보아요

* **계축옥사** : 1613년(광해군 5)에 대북파가 영창 대군 및 반대파 세력을 제거하기 위하여 일으킨 옥사이다. 1608년 광해군이 즉위하자 대북파의 정인홍·이이첨 등이 소북파가 선조의 적자인 영창 대군을 왕으로 옹립하려 했다는 구실로 소북파를 축출하였다.

* **기자헌**(1562~1624. 자는 사정. 호는 만전) : 조선 중기의 문신으로 1690년 문과에 급제하고 여러 벼슬을 거쳐 1604년 좌의정으로 승진하였다. 이때 선조가 세자 광해군을 폐하고 영창 대군을 후계자로 삼으려 하자, 강력히 반대하여 광해군을 즉위시키는 데 공헌하였다. 1611년(광해군 3) 대북파의 전횡이 지나치자 사직하였다가, 중추부판사에 임명되었다. 1614년 영의정에 발탁되었으며, 1617년 폐모론이 일어나자 반대했다가 관작을 삭탈당했다. 1623년 인조반정을 모의할 때 김류, 이귀 등이 의사를 타진해 오자, 신하로서 왕을 폐할 수 없다 하여 거절하였다. 이괄의 난 때 적과 내통할 우려가 있다 하여 사사되고 일족도 몰살되었다. 후에 이원익 등의 상소로 복관되었다.

* **삼당시인** : 조선 중종과 선조 대에 시로 이름을 떨친 세 사람의 시인으로, 백광훈, 최경창, 이달을 말한다.

* **천추사** : 조선 시대에 중국 황제나 황후, 황태자의 생일을 축하하기 위하여 보내던 사신이다.

* **허난설헌**(1563~1589. 본명은 허초희. 호는 난설헌) : 조선 시대 여류 시인으로, 강원도 강릉에서 허엽의 딸로 태어났으며 허균의 친누나이다. 8세 때 『광한전백옥루상량문』을 짓는 등 신동 소리를 들었다. 허씨 가문과 친교가 있었던 이달에게 시를 배웠고, 15세 때에 김성립과 혼인하였다. 그러나 두 자식을 모두 잃고, 친정오빠와 동생이 귀양가는 등 비극이 연속되자, 27세의 나이로 생을 마쳤다. 조선 사회의 모순과 가정의 비극으로 인해 그의 시 213수 가운데 속세를 떠나고 싶은 신선시가 무려 128수나 된다. 작품 일부를 허균이 명나라 시인 주지번에게 주어 중국에서 『난설헌집』이 간행되어 격찬을 받았다.

허준 (許浚, 1546~1615)

한방 의학의 교과서인 동의보감을 지은 의학자 | 자는 청원. 호는 구암

허준은 경기도 김포에서 용천 부사로 있던 허윤의 아들로 태어났다. 할아버지와 아버지가 무관 출신이었지만, 허준은 무과에 지원하지 않고 의학 공부를 하였다. 29세 때인 1574년(선조 7) 의과에 급제한 허준은 *내의원에서 근무하며 내의·태의·어의로서 명성을 날렸다.

1590년 12월, 허준은 왕자의 두창(천연두)을 낫게 하여 *당상관으로 승진했다. 이때 대신들이 '허준의 공은 인정하나 의관이 당상관의 벼슬을 받는 것은 지나치다.' 며 반대했지만, 선조는 끝내 명을 거두지 않았다. 1592년 임진왜란이 일어나자, 허준은 어의로서 선조를 피란지인 의주까지 한시도 자리를 비우지 않고 무사히 호위하여 호종공신이 되었다.

1596년에는 선조의 명을 받들어 양예수, 정작 등과 함께 내의원에 편집국을 설치하고, 『동의보감』 편찬 작업에 착수하였다. 그러나 이듬해에 정유재란이 일어나자, 편찬 일은 중단되고 말았다.

그 뒤 선조는 다시 허준에게 명하여 단독으로 의서를 편찬하게 했다. 허준은 왕의 건강을 돌보는 어의로서의 본분에 충실하면서도 열심히 연구하여 16년 만인 1610년(광해군 2) 마침내 『동의보감』을 완성하였다. 허준이 일생을 바쳐 완성한 『동의보감』은 당시의 의학 지식을 총망라한 임상 의학의 백과사전으로, 내경·외형·잡병·탕액·침구 등 5편으로 구성되어 있다.

또한 『동의보감』은 조선의 한방 의학 발전에 큰 영향을 미쳤을 뿐만 아니라, 18세기에는 일본과 청나라에서도 간행될 만큼 높이 평가되었고, 지금도 여러 나라에서 번역 출판되고 있다.

1601년 허준은 의관으로는 파격적인 정2품 정헌 대부·지중추 부사에 임명되었고, 1604년에는 충근정량 호성공신 3등이 되면서 *숙마 한 필을 하사받았다. 이어 1606년 1월에는 양평군 정1품 *보국숭록 대부가 *가자되었다. 그러나 이때 사간원과 사헌부에서 수 차례에 걸쳐 명을 거둘 것을 청하여 선조는 어쩔 수 없이 허준에게 내린 벼슬과 훈작을 거두었다.

1607년 11월 선조의 병이 깊어지자, 허준은 이듬해 2월 죽을 때까지 한시도 곁을 떠나지 않고 환후를 돌보았다. 선조가 죽고 광해군이 왕위에 오른 뒤에도 허준은 변함없이 어의로서 왕을 보필하며 사랑을 받았다.

1615년 11월 70세를 일기로 세상을 떠나자, 광해군은 그에게 선조가 거두었던 부원군과 보국의 가자를 추증하였다. 허준은 대표작인 『동의보감』 외에도 『벽역신방』, 『신찬벽온방』, 『언해구급방』 등 많은 저서를 남겼다.

허준 박물관과 허준의 『동의보감』

함께 보아요

* **가자** : 조선 시대에 관원들의 임기가 찼거나 근무 성적이 좋은 경우 품계를 올려 주던 일로, 왕의 즉위나 왕자의 탄생과 같은 나라의 경사스러운 일이 있거나, 반란을 평정했을 경우에 주로 행하였다.
* **내의원** : 조선 시대에 궁중의 의약을 맡아 보던 관아이다. 1443년(세종 25)에 내약방을 고친 것으로, 1885년(고종 22)에 전의사로 고쳤다.
* **당상관** : 정3품 이상의 품계에 해당하는 벼슬을 통틀어 이르는 말이다.
* **보국숭록 대부** : 조선 시대에 둔 정1품 문무관의 벼슬을 말한다.
* **숙마** : 벼슬아치가 공로를 세웠을 때 내리던 상으로, '숙마 1필 하사'라는 글을 적은 첩지이다. 이 첩지를 받은 사람은 어디를 가든 길이 잘 든 말 한 필을 얻어 탈 수 있었다.

허준 313

현종

(顯宗, 992~1031)

고려 왕조의 기틀을 다진 임금

재위 기간 : 1010~1031
이름은 왕순. 자는 안세
시호는 원문

고려 제8대 왕인 현종은 태조 왕건의 여덟째 왕자인 안종 왕욱의 아들이다. 처음에는 대량원군에 봉해졌으나, 12세 때에 목종의 어머니인 천추태후(헌애왕후)의 강요로 숭교사에 들어가 중이 되었다. 1006년(목종 9) 다시 삼각산 신혈사로 옮겨져서 숨어 지내다가, 1009년 서북면 도순검사 강조가 정변을 일으켜 목종을 폐위하고, 이듬해에 왕으로 옹립하였다.

그 해 강조가 목종을 살해한 것에 대하여 책임을 묻는다는 구실로 거란의 성종이 40만 대군을 이끌고 쳐들어왔다. 현종은 강조에게 30만 대군을 주어 거란 군을 막게 하였으나 참패하고 말았다.

이듬해에 개경이 함락되자, 현종은 전남 나주까지 피란하였다. 그 후 얼마 뒤, 왕이 거란 왕을 찾아가 인사를 드린다는 입조를 조건으로 화의가 성립되어 거란 군은 물러갔다. 그러나 현종은 거란 왕을 만나러 가지 않았다.

1018년 거란은 다시 현종의 입조와 *강동 6주의 반환을 요구하며 3차 침입을 하였다. 소배압이 지휘하는 거란의 10만 대군은 고려군에게 연전연패하였고, 퇴각하다가 상원수 강감찬의 뛰어난 전술로 귀주(평북 구성군)에서 거의 전멸하다시피 하였다(귀주 대첩).

이듬해인 1019년, 고려와 거란은 국교를 맺어 평화적인 우호 관계를 회복했고, 13세기 중엽 몽고의 침입이 있을 때까지 약 2세기 동안 그 관계는 지속되었다.

여러 차례 죽을 고비를 넘기고 왕위에 오른 현종은 모든 사치와 호화로운 의식을 폐지하고 승려들의 횡포도 엄금하였다. 또 헐벗고 굶주린 백성들을 구제하기 위해 많은 정책을 펼쳤다.

불교와 유교가 동시에 발전하기를 도모하며 폐지되었던 연등회와 팔관회를 부활시켰고, 옛 유학자들을 존숭(높이 받들어 숭배함)하는 뜻에서 신라 시대의 학자인 설총, 최치원 등을 추봉하고 문묘에 배향하여, 한국 최초로 문묘 배향의 선례를 만들었다. 또한 불교의 힘을 빌어 거란군의 침략을 물리치기 위하여 *대장경의 제작에 착수하여, 6천여 권에 달하는 방대한 분량을 대부분 완성시켰다.

한편으로 지방 관제를 합리적으로 조절하기 위하여 12주의 절도사를 폐지하고 *군현제를 실시하였으며, *사심관의 선출을 엄격히 제한하였다.

현종은 대내적으로는 국왕을 정점으로 한 강력한 중앙 집권 체제를 정비하고, 대외적으로는 고구려의 옛 영토를 회복하려는 강력한 북진 정책의 실천으로, 북방 민족에 대하여 자주적인 입장을 확립하여, 고려 건국 1세기 만에 왕조의 기틀을 다졌다.

1031년 재위 20년, 40세를 일기로 세상을 떠난 현종의 능은 경기도 개풍군에 있는 선릉이다.

귀주 대첩에서 승리한 강감찬을 맞이하는 현종과 백성들

함께 보아요

* **강동 6주** : 고려 시대에 북방 진출에 장애가 되었던 여진족을 몰아 내고 평안북도 서북 해안지대에 설치했던 6주로, 흥화·용주·통주·철주·귀주·곽주를 말한다.

* **군현제** : 전국을 '군'으로 가르고 군을 다시 '현'으로 갈라, 중앙 정부에서 지방관을 보내어 직접 다스리던 제도를 말한다. 중국 진나라의 시황제 때에 지방 분권적인 봉건 제도의 약점을 없애기 위하여 실시한 중앙 집권적 성격을 띤 지방 행정 제도로, 우리나라에서는 삼국 시대에 들여와 실시하였다.

* **대장경** : 불경을 집대성한 경전으로, 석가모니의 설교를 기록한 경장, 모든 계율을 모은 율장, 불제자들의 논설을 모은 논장을 모두 망라하였다.

* **사심관** : 고려 시대에 서울에 있으면서 고향의 일에 관여하던 벼슬아치를 말한다. 각 지방의 호족 세력을 억제하고 중앙 집권을 이루기 위해 둔 것으로, 부호장 이하의 향직을 임명할 수 있었고 그 지방의 치안을 담당했다.

홍난파
(洪蘭坡, 1898~1941)

봉선화를 만든 작곡가 | 본명은 홍영후

홍난파는 경기도 화성군 남양읍에서 태어나 5세 때 서울로 올라왔다. 14세 때인 1912년, *YMCA 중학부에 들어가면서 음악에 관심을 갖게 되었다.

1913년 우리나라 최초로 설립된 전문 음악 기관인 조선 정악 전습소 서양악과에 입학하여 1년 동안 바이올린을 배웠고, 졸업 후에는 조선 정악 전습소의 교사가 되었다. 교사로 근무하던 1916년 최초의 곡으로 추정되는 행진 곡풍의 야구 응원가 〈야구전〉을 작곡하였다.

1917년 일본으로 건너가 도쿄 우에노 음악 학교에 입학하여 음악·문학·미술 등 세 가지 분야에 걸쳐 잡지 발간 등 문예 활동에 주력하였다. 재일 유학생들이 중심이 된 항일 운동에 가담한 것이 원인이 되어 2년 뒤에 귀국한 홍난파는 *〈매일신보〉의 기자로 일하면서 1920년 창작곡집 『처녀혼』을 출간하였다. 그의 대표작인 〈봉선화〉는 『처녀혼』의 첫머리에 〈애수〉라는 곡명으로 발표된 작품이다.

1925년 제1회 바이올린 독주회를 가졌고, 이 무렵에 우리나라 최초의 음악 잡지인 〈음악계〉를 발간하였다. 또한 소설 『처녀혼』, 『향일초』, 『폭풍우 지난 뒤』 등을 발표하여 문학적 재능도 보였다.

1926년 다시 일본으로 건너가 도쿄 고등 음악 학교에 편입하고, 이듬해에 도쿄 신교향악단의 제1바이올린 연주자가 되었다. 1929년 공부를 마치고 귀국한 홍난파는 중앙 보육 학교 교수로 재직하면서 제자들을 가르쳤다.

1931년 조선 음악가 협회 상무이사로 있다가 같은 해에 미국으로 건너가 셔우드 음악 학교를 졸업하고, 미국에서 독주회를 가진 뒤 귀국하였다.

1933년 이화여전 강사로 있다가 경성 보육 학교 교수로 전임하였다. 1935년부터는 '나소운'이라는 예명으로 〈백마강의 추억〉 등 총 14곡의 대중가요를 발표하기도 하였다.

1936년 경성 방송 현악단의 지휘자, 빅터 레코드사의 양악 부장을 지냈으며, 이영세 등과 난파트리오를 조직하여 실내악 활동에도 많은 관심을 가졌다. 1940년 우리나라 최초의 관현악단을 조직하여 서양 음악의 보급에 힘썼다.

우리나라 초창기 악단의 선구적 개척자인 홍난파는 1941년 44세를 일기로 세상을 떠났다. 그 외의 작품으로는 〈성불사의 밤〉, 〈옛동산에 올라〉, 〈달마중〉, 〈낮에 나온 반달〉 등이 있고, 지은 책으로는 『음악만필』, 『세계의 악성』 등이 있다.

홍난파 선생의 생가(왼쪽 위). 홍난파 선생의 고향의 봄 기념비(오른쪽). 홍난파 선생의 근영(왼쪽 아래)

함께 보아요

* **YMCA**(기독교 청년회) : 기독교에 바탕을 둔 국제적인 청년 운동 단체로, 1844년에 조지 윌리엄스가 영국에서 창립하여 전세계로 퍼졌다. 인격 향상과 봉사 정신에 의한 사회 활동을 목적으로 하는 단체이다.

* **〈매일신보〉** : 1910년 8월에 조선 총독부의 기관지로 창간한 일간 신문이다. 국권 강탈 후 〈대한매일신보〉를 강제 매수하여 발행한 것으로, 국한문판과 한글판으로 간행하였으며 1945년에 〈서울신문〉으로 이름을 고쳤다.

| 지구의 자전설을 주장한 조선 후기 실학자 | # 홍대용
(洪大容, 1731~1783) | 자는 덕보
호는 담헌, 홍지 |

홍대용은 1731년 홍역의 아들로 태어났다. 그의 할아버지는 영조 대에 대사간을 지낸 홍용조이다. 어린 시절 유학자인 김원행에게 학문을 배웠고, *북학파의 실학자로 유명한 박지원, 박제가 등과 절친하게 지냈다.

1765년(영조 41) 숙부인 홍억이 서장관으로 청나라에 갈 때 군관으로 따라가게 되었다. 이때 홍대용은 60여 일 동안 북경에 머무르면서 두 가지 중요한 경험을 하게 되었다. 그 하나는 우연히 사귀게 된 항저우(항주) 출신의 중국 학자들에게 경의·성리·역사·풍속 등 많은 것을 배운 일이고, 다른 하나는 천주교 성당에 가서 서양 문물을 접하고 독일 사람인 흠천감정 할레르슈타인, 부감 고가이슬과 필담을 나누며, 관상대를 견학하고 천문 지식을 넓힌 것이다. 이 당시 북경에서 깊이 사귄 엄성, 반정균, 육비 등의 중국 학자들과는 귀국 후에도 편지를 주고받으며 계속 교류하였다.

홍대용의 사상적 성숙에 결정적인 영향을 준 북경 방문은 『연기』 속에 상세히 기록되어 있다. 그가 북경을 다녀와서 쓴 기행문인 『연기』는 조선 시대의 대표적인 작품이기도 한데, 박지원의 『열하일기』에도 큰 영향을 주었다.

홍대용은 귀국 후에 과거 시험에 여러 차례 도전했으나, 번번이 낙방하였다. 그러나 1774년(영조 50) *음보로 *선공감 감역과 및 세손익위사시직이 되었고, 1777년(정조 1)에 사헌부 감찰·태인 현감을 거쳐, 1780년(정조 4)에는 영주 군수로 승진했다.

조선 후기 북학파의 선구자인 홍대용은 우리나라에서는 처음으로 지구가 돈다는 '자전설'과 우주는 끝도 없이 넓다는 '우주 무한론'을 주장하였다. 이런 자연관을 바탕으로 지구상의 모든 생물체와 마찬가지로 인간도 대자연의 일부라는 주장을 펼쳤다.

한편으로 홍대용은 *균전제, *부병제를 토대로 하는 경제 정책의 개혁을 주장하였다. 또 과거 제도를 폐지하여 *공거제에 의한 인재 등용과 신분의 차별 없이 8세 이상의 아이들은 모두 교육을 시켜야 한다는 혁신적인 개혁 사상을 주장하였다.

조선 시대 가장 뛰어난 과학 사상가이기도 한 홍대용은 1783년 53세를 일기로 세상을 떠났다. 지은 책으로는 『담헌설총』이 있다.

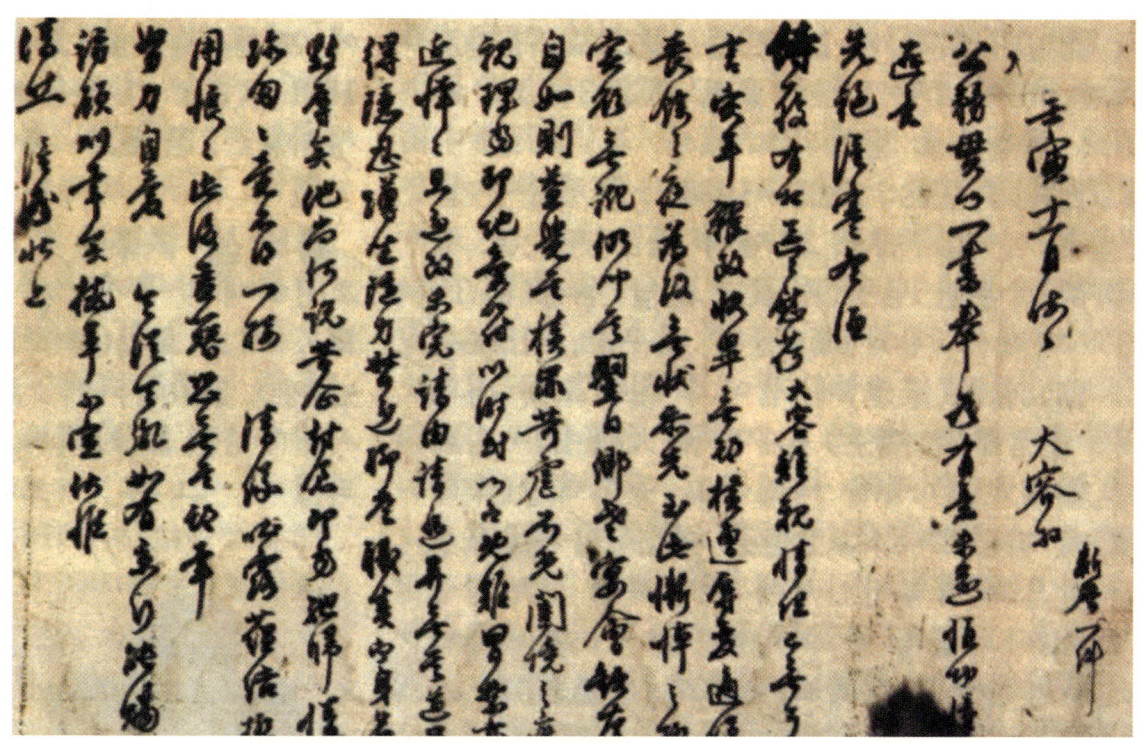

홍대용의 친필 편지(위). 홍대용 시비(왼쪽 아래). 홍대용이 만든 혼천의(오른쪽 아래)

함께 보아요

* **공거제** : 과거 시험을 치르지 않고 각 지방의 우수한 인재를 추천하여 등용하던 제도를 말한다.
* **균전제** : 토지를 백성들에게 고르게 나누어 주던 제도이다.
* **부병제** : 중국의 서위에서 시작하여 수나라와 당나라에 이르러 정비된 군사 제도를 말한다. 병농일치를 이상으로 한 것으로, 균전 농민에서 군인을 뽑아 부병으로 하고 농한기에 훈련을 시킨 후, 경비를 맡기고 조세를 면제하여 주었다.
* **북학파** : 조선 영조·정조 시대에 북학을 주장한 실학의 한 파이다. 청나라의 앞선 문물 제도 및 생활양식을 받아들일 것을 주장한 학파로, 특히 상공업의 진흥과 기술의 혁신에 관심을 쏟았는데 이덕무, 박지원, 홍대용, 박제가 등이 대표적인 인물이다.
* **음보** : 조상의 덕으로 벼슬을 얻는 것을 말한다.
* **선공감** : 조선 시대 때 토목·영선에 관한 일을 맡아본 관청이다.

봉오동 전투를
승리로 이끈
한말의 의병장

홍범도
(洪範圖, 1868~1943)

호는 여천

홍범도는 1868년 평안북도 양덕에서 태어났다. 어렸을 때 집안이 함경남도 갑산으로 이사하여, 그 곳에서 사냥과 광산 노동자로 일하며 살았다.

1907년 9월, 일제가 '총포 및 화약류 단속법'을 공포하고, 포수들의 총을 회수하려 하였다. 홍범도는 함께 사냥을 다니던 차도선, 태양욱, 송상봉 등과 함께 산포대를 조직하여, 총을 회수하러 온 일본군과 유격전을 벌였다. 무려 9시간이 넘는 싸움 끝에 일본군을 전멸시키고 갑산 지역을 장악하였다.

1910년 한일 병합으로 우리나라가 일본의 식민지가 되자, 홍범도는 부하들을 이끌고 만주로 건너가서 독립군 양성에 주력하였다. 이듬해에는 부하 박영신에게 함경북도 경원의 일본군 수비대를 습격하게 하여 큰 성과를 거두었다.

1919년 3·1운동이 일어나자 홍범도는 *대한 독립군 총사령이 되어 약 4백 명의 부하들을 이끌고 국내로 잠입했다. 홍범도의 부대는 곧바로 갑산·혜산·자성 등지의 일본군을 급습하여 큰 전과를 거두었다. 그 중에 만포진 전투에서는 70여 명의 일본군을 사살하는 전과를 올렸다.

1920년 6월, 일본군이 독립군 본거지인 두만강 건너편에 있는 봉오동을 공격해 왔다. 이때 홍범도는 7백여 명의 독립군을 지휘하여, 3일간의 치열한 전투 끝에 일본군 1백 20여 명을 사살하였다. 그 해 10월, 청산리 전투에서도 홍범도는 제1연대장으로 참가하여, 제2연대장 김좌진, 제3연대장 최진동 등과 함께 일본군을 크게 물리쳤다.

그 후 항일 단체들의 통합을 추진하여 대한 독립군단을 조직하고 부총재가 되었다. 1921년에는 간도 지방의 김좌진, 최진동 부대와 함께 러시아로 이동하여, 헤이룽강(흑룡강) 자유시를 새로운 근거지로 삼고 스랍스케 부근에 주둔하였다. 이때 레닌 정부의 협조를 얻어 *고려 혁명 군관 학교를 설립하는 등 독립군의 양성에 힘썼다.

그러나 1921년 6월, 러시아 공산당의 배반으로 독립군이 무장 해제되는 *흑하 사변을 겪게 되었다. 그 후 북만주로 탈출하여 후진 양성에 힘쓰다가, 1943년 시베리아에서 병사하였다.

1962년 건국훈장 대통령장이 추서되었다.

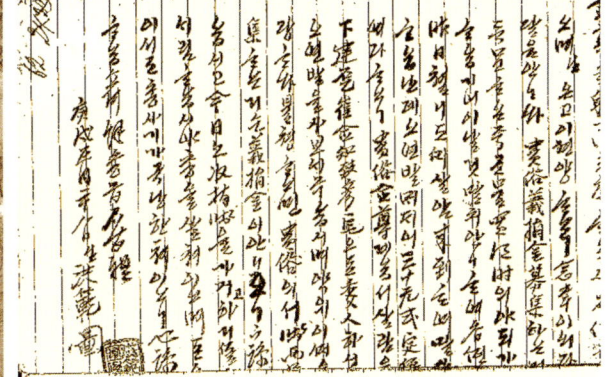

홍범도 장군의 *봉오동 전투 그림(위). 홍범도 장군의 가족들(왼쪽 아래). 홍범도 장군의 친필 편지(오른쪽 아래)

함께 보아요

- **＊고려 혁명 군관 학교** : 러시아의 이르쿠츠크 시에 설립한 한국인 군관 학교로, 1920년 청산리 전투 뒤에 설립되었다.
- **＊대한 독립군** : 1919년에 만주에서 홍범도를 중심으로 조직한 항일 독립군을 말한다. 1920년 봉오동 전투에서 일본군과 싸워 크게 승리하는 등 활약하다가, 뒤에 대한 독립군단에 편입되었다.
- **＊봉오동 전투** : 1920년 6월에 만주 봉오동에서 홍범도가 이끄는 대한 독립군이 일본군 제19사단을 크게 무찌른 싸움을 말한다.
- **＊흑하 사변** : 1921년 러시아령 자유시(알렉세예프스크)에서 한국 독립군 부대와 러시아 적군이 교전한 사건으로, '자유시 사변'이라고도 한다.

홍범도 321

홍영식
(洪英植, 1855~1884)

갑신정변을 일으킨 조선 후기의 문신

자는 중육. 호는 금석
시호는 충민

홍영식은 서울에서 영의정 홍순목의 아들로 태어났다. 어린 시절 *박규수의 제자로 들어가 김옥균, 박영효, *서광범 등과 함께 개화 사상에 관심을 가졌고, 개항 직후 박규수가 죽자, 중인 의관인 *유홍기의 지도를 받았다.

1873년(고종 10) 식년문과에 병과로 급제하여, 규장각의 정자·대교·직각 등을 역임하며 *민영익과 가깝게 지냈다.

1881년에 *신사유람단의 일원으로 선발되어 주로 일본의 육군 부대를 시찰하고, 『일본육군총제』와 『일본육군조전』을 작성하였다. 귀국 후에 *통리기무아문의 군무사부경리사가 되었고, 민영익과 함께 총무국을 담당하였다. 이듬해에는 부제학을 거쳐 참의통리내무아문사무·참의군국사무·참의교섭통상사무를 역임하였다. 1883년 협판교섭통상사무를 지내고 전권부 대신으로 미국에 다녀왔으며, 1884년에는 병조 참판으로 승진했다. 개화에 깊은 관심을 가지고 있던 홍영식은 미국의 문물을 보고 온 뒤부터 개화당에서 더욱 적극적으로 활동하였다.

1884년 3월, 우정국 총판을 겸임하며 우정국의 설립에 전력하던 홍영식은 10월 17일, 우정국(우체국)의 개국연을 계기로 갑신정변을 일으켰다. 김옥균 등 개화당과 일본 세력이 협력하여 일으킨 갑신정변은 이른바 청나라를 섬기는 사대당을 제거하고, 개화당 정부의 수립을 시도한 것이었다.

홍영식은 처음에 신정부의 좌우영사 겸 우포장에 제수되었다가, 곧 좌의정에 제수되었다. 그러나 청나라의 개입으로 갑신정변은 삼일천하로 끝나고 말았다. 이때 개화당 지도층 대부분은 일본으로 망명했지만, 홍영식은 박영교와 함께 고종을 호위하다가 청나라 군사들에게 살해되었다. 그의 아버지 홍순목도 이 사건으로 인해 자살하고 말았다.

집안이 좋고 성품도 온후하여 누구에게나 존경을 받았던 홍영식은 1894년 *갑오개혁으로 신분이 회복되었고, 대제학에 추증되었다.

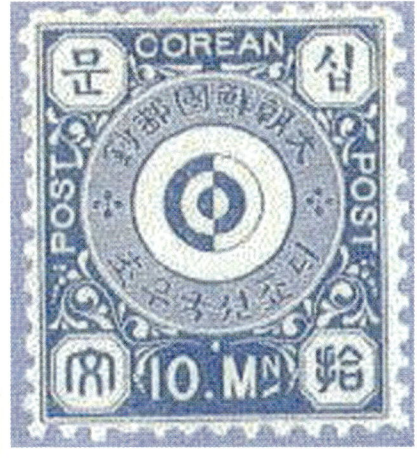

홍영식과 개화파들 – 앞줄의 맨 왼쪽이 홍영식(왼쪽). 홍영식이 우리나라 최초로 발행한 우표(오른쪽)

함께 보아요

* **갑오개혁** : 1894년(고종 31)부터 1895년(고종 32)까지 고종이 추진한 근대화 개혁으로, '갑오경장'이라고도 한다. 이때 과거 제도 폐지, 도량형 통일, 과부 재가 허용 등 정치·경제·사회 분야의 제도를 바꾸었다.

* **민영익**(1860~1914. 호는 운미, 죽미, 원정) : 조선 말기의 문신·개화 사상가·예술인으로, 1881년에 별기군의 실질적인 운영 책임자를 지냈다. 1883년에 전권대신으로서 최초로 서양 문물을 시찰하고, 유럽을 경유하여 귀국하여, 개화당을 압박하다가 갑신정변 때 부상을 당했다. 1905년 을사조약의 강제 체결로 친일 정권이 수립되자 상하이로 망명했다가 그 곳에서 사망했다. 행서에 능했으며, 중국 문인화의 대가이기도 하다.

* **박규수**(1807~1877. 호는 환재, 환재거사) : 조선 후기의 문신·개화 사상가이다. 박지원의 손자로, 연암집을 통하여 실학적 학풍에 눈을 떴다. 1866년 평안도 관찰사로 있을 때 대동강에 불법 침입한 미국 상선 제너럴 셔먼호의 격침을 직접 지휘했다. 1875년 운요호 사건 때 대신들의 반대를 무릅쓰고 일본과 강화도 조약을 맺었으며, 서양 문물에 밝아 문호를 개방할 것을 주장하였다. 김옥균, 박영효 등 개화파에 영향을 주었고, 저서로는 『환재집』, 『환재수계』 등이 있다.

* **서광범**(1859~1897. 자는 서구. 호는 위산. 시호는 익헌) : 일찍이 박규수, 오경석 등의 영향을 받아 김옥균, 박영효 등과 함께 개화당을 만들었고, 1880년 증광문과에 급제하여 규장각 대교, 홍문관 부수찬 등을 거쳐 승정원 동부승지 등을 지냈다. 1882년 수신사 박영효를 따라 일본에 건너가 새로운 문물 제도를 살피고 돌아온 뒤 정치 개혁을 계획하였다. 1884년 개화당과 함께 갑신정변을 일으켰으나, 실패하자 일본으로 망명하였다. 1895년 주미 특명 전권 공사로 미국에 갔으나 이듬해 아관파천으로 해임되었다.

* **신사유람단** : 1881년(고종 18)에 새로운 문물 제도의 시찰을 위하여 일본에 파견한 시찰단이다. 시찰단은 전문 위원인 12명의 대신들과 그 수행원을 합쳐 모두 60여 명으로 구성되었다.

* **유홍기**(1831~?. 자는 성규. 호는 대치, 여여) : 중인 계급 출신의 한의사로, 친구 오경석이 청나라에서 가져온 『해국도지』, 『영환지략』, 『박물신편』 등 선진문물을 소개한 책을 읽고 일찍부터 개화에 눈을 떴다. 청년 개화 사상가들이 모두 그의 영향력 아래에 있었기 때문에, 사람들은 그를 '백의정승'이라 불렀다. 격변하는 국제 정세에 발맞춘 문호 개방과 정치 혁신을 주장했으나, 개화당의 갑신정변이 실패한 뒤 행방불명되었다.

* **통리기무아문** : 조선 말기에 정치·군사에 관한 사무를 총괄하여 맡아보던 관아이다. 1880년(고종 17)에 설치하였는데, 1882년(고종 19)에 통리내무아문과 통리아문으로 나누었다.

| 한일 병합으로 일본의 식민지가 되자 목숨을 버린 우국지사 | **황현** (黃玹, 1855~ 1910) | 자는 운경. 호는 매천 |

황현은 전라남도 광양에서 황시묵의 아들로 태어났다. 어린 시절부터 총명했던 그는 청년 시절에 과거를 보려고 서울로 올라왔다가 글을 잘하여 이름이 알려진 강위, 이건창, *김택영 등과 친하게 지내며 많은 것을 배웠다.

1883년(고종 20) 과거에 응시하여 첫 시험에서 그의 글이 1등으로 뽑혔으나, 시험관이 그가 시골 출신이라는 이유로 2등으로 내려놓았다. 이 사실을 알게 된 그는 조정 관리들의 부정부패에 염증을 느껴, 다음 시험에 응시하지 않고 고향으로 내려가 버렸다.

1888년 아버지의 엄명으로 어쩔 수 없이 생원회시에 응시하여 장원으로 합격하였다.

그러나 당시 나라의 형편은 *임오군란과 갑신정변을 겪은 뒤, 청나라의 간섭 아래에서 *수구파 정권이 혹독하게 세금을 거둬들이는 등 부정부패가 극심하였다. 그것을 보고 황현은 벼슬길에 나가지 않겠다고 결심하고 고향으로 돌아왔다. 그 뒤, 전남 구례에 작은 서재를 마련하여 3천여 권의 책을 쌓아놓고 독서와 글짓기, 역사 연구에 몰두하였다.

1894년 동학 농민 운동, 갑오개혁, 청일 전쟁이 연이어 일어나자 급박한 위기감을 느끼고, 후손들에게 남겨 주기 위하여 『매천야록』과 『오하기문』을 지었다.

1905년 11월 일제가 강제로 을사조약을 체결하여 국권이 박탈당하자, 그는 울분을 참지 못하고 당시 중국에 있던 김택영과 국권 회복 운동을 하기 위해 망명을 시도하다가 실패하였다.

1910년 8월 일제에 의한 '한일 병합'으로 나라를 빼앗기자, 통분하여 '절명시 4수'를 남긴 채 다량의 아편을 먹고 자살하였다.

1962년 건국훈장 국민장이 추서되었다.

지은 책으로는 『매천집』, 『매천시집』, 『매천야록』, 『오하기문』, 『동비기략』 등이 있다.

황현 사당의 창의문과 황현의 초상화(원내)

함께 보아요

* **김택영**(1850~1927. 자는 우림. 호는 창강) : 경기도 개성에서 태어나 1891년 진사 시험에 합격했다. 1895년 중추원 서기관으로 근무하다가 이듬해에 사직하고 고향으로 내려갔다. 1903년 통정 대부에 오르고 1905년 학부 편집 위원을 역임하였다. 을사조약이 체결되자 국가의 장래를 통탄하던 중 1908년 중국으로 망명하여, 퉁저우에 살면서 학문과 문장 수업으로 여생을 보냈다. 특히 고시에 뛰어나 문장과 학문에서 청나라의 강유위, 정효서와 어깨를 겨누었다. 지은 책으로 『한국소사』, 『한사계』, 『교정삼국사기』 등이 있다.

* **수구파** : 진보적인 것을 외면하고 옛 제도나 풍습을 그대로 지키고 따르려는 보수적인 무리를 말한다.

* **임오군란** : 1882년(고종 19) 구식 군대가 일본의 군제도를 받아들여 만든 신식 군대인 별기군과의 차별대우와 밀린 월급에 대한 불만, 민씨 정권에 대한 반항으로 일으킨 난을 말한다. 임오군란은 밖으로는 청나라와 일본의 조선에 대한 권한을 확대시켜 주었고, 안으로는 갑신정변의 바탕을 마련해 주었다.

| 북벌을 꿈꾼 조선 제17대 왕 | # 효종 (孝宗, 1619~1659) | 재위 기간 : 1649~1659
이름은 이호. 자는 정연
호는 죽오. 시호는 명의 |

효종은 인조의 둘째 아들로 태어났다. 1626년(인조 4) 봉림 대군으로 봉해졌고, 1636년 병자호란이 일어나자 인조의 명으로 아우 인평 대군과 함께 비빈, 종실 사람들을 이끌고 강화도로 피신하였다. 그러나 이듬해에 삼전도에서 치욕적인 강화를 맺어, 형인 소현 세자와 함께 청나라에 볼모로 끌려갔다.

봉림 대군은 청나라에 머무는 동안 소현 세자와 함께 지내면서 형을 적극적으로 보호하였다. 청나라가 전쟁을 치를 때마다 소현 세자의 동행을 강요했는데, 이때마다 자신을 대신 가게 해 달라며 형을 보호했던 것이다.

1645년 2월 소현 세자가 8년간의 볼모 생활을 끝내고 먼저 귀국했으나, 봉림 대군은 그대로 연경에 머물러 있었다. 그런데 그 해 4월, 소현 세자가 갑자기 죽자 5월에 귀국하여 9월에 세자로 책봉되었다. 이어 1649년 인조가 죽자, 창덕궁 인정문에서 조선 제17대 왕으로 즉위하였다.

오랜 볼모 생활로 인해 청나라에 원한을 품고 있던 효종은 즉위 후 북벌 계획을 추진하기 시작했다. 먼저 청나라와 연결되어 있는 *김자점 등 친청파를 파직시켜 귀양 보내고, 김상헌, 김집, 송시열 등 청나라에 강경한 입장을 취하던 강경파를 중용하여 은밀히 북벌 계획을 수립하였다.

그러나 유배 중인 김자점의 수하가 청나라에 밀고하여 북벌 계획이 청나라 조정에 알려지고 말았다. 이로 인해 큰 고초를 겪었으나 잘 무마하고, 계속 북벌을 위한 군비의 확충을 기하여 군제의 개편, 군사 훈련의 강화 등에 힘썼다.

효종은 북벌의 기회를 엿보며 국내 정치에도 힘쓰기 시작했다. 김육의 주장을 받아들여 충청도와 전라도에 대동법을 실시했고, 세조 때의 『전제상정소준수조획』을 간행하게 하였다. 이에 따라 세금을 거둬들이는 환산표를 단일화하여 백성들의 부담을 덜어 주었다. 또한 *상평통보를 발행하여 유통시키는 등 경제 시책에도 많은 업적을 남겼다.

1653년에는 일상생활과 가장 밀접한 관계가 있는 역법을 개정하여 만든 *시헌력을 사용하게 하였다. 1654년에는 『인조실록』을 편찬했고, 이듬해에 『국조보감』을 편찬·간행하였으며, 공주 목사 신속이 엮은 『농가집성』도 간행하여 농업 생산력을 높이는 데 크게 기여하였다. 1656년에는 흐트러진 윤리 질서를 바로잡기 위해 『내훈』과 『경민편』을 간행하였다. 또한 표류해 온 네덜란드인 하멜을 시켜 서양식 신무기를 제조하게 하였다.

효종은 평생을 북벌을 꿈꾸며 군비 확충에 전념했지만, 끝내 뜻을 이루지 못하고 1659년 5월, 41세를 일기로 창덕궁에서 세상을 떠났다. 능은 경기도 여주군 능서면 왕대리에 있는 영릉이다.

효종 대왕릉의 재실(위). 효종을 알현하는 하멜 일행(왼쪽 아래). 효종이 설치한 광성보(오른쪽 아래)

함께 보아요

* **김자점**(1588~1651. 호는 낙서) : 조선 중기의 문신이며, 음보로 벼슬길에 나아가 광해군 대에 병조 좌랑이 되었다. 인목대비 폐모론이 발생한 이후로 벼슬길을 단념하고, 이귀, 최명길 등과 반정을 기도하였다. 1623년 인조반정이 성공하자 1등 공신이 되었고, 이후 출세가도를 달렸다. 병자호란 때 도원수로서 임진강 이북에서 청군을 저지해야 할 총책임을 맡고도 전투를 회피하여 적군의 급속한 남하를 방관하였다. 호란이 끝난 뒤 군율로 처형해야 한다는 간관들의 비난 속에 유배에 처해졌으나, 인조의 비호를 받아 승진을 거듭하여, 1646년에는 영의정에까지 올랐다. 손자인 김세룡을 인조의 딸인 효명 옹주와 결혼시켜 인조와의 밀착을 더욱 공고히 하였다. 그 후에도 인조의 신임 아래 정권을 담당하면서 청나라와 친하게 지내면서 반청파인 임경업을 처단했다. 효종 즉위 이후 북벌론이 대두되자 위협을 느끼고, 청나라의 앞잡이인 역관 정명수를 통해 그 계획을 누설하였다. 그러나 당시 대간들의 극렬한 탄핵을 받아 광양으로 유배되었고, 뒤에 아들 김익의 역모 사건이 발생하자 처형되었다.

* **상평통보** : 조선 시대에 쓰던 엽전의 이름으로, 1633년(인조 11)부터 조선 후기까지 주조하여 사용하였다.

* **시헌력** : 태음력에 태양력의 원리를 부합시켜 24절기의 시각과 하루의 시각을 정밀히 계산하여 만든 역법이다. 명나라 마지막 황제인 의종 때에 독일의 선교사 아담 샬이 만든 것으로, 우리나라에서는 1644년(인조 22)에 김육이 연경에서 들여와 1653년(효종 4)부터 사용하였다.

| 쇄국 정책을 고집하여 외래 문명의 흡수를 늦어지게 한 고종의 아버지 | # 흥선 대원군
(興宣大院君, 1820~1898) | 이름은 이하응
자는 시백, 호는 석파
시호는 헌의 |

흥선 대원군은 영조의 5대손이며, 조선 제26대 왕인 고종의 아버지이다.

1843년(헌종 9) 흥선군에 봉해지고, 안동 김씨의 세도 정치 아래에서 한직을 전전하며 불우한 생활을 하였다. 이때 안동 김씨들의 눈을 속이기 위해 시정잡배들과 어울리며, 궁도령이라는 비칭까지 들었다.

철종이 대를 이을 아들이 없이 병이 들자, 대원군은 궁궐 내의 최고 어른인 익종비 조대비에게 접근하였다. 안동 김씨 가문에 원한을 품고 있던 조대비는 철종이 죽으면 대원군의 둘째 아들 명복(고종의 아명)을 후계자로 삼겠다고 약속했다. 마침내 1863년(철종 14), 철종이 죽고 조대비에 의해 고종이 즉위하자 대원군에 봉해지고, 어린 고종을 대신하여 수렴청정을 하게 되었다.

권력을 장악한 흥선 대원군은 그 동안 권력을 독점하고 있던 안동 김씨들을 몰아 내고, 당파를 초월하여 인재를 등용하였다. 또 당쟁의 소굴이었던 수많은 서원들 중에서 47개를 제외하고 모두 철폐하여 국가의 재정 낭비와 당쟁의 요인을 없앴다. 또한『육전조례』,『대전회통』등의 법전을 만들어 중앙 집권적인 정치 기강을 수립하였다.

경제적으로도 세금 제도를 개혁하여 양반과 상민의 차별 없이 공평하게 세금을 징수하였다. 아울러 조세 운반 과정에서 발생하는 지방 관리들의 부정을 없애기 위해 *사창을 세워 백성들의 부담을 덜어 주었다.

그 반면에 왕실의 권위를 회복하려고 임진왜란 때 불타 버린 경복궁을 중건하면서 *원납전을 발행하여 백성들의 생활고를 가중시켰다. 병인양요(1866)에 이어 *신미양요(1871)를 일으키고, 천주교에 대한 무자비한 탄압으로 8천여 명의 천주교도를 학살하는 등 쇄국 정치를 고집하여, 국제 관계를 악화시키고 외래 문명의 흡수가 늦어지게 되었다.

1895년 일본은 다시 흥선 대원군을 전면에 내세워 정권을 장악하게 하였다. 그러나 이때 명성 황후가 일본인에게 시해되었으므로 흥선 대원군은 정권을 내놓고 은퇴하였다.

그림과 글씨에 뛰어났고, 특히 난초를 잘 그렸던 흥선 대원군은 1898년 79세를 일기로 세상을 떠났다. 1907년(광무 11) 대원왕에 추봉되었다.

흥선 대원군이 집무를 보던 운현궁의 집무실(위). 흥선 대원군의 별장인 석파정(왼쪽 아래). 흥선 대원군이 쓴 경남 양산의 통도사 대웅전 현판(오른쪽 아래)

함께 보아요

* **사창** : 조선 시대에 각 고을의 환곡을 저장하여 두던 창고이다. 1451년(문종 1)에 설치하여 점차 확대하였으나, 환곡의 문란으로 1805년(순조 5)에 호남·호서 지방은 관찰사 재량으로 그 존폐를 결정하도록 하였다.

* **신미양요** : 1871년(고종 8)에 미국 군함이 강화도 해협에 침입한 사건이다. 대동강에서 불에 타버린 제너럴 셔먼호 사건에 대한 문책과 함께 조선과의 통상 조약을 맺고자 하였으나 격퇴되었다.

* **원납전** : 조선 후기에 흥선 대원군이 경복궁 중건을 위하여 백성들로부터 강제로 거둬들였던 기부금을 말한다.

일화 10 이야기로 보는 역사 인물

흥선 대원군이 서원을 철폐한 이유

조선 시대의 서원은 처음에는 지방의 청소년에게 한문과 예절을 가르치는 사립 학교와 같은 역할을 하였습니다. 그러나 임진왜란 이후로는 학문을 가르치는 기관이 아니라 정치 불평을 하는 소굴로 전락하고 말았지요. 심지어 어떤 서원에서는 그 지역 백성들에게 청구서와 같은 묵패를 돌려 각종 명목으로 금전을 수탈해 갔어요. 만약 서원에서 요구하는 기부금을 내지 않으면 서원 마당으로 끌려가서 곤장을 맞고 주리를 틀리는 벌을 받았습니다.

이런 서원들 중에서도 가장 부당한 세도를 부린 대표적인 서원은 충청북도 괴산군 청천면에 있는 화양동 서원이었어요. 이 서원은 송시열의 뜻에 따라 명나라의 신종과 의종을 추모하기 위하여 세운 것이었지요. 이 화양 서원을 근거로 삼고 행패를 부리는 유림들은 서울의 세도가들과 결탁하고 있어서 그 권력이 막강했습니다.

'O월, OO일에 제향을 올리겠으니 제수전을 얼마씩 내라.'는 묵패라는 고지서를 받으면, 관리든 백성이든 땅을 팔아서라도 기부하지 않으

화양동 서원 묘정비

330 초등학교 교과서에 나오는 한국 대표 역사 인물사전

재미있게 읽고 나면 역사가 쏙쏙

면 큰 봉변을 당하였어요. 이처럼 막강한 세도를 부리는 서원이었기에, 올리는 제사도 규모가 크고 화려해서 많은 선비들이 구경을 갔지요.

흥선 대원군도 낭인 시절에 그 제사를 구경하기 위해 청주까지 내려간 적이 있었습니다.

충북 괴산군 청천면 화양계곡에 있는 송시열의 사당

화양 서원에서 제사를 지낼 때는 초대받은 사람 외에는 선비라도 가까이에서 구경하다가는 큰 봉변을 당했어요.

흥선 대원군은 초대받지 못했지만, 제사 구경을 하고 싶어서 화양 서원으로 들어갔습니다. 날씨가 너무 더워서 무심코 손에 들고 있던 부채를 부치며 서원의 돌계단을 올라가고 있었어요.

그때 누군가 흥선 대원군을 나무랐습니다.

"저런 불경스러운 놈이 있나! 여기가 어디라고 무엄하게 부채를 부치면서 올라가느냐?"

말이 끝나기가 무섭게 한 유생과 서원 청지기가 달려와서 흥선 대원군의 멱살을 잡아 땅바닥에 패대기를 쳤습니다.

이야기로 보는 역사 인물 331

▲ 서원 철폐에서 제외된 47개 중의 하나인 옥산 서원

"너는 대체 웬 놈이냐? 어디 사는 누구인지 바른대로 대라."
"그저 지나가는 과객일 뿐이오."
"뭐라, 이름 석자도 없는 무식쟁이 놈이 감히 부채를 부치면서 이 서원의 계단을 올라! ……보아 하니, 상것은 아닌 것 같은데 대체 어디서 온 누구냐?"
유생의 다그침에 흥선 대원군은 마지못해서 대답했습니다.
"이 서원의 제사가 유명하다기에 서울에서 구경 왔소이다."
"이놈 보게, 제사를 구경하다니! 네놈은 네 조상 제사도 구경만 하느냐? 성현의 제사에는 먼발치에서라도 경건히 참배하는 법이다."

유생은 말이 끝나기가 무섭게 흥선 대원군의 뺨을 후려쳤어요. 흥선 대원군은 분한 마음을 억누르고 그들의 행패를 피해 도망치듯이 서원을 빠져 나왔습니다.

그 뒤 흥선 대원군이 집권했을 때에도 서원에서는 글 읽는 소리보다 술 먹고 흥청망청 노는 선비들의 노랫가락이 더 크게 울려 퍼졌어요.

흥선 대원군은 전국의 서원 숫자를 파악하여 수백 개의 서원들 중에서 47개를 제외한 모든 서원들을 철폐시키라고 명했습니다. 그러자 지방 유생들이 서울로 올라와서 항의 시위를 벌였어요. 흥선 대원군은 군사들을 시켜 그들을 한강 너머로 쫓아 버렸습니다. 그리고는 국가에서 각 서원에 내렸던 토지까지 모두 몰수하여 버렸습니다.

서원 철폐에서 제외된 47개 중의 하나인 병산 서원

부록

참고 인물
찾아보기

참고 인물

강소천(姜小泉, 1915~1963. 본명은 용률)

아동 문학가로, 함경남도 고원에서 태어났다. 1931년 〈조선일보〉 신춘문예에 동요 〈민들레〉와 〈울아기〉가 당선되었으며, 〈돌멩이〉, 〈토끼 삼형제〉, 〈딱다구리〉 등 많은 동요와 동화를 발표했다. 1941년 첫 동요 시집 『호박꽃 초롱』을 펴냈고, 1950년 6·25 때 남한으로 내려왔다. 아름다운 어린이들의 세계를 잘 나타냈으며, 독서와 글짓기 지도 등을 통해 아동 문학 보급에도 힘썼다. 1952년 첫 동화집 『조그만 사진첩』을 시작으로 1963년 아홉 번째 동화집 『어머니의 초상화』를 펴냈다. 아동 문학 연구회 회장과 한국 문인 협회 이사를 지냈다. 강소천이 죽은 뒤인 1965년 그의 뜻을 기리기 위해 '강소천 아동 문학상'이 만들어졌다.

공병우(公炳禹, 1906~1995)

우리나라에서 처음으로 한글 타자기를 만든 안과 의사로, 평안북도 벽동에서 태어났다. 조선 의사 검정 시험에 합격하여 안과 의사가 되었다. 1936년 일본 나고야 대학에서 의학 박사 학위를 받은 뒤 공안과 병원 원장이 되었다. 이후 한글 타자기 개발에 온 힘을 쏟아, 마침내 최초의 한글 타자기인 공병우식 한글 타자기를 발명하였다. 1969년 타자기 연구소를 설립하여 맹인용 점자 타자기와 한영 겸용 타자기 등을 만들었다. 1981년 이후 미국으로 건너가 민주화 운동을 펼쳤다. 끊임없는 노력으로 컴퓨터와 타자기의 글자판을 통일하고, 3벌식 한글 워드 프로세서를 만들어 서재필 상을 받았다. 1989년 귀국한 뒤 계속하여 한글 기계화 운동을 펼치다 세상을 떠났다.

공양왕(恭讓王, 1345~1394. 재위 기간 : 1389~1392. 이름은 요)

고려의 마지막 왕으로, 신종의 7대손이며, 정원부원군 왕균의 아들로 태어났다. 요동 정벌에 나섰던 이성계가 위화도 회군 뒤에 즉위시킨 창왕을 폐위시키고, 1389년 왕으로 옹립하였다. 왕은 과단성이 없는 성품으로 정몽주를 중심으로 한 구세력에 이어 새로 실권을 잡은 이성계에게 완전히 실권을 빼앗겼다가, 정몽주가 살해된 후 덕이 없고 어리석다는 이유로 왕위에서 쫓겨났다. 이로써 고려는 34대 475년 만에 멸망하였다. 공양왕은 폐위된 뒤 원주로 쫓겨나 공양군으로 강등되었다가 2년 뒤에 삼척에서 살해되었다.

권철신(權哲身, 1736~1801. 호는 녹암. 세례명은 암브로시오)

조선 후기의 학자로, 천주교 순교자이다. 이익에게 학문을 배운 뒤, 이승훈의 권유에 따라 천주교에 들어갔다. 1777년(정조 1) 경기도 양주에서 정약전, 정약용, 이벽 등 남인의 실학자들과 함께 서학 교리 연구회를 열면서부터 본격적으로 신앙 생활을 시작하였다. 1801년(순조 1)에 일어난 신유박해 때 정약용, 이가환, 이승훈, 그리고 중국인 신부 주문모 등과 함께 붙잡혀 목숨을 잃었다.

김기림(金起林, 1908~?. 본명은 인손. 필명은 편석촌)
시인이자 문학 평론가로, 함경북도 학성군 학중에서 태어났다. 서울에 있는 보성 고등 보통 학교와 일본 니혼 대학을 거쳐 도호쿠 제국 대학 영문과를 졸업하였다. 1930년대 초반에〈조선일보〉기자로 활약하면서 문단에 등단하였으며, 특히 시 창작과 비평에 많은 관심을 기울였다. 1933년 '구인회'에 들어가면서 본격적으로 문학 활동을 펼쳤고, 주지주의 문학론에 근거한 모더니즘을 소개하였다. 1936년에 펴낸 첫 시집 『기상도』는 현대시의 본질이라고 할 수 있는 주지적인 성격, 회화적 이미지, 문명 비판적 의식 등을 포함한 장시로서의 가능성을 보여 주었다. 8·15 광복 후 월남하였으며 조선 문학가 동맹에 가담하여 정치주의적인 시를 주장하였고, 서울 대학교, 연세 대학교, 중앙 대학교 등에서 강의하다가 6·25 전쟁 때 납북되었다. 시집으로는『태양의 풍속』,『바다와 나비』,『새노래』가 있고, 지은 책으로『문학개론』,『시론』,『시의 이해』등이 있으며, 1988년『김기림 전집』이 간행되었다.

김대중(金大中, 1926~)
제15대 대통령이자 정치가로, 전라남도 신안군에서 태어났다.〈목포일보〉사장을 거쳐 1960년 민의원에 당선된 후 1971년까지 6·7·8대 국회의원에 당선되었고, 1971년 신민당 대통령 후보로 박정희와 겨루었으나 패배하였다. 그 후 미국, 일본 등에서 박정희 정권에 맞서 민주화 운동을 펼치다가 1973년 도쿄의 한 호텔에서 중앙 정보부(지금의 국가 정보원) 요원에 의하여 국내로 납치(김대중 납치 사건)되었다. 1980년 내란 음모죄로 사형을 선고받았고, 1982년 형 집행 정지로 석방되어 미국으로 건너갔다. 1985년 귀국하여 민주화 추진협의회 공동 의장을 맡았고, 1987년 평화 민주당을 창당하여 대통령 선거에 나간 데 이어, 1992년 제14대 대통령 선거에 나갔으나 실패하였다. 1994년 아시아 태평양 평화 재단(이후 아태평화재단으로 명칭 변경)을 만들어 활동하다가, 1995년 정계에 복귀하여 새정치국민회의를 만들어 총재가 되었다. 1997년 야권 후보 단일화를 이끌어낸 뒤, 그 해 제15대 대통령 선거에 나가 당선되었다. 대통령이 된 뒤, IMF(국제 통화 기금) 관리 체제의 외환 위기를 극복하였고, 2000년 6월 평양을 방문하여 6·15 남북 공동 선언을 이끌어 냈으며, 그 해 노벨 평화상을 받았다.

김동명(金東鳴, 1900~1968. 호는 초허)
시인이자 정치 평론가로, 강원도 명주에서 태어났다. 1920년 함흥 영생 중학교를 졸업한 뒤, 흥남과 평안남도 강서 등의 소학교에서 학생들을 가르쳤다. 1925년 일본에 건너가 아오야마 학원 신학과를 졸업하고 돌아와, 1930년 첫 시집『나의 거문고』를 펴냈다. 1938년 제2시집『파초』를 간행하였는데, 이 중「파초」는 남국을 떠나온 파초와 조국을 잃은 자신의 향수를 융합시켜 읊은 것이다. 1947년 남쪽으로 내려와 1960년까지 이화 여자 대학교 교수, 참의원 의원 등을 역임하였다. 그의 시는 전원적, 목가적인 세계에서 점차 정치와 사회에 대하여 관심을 기울이게 되었고, 한편 신문과 잡지에 정치에 관한 평론도 많이 썼다. 시집으로 『삼팔선』, 『하늘』, 『진주만』, 『목격자(目擊者)』 등이 있고, 지은 책으로는 『적과 동지』, 『역사의 배후에서』, 『세대의 삽화』 등이 있다.

김명(金明, ?~839. 재위 기간 : 838~839. 왕명은 민애왕)

신라 제44대 왕으로, 대아찬 김충공의 아들로 태어났다. 835년(흥덕왕 10) 대아찬으로 시중이 되었고, 이듬해 김제륭(희강왕)과 김균정이 왕위를 다툴 때 김제륭을 도와 상대등에 올랐다. 838년 시중 이홍, 배훤백 등과 함께 희강왕을 협박하여 자살하게 한 뒤, 왕위에 올랐다. 이때 청해진의 장보고에게 의탁하고 있던 왕위다툼에서 패해 죽은 김균정의 아들 김우징이 장보고의 힘을 빌려 군사를 이끌고 쳐들어왔다. 이에 김민주 등에게 군사를 주어 막게 하였으나 패했고, 병사들에게 살해되었다.

김상옥(金相玉, 1890~1923)

독립 운동가로, 서울에서 김귀현의 아들로 태어났다. 1910년 경성 영어 학교를 졸업하고, 1917년 조선 물산 장려 운동과 일본 물건을 배격하는 운동을 벌였다. 1919년 3·1 운동이 일어나자, 그 해 4월 혁신단이라는 비밀 결사 단체를 조직했고, 〈혁신 공보〉를 만들어 민족 의식과 독립 사상을 고취하는 데 힘썼다. 또 한훈, 김동순 등과 암살단을 만들어 친일파들을 암살하려 했으나 실패한 뒤, 1920년 상하이로 망명하여 의열단에 가입했다. 그 뒤 여러 차례 국내에 몰래 들어와 임시정부 의연금과 독립 자금 등을 모아 상하이 임시정부에 전했다. 1922년에는 일본의 요인들을 암살할 목적으로 폭탄과 무기를 가지고 돌아왔으나 기회를 얻지 못하다가, 이듬해 1월 12일 종로 경찰서에 폭탄을 던져 다나카 형사 부장 등 수십 명의 경관을 죽였다. 그 해 1월 22일 새벽, 끈질기게 뒤쫓아 온 경찰 수백 명에게 포위된 채 격전을 벌이다가 대한 독립 만세를 부르면서 스스로 목숨을 끊었다. 1962년 건국훈장 대통령장이 주어졌다.

김소운(金素雲, 1907~1981. 본명은 교중. 호는 삼오당)

시인이자 수필가로, 부산에서 태어났다. 옥성 학교를 중퇴하고, 13세 때 일본으로 건너가 34년간 그곳에서 살았다. 일본의 시인 기다하라 하쿠슈에게 시를 배워 20세 무렵부터 시인으로 활동하면서 1929년에는 『조선민요집』을, 1943년에는 『조선시집』을 일본에 소개하는 등 우리 작품을 알리는 데 크게 공헌하였다. 1951년에 발표한 장편 수필 『목근통신』이 일본과 우리나라에서 큰 반향을 불러일으켰으나, 1952년 도쿄에서 이승만 정권을 비방한 것이 말썽이 되어 다시 13년간 일본에 머물렀다. 1965년 우리나라에 돌아와 본격적으로 수필 문학에 몰두하였으며, 이때에 『물 한 그릇의 행복』 등 10여 권의 수필집을 발표하였다. 1980년 대한민국 문화훈장 은관을 받았다.

김수영(金洙暎, 1921~1968)

시인으로, 서울에서 태어났다. 선린 상고를 거쳐

일본으로 건너가 1941년 도쿄 상대에 입학했으나, 학병 징집을 피해 귀국한 뒤 만주로 갔다. 1945년 8·15 광복과 함께 귀국하여 시를 쓰기 시작하여 김경린, 박인환 등과 함께 시집 『새로운 도시와 시민들의 합창』을 펴냈다. 6·25 때는 미처 피란을 못해 의용군으로 끌려 나갔다가 거제도 포로 수용소에서 석방되었다. 그 후 잡지사와 신문사 등에서 일하며 시 쓰기와 번역을 하였다. 1959년에 펴낸 시집 『달나라 장난』으로 제1회 시인 협회상을 받았고, 에머슨의 논문집 『20세기 문학평론』을 비롯하여 『카뮈의 사상과 문학』, 『현대 문학의 영역』 등을 번역하였다. 시집으로 『거대한 뿌리』, 『달의 행로를 밟을지라도』 등이 있고, 산문집으로는 『시여 침을 뱉어라』, 『퓨리턴의 초상』 등이 있다. 1968년 교통 사고로 사망하였다. 그의 업적을 기리기 위하여 민음사에서 '김수영 문학상'을 제정하여 매년 수상하고 있다. 2001년 금관 문화 훈장이 수여되었다.

김순권(金順權, 1945~)

옥수수 박사로 불리는 농학자로, 1945년 경상남도 울산시 강동면에서 가난한 농부의 아들로 태어났다. 1969년 경북 대학교 농학과를 졸업한 뒤, 농촌 진흥청 작물 시험장 농업 연구사가 되었다. 1972년 미국으로 건너가 하와이 대학교에서 옥수수에 대해 연구하여 농학 박사 학위를 받고, 1974년 귀국하여 농촌 진흥청 작물 시험장 농업 연구관으로 있으면서 수확량이 많고 병충해에 강한 옥수수 신품종들을 잇달아 개발하였다. 1979년 나이지리아로 건너가 1995년까지 17년 동안 머물면서 옥수수 종자를 개발하고 현지인들에게 그 재배법을 가르쳤다. 1995년 귀국한 뒤 경북 대학교 농학과 교수가 되었고, 1998년에는 국제 옥수수 재단 이사장이 되었으며, 북한 옥수수 심기 범국민 운동 상임 공동 대표를 맡아 북한 농업 과학 연구원과 함께 옥수수 프로젝트를 추진하고 있다. 녹조 근정훈장을 비롯하여 국제 농업 연구 대상, 아프리카 국가 연합의 농업 연구상 등을 받았다. 지은 책으로 수필집 『검은 대륙의 옥수수 추장』이 있다.

김안국(金安國, 1478~1543. 자는 국경. 호는 모재. 시호는 문경)

조선 초기의 문신이자 학자로, 김굉필에게 학문을 배워 1503년 문과에 급제하였다. 이후 부수찬 등을 거쳐 1507년 다시 문과에 급제한 뒤 지평, 대사간 공조 판서 등에 올랐다. 1517년 경상도 관찰사에 올라 성리학을 실천하고 알리는 데 힘을 쏟았다. 1519년 기묘사화가 일어나 성리학의 실천적 입장을 중시한 조광조 등이 관직에서 쫓겨날 때 벼슬에서 물러났다. 1537년 다시 관직에 나아가 예조 판서, 대사헌, 병조 판서, 대제학 등에 올랐다. 천문과 병법에 뛰어났으며, 닥나무를 이용하여 종이를 만드는 방법도 연구하였다. 성리학을 이념으로서만이 아닌 실천적 학문으로서의 의미를 중요하게 생각한 학자였으나, 조광조와 같은 급진 개혁에는 반대하였다. 지은 책으로 『모재집』, 『창진방』 등이 있다.

김안로(金安老, 1481~1537. 자는 이숙. 호는 희락당, 용천, 퇴재)

조선 초기의 문신으로, 1506년(중종 1) 문과에 급제한 뒤, 사가독서를 하고 대사간을 지냈다. 1519

년에 일어난 기묘사화 때 조광조 등과 함께 유배되었다. 1522년 부제학으로 벼슬길에 나가 대사헌을 거쳐 이조 판서에 올랐다. 아들 김희가 중종의 딸인 효혜 공주와 결혼한 뒤부터 권력을 남용하다가 남곤, 이항 등의 탄핵을 받고 경기도 풍덕에 유배되었다. 1529년 유배에서 풀려 나와, 1531년에 다시 관직에 등용되었다. 이조 판서를 거쳐 1534년 우의정에 올랐고, 이듬해 좌의정이 되었다. 자신의 정적에 대해서는 왕족까지도 조정에서 몰아낸 뒤 죽이는 등 공포 정치를 한 끝에, 문정왕후의 폐위를 도모하다가 중종의 밀령을 받은 윤안임, 양연에게 체포되어 귀양을 간 뒤 사약을 받고 죽었다. 허항, 채무택과 함께 정유 삼흉으로 불린다. 지은 책으로 『용천담적기』가 있다.

김억추(金億秋, ?~?. 자는 방로. 시호는 현무)

조선 중기의 무신으로, 전라남도 강진에서 태어났다. 1577년(선조 10) 무과에 급제하여 무이만호에 올라 북쪽 국경에서 공을 세워 제주 판관, 사복시 판관, 진산 현감, 순창 현감 등을 지냈다. 1592년 임진왜란이 일어나자 방어사로 대동강을 지켰고, 1594년 만포진 첨절제사에 오른 데 이어 진주 목사, 고령진 첨절제사에 올랐다. 1597년 전라우도 수군절도사에 올라 통제사 이순신과 함께 명량에서 왜군을 무찔렀다. 그 뒤 밀양 부사를 거쳐, 1608년 경상좌도 병마절도사와 제주 목사를 지냈다.

김옥길(金玉吉, 1921~1990)

문교부 장관을 지낸 교육자로, 평안남도 맹산에서 태어났다. 1943년 이화 여전(이화 여자 대학교) 문과를 졸업하고, 모교의 기숙사 사감으로 있다가 미국으로 건너가 웨슬리언 대학교와 템플 대학원에서 공부하였다. 1952년 이화 여자 대학교 교수가 되었고, 1961~1979년 임기 6년의 총장을 세 번 맡았다. 1979년 12월부터 1980년 5·17 사태까지 문교부 장관으로 있으면서 학원 자율화와 교복 자율화를 추진하였다. 장관에서 물러난 뒤 충청북도 괴산에서 은거생활을 하다가, 1986년부터 이화 여자 대학교 재단 이사장 겸 명예 총장으로 재직하였다. 평생을 독신으로 살았으며, 활달한 성품과 뛰어난 말솜씨로 교육계와 그리스도교계 등에서 폭넓은 사회 활동을 하였다. 1976년 동양인으로는 최초로 미국 유니언 신학 대학에서 수여하는 유니언 메달을 받았고, 1982년에는 인촌 문화상을 받았으며, 국민훈장 무궁화장이 수여되었다.

김일성(金日成, 1912~1994)

1912년 평안남도 대동군(만경대 지역)에서 태어났으며, 만주에 있는 육문 중학을 다니다가 조선 공산 청년회에 들어가 공산주의자로 활동하기 시작하였다. 1930년 조선 혁명군과 왕청 유격대 등에서 활약하며 여러 차례 항일 투쟁을 벌였다. 해방된 뒤 조선 공산당 북조선 분국 책임 비서를 거쳐 1946년에 북조선 임시 인민 위원회 위원장이 되었으며, 1948년 북한 정권이 세워지면서 수상이 되었다. 노동당 총비서와 조선 민주주의 인민 공화국 주석으로 북한을 독재적으로 이끌었다. 주체 사상을 내세웠고, 자주 노선과 자력 갱생을 추구하였다. 1994년 심장마비로 숨졌다.

김종삼(金宗三, 1921~1984)

시인으로, 황해도 은율에서 태어났다. 평양에 있는

광성 보통 학교를 졸업한 뒤, 일본에 건너가 도요시마 상업 학교를 졸업하였다. 그 뒤 영화 조감독으로 일하였고, 유치진에게 배운 뒤 연극의 음향 효과를 맡기도 하였다. 6·25 전쟁 때 대구에서 시 「원정」, 「돌각담」 등을 발표하면서 시를 쓰기 시작하였다. 1957년 전봉건, 김광림 등과 3인 연대시집 『전쟁과 음악과 희망과』를, 1968년에는 문덕수, 김광림과 3인 연대시집 『본적지』를 펴냈다. 초기 시에서는 어구의 비약적 연결과 시어에 담긴 음악의 경지를 추구하는 순수시의 경향을 나타냈으나, 점차 현대인의 절망 의식을 상징하는 정신적 방황의 세계를 추구하였으며, 과감한 생략을 통한 여백의 미를 중시하였다. 시집으로는 『십이음계』, 『시인학교』, 『북치는 소년』, 『누군가 나에게 물었다』 등이 있다.

김주원(金周元, ?~?)

신라의 왕족으로, 강릉 김씨의 시조이다. 777년(혜공왕 13) 이찬으로 시중이 되었는데, 785년 선덕왕이 대를 이을 아들이 없이 죽자, 군신이 왕으로 추대하였다. 그러나 때마침 그가 왕도 경주에서 2백 리나 떨어진 곳에 있었고, 홍수로 알천이 범람하여 건너올 수 없게 되자, 대신들이 이는 하늘의 뜻이라 하여 상대등 김경신을 왕으로 세웠다. 그러자 김주원은 자기에게 화가 미칠 것을 염려하여 명주에 도피하였는데, 2년 후에는 그 곳 명주군왕에 봉해졌다. 그의 아들 김헌창이 822년(헌덕왕 14) 자기 아버지가 왕위에 오르지 못하게 된 것을 원망하여 웅주(공주)에서 반란을 일으켰으나, 실패하였다.

김헌창(金憲昌, ?~822)

신라 헌덕왕 때의 반란자로, 태종 무열왕의 6대손인 이찬 김주원의 아들로 태어났다. 김주원은 상대등으로서 선덕왕이 죽은 뒤, 왕위를 잇는 것이 당연했지만, 김경신(원성왕)에게 왕위를 빼앗기고 명주로 갔다. 그 뒤 김헌창은 807년(애장왕 8)과 814년(헌덕왕 6) 시중에 올랐지만, 반대파의 요구로 물러나, 무진주 도독·청주 도독·웅주 도독 등 지방관으로 떠돌며 홀대를 받았다. 이에 불만을 품고 822년 웅주(공주)에서 국호를 '장안', 연호를 '경운'이라 하여 반란을 일으켰다. 한때 신라의 9주 5소경 가운데 4주 3소경을 장악하여 기세를 올렸으나, 한 달 만에 관군에게 패한 뒤 웅주에서 자살하였다. 그 후 태종 무열왕 후손들은 왕위 계승 쟁탈전에서 완전히 밀려났다.

김현(金炫, 1942~1990. 본명은 광남)

문학 평론가이자 불문학자로, 전라남도 진도에서 태어났다. 1964년 서울 대학교 불문과를 졸업하고, 1967년 동 대학원 불문과를 졸업하였다. 1971년 서울 대학교 전임 강사가 된 뒤, 1990년 죽기 전까지 불문과 교수로 재직하였다. 대학에 다닐 때인 1962년에 〈자유문학〉에 「나르시스의 시론」을 발표하면서 평론 활동을 시작하였다. 그 뒤 문예지와 잡지에 꾸준히 평론을 발표하였는데, 프랑스의 현대 문학과 사상에 비평의 기초를 두었다. 우리 문학사에도 깊은 관심을 기울여 『한국 개화기의 문학』 등을 쓰기도 하였다. 지은 책으로 『존재와 언어』, 『상상력과 인간』, 『한국 문학의 위상』, 『문학 사회학』, 『분석과 해석』 등이 있으며, 1990년에 팔봉 문학상을 받았다.

김환기(金煥基, 1913~1974. 호는 수화)
서양화가로, 전라남도 신안군 안좌면 읍동리에서 태어났다. 1936년 니혼 대학 미술과를 졸업하고, 1940년 서울에서 개인전을 열었다. 아방가르드 연구소를 조직하는 한편 신미술(아르누보) 운동에 참여하였고, 8·15 광복 후에는 신사실파를 조직하여 모더니즘 운동을 전개하였으며, 1965년 이후 미국에 살면서 작품 활동을 하였다. 한국 근대 회화의 추상적 방향을 여는 데 선구자 역할을 하였다. 대표작으로「어디에서 무엇이 되어 다시 만나랴」,「론도」,「해와 달」등이 있다. 한편 그의 예술 정신을 기리기 위해 1992년 서울 종로구 부암동에 환기 미술관이 세워졌으며, 신안군 안좌면 읍동리에 있는 그의 생가는 지방 기념물 제146호로 지정되었다.

노응규(盧應奎, 1861~1907. 자는 성오. 호는 신암)
조선 말기의 의병장으로, 경상남도 함양에서 태어나 최익현에게 학문을 배웠다. 명성황후가 일본인들에 의해 살해되자, 이듬해 진주에서 의병을 일으켜 진주성을 공격하였다. 그 뒤 김해를 쳐서 우리나라 양곡이 일본으로 나가는 것을 막았다. 또 경부선 철도를 파괴하고 열차를 전복시켰으며, 곳곳에서 일본군을 무찔렀다. 이어 13도 의병들이 모여 서울로 진격하려던 계획이 탄로나 붙잡혔으며, 감옥에 갇힌 뒤에도 투쟁을 계속하다가 세상을 떠났다. 1977년 건국훈장 독립장이 주어졌다.

노천명(盧天命, 1912~1957)
여류 시인으로, 황해도 장연에서 태어나 진명 학교를 거쳐 이화 여전(이화 여자 대학교) 영문학과를 졸업하였다. 이화 여전을 다닐 때부터 시를 발표하기 시작하였고, 졸업 후에는〈조선중앙일보〉,〈조선일보〉,〈매일신보〉기자를 지냈으며, 1941년부터 1944년까지 대동아 전쟁을 찬양하는 친일 작품들을 남겼다. 8·15 광복 후에는〈서울신문〉,〈부녀신문〉에 근무하였고, 6·25 전쟁 때는 미처 피난하지 못하여 문학가 동맹에 가담한 죄로 옥살이를 하기도 하였다. 시집으로는『산호림』,『창변』,『별을 쳐다보며』등이 있고, 수필집으로『산딸기』,『나의 생활 백서』등이 있다. 대표 작품으로는「남사당」,「춘향」,「푸른 5월」,「사슴」등이 있고, 친일 작품으로는「싱가폴 함락」,「부인 근로대」,「님의 부르심을 받고」,「군신송」등이 있다.

류청신(柳淸臣, ?~1329. 초명은 비. 시호는 영밀)
고려 후기의 역신으로, 장흥부 고이부곡에서 태어났다. 일찍이 몽골어를 배워 여러 차례 원나라에 다녀왔고 외교적 수완이 뛰어나 충렬왕의 총애를 받고 낭장이 되었다. 당시 부곡 출신은 비록 공이 크다 해도 5품 이상의 벼슬은 주지 않는 법이었으나, 왕의 특명으로 정3품의 대우를 받고 고이부곡을 고흥현으로 승격시켰다. 이어 장군에 임명된 뒤, 대장군·밀직승선·감찰 대부 등을 거쳐 찬성사·첨의 정승에 오르고 고흥군에 봉해졌다. 1321년 왕을 따라 다시 원나라로 갔다가, 고려의 왕위를 노리는 심양왕 왕고에게 붙어 조적 등과 함께 충선왕을 모함하였다. 또 오잠과 함께 고려에 정동성을 설치할 것을 원나라에 건의하는 등 반역 행위를 자행하였으나, 뜻을 이루지 못했다. 이에 귀국하지 못하고 9년간 원나라에 머물다가 죽었다.

류탁(柳濯, 1311~1371. 자는 춘경. 시호는 충정)
고려 말기의 대신으로, 일찍이 음보로 관직에 나가 원나라에 가서 숙위하고 돌아와 감문위 대호군 등을 거쳐 고흥군에 봉해졌다. 원나라로부터 합포 만호에 임명되었고, 찬성사를 거쳐 전라도 만호가 되었으며, 〈장생포곡〉을 지어 악부에 올리기도 하였다. 이어서 찬성사를 거쳐 좌승상이 되고, 1354년 고흥 부원군에 봉해졌다. 원나라가 홍건적을 정벌할 때 공을 세우고 돌아와 문하 시랑 동중서 문하 평장사를 거쳐 경상도 도순문사 겸 병마사, 좌정승이 되었다. 1369년 공민왕의 왕비인 노국대장 공주의 영전을 짓는 것을 반대하다가 옥에 갇혔으나 이색의 도움으로 풀려났다. 1371년 신돈과 관련되었다는 모함을 받고 사형을 당하였다. 조선 태조 때 고흥백에 추증되었다.

마해송(馬海松, 1905~1966. 본명은 상규)
아동 문학가로, 경기도 개성에서 태어나 서울 중앙 고등 보통 학교와 보성 고등 보통 학교를 중퇴했다. 1920년에 니혼 대학 예술과에 입학하여 홍난파 등과 도쿄 유학생 극단 '동우회'를 조직하는 등 문화 운동에 첫발을 내디뎠고, 1923년부터는 동화를 쓰기 시작하였다. 「바위나리와 아기별」, 「어머니의 선물」 등을 〈어린이〉에 발표하는 한편 방정환 등과 함께 '색동회' 동인이 되어 어린이를 위한 문화 활동을 본격적으로 벌였다. 8·15 광복 후 귀국하여 한국 문화 연구소 소장으로 있다가, 6·25 전쟁을 맞아 종군 문인단의 일원으로 전선에 참가하였으며, 그때의 체험을 쓴 『전진과 인생』이라는 수필집을 펴냈다. 1958년에는 장편동화 『모래알 고금』, 수필집 『요설록』을 펴냈다. 한편 어린이 헌장과 서울 시민 헌장의 기초에도 참여했고, 1964년에는 '고마우신 선생님'으로 추대되었다.

민긍호(閔肯鎬, ?~1908)
조선 말기의 의병장으로, 서울에서 태어났다. 1907년 원주 진위대의 장교로 있을 때 일본의 강요로 고종이 황위에서 물러나고 군대를 강제로 해산하자, 이에 격분하여 3백 명의 병사를 이끌고 원주 우편 취급소와 일본 경찰을 공격하였다. 그 뒤 의병을 일으켜 제천 의병 대장 이강년과 함께 충주의 일본군을 공격하였다. 관동군 창의 대장이 되어 1백여 차례나 일본군과 싸워 큰 타격을 주었다. 1908년 치악산에서 일본군과 싸우다가 사로잡힌 뒤, 탈출을 시도하다가 총에 맞아 죽었다. 1962년 건국훈장 대통령장이 주어졌다.

민종식(閔宗植, 1861~1917. 자는 윤조. 호는 퇴초자)
조선 말기의 의병장으로, 민영상의 맏아들로 태어나, 1882년 과거에 급제하여 벼슬이 참판에 이르렀다. 1895년 일본이 명성황후를 살해하자, 벼슬을 버리고 충청남도 정산에 들어가서 지냈다. 1905년 일본의 강요로 을사조약을 맺자, 정산에서 의병을 일으켰다. 13도 연합 의병 부대 대장이 되었으며, 1906년 홍주(홍성)에서 일본군과 싸워 크게 이겼다. 이어 벌어진 홍주성에서 일본군과 대혈전을 벌인 뒤 숨어 있다가, 일진회의 밀고로 붙잡혔다. 그 후 진도로 유배되었다가 왕실의 외척이라 하여 풀려났으나, 고문의 후유증으로 1917년 세상을 떠났다. 1962년 건국훈장 대통령장이 주어졌다.

박두진(朴斗鎭, 1916~1998. 호는 혜산)

시인으로, 경기도 안성에서 태어나 1939년 〈문장〉이라는 문예지에 시가 추천됨으로써 등단하였다. 1946년부터 박목월, 조지훈 등과 함께 청록파 시인으로 활동하면서 자연과 신의 영원한 참신성을 노래한 30여 권의 시집과 평론, 수필, 시평 등을 통해 우리 문학사에 큰 발자취를 남겼다. 연세대, 우석대, 이화 여대, 단국대, 추계 예술대 교수와 예술원 회원을 지냈으며, 아세아 자유 문학상, 삼일 문화상, 예술원상, 인촌상, 지용 문학상 등을 받았다. 시집으로 『거미의 성좌』, 『고산식물』, 『서한체』, 『수석연가』 등과 『박두진 문학 전집』 등이 있다.

박목월(朴木月, 1916~1978. 본명은 영종)

시인으로, 경북 경주에서 태어나 1935년 대구 계성 중학을 졸업하였다. 1939년 〈문장〉이라는 문예지에 시가 추천됨으로써 등단하여 박두진, 조지훈과 함께 청록파 시인으로 활동하였다. 1953년 홍익 대학교 조교수를 시작으로 1961년 한양 대학교 부교수를 거쳐 1963년 교수가 되었다. 1965년 대한민국 예술원 회원에 뽑혔고, 1968년 한국 시인 협회 회장에 선출되었으며, 1973년 시 전문지 〈심상〉의 발행인이 되었다. 1976년 한양 대학교 문리과 대학장에 취임하였다. 자유 문학상, 5월 문예상, 서울시 문화상, 국민 훈장 모란장 등을 받았다. 지은 책으로 『문학의 기술』, 『실용 문장 대백과』 등이 있고, 시집으로는 3인 시집 『청록집』을 비롯하여 『경상도 가랑잎』, 『사력질』, 『무순』 등이 있으며, 수필집으로는 『구름의 서정시』, 『밤에 쓴 인생론』 등이 있다.

박수근(朴壽根, 1914~1965)

서양화가로, 1914년 강원도 양구에서 박향지의 맏아들로 태어났다. 양구 공립 보통 학교를 졸업하고 집안이 몰락하자, 진학을 포기하고 혼자서 그림 공부를 하였다. 1932년 제11회 조선 미술 전람회에 수채화 「봄이 오다」가 입선된 후 1936년부터 1944년까지 이 전람회에 작품을 냄으로써 화가로서 기반을 닦았다. 1952년 월남하여 대한민국 서울 전람회와 대한 미협전을 통하여 작품 활동을 계속했다. 1958년 이후 미국 월드하우스 화랑, 조선일보사 초대전, 마닐라 국제전 등 국내외 미술전에서 활발한 활동을 하고, 1959년 제8회 국전(대한민국 미술 전람회)에서는 추천 작가가 되었으며, 1962년 제11회 국전에서는 심사 위원을 맡았다. 작품은 회백색을 주로 하여 단조로우나 한국적 주제를 서민적 감각으로 다루었다. 대표 작품으로는 「소녀」, 「산」, 「강변」 등이 있다.

박완서(朴婉緖, 1931~)

여류 소설가로, 경기도 개풍에서 태어나 숙명 여고를 거쳐 1950년 서울 대학교 국문과에 입학했으나 전쟁으로 중퇴하였다. 그 뒤 마흔 살 때인 1970년 〈여성동아〉 여류 장편소설 공모에 「나목」이 당선되어 작품 활동을 시작하였다. 이후 우리 문단을 대표하는 작가로, 6·25 전쟁과 분단 문제, 물질 중심주의 풍조와 여성 억압에 대한 현실 비판을 사회 현상과 연관해서 소설로 써내고 있다. 1993년부터 국제 연합 아동 기금 친선 대사와 1998년부터 제2 건국 범국민 추진 위원회 위원으로 활동하고 있다. 한국 문학 작가상, 이상 문학상, 대한민국 문학상, 이산 문학상, 현대 문학상, 동인 문학상,

대산 문학상 등을 받았으며, 1998년 문화관광부에서 수여하는 보관 문화 훈장을 받았다. 소설집과 장편 소설로는 『부끄러움을 가르칩니다』, 『창 밖은 봄』, 『배반의 여름』, 『도둑맞은 가난』, 『엄마의 말뚝』, 『서울 사람들』, 『꽃을 찾아서』, 『저문 날의 삽화』, 『나의 아름다운 이웃』, 『한 말씀만 하소서』, 『너무도 쓸쓸한 당신』 등이 있고, 수필집으로는 『꼴찌에게 보내는 갈채』, 『혼자 부르는 합창』, 『살아있는 날의 소망』, 『나는 왜 작은 일에만 분개하는가』, 『아주 오래된 농담』 등이 있다.

박화목(朴和穆, 1924~2005. 호는 은종)

시인이자 아동 문학가로, 황해도 황주(黃州)에서 태어나 평양 신학교와 만주 봉천 동북 신학교를 거쳐, 한신 대학교 선교 신학 대학원을 졸업하였다. 1941년 어린이 잡지 〈아이생활〉에 동시 「피라미드」를 발표한 뒤, 기독교 신앙을 바탕으로 구원과 동심의 세계를 서정적으로 그린 작품들을 잇달아 발표하면서 우리나라 아동 문학 발전에 기여하였다. 1957년 첫 시집 『초롱불』을 펴낸 데 이어 『시인과 산양』, 『그대 내 마음의 창가에 서서』, 『꽃 이파리가 된 나비』, 『천사와의 씨름』, 『이 사람을 보라』, 『순례자의 기도』 등 모두 16권의 시집과 동시집을 냈다. 수필집으로 『보리밭』, 『그 추억의 길목에서』 등이 있고, 동화집으로는 『아기별과 개똥벌레』, 『인형의 눈물』 등이 있다. 가곡 〈보리밭〉과 동요 〈과수원길〉의 작사가로도 유명하며, 기독교 방송 편성 국장, 〈한국일보〉 문화 부장, 한국 문인 협회 아동 문학 분과 회장, 국제 펜클럽 한국 본부 이사, 한국 아동 문학회 회장 등을 지냈다. 대한민국 문학상, 한국 아동 문학 대상, 황희 예술상 등을 받았고, 옥관 문화 훈장 등을 받았다.

백남준(白南準, 1932~2006)

비디오 아티스트로, 1932년 서울에서 태어났다. 1950년 일본으로 건너가 도쿄 대학 미학 문학부에서 공부하고, 1956년 독일로 유학하여 뮌헨 루드비히막시밀리안 대학교를 수료하였다. 그 뒤 유럽과 미국을 떠돌며 전위적이며 실험적인 미술집단 플럭서스의 일원으로 활동하면서 많은 공연과 전시회를 가졌다. 1963년 독일 부퍼달 파르니스 화랑에서 첫 개인전을 열어 비디오 예술의 창시자로 세계 미술계의 주목을 받았고, 1969년 미국에서 샬롯데 무어맨과의 공연을 통해 비디오 아트를 예술 장르로 편입시킨 선구자가 되었다. 1977년 위성 TV쇼 '굿모닝 미스터 오웰'을 발표하였고, 1993년 베네치아 비엔날레에서 황금사자상을 받았다. 1996년 6월 뇌졸중으로 쓰러져 왼쪽 신경이 모두 마비되었으나, 신체 장애를 극복하고 국내외에서 전시회를 여는 등 왕성하게 활동하였다. 1996년 독일 〈포쿠스〉지가 선정한 '올해의 100대 예술가'에 뽑혔고, 1997년에는 독일 경제 월간지 〈캐피탈〉이 선정한 '세계의 작가 100인' 가운데 8위에 올랐다. 1998년 현대 예술과 비디오를 접목시키는 데 결정적 기여를 한 공로로 '교토상'을 받았고, 한국과 독일의 문화 교류에 기여한 공로로 '괴테메달'을 받았으며, 2000년 금관 문화 훈장을 받았다. 2006년 1월 29일 미국 플로리다주 마이애미에서 타계했다.

변관식(卞寬植, 1899~1976. 호는 소정)

동양화가로, 황해도 옹진에서 태어났다. 조선 총독

부 공업 전습소 도기과와 서화 미술원에서 그림을 공부하고, 1925년 일본으로 건너가 동경 미술 학교를 수료하였다. 8·15 광복 후 초기 국전에 참여하였으나 심사 부조리를 개탄, 국전을 포기 외면하고 이후 작품에만 몰두했다. 작품으로는 금강산 시리즈인 「외금강 삼선암」, 「내금강 진주담」, 「옥류청풍」과 「이어」 등이 있다.

사도 세자(思悼世子, 1735~1762. 이름은 선. 자는 윤관. 호는 의재)
영조의 둘째 아들로 태어난 지 1년 만에 세자가 되었다. 어려서부터 머리가 뛰어나 3세 때 『효경』을 외우고, 7세 때에는 『동몽선습』을 떼었다. 영조를 대신하여 나라를 다스리다가 김한구 일파와 정순 왕후의 모함으로 영조로부터 미움을 받았다. 평안도 관찰사 정희량의 꼬임에 빠져 평양에 놀러 갔다가 영조의 노여움을 샀다. 1762년 김한구, 윤급 등의 모함으로 영조로부터 자결할 것을 명령받았으나 이를 거절하였다. 이어 세자 자리에서 쫓겨난 뒤 뒤주 속에 갇혀 있다가 8일 만에 굶어 죽었다. 그 뒤 이를 후회한 영조에 의해 사도라는 시호가 내려졌고 아들 정조가 즉위한 뒤 장헌 세자로 높여 불렸다.

서상돈(徐相敦, 1851~1913. 세례명은 아우구시티노)
민족 운동가로, 서울에서 태어나 천주교 박해를 피해 대구에서 살았다. 1866년 병인박해 때 문중에서 쫓겨나고 재산도 잃어버렸다. 1871년부터 혼자 공부하는 한편 종이를 파는 지물상, 지물포와 옷감을 파는 포목상을 시작하여 갑부가 되었다. 그 뒤 경상도 시찰관에 올랐고, 로베트 신부를 도와 대구 교회 발전에 힘썼다. 대구 교구가 설립된 뒤 교구 발전에 힘쓰는 한편, 독립 협회에 들어가 국권 수호에 앞장섰다. 1907년 담배를 끊어 나라의 빚을 갚자는 〈국채 보상 취지서〉를 작성하여 발표한 뒤 국채 보상 운동을 벌였다. 그러나 일본의 탄압으로 실패하고, 그때 모은 돈은 민립 대학 설립 운동에 쓰였다.

선덕왕(宣德王, ?~785. 재위 기간: 780~785. 성은 김씨. 이름은 양상)
신라 제37대 왕으로, 김효방의 아들로 태어났다. 764년(경덕왕 23) 아찬으로 시중에 올랐고, 성덕 대왕 신종 제작의 책임을 맡았다. 774년 이찬으로 상대등에 올라 780년에 일어난 이찬 김지정의 반란을 진압하였다. 이때 혜공왕이 죽자, 그 뒤를 이어 왕위에 올라 당나라에 조공을 바쳤으며, 당나라의 덕종으로부터 신라왕에 책봉되었다. 782년 한주(서울 부근)를 돌아보고 백성들을 패강진으로 옮겼으며, 이듬해 김체신을 대곡군 군주에 임명하여 패강진을 개척하였다. 죽은 뒤 유언대로 불법에 따라 화장하고, 그 뼈를 동해에 뿌렸다.

성덕 대왕(聖德大王, ?~737. 재위 기간: 702~737. 성은 김씨. 이름은 융기)
신라 제33대 왕으로 신문왕의 둘째 아들이다. 형인 효소왕이 아들이 없이 죽자, 화백 회의에서 왕으로 추대되었다. 흉년이 들었을 때 가난한 백성들을 잘 돌보았으며, 당나라에 자주 사신을 보내어 앞선 문물을 들여왔다. 김수충이 당나라에서 공자와 그의 제자들의 초상화를 구해 오자, 나라에서 세운 학교인 국학에 보관하게 하였다. 718년에는 당나라의 요청으로 발해를 치러 갔다가, 눈이 너무 많이 내려 그대로 되돌아왔다. 735년 당나라와 패강(대동강)에서 원산만에 이르는 국경선을 매듭지었으며, 북쪽 지역의 백성들을 달래기 위하여 윤충 등의 관리를 보내기도 했다. 정치적 안정을 바탕으로 통일 신라 시대의 전성기를 이루었다.

송여종(宋汝悰, 1553~1609. 자는 언온)
조선 중기의 무신으로, 1592년(선조 25) 임진왜란이 일어나자 낙안 군수 신호 밑에서 일했으며, 한산도 싸움에서는 전라좌도 수군절도사 이순신의 휘하에서 공을 세웠다. 또 선조에게 올리는 이순신의 보고문을 가지고 밤새 적진 사이를 돌파하여 행재소에 전달한 공으로 녹도 만호에 올랐다. 1594년 무과에 급제하고 1597년 원균과 함께 왜군과 싸워 패했으나, 이순신이 삼도 수군통제사로 복귀한 뒤 여러 차례 공을 세웠다. 1599년 사복시 정, 흥양 현감 등을 지내고, 1607년 경상좌도 수군 우후에 올랐다.

순조(純祖, 1790~1834. 재위 기간 : 1800~1834. 이름은 공. 자는 공보. 호는 순재)
조선 제23대 왕으로, 정조의 아들로 태어나 1800년(정조 24) 왕세자에 책봉되었다. 그 해 6월 11세의 나이로 왕위에 올라 영조의 계비 정순왕후의 수렴청정이 실시되다가, 1803년부터 직접 정사를 돌보았다. 정조의 여러 정책을 모범으로 국정을 주도하려고 노력하여 금재찬의 보필을 받아 실무 관원과 접촉하고 암행어사를 파견했으며, 국왕의 친위 부대를 강화하고 하급 친위 관료를 육성하는 등 왕권 강화에 힘썼다. 그러나 세도 정치의 폐해와 극심한 기근, 그리고 1811년에 일어난 홍경래의 난으로 좌절되었다. 그 뒤 장인 김조순의 세도 정치가 자리잡음으로써 적극적인 권한을 행사하지 못하였다. 1827년 아들 효명 세자에게 대리청정을 시키고 일선에서 물러났다. 그러나 김조순 등을 견제하면서 의욕적으로 정치의 개편을 추진하던 세자가 갑자기 세상을 떠남으로써, 다시 순조가 정사를 보게 되었다.

순종(純宗, 1874~1926. 재위 기간 : 1907~1910. 이름은 척)
조선의 마지막 왕으로, 고종의 둘째 아들로 태어나 1897년 황태자가 되었다. 1907년 고종의 뒤를 이어 황제에 올라 한일 신협약을 맺었다. 총감부가 세워져 일본의 간섭을 받는 바람에 제대로 정사를 돌보지 못했다. 동양 척식 회사의 설립을 허가하는가 하면, 1910년에는 굴욕적인 한일 합방 조약을 맺었다. 이로써 조선 왕조는 27대 518년 만에 멸망하였다. 일제의 압력으로 나라를 제대로 다스려 보지도 못한 채 창덕궁에서 지내다가 세상을 떠났다.

신숭겸(申崇謙, ?~927. 초명은 능산. 시호는 장절. 평산 신씨의 시조)
고려 태조 때의 무장으로, 광해주(지금의 춘천)에서 태어났으며, 고려 건국의 1등 공신이다. 태봉의 기장으로 있던 918년 배현경, 홍유, 복지겸 등과 함께 궁예를 몰아 내고, 태조 왕건을 왕으로 세웠다. 927년 태조 왕건이 대구 공산에서 견훤의 후백제군에 포위되자, 대장이 되어 원보, 김락과 함

참고 인물 **347**

게 싸우다가 전사하였다. 이로써 태조 왕건은 간신히 위기에서 벗어날 수 있었다. 고려의 예종은 신숭겸과 김락의 충절을 그리워하여 〈도이장가〉라는 향가를 지었다.

안공근(安恭根, 1889~1940. 일명 서이로, 조한용, 장진구)
독립 운동가이자 안중근의 동생으로, 황해도 신천에서 태어났다. 1909년 진남포 보통 학교에 재직하던 중, 형 안중근의 의거 소식을 듣고 중국 뤼순으로 건너갔다. 그 후 1919년 대한민국 임시정부에서 활동하였다. 1922년 이동휘, 김규식 등과 함께 모스크바에 머물면서 레닌 정부로부터 독립운동을 지원받기 위해 노력하였다. 1930년 김구를 중심으로 결성된 한국 독립당에서 특무 공작을 지휘하였고, 1931년 한인 애국단, 1935년 한국 국민당을 만들어 활동하면서 친일분자의 암살과 독립군 양성에 노력하였다. 1995년 건국훈장 독립장이 주어졌다.

안규홍(安圭洪, 1879~1909. 자는 제원. 호는 담산. 별명은 안계홍)
조선 후기의 의병장으로, 전라남도 보성에서 태어났다. 1908년 신남일과 함께 보성에서 의병을 일으켜 일본군 수비대, 기병과 싸워 5명을 죽이고, 이듬해 일진회 회원을 사살하였으며, 의병 2백 78명으로 순천을 습격하였다. 의병 3백 명을 거느리고 광양군 백운산에 근거지를 두고 활동하다가 보성에서 붙잡혀 광주, 대구 감옥에서 심한 고문을 받고 옥에서 죽었다. 1962년 건국훈장 독립장이 수여되었다.

안위(安衛, 1563~?. 자는 대훈)
조선 중기의 무신으로, 정여립의 5촌 조카로서 1589년 기축옥사 때 평안도에 유배되었다가 임진왜란이 일어나자 풀려났다. 무과에 급제하여 찰방으로 있다가, 1597년(선조 30) 정유재란 때 이항복의 천거로 거제 현령이 되었다. 통제사 이순신을 도와 벽파진 싸움에서 대승을 거두었다. 그 뒤 전라도 병마절도사가 되고 원종 공신에 봉해졌으나, 1601년 반란을 기도한 정여립의 조카라고 하여 탄핵을 받아 관직에서 쫓겨났다. 다시 관직에 나아가 평안도 강변 별장과 평안도 방어사 등을 지냈다. 74세 때인 1636년(인조 14) 병자호란이 일어나자, 왕을 호종하고자 서울로 가다가 강화가 성립되었다는 소식을 듣고 돌아왔다.

양만춘(楊萬春, ?~?)
고구려 말기의 명장으로, 보장왕 때 안시성의 성주이다. 645년 안시성 성주로 있으면서 당나라 태종의 공격을 물리쳤다. 당나라군은 60여 일간에 걸쳐 하루에 6~7차례씩 쳐들어왔으나, 양만춘은 흔들림 없이 병사와 주민들을 격려하여 적을 몰아냈다. 이 싸움에서 당 태종은 양만춘이 쏜 화살에 맞아 한쪽 눈을 잃었다고 한다.

양헌수(梁憲洙, 1816~1888. 자는 경보. 시호는 충장)
조선 후기의 무신으로, 이항로에게서 학문을 배웠다. 1848년(헌종 14) 무과에 급제하여 선전관이 되었고, 철종 때 참상관에 올랐다. 제주 목사로 있을 때 탐관오리를 찾아내 벌주고, 극심한 태풍 피해를 입은 백성들을 구하는 데 애써 백성들로부터 칭송을 받았다. 1866년 천주교에 대한 박해를 구실로 프랑스 로즈가 함대를 이끌고 강화도에 쳐들어 온 병인양요가 일어났다. 이 때 양헌수는 강화도 정족산에서 프랑스 함대를 크게 물리쳐 한성부 좌윤이 되었다. 1871년 황해도 병마절도사를 지낼 때는 국방력 강화를 위해 힘썼고, 이듬해 황해도 연안에 침입하여 약탈을 일삼던 해적들을 잡아 처형하였다. 그 뒤 어영대장, 금위대장, 포도대장을 거쳐 공조 판서에 올랐다.

어재연(魚在淵, 1823~1871. 자는 성우. 시호는 충장)
조선 후기의 무신으로, 1841년(헌종 7) 무과에 급제하여 공충도 병마절도사가 되었다. 1866년(고종 3) 프랑스 로즈가 천주교에 대한 박해를 구실삼아 함대를 이끌고 강화도에 쳐들어왔다. 이때 어재연은 군사를 이끌고 나가 광성진에서 프랑스 함대의 침략을 막아냈다. 회령부사가 되어 북쪽 변경 지역의 도둑들을 물리치고 치안을 정비하였고, 장터를 만들어 변경 무역을 활성화시켰다. 1871년 대동강에서 제너럴 셔먼호를 불태운 사건을 빌미로 미국 함대가 강화도에 쳐들어온 신미양요가 일어났다. 이때 다시 광성진을 지키며 미국군과 싸우다가 장렬하게 전사하였다.

유희(柳僖, 1773~1837. 자는 계신. 호는 서파, 방편자, 남악)
조선 후기의 한글학자로, 경기도 용인에서 유한규의 아들로 태어났다. 어머니는 『태교신기』를 쓴 사주당 이씨이다. 어려서 아버지를 여의고 어머니에게 교육을 받아 4세 때 한자의 뜻을 알고, 7세 때 『성리대전』을 읽었으며, 이어 『서전』, 『사기』 및 경학을 연구하였다. 또 실학파 언어학자인 정동유의 제자로 들어가 한글을 독창적으로 연구하고, 훈민정음의 자모를 분류하여 자신이 지은 『문통』의 〈언문지〉에 수록하였다. 『문통』에 수록된 내용으로도 알 수 있듯이 천문·지리·의약·농정·수종·조류 및 풍수 등 자연 과학에까지 정통하였다. 『시물명고』, 『물명고』 등 국어학 연구에 귀중한 책을 남겼다.

이강년(李康秊, 1858~1908. 자는 낙인. 호는 운강)
구한말의 대표적인 의병장으로, 경상북도 문경에서 태어나 1880년 무과에 급제하여 선전관이 되었으나, 갑신정변이 일어나자 벼슬에서 물러나 고향으로 내려갔다. 이듬해 명성황후가 일본인들에게 살해되고, 나라에서 단발령을 내리자 1896년 재산을 털어 문경에서 의병을 일으켜 일본군과 싸웠다. 그 뒤 당시 유인석과 함께 문경, 조령 등에서 크게 활약하였으나, 제천에서 관군에게 크게 패하자 랴오둥으로 망명했다가 3년 뒤 돌아왔다. 1907년 고종이 황위에서 물러나고, 일본에 의해 군대가 강제로 해산되자 영춘에서 다시 의병을 일으켜 원주에서 의병을 일으킨 민긍호와 합세하여 충주를 공격하였다. 이어 각도 의병장들이 양주에 모여 13도 연합 의병 부대를 만들자 호서 창의 대장으로 참여하였다. 그러나 서울로 진격하려던 연합 의병 부대의 계획이 무산되자, 1908년 부하들을 독려하여 용소동 전투, 갈기동 전투, 백담사 전투, 안동 서벽 전투 등에서 큰 승리를 거두었다. 그 해 청풍, 작성에서 일본군과 싸우던 이강년은 발목에 총알을 맞고 일본군에게 붙잡혀 서울로 옮겨진 뒤 사형을 당했다. 1962년 건국훈장 대한민국장이 주어졌다.

이기붕(李起鵬, 1896~1960. 호는 만송)
정치가로, 서울에서 태어나 보성 학교를 졸업하고 연희 전문 학교를 중퇴하였다. 미국으로 건너가 1923년 데이버 대학을 졸업하고 1934년 귀국하였다. 광복 후 미군정청에서 통역관으로 있다가 이승만의 비서가 되었다. 해방이 된 뒤 서울특별시 시장, 국방부 장관 등을 거쳐 1951년 이승만의 지시로 이범석과 함께 자유당을 만들었다. 그 뒤 1956년 부통령에 출마했으나 떨어졌고, 1960년 대통령 선거 때 부정 선거로 부통령에 당선되었다. 그러나 4·19 혁명으로 부통령에서 물러나, 경무대에 피신해 있다가 가족과 함께 자살하였다.

이동녕(李東寧, 1869~1940. 자는 봉소. 호는 석오)
독립 운동가로, 충청남도 천원에서 이병옥의 맏아들로 태어났다. 1892년 과거에 급제하고, 이듬해 아버지를 따라 원산으로 가서 교육 사업에 힘썼다. 1896년 독립 협회에 들어가 종로 사거리에서 열린 만민 공동회에서 잘못된 정치를 탄핵하고 상소하며 국민 운동에 나설 것을 주장했으며, 이 일로 이준, 이승만과 함께 붙잡혀 옥에 갇혔다. 1903년 이상재 등과 함께 YMCA 운동을 벌였고, 이듬해 한일 협약이 맺어지자 양기탁, 신채호 등과 함께 나라를 되찾기 위한 운동을 벌였다. 1906년 만주 북간도 용정으로 망명하여 이상설 등과 함께 그 곳에 서전 의숙을 세워 교육에 힘쓰다가 귀국하여 1909년 안창호, 김구 등과 함께 신민회를 만들어 애국 계몽 운동에 앞장섰다. 1910년 만주로 건너가 신흥 학교를 세워 소장으로서 독립군 양성과 교포 교육에 힘썼다. 상하이 임시정부 국무 총리, 주석 등을 맡으며 김구와 전시 내각을 만들어 조국 광복을 위하여 싸우다가 쓰촨성에서 병으로 세상을 떠났다. 1962년 건국훈장 대통령장이 주어졌다.

이문구(李文求, 1941~2003)
소설가로, 충청남도 보령에서 태어나 그 곳에서 자랐다. 6·25 전쟁 때 아버지와 형들을 잃었고, 15세 때 어머니마저 세상을 떠나자, 1959년 중학교를 졸업한 뒤 서울로 올라와 막노동과 행상으로 생계를 유지했다. 1961년 서라벌 예술 대학 문예창작과에 입학해 김동리, 서정주 등에게 배웠다. 1966년 단편소설「다갈라 불망비」와「백결」로 김동리의 추천을 받아『현대문학』에 발표됨으로써 작품 활동을 시작했다. 우리말 특유의 가락을 잘 살려낸 유장한 문장으로 작가 자신이 경험한 농촌과 농민의 문제를 작품화함으로써, 소설의 주제와 문체까지도 농민의 어투에 근접한 사실적인 작품 세계를 펼쳐 보여 농민 소설의 새로운 장을 개척한 작가로 평가된다. 주요 작품으로「이삭」,「이 풍진 세상을」,「암소」,「관촌수필(1~3)」,「우리 동네 김씨」,「우리 동네 최씨」,「장동리 싸리나무」,「장천리 소태나무」등이 있다. 고향을 상실한 사람들의 애환과 상황을 초래한 시대적 모순을 충청도 특유의 토속어로 잘 포착해 형상화하고 있다. 자유 실천 문인 협회 간사, 민족 문학 작가 회의 이사(1987~1988), 한국 소설가 협회 상임 이사, 민족문학 작가 회의 이사장 등을 맡아 한국 문화의 발전을 위해 사회 활동에도 활발히 참여했다. 작품집으로『이 풍진 세상을』,『해벽』,『엉겅퀴 잎새』,『관촌수필』,『으악새 우는 사연』,『우리동네』,『다가오는 소리』,『유자소전』등이 있고, 장편소설로는『장한몽』,『산너머 남촌』,『매월당 김시습』등이 있으며,

산문집으로 『아들 사랑 이야기』, 『지금은 꽃이 아니어도 좋아라』, 『글밭을 일구는 사람들』 등이 있다. 1972년 한국일보 문학상을 시작으로 한국 문학 작가상, 요산 문학상, 펜문학상, 서라벌 문학상, 만해 문학상, 동인 문학상 등을 받았다.

이벽(李檗, 1754~1786. 본명은 덕조. 호는 광암)
조선 후기의 가톨릭교의 신자로, 경기도 광주에서 태어났다. 1777년(정조 1) 권철신, 정약전 등이 주최한 토론회에 참석하면서, 가톨릭에 흥미를 느껴 1784년 이승훈에게 세례를 받고, 권일신과 함께 전도부의 간부로 활약하였다. 1785년(정조 9) 신도 김범우가 적발됨으로써 서학 운동이 표면화되자, 아버지 이부만은 그를 제지하려다가 목을 매어 자살하였다. 이에 충격을 받아 이기경의 권유를 받아 가톨릭교를 떠났다가, 이듬해 페스트로 죽었다.

이사부(異斯夫, ?~?. 성은 김씨. 일명 태종)
신라의 정치가이자 장군으로, 내물왕의 4대손이다. 505년(지증왕 6) 변경이던 실직주(지금의 삼척)의 군주로 임명되었는데, 이것이 신라에서 처음 군현제가 실시된 예이다. 512년 아슬라주 군주로 있으면서 지금의 울릉도인 우산국을 신라에 귀속시켰는데, 이때 나무로 만든 사자를 배에 싣고 가서 항복하지 않으면 맹수를 풀어 멸하겠다고 속여 협박하는 계교를 썼다. 541년(진흥왕 2) 군사의 책임자이자 당시에는 상대등, 시중을 겸할 수 있던 병부령이 되어 562년까지 실권을 장악하였다. 545년에는 국사 편찬을 제안하여 거칠부 등이 『국사』를 편찬하는 계기를 만들었다. 549년에 한강 상류 지역까지 신라 영토를 넓혔고, 550년에는 고구려와 백제가 도살성과 금현성을 두고 치열한 싸움을 벌이다 지친 틈을 타서 두 성을 빼앗았다. 562년에는 대가야를 멸망시킴으로써 소백산맥 동쪽에 신라의 지배권을 확립하였다.

이상설(李相卨, 1870~1917. 자는 순오. 호는 보재)
독립 운동가로, 충청북도 진천에서 태어났다. 일찍이 신학문에 뜻을 두어 영어, 러시아어, 프랑스어를 배웠다. 법무 협판, 의정부 참찬을 지냈다. 일본의 압력에 의해 을사조약이 맺어지자, 반대의 글을 올리고 죽으려 했으나 실패하였다. 간도로 가서 교포의 자녀 교육을 위해 서전서숙을 세우고 항일 민족 정신을 일깨우려 노력하였다. 1907년 이준, 이위종과 함께 고종의 밀명을 받아 네덜란드 헤이그에서 열린 만국 평화 회의에 참가하여 일본의 침략 행위를 알리려 하였으나 일본의 방해로 참석하지 못했다. 그 후 블라디보스토크로 가서 유인석 등과 성명회를 조직하여 독립 운동을 벌이다가 일본의 요청을 받은 러시아 관리에게 붙잡혔다. 권업회를 만들어 〈권업보〉, 〈해조신문〉 등을 발행하는 등 계몽 운동을 펼쳤다. 1962년 건국 훈장 대통령장이 주어졌다.

이상화(李相和, 1900~1943. 호는 무량, 백아)
시인으로, 대구에서 태어나 경성 중앙 학교(지금의 중동 중학교)에서 3년 동안 공부하였다. 21세 때 박종화, 나도향 등과 함께 〈백조〉 동인이 되어 본격적으로 시를 쓰기 시작하였다. 일본에 건너가 공부하다가 도쿄 대지진으로 귀국한 뒤 1925년 조선 프롤레타리아 예술 동맹에 참여했다. 이듬해 「빼앗긴 들에도 봄은 오는가」를 발표하여 일본의 탄압에 대한 우리 민족의 슬픔과 저항 정신을 나타냈다. 주요 작품으로 「가을의 풍경」, 「나의 침실로」, 「말세의 희탄」, 「이별」 등이 있다.

이소응(李昭應, 1852~1930. 호는 습재. 이명은 직신)
강원도 춘천에서 태어났으며, 1895년 을미사변이 일어나고 단발령이 내려져 전국에서 의병 항쟁이 일어나자, 1896년 1월 춘천부에 집결한 지방 유생 유중락, 이만응 등과 농민 1천여 명에 의해 의병 항쟁의 대장으로 추대되었다. 일본을 오랑캐 왜노로 규정하는 등 의병의 명분을 뚜렷이 하는 한편, 전국에 글을 보내 함께 거사할 것을 촉구하였다. 이때 정부에서 관찰 겸 선유사로 파견한 조인승을 친일파라 하여 참형하였다. 이어 남한산성의 경기 의병과 연합하여 서울을 공격하기로 계획하였으나 뜻을 이루지 못하였다. 그 후 제천 유인석과 함께 활동하다 만주로 망명하였다. 지은 책으로 『습재연보』, 『습재선생문집』 등이 있다. 1962년 건국 훈장 독립장이 수여되었다.

이승훈(李承薰, 1756~1801. 자는 자술. 호는 만천. 세례명은 베드로)
조선 가톨릭 사상 최초의 영세자이자 순교자로, 서울 남대문 밖 반석동(지금의 중림동)에서 태어났다. 벼슬에 대한 뜻을 버리고 학문에 몰두하다가 이벽을 만나 가톨릭을 알게 되었다. 1783년 청나라에 사신으로 가는 아버지를 따라가 그 곳에서 교리를 공부한 뒤 세례를 받았다. 이듬해 교리책과 십자가상 등을 가지고 돌아와 이벽, 이가환, 정약종 형제와 함께 명례동(지금의 명동)의 김범우의 집에서 정기적인 모임을 가짐으로써 한국 천주교회가 시작되었다. 그 해 형조의 관헌에게 붙잡혀 한때 종교를 떠나기도 했지만 곧 교회로 돌아가 신부의 일을 대신 맡아 보며, 주일 미사와 영세를 행하는 등 전도를 열심히 하였다. 1791년(정조 15) 서학책을 펴냈다는 탄핵을 받고 감옥에 갇혔으며, 1801년 신유사옥 때 순교했다.

이암(李巖, 1499~?. 자는 정중)
조선 초기의 화가로, 왕손으로 두성령을 제수받았다. 영모와 화조에 뛰어났고 송나라 모익의 그림 그리는 법을 따른 것으로 알려졌으나, 현존하는 작품을 보면 이와는 달리 한국적인 정치가 풍기는 독자적인 그림을 그렸음을 알 수 있다. 또 초상화에도 뛰어나 1545년에는 중종의 어진 제작에 참여하기도 했다. 유작으로는 국립 중앙 박물관에 있는 「모견도」와 호암 미술관에 있는 「화조구자도」, 미국 필라델피아 미술관에 있는 「견도」 등이 전해 온다. 그의 명성은 일본에도 널리 알려졌으며 한때 일본 화가로 알려지기도 하였다.

이오덕(李五德, 1925~2003)
교육자이자 아동 문학가이며 우리말 연구가로, 경상북도 청송에서 태어나 1943년 영덕 농업 학교를 졸업하였다. 이듬해 초등 교원 자격 시험에 합격한 뒤, 1986년 스스로 그만둘 때까지 43년 동안 초등학교 교사·교감·교장을 지냈다. 1954년 〈소년 세계〉에 동시 「진달래」를 발표한 뒤, 1971년 〈동아 일보〉 신춘 문예에 동화와 수필이 당선되었다. 그 이전에도 활발하게 작품 활동을 해 『별들의 합창』, 『탱자나무 울타리』 등의 동시집을 펴냈다.

1983년에는 교사들을 모아 한국 글쓰기 교육 연구회를 만들었고, 퇴임 후에는 우리말 연구소를 만들어 글쓰기 교육 운동과 우리말 연구에 힘썼다. 특히 번역 말투와 일본 말투의 잔재를 걸러내고 우리말과 글을 다듬은 『우리문장 바로쓰기』와 『우리글 바로쓰기(전3권)』를 펴냈다. 지은 책으로『글짓기 교육의 이론과 실제』,『시정신과 유희정신』,『삶을 가꾸는 글쓰기교육』,『글쓰기 어떻게 가르칠까』,『우리말 바로쓰기』,『문학의 길 교육의 길』 등이 있다. 1976년 한국 아동 문학상을 시작으로 단재상, 전국 교직원 노동 조합 참교육상 등을 받았으며, 2002년 은관 문화 훈장을 받았다.

이원수(李元壽, 1911~1981)

아동 문학가로, 경상남도 양산에서 태어났다. 초등학교 6학년 때 〈어린이〉지에 동요 〈고향의 봄〉이 당선되었다. 이 동요는 홍난파에 의해 작곡되어 오늘날에도 널리 불려지고 있다. 1927년부터 본격적인 활동을 벌여 장편 동화와 아동 소설 부분을 개척했다. 아동 문학 이론을 확립하는 데도 크게 이바지했다. 8·15 해방 후에는 주로 출판업에 종사하면서 동요와 시집을 펴냈다. 지은 책으로는『종달새』, 그림 동화집『봄잔치』, 장편 동화『숲속나라』, 동화집『파란 구슬』등을 썼다. 그 밖에 『이원수 아동문학 독본』,『어린이 문학 독본』등을 펴냈다. 1971년 회갑을 맞아 아동 문학집『고향의 봄』을 간행했다. 한국 문인 협회 이사, 한국 아동 문학 협회 회장 등을 지냈다.

이위종(李瑋鍾, 1887~?)

조선 고종 때의 외교관이며 독립 운동가로, 서울에서 태어나 일곱 살 때부터 아버지 이범진을 따라 영국, 프랑스, 러시아 등 여러 나라를 돌아다녀 영어, 프랑스어, 러시아어에 뛰어났다. 러시아 페테르부르크 주재 한국 공사관 참사관을 지내다가 1905년 을사조약이 체결되어 공사관이 철수된 후에도 러시아에 남아 있었다. 1907년 고종의 밀령을 받고 이준, 이상설 등과 함께 제2차 만국 평화 회의에 참석하기 위하여 네덜란드의 헤이그에 갔으나 일본의 방해로 뜻을 이루지 못하게 되자, 만국 기자 협회를 통하여 연설할 기회를 얻어 일본의 야만적 침략 행위를 밝히며 세계의 여론에 호소하였다. 이 일로 일본이 종신형을 건고하고 체포령을 내리자 이상설과 함께 미국으로 갔다가, 블라디보스토크로 가서 항일 투쟁을 계속하였다. 1962년 건국훈장 대통령장이 주어졌다.

이응로(李應魯, 1904~1989. 호는 고암, 죽사)

동양화가로, 충청남도 홍성에서 태어나 일본 가와바타 화학교를 졸업하고, 일본 남화의 대가 마쓰바야시 게이게쓰에게 그림을 배웠다. 8·15 광복 뒤 단구 미술원을 설립하여 후진 양성에 힘썼으며, 1948년부터 홍익 대학, 서라벌 예술 대학 등에서 학생들을 가르쳤다. 대한 미술인 협회 상임 위원 등을 맡았고, 1958년 파리에 정착하였다. 1963년 살롱도톤전에 출품하면서 유럽 미술계에 알려지게 되었고, 1968년 제8회 상파울로 비엔날레전에서 명예 대상을 획득하여 세계 미술계의 주목을 받았다. 1967년 동베를린 공작단 사건에 연루된 혐의로 강제 소환되어 옥에 갇혔고, 1969년 사면되었다. 대표작으로 「콤포지션」,「작품」,「군상」 등이 있다.

이천(李?, 1376~1451. 호는 불곡. 시호는 익양)
조선 전기의 무신이자 과학자로, 이송의 아들로 태어났다. 1402년(태종 2) 무과에 급제하여 왜구를 물리치는 데 큰 공을 세워 충청도 병마절도사에 올라 병선을 만드는 데 힘썼다. 이때부터 틈틈이 기계 장치의 원리 등을 연구하였고, 특히 금속 공예와 주조법에 밝아 세종의 명을 받아 새로운 활자인 경자자, 갑인자를 만드는 등 인쇄술 발달에 크게 이바지하였다. 장영실 등과 함께 간의, 혼의, 앙부일구 등의 천문 기구를 만들었다. 무신으로서 요직을 두루 지내면서 세종 대왕 때의 과학 기술 발전에 큰 공을 세웠다.

이호우(李鎬雨, 1912~1970. 호는 이호우)
시조 시인으로, 경상북도 청도에서 태어나 고향의 의명 학당을 거쳐 밀양 보통 학교를 졸업하고, 1924년 경성 제1고보에 들어갔으나 병으로 중퇴하였다. 1940년 〈문장〉지에 시조 「달밤」이 이병기의 추천을 받으면서 문단에 발을 들여 놓았다. 대구에 살면서 주로 신문사에서 일하며 지방 문화 발전과 후진 양성에 힘썼다. 1955년 『이호우 시조집』을 간행하여 제1회 경북 문화상을 받았다. 그 뒤 누이동생인 이영도와 함께 발간한 오누이 시조집 『비가 오고 바람이 붑니다』 중의 1권인 『휴화산』을 펴냈다. 대표작으로 「개화」, 「휴화산」, 「바위 앞에서」, 「진주」, 「새벽」, 「깃발」 등이 있다.

임병찬(林炳瓚, 1851~1916. 자는 중옥. 호는 돈헌)
조선 말기의 의사이자 의병장으로, 전라북도 옥구에서 태어나 어려서부터 신동이란 말을 들었다. 1888년 호남 지방에 흉년이 들자, 돈과 곡식을 내어 구휼하는 등 백성들의 구휼에 힘써 낙안 군수에 올랐다. 을사조약이 체결되자, 스승인 최익현과 함께 의병을 일으켜 일본에 맞서 싸우다가 두 번이나 감옥에 갇혔다. 그 후에도 일본과 싸움을 계속하다가 붙잡혀 음식을 먹지 않으며 맞서다가 자결을 하였다. 1962년 건국훈장 독립장이 수여되었다.

장욱진(張旭鎭, 1917~1990)
서양화가로, 충청남도 연기에서 태어나 경성 제2고보와 양정 고보를 거쳐 도쿄 제국 미술 학교를 졸업하였다. 1948년 김환기, 유영국, 이규상 등과 신사실파 동인으로 활약하였다. 1945~1947년 국립 박물관 학예관을 지냈고, 1954~1960년 서울 대학교 교수를 지냈다. 그 뒤 작품 활동에만 몰두하여 여러 차례 개인전을 열었으며, 1978년 분청사기에 그림을 그린 도화전을 열었고, 1983년 판화집을 냈다. 동화, 전설, 이웃 등 친근한 소재를 단순하면서도 대담한 구성으로 그려 냈으며, 동양화적인 수법에 동양적 철학 사상을 담아 냈다는 평을 들었다. 주요 작품으로 「까치」, 「두 아이」, 「집」, 「가로수」 등이 있으며, 수필집으로 『강가의 아틀리에』가 있다.

정두원(鄭斗源, 1581~?. 자는 정숙. 호는 호정, 풍악산인. 시호는 민충)
조선 중기의 문신으로, 1612년(광해군 4) 생원이 되고, 1616년 문과에 급제하였다. 1623년(인조 1) 성천 부사에 올랐고, 이듬해 명나라 장수 모문룡에게 군량을 조달하였다. 1627년 정묘호란이 일어나자 전향사가 되어 임진강의 군량 수송을 담당하였다. 1630년 명나라에 사신으로 갔다가 이듬해 돌아올 때 홍이포, 천리경(망원경), 자명종 등 서양의 기계와 마테오리치의 『천문서』, 『직방외기』, 『서양국풍속기』, 『천문도』, 『홍이포제본』 등의 책을 가져왔다. 강원도 관찰사와 개성부 유수 등을 거쳐 중추부 지사를 지냈다.

정문부(鄭文孚, 1565~1624. 자는 자허. 호는 농포. 시호는 충의)
조선 중기의 문신이자 의병장으로, 서울에서 태어났다. 1588년 문과에 급제하여 한성부 참군이 되었다. 1591년 함경북도 병마평사가 되어 북쪽 변경의 진지를 순찰하였다. 임진왜란 때 회령에서 국경인 등이 반란을 일으켜 일본에 항복하자, 의병을 일으켰다. 회령에서 두 왕자를 왜군에게 넘겨준 국경인 등을 죽이고 반란을 진압하였다. 또한 쌍포와 백탑교 등의 전투에서 왜군들을 무찔러 관북 지방을 되찾았다. 인조반정으로 인조가 왕위에 오른 뒤 전주 부윤을 지냈다. 이괄의 난에 관련된 혐의로 고문받다가 죽었으나, 후에 죄가 없음이 밝혀져 좌찬성이라는 벼슬이 내려졌다. 지은 책으로 『농포집』이 있다.

정약전(丁若銓, 1758~1801. 자는 천전. 호는 일성루, 손암, 연경재)
조선 정조 때의 학자이며 가톨릭 신자로, 정약용의 형이다. 1790년 문과에 급제하여 부정자 등을 거쳐 병조 좌랑에 올랐다. 일찍이 서학에 뜻을 두어 가톨릭에 들어간 뒤 벼슬에서 물러나 이승훈 등과 함께 가톨릭 교리를 퍼뜨리는 데 힘썼다. 1801년(순조 1)에 일어난 신유박해 때 흑산도로 귀양을 갔다가 그 곳에서 죽었다. 지은 책으로 『자산어보』, 『영남 인물고』 등이 있다.

정응두(丁應斗, 1508~1572. 자는 추경. 호는 충정)
조선 중기의 문신으로, 1534년 문과에 급제하여 설서·전적 등을 거쳐 1543년 교리·장령 등에 올랐다. 1545년 명종 즉위 후 사간과 예조 참의를 지낸 뒤 1547년 대사간에 올랐으며, 이듬해 대사헌이 되었으나, 아버지의 병을 돌보기 위해 관직에서 물러났다. 1551년(명종 6) 한성부 우윤이 되고 병조 참판·평안도 관찰사·예조 참판 등을 거쳐 함경도 관찰사로 나가 공적을 올렸으며, 1561년 병조 판서·우찬성·의금부 판사에 올랐다. 사신으로 두 차례 명나라에 다녀왔고, 1563년 좌찬성을 거쳐 1567년 중추부 판사에 올랐다.

정인홍(鄭仁弘, 1535~1623. 자는 덕원. 호는 내암)
조선 중기의 학자이자 의병장으로, 경상남도 합천에서 태어났다. 1575년 황간 현감으로 나가 백성을 위한 좋은 정치를 베풀었다. 정철, 윤두수를 탄핵하려다 도리어 벼슬에서 물러나 고향으로 내려갔다. 임진왜란 때 합천에서 의병을 모아 성주에서 왜병을 물리침으로써 영남 의병장이라는 호를 받을 정도로 성주·합천·함안 등을 방어하는 데 많은 공을 세웠다. 유성룡을 탄핵하여 벼슬에서 물러나게 한 뒤, 홍여순 등과 함께 정권을 잡았다. 1613년 영창 대군 등을 역모 혐의로 몰아 죽인 뒤 서령 부원군에 봉해졌고, 좌의정에 올랐다. 인목 대비를 폐위하여 서궁에 유폐시키고 영의정이 되어 권력을 휘둘렀다. 인조반정으로 참형되었고, 집안의 재산을 모두 빼앗겼다.

정채봉(丁埰琫, 1946~2001)

아동 문학가로, 전라남도 순천에서 태어나, 1975년 동국 대학교 국어국문학과를 졸업하였다. 1973년 〈동아일보〉 신춘 문예에 동화 「꽃다발」이 당선되었다. 월간 〈샘터〉 편집부 기자, 기획 실장, 편집부장, 주간, 편집 이사와 초등학교 교과서 집필위원, 계간 〈문학아카데미〉 편집 위원, 동국 대학교 국어국문학부 겸임 교수 등을 지냈다. 한국의 성인 동화 장르를 개척한 작가로, 1983년 동화 「물에서 나온 새」를 발표한 이래, 11권의 동화와 7권의 생각하는 동화, 11권의 에세이집과 시집을 발표하였다. 동화로는 「돌 구름 솔 바람」, 「입 속에서 나온 동백꽃 세 송이」, 「눈동자 속으로 흐르는 강물」, 「푸른 수평선은 왜 멀어지는가」, 「초승달과 밤배」, 「느낌표를 찾아서」 등이 있고, 수필집으로 『지혜의 작은 방(전3권)』, 『모래알 한가운데』, 『그대 뒷모습』 등이 있으며, 시집 『너를 생각하는 것이 나의 일생이었지』 등이 있다. 1983년 대한민국 문학상을 시작으로 한국 잡지 언론상, 새싹 문학상, 한국 불교 아동 문학상, 동국 문학상, 세종 아동 문학상, 소천 아동 문학상 등을 받았다.

조지훈(趙芝薰, 1920~1968. 이름은 동탁. 호는 지훈)

청록파 시인이자 국문학자로, 경상북도 영양에서 태어났다. 엄격한 가풍 속에서 한학을 배우고 독학으로 혜화 전문 학교(동국 대학교)를 졸업하였으며, 1939년에 시 「고풍의상」, 「승무」, 1940년 「봉황수」로 〈문장〉지의 추천을 받았다. 고전적 풍물을 소재로 하여 우아하고 섬세하게 민족 정서를 노래한 시풍으로 기대를 모았고, 박목월, 박두진과 함께 1946년 시집 『청록집』을 간행하여 '청록파'라 불리게 되었다. 고려 대학교 교수와 한국 시인 협회장 등을 지냈으며, 민족 문화 연구에도 힘을 기울여 『한국 문화사 서설』, 『한국 민족 운동사』 등의 책을 썼다. 시집으로 『풀잎 단장』, 『여운』 등이 있다.

철종(哲宗, 1831~1863. 재위 기간 : 1849~1863. 초명은 원범. 이름은 변. 자는 도승. 호는 대용재)

조선 제25대 왕으로, 전계 대원군 이광의 셋째 아들로 태어나, 1844년(헌종 10) 형 회평군의 옥사로 가족과 함께 강화도에 유배되었다가, 1849년 대왕대비 순원왕후(순조비)의 명으로 궁중에 들어와 덕완군에 책봉되었으며, 1850년 19세로 헌종의 뒤를 이어 왕위에 올랐다. 즉위 후 대왕대비 김씨가 수렴청정을 하였으며, 안동 김씨의 세도 정치로 삼정이 문란해져 생활이 고통스러워진 백성들의 대규모 민란이 일어났다. 철종은 결국 재위 14년간 세도 정치의 소용돌이 속에서 정치를 바로잡지 못한 채 병사하였다.

최귀동(崔貴童, ?~1990)

충북 음성군 금왕읍에서 부잣집 아들로 태어났으나, 일제 시대에 징용에 끌려가 심한 고문을 받아 정신병을 얻어 귀국하였다. 그러나 집안은 이미 풍비박산이 나 있어 무극천 다리 밑에 거적을 치고 살았다. 그 뒤 40여 년 동안 밥을 얻어다가 자기보다 못한 걸인들을 보살피며 살았다. 그 숭고한 사랑의 실천으로 86 가톨릭 대상(사랑 부문)을 받았다. 마지막 소망인, 1천 2백 평 규모의 노인 요양원의 준공식을 가졌고, 이듬해부터 그 곳에서 생활하다 지병인 혈압이 재발하여 인곡 자애 병원에서 "인명은 하늘에 달려 있어."라는 말을 남기고 세상을 떠났다.

최기철(崔基哲, 1910~2002. 호는 한내)
생물학자이자 생태학자로, 대전에서 태어나 1931년 경성 사범 학교 연습과를 졸업하였다. 청주 사범 학교와 충주 사범 학교 교장을 거쳐 1948~1975년 서울 대학교 사범 대학 교수를 지냈다. 한편 1957년 미국 피바디 대학교에서 동물 생태학을 연구하였고, 1963년 동물 학회 회장, 1971년 육수 학회 회장, 1976년 한국 담수 생물학 연구소 소장, 1993년 한국 민물고기 보존 협회장, 한강 살리기 시민 운동 연합 총괄 지도 위원 등을 지내며 우리 나라의 동식물 연구와 환경 보호에 힘썼다. 지은 책으로 『동물생태학』, 『일반생물학』, 『기초생태학』, 『한국담수어도감』, 『한국의 민물고기』, 『우리 물고기 기르기』, 『도별 자연 담수어편(8권)』 등이 있다.

최시형(崔時亨, 1827~1898. 초명은 경상. 호는 해월)
동학의 제2대 교주로, 경상북도 경주에서 태어났다. 1861년 동학에 들어가 최제우의 가르침을 받고 제2대 교주가 되었다. 정부의 탄압으로 최제우가 처형되자, 감시를 피해 전국을 돌며 포교에 힘썼다. 『동경대전』, 『용담유사』 등 주요 경전을 펴내어, 동학 교리의 가르침을 체계화했다. 그 뒤 두 차례에 걸쳐 신앙의 자유와 억울하게 죽은 최제우의 한을 풀어 줄 것을 호소하는 교조 신원 운동을 펼쳤다. 1894년 고부 접주 전봉준이 농민과 동학 교도를 모아 동학 혁명을 일으키자, 동학 교도들에게 모두 일어설 것을 명령하고 싸우다가 1898년 붙잡혀 처형되었다.

충렬왕(忠烈王, 1236~1308. 재위 기간 : 1274~1308. 초명은 심, 춘. 이름은 거)
고려 제25대 왕으로, 원종의 맏아들로 태어나 1260년(원종 1)에 태자로 봉해졌다. 1271년 원나라에서 제국대장 공주와 결혼하였고, 원종이 죽은 뒤 돌아와 왕위에 올랐다. 원나라의 강요로 일본 정벌군을 파견하였으나 태풍으로 실패했고, 1281년 제2차 정벌도 역시 실패하였다. 원나라의 지나친 간섭과 왕비의 죽음 등으로 싫증을 느껴 세자(충선왕)에게 왕위를 물려주고 원나라에 갔다. 계국대장 공주(충선왕의 비)의 모함으로 충선왕이 물러나자 7개월 만에 다시 왕위에 올랐다. 그 후 술과 유흥, 사냥으로 나날을 보냈다. 원나라의 문물제도를 받아들여 학문과 문화를 발전시키는 등의 공적을 쌓기도 하였다.

충정왕(忠定王, 1337~1352. 재위 기간 : 1348~1351. 이름은 저)
고려 제30대 왕으로, 충혜왕의 서자로 태어나 충목왕이 아들이 없이 죽자, 원나라에 의해 왕위에 올랐다. 외척들의 횡포로 나라의 정치가 문란해졌으며, 왜구의 침입이 잦았다. 1351년 윤택, 이승로 등의 요청에 의해 왕위에서 쫓겨나 공민왕에게 자리를 물려주고 강화도로 귀양을 갔다가, 이듬해 독살되었다.

충혜왕(忠惠王, 1315~1344. 재위 기간 : 1330~1332. 복위 : 1339~1344. 이름은 정)
고려 제28대 왕으로, 충숙왕의 아들이다. 세자가

된 뒤 원나라에 볼모로 가 있다가, 충숙왕이 왕위를 물려주자 1330년 돌아와 왕이 되었다. 나랏일을 돌보지 않고 술과 여자에 빠져 지내다가 나라를 혼란에 빠뜨렸다. 원나라로 귀양을 가다가 병으로 죽었다.

침류왕(枕流王, ?~385. 재위 기간 : 384~385)
백제 제15대 왕으로, 근구수왕과 아이 부인의 맏아들로 태어났다. 중국 진나라에 외교 관계를 맺었으며, 중국을 거쳐 들어온 인도 승려 마라난타를 왕궁에서 맞이하였다. 이것이 백제에서 불교 전래의 시초이며, 백제에서는 이때부터 불법을 시행하였다. 385년 한산에 절을 창건하였고, 9개월 후에 세상을 떠났다. 동생인 진사왕이 왕위를 계승하였다.

피천득(皮千得, 1910~2007. 호는 금아)
시인·수필가이자 영문학자로, 서울에서 태어나 1937년 중국 호강 대학교 영문과를 졸업했다. 1945년 경성 제국 대학(서울 대학교) 교수를 거쳐 1946~1974년까지 서울 대학교 사범 대학 교수로 학생들을 가르쳤다. 1930년 〈신동아〉에 「서정소곡」을 발표한 것을 시작으로 1932년 〈동광〉에 시「소곡」, 수필「눈보라 치는 밤의 추억」 등을 발표하였다. 대체로 사상과 관념을 배제한 순수한 정서에 의해 시정이 넘치는 생활을 노래하였다. 1947년 첫 시집 『서정시집』을 펴냈다. 하지만 시보다 섬세하고 다감한 문체로써 서정의 세계를 표현한「눈보라 치는 밤의 추억」,「기다리는 편지」,「은전 한 닢」등의 수필이 뛰어난 것으로 평가되고 있다. 시집으로 『금아시문선』,『산호와 진주』등이 있고, 평론집으로 『노산 시조집을 읽고』,『춘원선생』등이 있다.

한경직(韓景職, 1902~2000)
기독교 목사로, 평안남도 평원에서 태어나 1925년 평양 숭실 전문 학교를 졸업하였다. 미국으로 건너가 1929년 프린스턴 신학 대학을 졸업했으며, 1948년 엠포리아 대학에서 신학 박사 학위를 받았다. 1945년 서울 영락 교회 목사로 부임하였고, 1954년에는 숭실 대학 학장을 겸직하였다. 1955년 대한 예수교 장로회 총회장, 숭실 대학 이사장을 거쳐 서울 여자 대학 재단 이사장, 영락 상업 고등 학교 재단 이사장, 대광 중고등 학교 재단 이사장 등을 맡았다. 1965년 아시아 전도 협의회 위원장을 거쳐 기독교 선명회 이사장, 홀트 양자회 이사장, 영락 여자 신학교 이사장, 1971년에는 숭전 대학 재단이사와 장로회 신학 대학 이사장, 아시아 연합 신학 대학원 이사장이 되었다. 영락 교회 당회장에서 물러난 뒤, 기독교 방송국 재단 이사장, 한국 복음화 운동 본부 대표 등을 거쳐 1983년 기독교 선교 100주년 기념 사업 협의회 총재 등을 지냈다. 국민훈장 무궁화장을 받고, 1992년에는 '노벨 종교상'으로 불리는 템블턴상을 받았다. 지은 책으로 『건국과 기독교』,『설교집(10권)』,『내일을 사는 인생』,『사도 바울에게 배운다』 등이 있다.

혜공왕(惠恭王, 756~780. 재위 기간 : 765~780. 성은 김씨. 이름은 건운)
신라 제36대 왕으로, 경덕왕의 맏아들로 태어났다. 8세 때인 765년에 왕위에 올라, 한때 태후가 섭정을 하였다. 당나라에 해마다 사신을 보내 768

년 당나라 대종으로부터 신라왕에 책봉되었다. 왕위에 있는 동안 천재지변이 자주 일어나고 흉년이 들어 민심이 흉흉하였는데도, 사치와 생활이 문란하여 궁중의 기강이 문란해졌다. 768년 대공이 반란을 일으킨 데 이어, 770년에는 김융이, 775년에는 김은거가 반란을 일으키는 등 반란이 끊이지 않았다. 780년 김지정이 반란을 일으키자 상대등 김양상에게 진압하게 하였으나, 왕비와 함께 반란군에게 피살되었다.

홍순칠(洪淳七, 1929~1986)

독도 의용 수비대의 창설자로, 1929년 울릉도에서 태어났다. 어려서 할아버지로부터 독도가 울릉도에 속한 섬이라는 가르침을 받고 자란 홍순칠은 어느 날 경찰서 마당 한쪽에 '시네마현 오키군 다케시마' 라고 쓴 표목을 발견하고, 이때부터 독도를 지키기로 결심하였다. 1952년부터 부산에서 무기 등 장비를 구입한 뒤, 이듬해 4월 20일 독도 의용 수비대를 만들었다. 1953년 6월 독도로 접근하는 일본 수산 고등학교 실습선을 돌려보냈고, 이어 7월 23일 독도 해상에 나타난 일본 해상 보안청 순시선과 총격전을 벌인 끝에 물리쳤다. 그 해 8월 5일 동도 바위에 독도가 대한민국 땅임을 밝히는 '韓國領(한국령)' 석 자를 새겨 넣었다. 1954년 다시 총격전 끝에 일본 순시선을 격퇴하고, 같은 해 11월 21일에는 1천 톤급 일본 순시선 3척 및 항공기 1대와 총격전을 벌여 격퇴하였다. 그 뒤에도 마지막까지 남은 수비 대원 32명과 함께 계속 독도를 수호하다, 1956년 12월 30일 무기와 임무를 국립 경찰에 인계하고 울릉도로 돌아가 독도 의용 수비대 동지회 회장으로 활동하였고, 1986년 세상을 떠날 때까지 '푸른 독도 가꾸기 운동'을 펼쳤다. 1966년 5등 근무 공로 훈장을 받았고, 1996년 보국훈장 삼일장이 수여되었다. 지은 책으로는 『이 땅이 뉘 땅인데』가 있다.

흥덕왕(興德王, ?~836. 재위 기간 : 826~836. 초명은 수종, 수승. 성은 김씨. 이름은 경휘)

신라 제42대 왕으로, 원성왕의 손자이며 헌덕왕의 동생이다. 819년(헌덕왕 11) 이찬으로 상대등에 올랐으며, 826년 왕위에 올랐다. 828년 대아찬 김우징을 시중에 임명하여 정사를 맡기고, 장보고를 청해진 대사로 삼아 해적을 소탕하게 하였다. 834년 복색 제도를 고치고 백성들에게 사치를 금지하였다.

찾아보기

가

가토 기요마사 114, 115, 218, 219
간경도감 136, 137
갑신정변 18, 19, 48, 62, 76, 90, 120, 281, 322, 323, 324, 325
갑오개혁 18, 19, 48, 49, 62, 63, 66, 76, 77, 90, 91, 120, 121, 322, 323
강감찬 12, 13, 42, 43, 314
강동 6주 122, 123, 314, 315
강변칠우 사건 22, 23
강세황 60, 61
강소천 336
강조 12, 13, 314
강홍립 26, 27
강화도 조약 18, 19, 49, 184, 185
개화당 280, 281, 323
개화 사상 48, 90, 91, 120, 220
거등왕 44, 45
거란 12, 71, 122, 123, 314
거서간 108, 109
거칠부 282, 283
걸사비우 70, 71
견훤 14, 28, 296, 297, 347
경국대전 134, 135, 137, 301
경문왕 14, 28, 29

경사 176, 177
경성 제국 대학 124, 125, 358
경세치용 164, 165
경순왕 14, 15, 286, 296
경술국치 184, 185
경애왕 14, 15
경희궁 26, 27, 264, 265
경제 개발 5개년 계획 94, 95
계백 16, 17, 304
계유정난 136, 137, 262, 263
계축옥사 310, 311
계해 조약 152, 153
고경명 58, 59
고국양왕 24, 25
고국원왕 32, 33, 142
고려사 105, 137, 200, 201
고려속장경 206, 207
고려 혁명군 212, 213
고려 혁명 군관 학교 320, 321
고안무 78, 79, 177
고조선 68, 69, 108
고종 18, 19, 34, 71, 85, 167, 230
고종후 58, 59
고흥 32, 33
공거제 318, 319
공민왕 20, 21, 82, 106, 216, 300

공병우 336
공양왕 82, 216, 217, 256, 300, 301, 302
곽영 30
곽재우 22, 23, 46, 47
관산성 전투 50, 51
관창 16, 17
광개토 대왕 24, 25, 99, 248, 249
광개토 대왕비 24, 25, 248, 249
광복군 34, 35, 212, 213
광종 286, 287
광해군 22, 23, 26, 27, 128, 186, 199, 210, 218, 226, 238, 242, 268, 272, 311, 312, 313, 327
교장도감 206, 207
구상 232, 233
구서당 304, 305
구양순 54, 55
국자감 216, 217
국채 보상 운동 158, 159, 346
군현제 283, 314, 315
궁예 14, 28, 29, 296, 297, 347
권율 30, 31, 58, 59, 115, 118, 119, 128, 182, 218, 238
권일신 164, 165, 351
권철 30, 31

권철신 259, 336, 351
규장각 264, 265, 303, 307
균전제 318, 319
근초고왕 32, 33, 142
금강삼매경 178, 179
금관가야 44, 45, 50, 112, 305
금산사 14, 15, 296
금석학 49, 54, 55
금성 대군 152, 153
금와왕 72, 73
기묘사화 278, 279
기자 68, 69
기자헌 310, 311
기철 20, 21, 83
기축옥사 182, 183
기해박해 38, 39
기훤 28, 29
김구 34, 35, 36, 194, 195, 211, 213, 214, 220, 348, 350
김규식 34, 36, 37, 348
김기림 337
김기수 63, 91, 280, 281
김대건 38, 39
김대중 337
김동명 337
김득신 60, 154, 155
김류 26, 27, 199, 242, 311
김명 338
김부식 40, 41, 109
김부의 40, 41
김상옥 338
김성근 120, 121

김성수 156, 157, 208, 209, 270
김성일 22, 23, 46, 128, 129, 240
김소운 338
김수로왕 44, 45, 50, 74
김수민 148, 149
김수영 338, 339
김순권 339
김시민 46, 47
김심언 132, 133
김안국 116, 339
김안로 278, 279, 339
김억추 340
김옥균 18, 19, 48, 49, 62, 76, 85, 90, 91, 120, 121, 281, 322, 323
김옥길 340
김유신 16, 50, 51, 80, 126, 304
김육 226, 227, 243, 326, 327
김응환 60, 61
김인문 80, 81
김일성 34, 73, 244, 340
김자점 144, 145, 224, 326, 327
김자점의 모반 사건 224, 225
김장생 144, 145, 241
김정호 52, 53
김정희 54, 55, 306
김제남 23, 26, 27
김종삼 340
김종서 130, 136, 137, 262, 263
김좌진 56, 57, 212, 213, 320
김주원 341
김집 144, 145, 326
김천일 58, 59

김택영 324, 325
김헌창 341
김현 214, 341
김홍도 60, 61, 154, 155
김홍집 48, 62, 63, 66, 76, 90, 280
김환기 342, 354
김효원 128, 129, 234, 235

나

나수연 66, 67, 252
나중소 56, 57
나철 64, 65
남궁억 65, 66, 67, 92, 93, 252
남구만 160, 161
남은 256, 300, 301, 302
남이의 옥사 262, 263
남인 144, 146, 164, 183, 258
남제 79, 248, 249
낭비성 전투 50, 51
내물왕 25, 98, 99, 351
내선일체 260, 261
노국대장 공주 20, 21, 343
노백린 56, 158, 159
노응규 342
노천명 342
눌지왕 25, 98, 99
능창 대군 26, 27

다

다블뤼 38, 39
단군왕검 64, 65, 68, 69
단발령 62, 63, 148, 184, 185,

290, 349, 352
단양이 78, 79, 177
단종 복위 사건 88, 89, 105, 136
달솔 16, 17, 78
대가야 44, 112, 113, 282, 283
대동법 146, 147, 226, 227, 326
대동여지도 52, 53
대동지지 52, 53
대방 32, 33
대조영 70, 71, 173
대종교 64, 65
대한국민 노인 동맹단 92, 93
대한 독립군 56, 320, 321
대한매일신보 92, 93, 158, 169
대한민국 임시정부 194, 195
대한의군 166, 167
대한 자강회 252, 253, 261
대한제국 18, 19, 167, 185, 309
덕종 134, 135, 346
덕흥군 82, 83, 106, 288, 300
도덕경 172, 173
도원수 30, 31, 134, 218, 224
도첩제 302, 303
도체찰사 182, 183
도침 80, 81
도쿠가와 이에야스 114, 115, 161
도화서 60, 61, 154, 155
독립문 120, 121
독립신문 120, 121, 208, 209, 276
독립 협회 18, 49, 66, 84, 92, 120, 121, 158, 159, 168, 220, 221, 230, 231, 252, 276, 280, 346, 350

돌궐 70, 71, 81
동국여지승람 52, 53, 134
동국통감 65, 134, 135
동남성문 흉서 사건 96, 97
동명성왕 72, 73, 74, 174, 175
동성왕 78, 79
동옥저 108, 109
동우회 사건 168, 169
동제사 260, 261
동진 32, 33, 143, 248, 249
동학 34, 254, 292, 293, 357
동학 혁명 18, 19, 34, 62, 90, 111, 357
드보르자크 162, 163

라

러일 전쟁 67, 93, 222, 223, 290
러일 협상 66, 67
류청신 342
류탁 343

마

마귀 30, 114, 115
마한 32, 108, 109, 174, 175
마해송 343
만국 평화 회의 18, 19, 167, 185
만민 공동회 92, 168, 230, 231
만주국 190, 191, 215
말갈 70, 71, 78
매일신보 208, 316, 317, 342
명성황후 18, 19, 34, 62, 63, 76, 77, 84, 85, 148, 328, 343, 349

명종 128, 129, 240, 268, 355
모방 38, 39
모스크바 3상 회의 36, 37
목종 13, 132, 133, 314
무령왕 78, 79
무령왕릉 78, 79
무애가 178, 179
무오 독립 선언서 56, 57
무왕(중국) 25, 68, 69, 151
무왕(발해) 70, 71
문무왕 50, 51, 80, 81
문무이무 88, 89
문왕 69, 150, 151
문익점 82, 83, 106, 107
미사흔 25, 98, 99
미우라 고로 76, 77, 185
미인도 154, 155
민겸호 84, 85
민긍호 149, 343, 349
민암 146, 160, 161
민영익 77, 91, 322, 323
민영환 84, 85, 220, 230
민응식 76, 77
민종식 343
민족 혁명당 36, 37

바

박광옥 58, 59
박규수 48, 49, 90, 91, 322, 323
박두진 344, 356
박명원 102, 103
박목월 344, 356

박문수 86, 87
박수근 344
박승중 40, 41
박연 88, 89, 140
박영효 48, 62, 76, 90, 91, 322
박완서 344
박은식 65, 92, 93, 159, 164, 260
박정희 94, 95, 337
박제가 54, 96, 97, 102, 103, 318
박제상 98, 99
박종훈 54, 55
박중빈 100, 101
박지원 91, 96, 97, 102, 103, 318
박팽년 89, 104, 105, 130, 152
박혁거세 74, 108, 109
박화목 345
발해 40, 70, 71, 158, 173, 347
반굴 16, 17
방정환 110, 111, 190, 196, 343
배재 학당 120, 220, 276, 277
배현경 28, 296, 297, 347
백가 78, 79
백남준 345
백범일지 34, 35
105인 사건 34, 35, 220, 221, 222
법화원 246, 247
법흥왕 112, 113, 236, 237, 282
베셀 92, 93, 169
베토벤 162, 163
변관식 345
변효문 152, 153
별기군 18, 63, 85, 281, 308, 309

별시문과 182, 183, 198, 210, 268
병마절도사 22, 46, 47, 224, 340
병인양요 308, 309, 328, 349
보우 118, 119
보장왕 172, 173, 348
복성군 278, 279
복신 80, 81
복심 법원 180, 181
복지겸 28, 296, 297, 347
복호 98, 99
봉오동 전투 320, 321
부견 142, 143
부병제 318, 319
부분노 72, 73
부여 158, 175, 262
부여풍 80, 81
부족 국가 32, 33, 69, 73, 142
북로 군정서 56, 57, 212, 213
북벌 계획 144, 224, 225, 326
북부여 72, 73, 174, 175
북옥저 72, 73
북위 248, 249
북인 183, 238, 239, 269, 273
북학파 90, 96, 318, 319
분황사 126, 127, 178, 179
불교정전 100, 101
브람스 162, 163
비담 50, 51, 126
비류국 72, 73
비류왕 32, 33
비변사 30, 31
비조부 112, 113

사

사가독서 104, 105, 130, 131, 134, 268, 269, 279, 339
4군 140, 141
사기 40, 41, 102, 349
사도 세자 264, 266, 267, 346
사명 대사 114, 115, 118, 138
사사오입 개헌 221
사육신 88, 89, 104, 105, 131, 153
4·19 혁명 94, 95, 221, 350
사헌부 22, 58, 88, 132, 133, 144, 153, 164, 198, 210, 228, 241, 312, 318
삼국사기 40, 41, 68, 72, 73, 108, 109, 174, 176
삼국유사 40, 44, 68, 69, 108, 109
삼도 수군통제사 218, 219, 347
3성 6부 132, 133
삼은 216, 217
3·1 운동 34, 92, 180, 181, 338
삼전도 198, 199, 243, 326
삼포왜란 278, 279
삼학사 243
상대등 50, 51, 112, 126, 304, 305, 338, 341, 346, 351, 359
상평창 136, 137
상평통보 146, 291, 326, 327
상하이 사변 194, 195, 214
색동회 110, 111, 190, 191, 343
서경덕 116, 117
서광범 90, 91, 120, 121, 322, 323
서산 대사 114, 118, 119, 138, 139

서상돈 346
서운관 250, 251
서일 56, 57, 213
서재필 48, 66, 120, 121, 209,
　　220, 221, 276, 336
서희 122, 123, 132
석주명 124, 125
선덕여왕 126, 127
선덕왕 341, 346
선조 22, 26, 46, 58, 116, 118,
　　128, 129, 146, 182, 183, 202,
　　203, 210, 228, 238, 240, 242,
　　268, 272, 274, 312, 313, 347
선종(고려) 206, 207
설총 178, 179, 314
성덕 대왕 346
성리학 116, 216, 217, 243, 339
성삼문 89, 104, 105, 130, 131,
　　136, 140, 152, 262
성승 89, 104, 105, 130
성운 116, 117
성종(고려) 12, 122, 132, 133,
　　280, 314
성종(조선) 134, 135, 152, 278
세조 82, 104, 105, 130, 134, 136,
　　137, 152, 262, 326
세종 대왕 130, 140, 141, 354
소격서 278, 279
소배압 12, 13, 314
소벌공 108, 109
소손녕 122, 123, 132
소수림왕 142, 143

소식 54, 55
소정방 16, 17, 50, 81, 304
소파상 110, 111, 190, 196, 197
소혜왕후 134, 135
손병희 110, 111, 254, 255
손진태 110, 111, 191
송규 100, 101
송나라 13, 40, 41, 42, 43, 55, 89,
　　122, 123, 132, 200, 206, 352
송도삼절 116, 117
송시열 144, 145, 146, 161, 224,
　　225, 241, 243, 326, 330, 331
송여종 347
송진우 156, 157, 270
수신사 62, 93, 90, 91, 280, 281
수양 동우회 사건 208, 209
숙마 312, 313
숙종(고려) 188, 206, 207
숙종(조선) 104, 144, 146, 147
순찰사 30, 31, 274
순도 142, 143
순유 박사 82, 83
순조 347
순종 18, 207, 347
신규식 158, 159, 260, 261
신단수 65, 68, 69
신돌석 148, 149
신돈 20, 21, 288, 289, 343
신라방 246, 247
신무왕 246, 247
신미양요 290, 291, 328, 329, 349
신민부 56, 57

신민회 34, 35, 92, 158, 159, 168,
　　169, 221, 222, 223, 230, 350
신사무옥 278, 279
신사임당 150, 151, 228
신사참배 192, 193
신숙주 130, 140, 152, 153, 262
신숭겸 28, 296, 297, 347, 348
신유박해 258, 259, 337, 355
신윤복 60, 154, 155
신익희 156, 157
신찬팔도지리지 200, 201
신채호 158, 159, 168, 260, 350
신탁 통치 반대 운동 34, 35, 36,
　　270, 271
신흥 무관 학교 35, 157, 212, 213
신헌 52, 53
실성왕 24, 25, 98, 99
심상훈 76, 84, 85
실학 54, 102, 103, 186, 187, 264
심의겸 128, 129, 234, 235
13도 창의군 148, 149
쌍기 122, 286, 287
쌍성총관부 20, 21, 300

아

아관파천 62, 66, 230, 231, 252
아도 142, 143
아직기 32, 33, 176, 177
악학 별좌 88, 89
안견 60, 150
안공근 214, 348
안규홍 348

안용복 160, 161, 170, 171
안위 348
안익태 162, 163
안정복 164, 165, 186
안중근 166, 167, 168, 214, 348
안창호 35, 56, 158, 168, 169, 195, 208, 222, 223, 230, 350
알영 부인 108, 109
알천 50, 51, 108, 304, 341
앙부일구 250, 251, 354
양기탁 35, 92, 93, 168, 169, 350
양길 28, 29
양나라 78, 112, 113
양녕 대군 140, 141
양만춘 348
양명학 164, 165, 260
양반전 102, 103
양사언 210, 211
양제 204, 205
양헌수 348, 349
어린이 110, 111, 190, 191, 196, 343, 353
어재연 349
언더우드 36, 37, 168
에도 막부 115, 160, 161
연개소문 80, 172, 173, 304
연나라 24, 25, 69
연해주 184, 185
연호 19, 20, 24, 25, 28, 70, 71, 112, 126, 205, 282, 296, 341
염종 50, 51, 126
영창 대군 22, 23, 26, 27, 199, 210, 242, 311, 355
예송 논쟁 144, 145, 146, 147
오경 박사 78, 79, 176, 177
오경석 48, 49, 90, 91, 323
오기호 64, 65
오명항 86, 87
오산 학교 208, 222, 270, 271
오이 72, 73
5·16 군사 정변 94, 95
온조왕 174, 175
YMCA 220, 295, 316, 317, 350
옹방강 54, 55
왕인 32, 33, 176, 177
왕자의 난 153, 300, 301, 302
요나라 71, 132, 206, 188, 189
요동성 24, 172, 204, 205
우덕순 166, 167
원균 218, 219, 347
원봉성 286, 287
원불교 100, 101
원상 262, 263
원효 127, 178, 189
위리안치 23, 55, 242, 243
위사 좌평 78, 79
위정척사 184, 185, 291
위화도 회군 216, 217, 256, 301
유관순 180, 181
유근 64, 65, 66, 92, 252
유득공 96, 97, 102
유리왕 72, 73, 174, 175
유성룡 182, 183, 202, 203, 218
유성원 104, 105, 130, 131
유신 헌법 94, 95
유영경 26, 27, 199
유응부 89, 104, 105, 130, 131
유인석 149, 184, 185, 349, 352
유형원 65, 186, 187
유홍기 48, 49, 32, 323
유화 부인 72, 73
유희 349
6가야 44, 45, 113, 283
6두품 286, 287
육영수 94, 95
6진 137, 140, 141, 263
윤관 188, 189, 207
윤극영 110, 111, 190, 191
윤동주 192, 193
윤봉길 34, 168, 194, 195
윤상도 54, 55
윤석중 110, 190, 196, 197
윤선도 198, 199, 269
윤원형 150, 151, 234, 235, 278
윤지완 160, 161
윤태준 76, 77
윤회 200, 201
율관 88, 89
을미사변 18, 62, 76, 77, 84, 148, 184, 185, 352
을사사화 150, 240, 241, 268, 269
을사조약 18, 66, 84, 148, 149, 166, 168, 230, 252, 260, 290, 291, 324, 343, 351, 353, 354
을지문덕 204, 205
의병 22, 23, 26, 30, 46, 58, 84,

92, 128, 148, 166, 184, 198, 273, 274, 290, 291, 342, 343, 348, 349, 352, 354, 355
의상 80, 178, 179
의정부 136, 140, 284, 302, 303
의창 256, 257
의천 206, 207
이갑 56, 158, 168, 169
이강년 343, 349
이개 104, 105, 130, 131
이공수 82, 83
이괄의 난 225, 226, 227, 311, 355
이광 30, 31, 218
이광수 121, 169, 208, 209, 222
이귀 26, 27, 145, 199, 242, 311
이기붕 350
이달 46, 47, 310, 311
이덕무 96, 97, 102, 319
이덕형 210, 211, 238
이동녕 34, 35, 194, 195, 223, 350
이동인 90, 91
이문구 350
이범석 35, 56, 57, 212, 213, 350
이범윤 166, 167, 184
이벽 165, 258, 337, 351, 352
이병기 276, 277, 354
이봉창 34, 194, 214, 215
이사부 113, 170, 282, 283, 351
이산해 183, 235, 268, 269, 274
이상설 18, 19, 167, 184, 185, 195, 230, 350, 351, 353
이상화 351

이색 216, 217, 302, 343
이서구 96, 97, 102
이소응 352
이순신 46, 47, 128, 182, 210, 211, 218, 219, 239, 340, 347, 348
이승만 120, 156, 195, 212, 220, 221, 252, 260, 295, 338, 350
이승훈 35, 165, 221, 222, 223, 258, 259, 271, 336, 337, 351, 352, 355
이시애의 난 135, 136, 137
이시영 34, 194, 195, 213
이암 352
이언적 240, 241, 279
이오덕 352
이완 224, 225, 298, 299
이원수 110, 150, 228, 353
이원익 26, 226, 227, 311
이위종 18, 19, 230, 351, 353
이응로 353
이이 116, 128, 150, 228, 229, 274
이이첨 22, 198, 199, 210, 310
이익 164, 186, 187, 258, 336
이인문 60, 61
이인영 148, 149
이인좌의 난 86, 87
이제현 238, 239
이적 80, 81
이종무 140, 141
이주연 40, 41
이준 18, 167, 230, 231, 350, 353
이중섭 232, 233

이지함 116, 117
이차돈 112, 236, 237
이천 140, 141, 250, 251, 354
이초의 옥 216, 217
이토 히로부미 64, 166, 167, 168
이항로 184, 185, 290, 348
이항복 202, 203, 210, 238, 239
이호우 354
이화 학당 180, 181
이황 116, 128, 182, 228, 240, 241
인목대비 26, 27, 238, 242, 310
인예왕후 206, 207
인조 27, 145, 226, 242, 243, 326
인조반정 198, 199, 226, 242, 355
인현왕후 146, 147
일원상 100, 101
임병찬 290, 354
임오군란 18, 62, 63, 76, 84, 90, 280, 281, 324, 325
임제 114, 115
임진 삼장사 58, 59
임해군 26, 27, 115, 199, 238, 242
입법 의원 36, 37, 156

자

자격루 250, 251
자장율사 126, 127, 179, 283
자제위 20, 21
작서의 변 278, 279
장기려 244, 245
장보고 246, 247, 338, 359
장수왕 25, 98, 99, 142, 248, 249

장영실 140, 250, 251, 354
장용영 264, 265
장욱진 354
장윤 58, 59
장지연 65, 66, 93, 164, 252, 253
전봉준 18, 19, 254, 255, 293, 357
전덕기 158, 159
전진 99, 142, 143
정극영 40, 41
정도전 200, 256, 300, 301, 302
정동행성 216, 217
정두원 354
정몽주 256, 257, 288, 300, 302
정묘호란 27, 145, 226, 227, 354
정문부 355
정미환국 86, 87
정약용 186, 258, 259, 337, 355
정약전 337, 351, 355
정언신 46, 47
정여립 역모 사건 114, 118, 119
정유재란 22, 114, 128, 210, 211
정응두 355
정인보 260, 261
정인지 130, 137, 140, 262, 263
정인홍 238, 239, 272, 273, 355
정조 60, 96, 164, 258, 264, 265
정채봉 356
정천익 82, 83, 107
정철 199, 235, 268, 269, 355
정희대비 134, 135, 152
조광조 116, 278, 279, 339, 340
조만식 162, 222, 270, 271

조민희 66, 67
조병세 84, 85
조선 물산 장려회 270, 271
조선어 학회 사건 277, 294, 295
조선책략 62, 63
조소앙 194, 195
조식 82, 116, 117, 129, 272, 273
조재호 110, 111, 191
조준 82, 83, 200, 201, 300, 301
조지훈 344, 356
조헌 241, 274, 275
졸본 72, 73
주시경 276, 277, 280, 294
중종 116, 240, 278, 279, 340, 352
중추원 88, 90, 120, 132, 133, 308
지석영 280, 281
지증왕 50, 112, 113, 236, 282
지청천 34, 35, 156, 157
진성여왕 14, 15
진주 대첩 31, 46, 47
진휼사 86, 87
진흥왕 16, 51, 237, 282, 283, 304
진흥왕 순수비 54, 55, 283
집현전 88, 104, 105, 130, 131, 134, 136, 140, 152, 200, 262

차

창덕궁 26, 104, 130, 264, 265
처영 30, 118, 119
천도교 소년회 110, 111
천문시계 250, 251
천부인 65, 68, 69

천주교 38, 39, 164, 165, 292, 310, 328, 336, 346, 348, 349
천태종 206, 207
철령위 288, 289, 300
철부 112, 113
철종 90, 206, 293, 328, 348, 356
첨성대 126, 127
청구선표도 52, 53
청산리 대첩 56, 57, 195, 211, 212
청십자 의료보험 조합 244, 245
청일 전쟁 18, 168, 222, 223, 254
최경회 58, 59
최귀동 356
최기철 357
최만생 20, 21
최명길 27, 145, 224, 225, 242
최무선 284, 285
최방제 38, 39
최승로 132, 286, 287
최시형 111, 255, 292, 293, 357
최양업 38, 39
최영 82, 83, 288, 289, 300
최유 82, 83, 288, 300
최윤덕 140, 141
최익현 18, 76, 290, 291, 342
최제우 292, 293, 357
최한기 52, 53
최항 104, 130, 136, 137, 140
최현배 276, 294, 295
충렬왕 109, 217, 303, 342, 357
충정왕 20, 357
충혜왕 357

측천무후 70, 71
칠지도 32, 33
침류왕 358

타

탑골 공원 66, 67
태대각간 50, 51, 81
태음력 116, 117
태조 왕건 296, 297, 347, 348
태조 이성계 300, 301
태종 302, 303
태종 무열왕 80, 178, 304, 305
톈진 조약 254, 255
통리기무아문 18, 322, 323

파

파리 강화 회의 36, 37
파리 외방 선교회 38, 39
파사 석탑 44, 45
페레올 38, 39
평난 공신 238, 239
평양성 80, 114, 118, 204, 205
포석정 14, 15
푸이 191, 214, 215
풍속화 60, 154, 155
피천득 358

하

하공진 12, 13
하백 72, 73
하위지 104, 105, 130, 131
한경직 358

한백겸 116, 117
하버드 대학교 124, 125
한글 학회 294, 295
한석봉 306, 307
한성근 308, 309
한성 사범 학교 92, 93
한인 애국단 194, 195
한일 신협약 166, 167, 184, 185
허난설헌 311
해관세칙 62, 63
해모수 72, 73
행주 대첩 30, 31, 119, 128, 238
행주산성 30, 31, 58
행주치마 30, 31
허견 역모 사건 146, 147
허균 310, 311
허종 134, 135, 137
허준 312, 313
허황옥 44, 45
헌안왕 28, 29
현량과 278, 279
현종(고려) 12, 314, 315
현종(조선) 146, 147, 198, 224
혜공왕 346, 358
호족 14, 28, 29, 296, 315
호패법 136, 137, 302, 303
혼천의 140, 141, 250, 251, 318
홍국영 102, 103, 264, 265
홍난파 316, 317, 343, 353
홍대용 97, 318, 319
홍만식 84, 85
홍범도 320, 321

홍범 14조 62, 63
홍순칠 359
홍영식 49, 85, 281, 322, 323
홍인한 103, 264, 265
홍종우 48, 49, 221
환웅 64, 65, 68
환인 64, 65
황국 협회 220, 221
황사영 백서 258, 259
황룡사 126, 127, 178, 179, 282, 283
황성신문 66, 92, 93, 252, 253
황여헌 114, 115
황윤길 23, 59, 128, 129
황진 58, 59
황진이 116, 117
황쭌셴 62, 63
황찬 130, 152, 153
황현 252, 324, 325
후금 26, 27, 242, 243
훈련 대장 224, 225, 298
훈련도감 128, 182, 183, 210, 225
훈련원 46, 47
효종 144, 145, 326, 327
흑하 사변 320, 321
흥덕왕 50, 246, 338, 359
흥륜사 236, 237, 282
흥사단 168, 169, 209
흥선 대원군 291, 328, 329
흥업구락부 294, 295
흥왕사 206, 207
히로히토 214, 215